भारत-तिब्बत-चीन का अस्तित्व

भारत-तिब्बत-चीन का अस्तित्व

डा. गुरुरामजी विश्वकर्मा मधुकर
Dr. G.R.V. Madhukar

KALPAZ

भारत-तिब्बत–चीन का अस्तित्व

रुपये 750

ISBN: 978-81-7835-883-3

प्रकाशन वर्ष 2011

कल्पज़ पब्लिकेशन्स

सी–30, सत्यवती नगर, दिल्ली–110052

ई–मेल: kalpaz@hotmail.com

अक्षर मुद्रांकन: क्विक मीडिया, दिल्ली

चावला ऑफसेट प्रेस, दिल्ली

राष्ट्रीयता या राष्ट्रप्रेम एक स्वाभाविक स्नेहिल भावना है, जो हर नागरिक के दिल में अपने राष्ट्र के प्रति पैदा होती है। राष्ट्रीयता, के लिए यानी अपने राष्ट्र के प्रति अन्याय होने पर हर तरह के बलिदान के लिए प्रेरित करती है। किन्तु जब राष्ट्रहित राष्ट्र के स्वार्थ में बदल जाता है तो हम दूसरे राष्ट्रों के साथ अन्याय करने लगते हैं। दूसरों की राष्ट्रीयता का सम्मान करना ही अन्तर्राष्ट्रीयता है। व्यक्ति के द्वारा व्यक्ति का शोषण या राष्ट्र के द्वारा राष्ट्र का शोषण या अन्याय का विरोध करना ही अन्तर्राष्ट्रीयता है। मानवताद्रोही हर क्रिया-कलाप का प्रतिरोध करना ही अन्तर्राष्ट्रीयता है। अन्तर्राष्ट्रीय व्यक्ति कभी राष्ट्रद्रोही हो ही नहीं सकता।

समर्पित है उन देश भक्तों को
जिन्होंने मानव मूल्यों को स्थापित किया
और
विश्व बन्धुत्व का सर्वत्र संदेश दिया।

डा. गुरुरामजी विश्वकर्मा मधुकर

विषय सूची

द्वितीय खण्ड

प्रस्तावना

भारतीय जन मानस में यह जानने की उत्सुकता थी कि देश-विदेश और हमारे पड़ोसी देशों में क्या हो रहा है। वसुधैव कुटुम्बकम, शान्ति, सद्भावना और हम कितना सुरक्षित, असुरक्षित है। विस्तारवादी और साम्राज्यवादी शक्तियाँ एक दूसरे की सीमाओं पर कितनी हावी और प्रभावी है, जिससे मानवता कराह रही है और आमजन सर्वाधिक त्रस्त और पीड़ित है। यह जानने की उत्सुकता तब और बढ़ी, जब तिब्बती धर्म गुरु दलाई लामा की अरुणांचल के तवांग यात्रा को लेकर भारत-चीन में गहरा मतभेद सामने आया, जिसकी प्रतिक्रिया पड़ोसी देशों और विश्व समुदाय में हुई। जनता प्रत्येक बात को सही परिप्रेक्ष्य में समझना चाहती है।

इसकी जानकारी आम जन को उपलब्ध कराने के उद्देश्य से लेखक ने "भारत-तिब्बत चीन का अस्तित्व, नामक पुस्तक के माध्यम से सरल भाषा में प्रयास किया है, ताकि सभी जिज्ञासु जान सके कि देश-विदेश में क्या हो रहा है और हमें क्या करना चाहिए। विगत् कई दशकों से इसकी उत्सुकता रही है।

भारत-चीन के मध्य तिब्बत शुरू से ही एक रहस्यमय देश रहा है। आज भी लोग इससे पूरी तरह परिचित नहीं है। अपरिचित होने का एक मात्र कारण है उसकी दुर्गमता जो दक्षिण और पश्चिम की ओर से तिब्बत हिमालय की दुर्गम पर्वत मालाओं से घिरा है। ल्यासा से 100 मील की दूरी पर जो विश्मिल भूमि है, वह तिब्बत को और भी दुर्गम और रहस्यमय बनाए हुए है।

दोनों देशों के आपसी सम्बन्धों की अवधारणा साधारणतया राजनैतिक परिवेश की ओर इंगित करती है। राजनैतिक संबन्ध प्रायः स्वार्थ परक होते हैं या शक्ति प्रदर्शन अहम् पुष्टि पर स्थापित होते हैं। आक्रान्ता या विक्रेता द्वारा प्रत्यारोपित व्यवस्थायें भले ही देश को राजनैतिक व्यवस्था एवं धार्मिक सामाजिक, शैक्षिक एवं कला विज्ञान को प्रभावित करती है लेकिन यह प्रत्यारोपित प्रभाव अपनी छाप बनाये रखने में सदैव ही निर्बाध रहा है। इसका ज्वलंत उदाहरण है भारत-तिब्बत जो धर्म-दर्शन शिक्षा के साथ-साथ शान्ति, करुणा, सहअस्तित्व एवं विश्वबन्धुत्व

के संदेश को सम्राट अशोक ने अपने पुत्र महेन्द्र एवं पुत्री संघमित्रा को पड़ोसी देशों में भेजकर जो परम्परा स्थापित की थी, वह आज भी किसी न किसी रूप में चलती आ रही है। बीसवीं शताब्दी के मध्य में पंचशील सिद्धान्त की पृष्ठभूमि में वही भावना निहित है।

आज महाभारत को भारतीय इतिहास का आदिग्रंथ माना जाने लगा है, यह प्रमाण निःसन्देह विचारणीय एवं अध्ययन योग्य है। महाकवि कालिदास ने भी श्रेविष्टय (तिब्बत) का उल्लेख ग्रंथ 'रघुवंश में' किया था।

उपलब्ध ऐतिहासिक साक्ष्यानुसार सातवीं शताब्दी में तिब्बत के तत्कालीन राजा के आमंत्रण पर भारत से बौद्ध धर्म के मनीषी विश्वविद्यालय के आचार्य शान्तरक्षित एवं उदन्तपुरी विश्वविद्यालय के आचार्य पद्म सम्भव आदि ने तिब्बत जाकर बौद्ध धर्म की शिक्षा दी।

दोनों देशों के मध्य शताब्दियों से चले आ रहे सौहार्द, सहयोग एवं विश्वास की नींव पर आपसी स्नेहसिक्त व्यवहार का स्पष्ट प्रमाण 20 वीं शताब्दी के उत्तरार्द्ध के द्वितीय दशक के प्रारम्भ में देखने को मिलता है, जब चीनी आक्रमण के समय तिब्बती जनमानस ने अपने धर्म, दर्शन एवं परम्पराओं को भारत भूमि पर ही सुरक्षित समझा और तब अपने धर्म के वर्चस्व को सुरक्षित बनाए रखने की भावना से धर्मगुरु दलाई लामा अपने अनुयायियों सहित भारत आये।

उपलब्ध साक्ष्यों से ज्ञात होता है कि तिब्बत सातवीं शताब्दी के प्रारम्भ में सभ्यता के प्रथम सोपान पर ही पहुंचने के प्रयास में था, किन्तु यह भी प्रमाण मिलते हैं कि सातवीं शताब्दी में तिब्बत अपने पड़ोसी देश चीन नेपाल आदि से अधिक शक्ति सम्पन्न था। उस समय स्थितियों ने चीन एवं नेपाल के भू-भाग को चित्रित किया एवं तत्कालीन राजकुल से वैवाहिक संबंध स्थापित किये। ऐतिहासिक साक्ष्यानुसार तिब्बत के तत्कालीन राजा ने चीन एवं नेपाल राज्य की कन्याओं से विवाह किया था। यह भी उल्लेख मिलता है कि दोनों ही राज कन्यायें उनके साथ भगवान बुद्ध की प्रतिमायें तिब्बत लेकर आई थी। वास्तव में तिब्बत में बौद्ध धर्म को ले जाने वाली बौद्ध अनुयायी दोनों राज कन्यायें ही हैं।

धर्म, दर्शन तन्त्र एवं अन्य सामाजिक एवं आर्थिक पहुलओं के साथ ही अपने विचार एवं अनुयायियों की अभिव्यक्ति हेतु तिब्बती लिपि एवं लेखन कला का आविष्कार भारतीय भाषा के मनीषियों ने भारत भूमि पर नालन्दा विश्वविद्यालय के प्रांगण में बैठकर किया। भारत के प्राचीन विश्वविद्यालय तथा नालन्दा, विक्रम शिला एवं उदन्तापुरी आज इतिहास की विषय वस्तु बन गये हैं, लेकिन उन पर आधारित तिब्बती विहार एवं मठों में प्रचलित भारतीय शिक्षा

प्रणाली आज भी प्रचलित हैं।

तिब्बत में सर्वप्रथम मठ 'समन्ये-विहार का निर्माण आचार्य शान्त रक्षित, पद्म-सम्भव के निर्देशन में संपन्न हुआ था। दोनों ही महापंडित नालन्दा और उदन्तपुरी विश्वविद्यालय के आचार्य थे। 'समन्ये-विहार का निर्माण उदन्तपुरी विश्वविद्यालय के अनुरूप ही किया गया है। वहाँ की कला और वस्तुकला पर उदन्तपुरी का प्रभाव स्पष्ट दिखाई देता है। साथ ही नालन्दा भी परिलक्षित होती है।

तिब्बत के निर्मित मठों में बौद्ध धर्म के प्रचार एवं प्रसार के लिये भारतीय विश्वविद्यालयों में प्रचलित व्यवस्था ही अपनाई गयी थी। परिणामतः सभी मठ, धर्म प्रचार के साथ वास्तु, औषधि आदि विषयों की शिक्षा के ही केन्द्र बन गये। ऐसी धारणा है कि भारतीय विश्वविद्यालय विक्रमशिला के नमूने के आधार पर निर्मित साक्या विहार दीर्घकाल तक तिब्बत की समकालीन एवं धर्म का सूत्रधार बना रहा जिसकी ऐतिहासिक पृष्ठ भूमि है।

लेखक महात्मा गौतम बुद्ध तथा महात्मा गांधी एवं विश्व-बन्धुत्व के प्रेरणा स्रोत सन्त कबीर का नमन वन्दन करता है जिनके व्यक्तित्व एवं कृतित्व से सारी दुनिया में अमन, चैन, प्रेम, भाईचारा, सौहार्द, सद्भावना का वातावरण तभी होगा, जब समाज उनके विचारों को आत्मसात कर उनकी राहों पर चले। कबीर मध्यकाल के सबसे तेजस्वी विचारक हैं। उनका जन मानस को संबोधन समता, समानता, धर्म निरपेक्षता पर आधारित था, जो आज के परिप्रेक्ष में बहुत ही प्रासंगिक है। यहाँ इसका आलेख इसलिए समसामयिक है कि बुद्ध के जन्म के समय देश में कई ऐसी बुराइयाँ ज्यादा थी, जो समाज को खोखला करने का काम कर रहीं थीं। उन्होंने अपने सन्देश के माध्यम से उन बुराइयों को भी दूर करने का प्रयास किया। कबीर के समय में जो अंधकार था वह आज भी बना हुआ है, कम नहीं हुआ। जिसकी वाणी आज से 600 वर्ष पूर्व गूँजी थी, इसलिए उस कबीर रूपी सूरज की हमें आज भी आवश्यकता है। कबीर की साधना समाज को ऐसे स्थान पर ले जाने की थी जहाँ विश्व बंन्धुत्व की भावना हो तथा माया, अहंकार भेदभाव, को छोड़कर लक्ष्य की ओर बढ़ने की भावना हो।

महान-उपलब्धियाँ ताकत के बल पर नहीं अपनी परम्पराओं की रक्षा करके हासिल की जाती है। दलाई लामा ने क्रूरता के सामने जिस नैतिक शक्ति और आत्मबल का परिचय दिया है उससे न केवल तिब्बतियों को विपरीत परिस्थितियों का सामना करने की हिम्मत दिखती है, बल्कि हर शोषित को भी प्रेरणा मिली है। निर्वासन में रहते हुए भी लोकतांत्रिक सरकार को समर्थन देने तथा तिब्बतियों की इच्छा का सम्मान करते हुए अपने सदियों पुराने धार्मिक पद को समाप्त

करने के लिए दलाईलामा तैयार है। प्रेरणा स्रोत उनका त्याग सर्मपण विचारणीय रहेगा।

विषय वस्तु का वर्गीकरण बारह अध्यायों में यथास्थान किया गया है जो तत्संबंधित विषयों पर आधारित है। इस पुस्तक पर पाठक वृन्द के सुझाव एवं विचार सादर आमंत्रित हैं। जन आकांक्षाओं के अनुरूप लेखक का प्रयास कितना सार्थक एवं उपयोगी है इसका मूल्यांकन पाठकवृन्द में अर्न्तनिहित है। लेखक ने उन तमाम तथ्यों, विचारों घटनाक्रमों को संक्षेप में यथास्थान समाहित करने का प्रयास किया है। ताकि शान्ति, सहअस्तित्व, आपसी सौहार्द एवं मानवता का संरक्षण एवं संवर्धन हों।

भारत के विदेश नीति का उद्देश्य बुनियादी सुरक्षा तथा विकास की प्राथमिकताओं से जुड़ा रहता है। भारतीय नीति अपने प्रमुख राष्ट्रीय मूल्यों के प्रति वचनबद्ध रहते हुए अंतर्राष्ट्रीय वातावरण में बदलाव को गतिशीलता के साथ आत्मसात करने की रही है। भारत अपने पड़ोसी और आसपास के देशों, प्रमुख शक्तियों तथा विकासशील जगत में अपने सहयोगी देशों के साथ अच्छे और नजदीकी संबंध बनाये रखने के लिए प्रतिबद्ध है। भारत की बुनियादी प्राथमिकता एक ऐसा बाहरी माहौल तैयार करना है, जो हमारे दीर्घकालीन आर्थिक विकास, हमारे लोगों के कल्याण और हमारे क्षेत्र में शांति और स्थिरता के लिए अनुकूल हो।

भारत विश्व के अन्य देशों की तुलना में वैश्विक आर्थिक मंदी से बेहतर ढंग से विपरीत परिस्थितियों में निपट सका है जो भारतीय अर्थव्यवस्था की मजबूती का सूचक है। अगले दो दशकों में भारत की आबादी दोगुनी होने वाली है। इस चुनौती से कारगर ढंग से निपटने के लिए ठोस कार्रवाई करनी होगी।

जलवायु परिवर्तन पर राष्ट्रीय कार्ययोजना में तेजी लानी होगी जिससे नागरिकों को सुरक्षित और स्वस्थ पर्यावरण में रहने का अवसर मिले। भारतीय विज्ञान को नौकरशाही और पक्षपात से मुक्त करने की जरूरत है। तभी हम अपने वैज्ञानिकों और इंजीनियरों की छिपी हुई महान् प्रतिभा और सृजनात्मक ऊर्जा से लाभ उठा सकते हैं।

भारत की विदेशी नीति में अपने प्रमुख राष्ट्रीय मूल्यों के साथ अंतर्राष्ट्रीय माहौल में तेजी से हो रहे बदलावों को आत्मसात करने की दृढ़ प्रतिबद्धता व्यक्त की गई है। इन उद्देश्यों के अनुरूप भारत अपने सभी पड़ोसी तथा आस-पास के देशों के साथ अच्छे संबंध बनाने के लिए प्रतिबद्ध है।

भारत ने नेपाल के स्थायी शांतिपूर्ण, समृद्ध और बहुदलीय लोकतांत्रिक देश के रूप में अपना सहयोग जारी रखा। बेहतर सीमा प्रबन्धक और नेपाल के साथ संबंध बढ़ाने के लिए सड़कों के निर्माण, एकीकृत चौकियां स्थापित करने तथा सीमा के आरपार रेलमार्गों के निर्माण पर 1600 करोड़ से अधिक खर्च किया है।

भारत भूटान को लगातार पर्याप्त विकास सहायता दे रहा है। भारत भूटान में पनबिजली क्षेत्र के विकास में मदद कर रहा है तथा वह भूटान से 2020 तक कम से कम 10,000 मेगावाट बिजली खरीदेगा। इसके लिए दस पनबिजली परियोजनाओं का कार्यान्वयन विविध चरणों में है।

भारत और चीन ने शांति और समृद्धि के लिए साझा दृष्टिकोण तैयार किया है। दोनों देश उच्च स्तर पर वार्ता जारी रखे हुए हैं। द्विपक्षीय संबंधों को मजबूत बनाने के अतिरिक्त हाल में जलवायु परिवर्तन, विश्व व्यापार संगठन तथा नई वैश्विक वित्तीय व्यवस्था जैसे वैश्विक मसलों पर भी दोनों देशों के बीच सामंजस्य देखा गया। परन्तु सीमा विवाद बहुत ही गम्भीर और संवदेनशील हैं जो जस का तस है।

अपनी "लूक ईस्ट नीति के अनुरूप भारत ने दक्षिण पूर्व-एशिया और प्रशांत क्षेत्र के देशों के साथ निरन्तर अपने राजनीतिक-आर्थिक और सांस्कृतिक संबंधों से द्विपक्षीय और बहुपक्षीय दोनों आधारों पर मजबूत करने और उनमें सुधार लाने की प्रक्रिया जारी रखी है।

भारत ने आतंकवाद से निपटने के प्रयासों में अंतर्राष्ट्रीय सहयोग का आवाहन किया तथा आतंकवाद के खिलाफ अंतर्राष्ट्रीय संधियों के सार्वभौमिक कार्यान्वयन पर बल दिया है। चीन सहित अन्य पड़ोसी देशों को भी ईमानदारी से पहल करनी चाहिए और दृढ़ता से अमल लाना चाहिए। लेखक ने इस पर गथार स्थान प्रकाश डाला है।

विचारणीय है कि सीमा मसले का हल, संयुक्त राष्ट्र सुरक्षा परिषद के भारत को स्पष्ट समर्थन, जम्मू-कश्मीर और आतंकवाद के बारे में भारत की सुरक्षा चिन्ताओं को दूर करने को लेकर चीन कोई ठोस वादा करने को तैयार नहीं है। सीमा विकास सुलझाने का उसका मन है, प्लान नहीं है। चीन के पी.एम. वन च्यापाओं ने भारत के साथ सीमा विवाद को इतिहास की विरासत बताते हुए कहा है कि इसे पूरी तरह हल करना संभव नहीं है। इससे स्पष्ट संकेत मिलता है कि चीन इसे जल्द हल करने के प्रति गम्भीर नहीं है।

बात चीत के दौरान चीन ने जम्मू-कश्मीर पर अपने पुराने तटस्थ रूख पर लौटने के संकेत नहीं दिये तो भारत ने भी साझा बयान में तिब्बत और ताइवान को चीन का अंग बताने वाला पैराग्राफ शामिल करने पर सहमति नहीं दी।

अपने अस्तित्व को बचाने के लिए तिब्बती प्रदर्शनकारियों ने चीन के प्रधानमंत्री के दौरे का विरोध किया। दिल्ली में जोरदार धरना, प्रदर्शन किये। कुछ ने आत्मदाह करने का प्रयास किया। कुछ प्रदर्शनकारी भी बाराखंभा रोड पर स्थित निर्माणाधीन झलन की छत पर चढ़ गये और वहां से कुदकर जान देने की धमकिया देने लगे। जब चीनी प्रधानमंत्री सप्रु हाउस में मौजूद थे, उस दौरान भी तिब्बती प्रदर्शनकारी सप्रु हाउस के पास इकट्ठे होकर नारेबाजी करने लगे। उनको रोकने के लिए पुलिस को काफी मशक्कत करनी पड़ी। दिनभर में कुल मिलाकर 3-4 तिब्बती प्रदर्शनकारियों को हिरासत में लिया गया, जिनमें 11 महिलाएं भी थी।

भारत-तिब्बत-चीन के बीच न केवल संवाद जरूरी है बल्कि बेहतर सामंजस्य भी आवश्यक है। तीनों अपने प्राचीन सांस्कृतिक विरासतों से जूड़े बौद्ध धर्मावलम्बी देश है। विश्व के अन्य धर्मों से इस धर्म की अलग परंपरा है जिसका प्रमुख तत्व अहिंसा है। अहिंसा के माध्यम से ही विश्व में सांप्रदायिक सौहार्द एकता और विश्व शांति स्थापित होगी।

इस शोधपरक पुस्तक में भारत और चीन के संबंधों का यथास्थान जिक्र किया है जो 21वीं सदी में विश्व के इतिहास की दिशा के प्रमुख आधार होंगे। दोनों देशों के बीच शांतिपूर्ण सहअस्तित्व के अलावा दूसरा कोई विकल्प नहीं है।

भारत केवल उभरती हुई शक्ति नहीं है, बल्कि वह पहले ही उभर चुका है। इसकी पुष्टी अमेरिका ने भी की है। भारत का उभरना अमेरिका और दुनिया के लिए अच्छा साबित होगा।

पुस्तक के प्रस्तुतिकरण में समय पर जिन विद्वानों से मार्ग दर्शन, सुझाव एवं सहयोग मिला उनके प्रति आभार व्यक्त करना मेरा प्रथम कर्तव्य है। इस क्रम में सर्वप्रथम में अपने गुरुजन प्रो. डा. उपेन्द्र ठाकुर, मगध विश्वविद्यालय, बोधगया (विहार) डा. महेन्द्र प्रतापसिंह, काशी विद्यापीठ, वाराणसी, डा. के के. दत्ता, पटना विश्वविद्यालय (विहार) का हृदय से आभारी हूं जिनकी प्रेरणा एवं मार्गदर्शन से दशकों पूर्व शोध पर आधारित इस पुस्तक की संरचना में आशातीत

सफलता मिली है। लेखक भारत-नेपाल मैत्री संघ तथा भारत तिब्बत मैत्रीसंघ का संयोजक रहा है। दोनों देशों के लिए महत्वपूर्ण कार्य किया है। जिससे निकटता बढ़ी है।

यह पुस्तक 1990 के दशक में ही प्रकाशनीय थी। इस दौरान पड़ोसी देशों के घटनाक्रमों पर समसामयिक विषयों की पुस्तकों का अध्ययन, सर्वेक्षण तार्किक मनन, चिंतन, पुर्न-अन्वेषण करना पड़ा, जो मेरे लिए अब तक का बहुत ही कठिन श्रमसाध्य कार्य था। रातों की निद्रा एवं सुख के क्षणों को त्यागने का एक मात्र फल यही मेरी पुस्तकें है। इसका श्रेय मेरी धर्म पत्नी एवं बच्चों को है, जिन्होंने इस लंबे अन्तराल में मेरे साथ बहुत ही कष्ट झेले हैं तथा सदैव विपरीत परिस्थितियों में भी मुझे कभी विचलित होने नहीं दिया। उनकी स्नेहिल भावना तथा देश के लिए सर्वस्व न्यौछावर करने वाले मेरे पूज्य पिता श्री स्व. राम स्नेही जी (स्वतंत्रता सेनानी) तथा त्याग गयी माता श्री स्व. वासुमति देवी जी की प्रेरणा का ही एक मात्र प्रतिफल यह प्रस्तुति है। मैं उनका सदा नमन-वंदन करता हूँ।

मैं पूर्व राज्यपाल द्वारा माता प्रसाद जी (अरुणाचल प्रदेश) मोती लाल बोराजी (उ.प्र.), अध्यक्ष, लोक सभा (भारत) मीरा कुमार जी, अध्यक्ष रक्षा स्थायी संसदीय समिति लोक सभा (भारत) सतपाल महाराज जी, केन्द्रीय राज्य मंत्री (स्वतंत्र प्रभार) श्री प्रकाश जयसवाल जी सांसदगण प्रदीप टामटा जी बेनी प्रसाद वर्माजी मुख्य मंत्री (राजस्थान) अशोक गहलोत जी, पूर्व मुख्य मंत्री (उ.प्र.) रामनरेश यादव जी, पूर्व मुख्य मंत्री (म.प्र.) द्विग्विजय सिंह जी पूर्व विदेश सचिव ए. एन. राम, पूर्व सचिव भारत सरकार देवी दयाल, पूर्व एम. एल. सी प्रो. वी. एल, बलवन्त, निदेशक एग्रो एनर्जी सुखवीर सिंह, पी. सी श्रीवास्तव एडवोकेट सुप्रीम कोर्ट, पूर्व मेजर पी. आर. शर्मा, कर्नल के. जे. एस. ग्रेवाल पूर्व कम्पनी कमाण्डर व ब्लांग आदि जिनका नाम छूटा है उनके प्रति भी आभार व्यक्त करता हूँ जिनकी प्रेरणा से यह पुस्तक आप के समक्ष प्रस्तुत है। मुझे पूर्ण विश्वास है कि यह पुस्तक सर्वग्राह्य एवं जनोपयोगी होगी।

साथ ही विनम्र भाव से माननीय श्री पी. ए. संगमा जी पूर्व स्पीकर लोकसभा (भारत) डा. जे. के. रेचंग, डायरेक्टर, सिक्किम रिसर्च इंस्टीटयूट ऑफ तिब्बतलाजी प्रो. दावाभाव जवाहर लाल नेहरू विश्वविद्यालय, दिल्ली तथा प्रेमचन्द्र पातंजलि, पूर्वांचल विश्वविद्यालय जौनपुर उ. प्र. एवं सभी लेखकों, विचारकों के प्रति आभार प्रकट करता हूँ, जिन्होंने समय समय पर लेखक को मार्ग दर्शन किया।

श्री लक्ष्मी चन्द्र असलिया, ओम प्रकाश नीरस, श्याम सुन्दर लाल, आत्माराम पांचाल, अजेय भारद्वाज, कृष्ण प्रसाद ने इस कार्य को पूरा करने में सहयोगी रहे हैं मैं उनके प्रति भी आभारी हूँ।

मैं विशेष रूप से माँ सरस्वती एव माँ लक्ष्मी से कामना करता हूँ कि वे सभी पर अपनी कृपा दृष्टि बनाये रखें, तथा सभी के जीवन में समृद्धि लायें। पड़ोसी देशों को शांति एवं समन्वय बनाये रखने की सदबुद्धि प्रदान करें। मेरी ओर से सभी को अभिवादन एवं हार्दिक शुभकामनाएं।

डा. गुरुरामजी विश्वकर्मा मधुकर

प्रथम खण्ड

भारत, सिक्किम, भूटान, नेपाल, तिब्बत, चीन

(India's Relations with Sikkim, Bhutan, Nepal, Tibbet, China

अध्याय 1

भारत–सिक्किम

India's-Sikkim

1. सिक्किम की भौगोलिक स्थिति

भारत की उत्तरी सीमा पर हिमालय क्षेत्र में सिक्किम का राज्य स्थित है। हिमालय की पूर्व श्रृंखलाओं में बसा यह छोटा-सा राज्य है। इस राज्य में केवल 1,75,000 के लगभग ही निवासी रहते हैं। सिक्किम राज्य का क्षेत्रफल 2744 वर्गमील मात्रा है, 1975 तक पूर्व सिक्किम राज्य भारत का एक संरक्षित राज्य था। यह राज्य भारत, नेपाल, भूटान तथा तिब्बत से घिरा हुआ है। सिक्किम एक पर्वतीय राज्य है। नाथूला तथा जेलथला नामक दर्रे तिब्बत और सिक्किम के सम्बन्ध स्थापित करते हैं। बहुत पहले से इस मार्ग से यातायात होता रहता है। तिब्बत होते हुए सिक्किम में प्रवेश कर विदेशी भारत आ सकते हैं।

2. सिक्किम का पूर्व इतिहास

1861 में ब्रिटिश सेना ने सिक्किम में प्रवेश किया और एक सन्धि जबरदस्ती अंग्रेजों द्वारा सिक्किम पर लाद दी गई। सन्धि के अनुसार सिक्किम द्वारा दार्जिलिंग का स्थान भारत को प्रदान करना पड़ा। इसके साथ ही भारत तथा सिक्किम के बीच आवागमन के लिए मार्ग खोल दिया गया तथा ब्रिटिश सरकार ने अपने पास यह अधिकार रखा कि जब भी वह चाहे सिक्किम का निरीक्षण कर सके। 1890 तथा इसके पश्चात् 1893 में चीन तथा ब्रिटिश शासन के मध्य जो सन्धियाँ हुई उसके अनुसार चीन ने भारत के संरक्षण को सिक्किम पर स्वीकार कर लिया तथा सिक्किम और चीन की सीमाएँ भी निश्चित कर दी गई। ब्रिटिश शासन की ओर

से गंगटोक में एक अधिकारी नियुक्त कर दिया गया। यह अधिकारी प्रशासन सम्बन्धी मामलों में आने वाले सम्भावित संकट से सतर्क रहता था।

3. 1950 की सन्धि

सिक्किम का इतिहास इस दृष्टि से बहुत दिलचस्प रहा है कि वहां सदा जनता और सिक्किम के चोग्पाल के बीच मुठभेड़ की स्थिति रही। इसका कारण यह था कि सिक्किम की कभी भी यह स्थिति नहीं रही जो भूटान की थी। सिक्किम आरम्भ से ही भारत का उसी तरह अविच्छिन्न अंग रहा जिस प्रकार कि हैदराबाद या जूनागढ़। लेकिन 1949 में श्री जवाहरलाल नेहरू ने सिक्किम को एक विशेष स्थिति प्रदान की। उन दिनों सिक्किम की जनता यह मांग कर रही थी कि सिक्किम को भारत में पूरी तरह शामिल कर लिया जाए और सिक्किम के प्रत्येक नागरिक को वे ही लोकतान्त्रिक अधिकार प्राप्त हों जो कि भारतीय नागरिकों को प्राप्त हैं। सिक्किम का शासक वर्ग जनता की इस मांग को मानने के लिए तैयार था। पंडित जवाहरलाल नेहरू ने इस मामले में मध्यस्थता करते हुए सिक्किम को एक संरक्षित राज्य का दर्जा प्रदान किया। इस प्रकार सिक्किम की एक विशिष्ट स्थिति हो गई।

5 दिसम्बर 1950 को भारत तथा सिक्किम दोनों के मध्य एक सन्धि हुई। इस सन्धि के प्रमुख कारण इस प्रकार थे–

(1) चीन में साम्यवादी शासन की स्थापना–1949 में चीन में एक क्रान्ति द्वारा साम्यवादी शासन स्थापित हो गया। यद्यपि पंडित जवाहरलाल नेहरू स्वयं चीन का प्रारम्भ से ही समर्थन करते थे, परन्तु फिर भी वे साम्यवादियों से भयभीत थे। इसका कारण यह था कि साम्यवादी हिंसा में विश्वास रखते थे तथा विश्व साम्यवाद की दिशा में भारत में सिक्किम के मार्ग से प्रयास किया जा सकता था। ऐसी दशा में सिक्किम को भारतीय प्रभाव क्षेत्र में लाना आवश्यक था।

(2) सिक्किम का पूर्व में भारतीय प्रभाव क्षेत्र होना–ब्रिटिश शासन काल से ही सिक्किम भारतीय प्रभाव क्षेत्र में था। अतः इस सन्धि द्वारा पूर्व के समान ही व्यवस्था स्थापित करने का प्रयास किया गया। यह सन्धि इसलिए की गई कि भारत के स्वतन्त्र होने के पश्चात् सिक्किम का शासक कहीं स्वतन्त्र रहने का प्रयास न करें। यदि सिक्किम का शासक ऐसा करता तो भारतीय सुरक्षा को संकट उत्पन्न होने की सम्भावना थी। अतः सिक्किम से सम्बन्ध स्थापित कर उससे सन्धि कर ली गई और सिक्किम का भारतीय संरक्षित क्षेत्र घोषित कर दिया गया।

(3) सिक्किम द्वारा भी सन्धि के लिए उत्सुकता—उस समय सिक्किम राज्य को भी सन्धि के लिए उत्सुकता थी। इसका कारण यह था कि चीन में साम्यवाद के प्रसार से वह भी भयभीत हो चुका था और उसे भय था कि कहीं चीन सम्पूर्ण सिक्किम को हड़प न ले। भारत के साथ सन्धि करने से एक ओर तो सुरक्षा व्यवस्था की ओर से चिन्तामुक्त हो जाता था, दूसरे अन्य किसी देश की अपेक्षा भारत से उसे अधिक व अन्य प्रकार के लाभ अधिक मिलने की सम्भावना थी। ऐसी परिस्थिति में भारत और सिक्किम के मध्य एक महत्वपूर्ण सन्धि 5 दिसम्बर 1950 को हुई।

4. भारत के लिए सिक्किम का महत्व

हम यहाँ संक्षेप में भारत के लिए सिक्किम के महत्व पर प्रकाश डालेंगे। सिक्किम की भौगोलिक स्थिति के कारण सिक्किम भारत के लिए एक बहुत ही महत्वपूर्ण राज्य रहा है, यद्यपि सिक्किम की आबादी और क्षेत्रफल भारत के एक बड़े शहर से अधिक नहीं है, परन्तु फिर भी सिक्किम के माध्यम से भारत की सुरक्षा संकट में पड़ सकती है। इसलिए भारत के लिए यह आरम्भ से महत्वपूर्ण रहा है। इसका महत्व निम्न बातों से प्रकट होता है।

(1) नाथूला और जेलथला दर्रो द्वारा संकट की स्थिति—ये दो दर्रे भारत की सुरक्षा के लिए संकट उत्पन्न कर सकते हैं। ये दर्रे तिब्बत और सिक्किम के बीच सम्पर्क मार्ग हैं और कोई भी विदेशी शक्ति तिब्बत होती हुई सिक्किम में प्रवेश करके भारत के उत्तरी क्षेत्र से भारत की सुरक्षा संकट में डाल सकती है। इस मार्ग से चीन आसानी से भारत में प्रवेश कर सकता है, क्योंकि भारत में प्रवेश के लिए चीन को यह सबसे छोटा और सरल मार्ग प्राप्त होगा।

(2) तिब्बत का चीन के आधिपक्य में होना—सिक्किम का महत्व भारत के लिए इसलिए और भी अधिक हो जाता है क्योंकि तिब्बत पर चीनी आधिपत्य है। जिस समय तिब्बत एक स्वतन्त्र देश था, उस समय इतना संकट नहीं था, क्योंकि भारत और तिब्बत के अच्छे सम्बन्ध थे। इसलिए कोई विदेशी शक्ति यदि भारत पर इस मार्ग से आक्रमण करने की योजना बनाती तो तिब्बत पहले तो ऐसा नहीं होने देता और यदि कोई शक्ति जबरदस्ती करती भी, तो इतना समय भारत को प्राप्त हो जाता कि भारत अपनी सुरक्षात्मक तैयारी कर सकता था। परन्तु अब ऐसा असम्भव है, क्योंकि तिब्बत पर चीनी प्रभुत्व है। अतः सिक्किम भारत का प्रवेश द्वार के साथ-साथ सुरक्षात्मक गढ़ भी है।

(3) सिक्किम की उपेक्षा का अर्थ संकटपूर्ण स्थिति—निश्चय ही यदि सिक्किम की किंचित मात्र भी उपेक्षा भारत ने की तो वह उसके लिए एक संकटपूर्ण स्थिति हो जाएगी। इसलिए भारत ने सिक्किम में शान्ति बनाए रखने की कोशिश की क्योंकि वहां अशान्ति का अर्थ अन्य देशों के पक्ष में हस्तक्षेप करने का अवसर देना था जो भारत के लिए अच्छी स्थिति न होती।

(4) चीन का सम्बन्धित आक्रमण इसी ओर से—यदि भविष्य में कभी भारत और चीन के सम्बन्ध आवश्यकता से अधिक खराब हो जाते हैं तो चीन का प्रयास यह रहेगा कि वह तिब्बत से सिक्किम होते हुए भारत की ओर बढ़ने का प्रयास करे। चीन के लिए वह सबसे सुगम मार्ग होगा। इसी कारण सिक्किम भारत के लिए एक ऐसा राज्य है जो सामरिक दृष्टिकोण से बहुत ही महत्वपूर्ण है।

5. भारत द्वारा सिक्किम को दी गई सहायता

सन्धि के अनुसार भारत को ही सिक्किम के विकास का उत्तरदायित्व निर्वाह किया जाना था। अतः भारत सिक्किम की आन्तरिक उन्नति तथा विकास हेतु समय-समय पर आर्थिक तथा अन्य प्रकार की सहायता प्रदान करता रहा है। सिक्किम में रेलें, डाक, तार, सड़क, हवाई अड्डे, टेलीफोन के विस्तार और व्यवस्था का अधिकार केवल भारत को ही मिला। अतः भारत पर इन सबका उत्तरदायित्व आ गया और भारत इन उत्तरदायित्वों की पूर्ति हेतु सिक्किम को सहायता प्रदान करता रहा। भारत की इस आर्थिक सहायता का प्रभाव सिक्किम देश पर अच्छा पड़ा, सिक्किम की आर्थिक दशा में क्रान्तिकारी सुधार सम्भव हुआ। सिक्किम के प्रति व्यक्ति की आय लगभग 690 रुपए है जो भारत के प्रति व्यक्ति की आय से अधिक है। सिक्किम की व्यवस्था से वहाँ के चौग्याल सन्तुष्ट रहे थोंडूप पालडेन तथा नामग्याल इत्यादि ने इस सम्बन्ध में भारत की प्रशंसा अनेक बार की है। भारत द्वारा सिक्किम की प्रथम तथा द्वितीय विकास योजनाओं में 9.6 करोड़ रुपया व्यय किया गया। 1970 में बनी तृतीय योजना में 9 करोड़ लगाने की व्यवस्था थी। इसके अतिरिक्त सुरक्षा सीमा चौकियों की व्यवस्था, तिब्बती शरणार्थियों सम्बन्धी खर्चे, इत्यादि की व्यवस्था भी भारत सरकार करती रही है। भारत सरकार ने सिक्किम को एक खाद का कारखाना खोलने में सहायता प्रदान की तथा सिक्किम के विकास में भारतीय व्यापारियों का भी योगदान रहा। इस प्रकार कहा जा सकता है कि भारतं ने सिक्किम की आर्थिक व्यवस्था सुधारने हेतु पूर्ण प्रयत्न किया है और इतनी अधिक सिक्किम की आर्थिक सहायता प्रदान की कि भारत से सिक्किम के प्रति व्यक्ति की आय औसत से अधिक हो गई।

कुछ समय तक तो सिक्किम में शान्ति से कार्य चलता रहा। परन्तु शीघ्र ही सिक्किम फिर विद्रोह के द्वार पर आ खड़ा हुआ। सिक्किम में होने वाले विद्रोह का भारत पर प्रभाव पड़ना अवश्यम्भावी था। अतः भारत इस परिस्थिति से चिन्तित हो गया। अन्त में भारत ने सिक्किम की समस्या से मुक्ति पाना उचित समझा।

6. सिक्किम को भारतीय संघ में मिलाने का उद्देश्य

(1) सिक्किम में शान्ति तथा व्यवस्था बनाए रखने हेतु—सिक्किम के चोग्याल तथा जनता में परस्पर मतभेद के कारण समय-समय पर सिक्किम में उपद्रव तथा अशान्ति उत्पन्न होने की सम्भावना उत्पन्न हो जाती थी। 1973 में यदि भारत द्वारा हस्तक्षेप कर मामले को सुलझा न लिया जाता तो निश्चय ही सिक्किम में गम्भीर स्थिति उत्पन्न हो जाती। भारत की सीमा पर स्थित इस छोटे से राज्य में अशान्ति उत्पन्न होने पर भारत पर विपरीत प्रभाव पड़ सकता था। इस आशंका को समाप्त करने के उद्देश्य से भारत ने सिक्किम को भारतीय संघ में सम्मिलित करना ही उचित समझा।

(2) भारत का एक प्रजातान्त्रिक देश होना—भारत पर सिक्किम सम्बन्धी अनेक उत्तरदायित्व थे, परन्तु भारत स्वयं एक प्रजातान्त्रिक देश है और उसे एक राजतन्त्रीय देश की समस्याओं से उलझना पड़ता था। इससे प्रशासन में दुविधा उत्पन्न होती थी। इसके अतिरिक्त स्वयं प्रजातन्त्र होने के कारण भी भारत की हार्दिक इच्छा थी कि सिक्किम में एक प्रजातन्त्रीय प्रणाली स्थापित होना ही श्रेयस्कर है। प्रारम्भ में भारत ने सिक्किम में ही प्रजातन्त्रीय प्रणाली स्थापित करने का प्रयास किया परन्तु अपने इस प्रयास में असफल होने पर भारत को यही उचित लगा कि सिक्किम को भारतीय संघ में सम्मिलित कर लिया जाए।

(3) सिक्किम की जनता की इच्छा—सिक्किम की जनता की भी हार्दिक इच्छा थी कि भारत सिक्किम को भी अपने संघीय राज्यों में सम्मिलित कर ले। चोग्याल के प्रशासन में सिक्किम की जनता को न तो पूर्ण अधिकार प्राप्त थे और न ही समस्त सुविधाएं प्राप्त थीं। अपने अधिकारों की प्राप्ति तथा प्रजातन्त्रीय प्रणाली के सुख की प्राप्ति की इच्छा ने सिक्किम की जनता को भारतीय संघ में सम्मिलित होने के लिए प्रेरित किया। 11 अप्रैल, 1975 को गंगटोक में एक विशाल सभा हुई। इस सभा ने सर्वसम्मति से प्रस्ताव पास किया कि चोग्याल को हटाया जाए और सिक्किम को भारत के अविभिन्न अंग का दर्जा दिया जाए। 14

अप्रैल, 1975 को सिक्किम में चोग्याल को हटाने तथा सिक्किम को भारत का अविच्छन्न अंग मानने के प्रश्न पर जनमत संग्रह हुआ। जनमत संग्रह के सम्बन्ध में अपना स्पष्टीकरण देते हुए सिक्किम के मुख्यमन्त्री काजी लेन्डुप दोरजी ने कहा कि यह मतदान जनता के हितों को संगठित करने के लिए किया जा रहा है। सिक्किम की जनता भारत में शामिल होना चाहती है। वास्तव में सिक्किम की आरम्भ से ही जनता की यह आकांक्षा रही कि वह संसार के सबसे बड़े लोकतन्त्र का अंग बने। सिक्किम की जनता की भावनाओं का आदर करते हुए संविधान में संशोधन करके सिक्किम को भारत का 23वाँ राज्य बना लिया गया।

(4) चोग्याल का अनुचित रवैया—सिक्किम के चोग्याल की आरम्भ से ही यह मान्यता रही कि सिक्किम एक स्वतन्त्र राज्य और उनकी स्थिति भूटान नरेश के समान है। उसने सिक्किम की विशिष्ट स्थिति का गलत अर्थ लगाया। सम्भवतः उनके देशी और विदेशी सलाहकारों ने, जिनमें उनकी अमेरिकन पत्नी श्रीमती होप कुक प्रमुख थी, उन्हें यह सलाह दी कि सिक्किम को एक स्वतन्त्र देश का दर्जा प्राप्त है। जब भी उन्हें अवसर मिला उन्होंने दबी जुबान से यह कहा कि भारत सरकार सिक्किम की स्वतन्त्रता का गला घोंट रही है। चोग्याल और उनकी अन्तरंग गोष्ठी के कतिपय सदस्यों ने जनमत का निरादर तथा निर्वाचित प्रतिनिधियों पर हमला करना आरम्भ कर दिया। जांच-पड़ताल के बाद ज्ञात हुआ स्वयं मुख्यमंत्री काजी लेन्डुप दोरजी की हत्या का षड्यन्त्र रचा गया। चोग्याल ने गंगटोक में तथा आसपास हत्या और उपद्रवों का जाल बिछा रखा था। भारत सरकार ने इस पर तीव्र आपत्ति प्रकट की तथा चोग्याल को यह चेतावनी देने के लिए बाध्य होना पड़ा कि वह चोग्याल के उपद्रवों को सहन नहीं करेगी। ऐसी परिस्थिति में भारत सरकार ने सिक्किम में हुए जनमत संग्रह का आदर करते हुए सिक्किम को भारत-संघ में शामिल करने की आवश्यक कार्यवाही की।

(5) सिक्किमी जनता का विशेष अनुरोध—सिक्किमी जनता का मन्त्रिमंडल भारतीय संघ में सम्मिलित होने का विशेष इच्छुक था। भारतीय नेताओं पर सिक्किमी जनता का बार-बार इस सम्बन्ध में दबाव पड़ रहा था।

(6) भारतीय संसद में प्रतिनिधित्व पाने का सिक्किम की जनता का प्रयास—सिक्किम की जनता को यह विश्वास हो गया था कि सिक्किम का पूर्ण विकास उसी समय सम्भव है जबकि सिक्किम को भारतीय संसद में प्रतिनिधत्व प्राप्त हो। जनता के सहयोग से सिक्किम के मन्त्रिमंडल ने भारतीय नेताओं से अनुरोध किया कि सिक्किम के प्रतिनिधियों को तुरन्त ही भारतीय संसद में,

प्रतिनिधत्व हेतु आमन्त्रित किया जाऐ। सिक्किम का सहयोग पाने के लिए भारत सिक्किम की जनता के अनुरोध को नहीं टाल सकता था। परन्तु भारतीय संसद में सिक्किम को उसी समय प्रतिनिधित्व प्रदान किया जा सकता था, जबकि सिक्किम भारतीय संघ में समिलित हो जाता। अतः भारत के लिए यह आवश्यक हो गया है कि सिक्किम को भारत का अंग बना लिया जाए।

7. भारत द्वारा की गई कार्यवाही

जब चोग्याल के अत्याचार जनता पर दिन-प्रतिदिन बढ़ते गए और चोग्याल ने जनता के चुने हुए प्रतिनिधियों की उपेक्षा की तो सिक्किमी जनता ने भारतीय संघ में मिलाने की इच्छा तीव्र रूप से प्रकट करनी प्रारम्भ कर दी। परन्तु भारत में सिक्किम के पूर्णरूप से विलय के लिए यह आवश्यक था कि चोग्याल के पद की पूर्णरूप से समाप्ति कर दी जाए। चोग्याल सिक्किम का एक ऐतिहासिक व्यक्ति था और उसके पद पर रहते हुए सिक्किम का पूर्णरूप से भारत में विलय असम्भव था। अतः सिक्किम की जनता ने चोग्याल के पद को समाप्त करना ही उचित समझा। चोग्याल के पद की समाप्ति हेतु सिक्किमी जनता की जनमत के माध्यम से इच्छा जानी गई। इस बीच चोग्याल ने विदेशी शक्तियों से सम्पर्क करना चाहा, परन्तु सिक्किमी जनता ने उसे ऐसा नहीं करने दिया और चोग्याल के सम्पर्क के सभी साधन भंग कर दिए गए। 15 अप्रैल 1975 को सिक्किमी जनता ने चोग्याल के पद को समाप्ति की स्वीकृति भारी बहुमत से प्रदान कर दी। जनता की स्वीकृति के तुरन्त बाद ही काजी लेन्डुप दोरजी ने 16 अप्रैल 1975 को भारत सरकार से उचित कार्यवाही करने का अनुरोध किया। काजी लेन्डुप दोरजी का अनुरोध था कि कार्यवाही तुरन्त की जानी चाहिए। भारत ने काजी लेन्डुप दोरजी के अनुरोध को तुरन्त स्वीकार करते हुए कार्यवाही करना प्रारम्भ किया। भारती संसद में सिक्किम को भारत का अंग बनाने के लिए विधेयक प्रस्तुत किया गया। भारतीय प्रतिनिधियों ने सिक्किम को भारतीय संघ में सम्मिलित करने की स्वीकृति सरकार को दे दी। मई 1975 के प्रारम्भिक सप्ताह तक भारत की सभी प्रान्तीय व्यवस्थापिका सभाओं ने भी सिक्किम को भारत का एक अंग बनाने को स्वीकृति प्रदान कर दी। 16 मई 1975 को भारत ने पी. सी. लाल को सिक्किम का गवर्नर नियुक्त करके भेज दिया। इसी दिन काजी लेन्डुप दोरजी को भी शपथ दिलाई गई तथा गंगटोक पर भारतीय राष्ट्रीय ध्वज फहरा दिया गया। इस प्रकार सिक्किम को भारत का एक अंग बना लिया गया।

क्या भारत का यह कदम उचित था?

अब प्रश्न यह उठता है कि भारत ने ऐसा करके क्या उचित किया है? गम्भीरतापूर्वक अध्ययन करने के बाद हम इसी निष्कर्ष पर पहुंचते हैं कि भारत ने यह कदम बहुत सोच-विचार कर उठाया है, तथा प्रत्येक दृष्टिकोण से यह कार्यवाही उचित है। भारत ने ऐसा करके सिक्किम की जनता का विश्वास जीता तथा सिक्किम से उत्पन्न होने वाले संकट पर विजय पाई है। चीन और पाकिस्तान ने भारत के इस कार्य की आलोचना की थी। इस सम्बन्ध में तत्कालीन प्रधानमंत्री श्रीमती इन्दिरा गांधी ने कहा था कि चीन और पाकिस्तान का दृष्टिकोण इस मामले में आत्म विरोधी है क्योंकि चीन ने कुछ साल पहले बिना जनमत संग्रह कराए तिब्बत को हड़प लिया था और पाकिस्तान ने हुंजा को निगल लिया। अब इन दोनों देशों को भारत की आलोचना करने का क्या अधिकार है? विशेषकर इस सन्दर्भ में कि, भारत ने जो कुछ भी किया वह सिक्किम की जनता की इच्छा से ही किया। वास्तविकता यह है कि भारत सरकार से भी अधिक सिक्किम की जनता सिक्किम को भारत में शामिल करने के पक्ष में थी। अतः भारत सरकार सिक्किम को भारत संघ का अंग बनाना किसी भी दृष्टिकोण से अनुचित नहीं था।

अध्याय-2
भारत-भूटान

1. भूटान की भौगोलिक स्थिति

भूटान उत्तर में तिब्बत से और पश्चिम में सिक्किम तथा तिब्बत की चुम्बी घाटी से परिबद्ध है। पूर्व तथा दक्षिण में असम और पश्चिम-बंगाल के भारतीय राज्यों से घिरा हुआ है। भूटान का क्षेत्रफल लगभग 18,000 वर्ग मील है। भूटान की आबादी लगभग साढ़े दस लाख है। अपनी भौगोलिक स्थिति के कारण एक लम्बे समय तक भूटानियों का सम्बन्ध बाहरी दुनिया से लगभग नहीं के बराबर ही रहा। इसके सम्बन्ध में किवदन्ती है कि लगभग 500 वर्ष पूर्व तिब्बत के खामा प्रान्त के व्यक्तियों ने यहां आकर इस पर अपना प्रभुत्व स्थापित कर लिया था तथा वर्तमान महाराज के पूर्वजों ने लामाओं के प्रभुत्व को समाप्त कर अपना अधिकार भूटान में जमाया, लामाओं के प्रभुत्व से भूटान को छुड़ाकर वर्तमान राजा के पूर्वजों ने 1772 में ब्रिटिश शासन से एक सन्धि कर भूटान के वैदेशिक मामले तथा सुरक्षा-सम्बन्धी कार्य ब्रिटिश भारत को सौंप दिए। आधुनिक भूटान के एकीकरण का कार्य सन् 1907 में प्रारम्भ हुआ और 1947 में भारत से ब्रिटिश सत्ता के लुप्त हो जाने के साथ ही भारत सरकार ने अपनी पूर्वगामी सरकार से विरासत में भारत भूटान के सम्बन्धों का उत्तरदायित्व भी प्राप्त किया था।

2. भारत भूटान सन्धि 1949

1947 में ब्रिटिश सत्ता का लोप होते ही भूटान एक पृथक, स्वाधीन और प्रभुता-सम्पन्न राज्य बन गया था, जिसके साथ सन्धि-सम्बन्धों की स्थापना केवल समानता के आधार पर की जा सकती थी। इसी आधार पर नए सम्बन्ध बनाने की दृष्टि से 8 अगस्त, 1949 को भारत और भूटान में एक सन्धि हुई। इस सन्धि में निम्न उपबन्ध थे–

(1) इस सन्धि के अनुच्छेद 2 में कहा गया कि "भारत सरकार यह जिम्मेदारी ग्रहण करता है कि उसके द्वारा भूटान के आन्तरिक प्रशासन में कोई हस्तक्षेप नहीं किया जाएगा। अपनी ओर से भूटान-सरकार भी अपने विदेश-सम्पर्क में भारत सरकार की सलाह द्वारा निर्देशित होना स्वीकार करती है।" इसका स्पष्ट अर्थ था कि भारत भूटान के आन्तरिक मामलों में कोई हस्तक्षेप नहीं करेगा, लेकिन उसके अपने विदेश-सम्बन्ध भारत की सलाह से ही स्थापित करने होंगे।

(2) इस सन्धि के अनुसार भूटान भारत से अथवा भारत के बाहर से अस्त्र-शस्त्र आयात कर सकता है। लेकिन भारत इसके लिए उसी समय तक अनुमति देगा जब तक कि उसे इन शस्त्रों के अनुचित उपयोग का भय नहीं है। भूटान सरकार इन हथियारों का निर्यात नहीं कर सकती।

(3) इस सन्धि के द्वारा भूटान को भारत से व्यापार के लिए परिवहन की प्रत्येक सुविधा प्रदान की गई।

(4) इस सन्धि के अनुच्छेद 7 के अनुसार यह व्यवस्था की गई कि दोनों देश के एक दूसरे के यहाँ रहने वाले नागरिकों को सम्बन्धित देश के नागरिकों के समान ही सुविधाएँ प्राप्त होंगी।

(5) इस सन्धि के द्वारा यह व्यवस्था की गई कि यदि कोई भारतीय नागरिक अथवा विदेशी भारत में कोई अपराध करके भूटान में भाग जाए तो भारत सरकार अथवा उसके द्वारा अधिकृत किसी अधिकारी द्वारा इनके प्रत्यार्पण की माँग किए जाने पर भूटान सरकार उन्हें भारत को अभ्यर्पित करेगी।

(6) इस सन्धि के सम्बन्ध में मतभेद या विवाद उत्पन्न होने पर, इन्हें सर्वप्रथम आपसी बातचीत द्वारा सुलझाए जाने की व्यवस्था थी। लेकिन इस प्रकार समाधान न होने पर इसे एक अधिकरण (Tribunal) को सौंपे जाने की व्यवस्था की गई।

(7) इस सन्धि को चिरकाल तक के लिए उस समय तक लागू माना गया जब तक कि परस्पर सहमति द्वारा इसमें संशोधन अथवा इसे समाप्त न किया जाए।

इस सन्धि से भारत तथा भूटान दोनों को ही लाभ हुआ। भारत को यह लाभ हुआ कि सीमा से लागे हुए इस देश में उसकी अनुमति के बिना किसी भी प्रकार की वैदेशिक गतिविधि नहीं हो सकती थी अतः इस प्रकार की सन्धि भारत की सुरक्षा के लिए आवश्यक थी। इस सन्धि द्वारा भूटान को भी लाभ हुआ। भूटान

जैसे देश की वैदेशिक नीति का संचालन सन्धि के अनुसार भारत को करना था यद्यपि इस सन्धि में भूटान की सुरक्षा का भार भारत पर नहीं था, परन्तु भारत-चीन युद्ध की परिस्थितियों से भयभीत होकर भूटान ने अपनी सुरक्षा का भार भी भारत को प्रदान कर दिया।

3. भारत के लिए भूटान का महत्व

भारत-चीन युद्ध के पश्चात से भारत के लिए भूटान का महत्व बहुत बढ़ गया है। चीन के मानचित्रों में भूटान का लगभग 300 वर्गमील का क्षेत्र तिब्बतीय प्रदेश घोषित किया गया था। अब तिब्बत पर चीन का प्रभुत्व है और किसी भी क्षण तिब्बत के क्षेत्र की माँग करता हुआ चीन भूटान के प्रदेश में प्रवेश कर सकता है। इस प्रकार भूटान की सम्प्रभुता को तो संकट उत्पन्न हो ही जाएगा, भारतीय सीमा-क्षेत्र भी संकट की स्थिति में पड़ जाएँगे। अतः भूटान सिक्किम के समान ही भारत के लिए एक महत्वपूर्ण देश है। भारत के लिए यह उत्तरी सीमा अत्यन्त महत्वपूर्ण है, चीन के प्रभुत्व के साथ-साथ भारत को यह भी ध्यान रखना होगा कि भूटान पर किसी प्रकार का कूटनीतिक विदेशी दबाव भी न पड़ें। भूटान की भूमि समुद्र से दस हजार फुट ऊँची है तथा अधिकांश समय में बर्फ से ढकी रहती है। अतः इस क्षेत्र में सुरक्षा का कार्य बहुत जटिल है। 1962 के चीनी आक्रमण के बाद से भूटान ने अपनी प्रतिरक्षा का भार भारत को सौंप दिया है।

4. भूटान का संयुक्त राष्ट्र में प्रवेश और भारत का समर्थन

यद्यपि भूटान भारत के लिए एक सुरक्षित देश रहा है, परन्तु संयुक्त राष्ट्र संघ में प्रवेश की भूटान की इच्छा प्रारम्भ से ही रही है। उस पहाड़ी देश में राष्ट्रीय भावना का उदय होने लगा था और भारत ने भी विचार किया कि अन्य प्रकार से राष्ट्रीय भावना प्रदर्शित न हो, उससे यही अच्छा है कि भूटान की राष्ट्रीय भावना को संघ में पहुँचाकर शान्त कर दिया जाए। इसलिए जब भूटान ने संयुक्त राष्ट्र संघ में प्रवेश की इच्छा व्यक्त की तो भारत ने इसका विरोध नहीं किया। 1966 में जब भूटान-नरेश ने अपनी इच्छा व्यक्त की कि वह संघ का सदस्य बनना चाहता है तो भारत ने उनकी इच्छा का समर्थन किया। परन्तु भूटान नरेश कई वर्षो तक संघ में अपने पर्यवेक्षक भेजकर उनकी गतिविधियों का अध्ययन करते रहे, इसके पश्चात् 10 जनवरी, 1970 को भूटान-नरेश जिग्मे दोरजी वांग्चुक ने स्वयं संयुक्त

राष्ट्र की सदस्यता के लिए आवेदन-पत्र पेश किया। मई 1970 में भारत के तत्कालीन विदेश मन्त्री श्री दिनेश सिंह ने भूटान नरेश और उसकी परामर्शदात्री समिति को आश्वासन दिया कि भारत भूटान के संयुक्त राष्ट्र में प्रवेश का समर्थन करेगा तथा अन्य देशों से सम्बन्ध स्थापित कर अनुकूल वातावरण तैयार करने में सहयोग प्रदान करेगा। जब भूटान संयुक्त राष्ट्र संघ का सदस्य बनने का प्रयत्न कर रहा था तो भारत ने कुछ क्षेत्रों में भूटान की इस गतिविधि को सन्देह की दृष्टि से देखते हुए कहा गया कि कदाचित वैदेशिक मामलों में अब भारत पर भूटान को विश्वास नहीं रहा है। इस कारण भूटान संयुक्त राष्ट्र संघ के माध्यम से विश्व के अन्य देशों से सम्बन्ध स्थापित करने का प्रयास कर रहा है। लेकिन भारत सरकार भूटान के संयुक्त राष्ट्र संघ में प्रवेश का समर्थन करती रही और भारत के प्रयत्नों तथा सहयोग से भूटान को सितम्बर 1971 में संयुक्त राष्ट्र संघ की सदस्यता प्राप्त हो गई। भूटान संघ को 127वाँ सदस्य बना लिया था। इस अवसर पर संयुक्त राष्ट्र में भारत के स्थायी प्रतिनिधी ने कहा था कि भूटान की स्वतन्त्र महत्ता, स्थिति और राष्ट्रत्व का अन्तिम प्रकटीकरण है। संयुक्त राष्ट्र संघ का सदस्य बनने के पश्चात् भी भूटान भारत के परामर्श को वैदेशिक और सैनिक मामलों में स्वीकार करता है। वह जानता है कि भारत से शत्रुता अथवा तटस्थता रखना उसी के लिए महत्वपूर्ण है। संयुक्त राष्ट्र का सदस्य बनने के बाद वे दोनों देशों के सम्बन्धों में कोई अन्तर नहीं आया है।

संयुक्त राष्ट्र सुरक्षा परिषद की जिस स्थायी सदस्यता को पाने के लिए भारत आज पुरजोर कोशिश कर रहा है। उसे पूर्व में एक बार हमारा देश ठुकरा चुका है। उल्लेखनीय है कि पूर्व प्रधान मंत्री जवाहर लाल नेहरू ने 1952 में अमेरिका द्वारा सुरक्षा परिषद में भारत को स्थायी सदस्यता देने के प्रस्ताव को ठुकराकर यह सीट चीन को देने का समर्थन किया था। भारत के पूर्व नेता विपक्ष लालकृष्ण आडवानी ने भी ब्लॉग पर सुरक्षा परिषद की सदस्यता को ठुकराने को भारत के हितों पर चोट की संज्ञा दी हैं।

5. भूटान के विकास में भारत का सहयोग एवं सहायता

भूटान के विकास कार्यो में भारत ने पूर्ण सहयोग तथा सहायता प्रदान की है। 1960 से पूर्व भूटान में एक भी ऐसी सड़क नहीं थी, जिस पर कोई मोटर चलाई जा सके। खच्चरों के माध्यम से ही यात्रा की थी, परन्तु भारतीय सहयोग और सहायता से स्थिति में अब आकाश पाताल का अन्तर आ गया है। भारत द्वारा

अनेक सड़कों के निर्माण में भूटान के मुख्य स्थानों तक पक्की सड़कों का निर्माण हो चुका है। कई हवाई पट्टियों का निर्माण भी हुआ है। भूटान की प्रथम विकास योजना के लिए भारत ने 18 करोड़ रुपए की सहायता प्रदान की तथा योजना विशेषज्ञ भी भूटान भेजे। भूटान की दन्तक प्रोजेक्ट योजना के अन्तर्गत 1,000 किलोमीटर लम्बी सड़क के निर्माण के लिए 30 करोड़ रुपए की सहायता भी भारत द्वारा की गई। इसके अतिरिक्त भूटान के छात्रों को भारत में अध्ययन प्राप्त करने की सुविधाएँ प्रदान की गई हैं। आज 500 से भी अधिक भूटानी छात्र भारत में अध्ययन कर रहे हैं। व्यवसायिक एवं तकनीकी विकास के लिए भी भारत द्वारा निरन्तर भूटान को आर्थिक सहायता प्रदान की जा रही है। भारत के सहयोग से ही भूटान की नई राजधानी थिंपू का निर्माण किया गया है। इसके अतिरिक्त शिक्षा एवं चिकित्सा के क्षेत्र में भी महत्वपूर्ण सहयोग दिया जा रहा है। वहाँ की शासन व्यवस्था को आधुनिक बनाने के लिए भी भारतीय विशेषज्ञों ने भूटान को सहयोग प्रदान किया है।

6. भारत तथा भूटान के सम्बन्ध

भारत और भूटान के सम्बन्ध प्रारम्भ से ही मैत्रीपूर्ण रहे हैं। भारत ने भूटान को कोलम्बो योजना तथा संयुक्त राष्ट्र का सदस्य बनवाने में महत्वपूर्ण योगदान दिया। भूटान ने भी बंगलादेश में घटी घटनाओं के सम्बन्ध में भारत और बंगलादेश का समर्थन किया तथा भारत के साथ ही बंगलादेश की स्वतन्त्रता के पश्चात् उसे तुरन्त ही मान्यता देकर भारत का साथ दिया तथा बंगलादेश से राजनायिक सम्बन्ध स्थापित करने की घोषणा की।

सन् 1971 से पूर्व तक भूटान भारत का संरक्षित राज्य (Protectorate) था लेकिन सन् 1971 में भारत ने इस मित्र देश की सम्पूर्ण प्रभुत्व-सम्पन्नता स्वीकार कर अपनी उदारता का परिचय दिया। अप्रैल, 1975 में जब सिक्किम का भारत में विलय हुआ तब भी भूटान ने भारत के विरुद्ध कुछ नहीं कहा, जबकि सिक्किम के राजपरिवार से भूटान के राज-परिवार के पारिवारिक सम्बन्ध है। संयुक्त राष्ट्र संघ में हर प्रश्न पर भूटान भारत का समर्थन करता रहा है। अन्तर्राष्ट्रीय सम्बन्धों में भारत भूटान का बड़ा भाई है, लेकिन उसने कभी भी भूटान पर अपनी इच्छा लादने की कोशिश नहीं की। भूटानी योजनाओं का लगभग 95 प्रतिशत व्यय भारत ही वहन कर रहा है। भूटान नरेश ने अप्रैल, 1977 तथा बाद में भारत की यात्रा की। इससे दोनों देशों में मित्रता और बन्धुता के अपने विशिष्ट सम्पर्क को पुनः स्पष्ट करने का अवसर मिला।

7. भारतीय तन्त्र और आम आदमी

भारत के पिछले दशकों का मूल्यांकन करें तो भारत में कश्मीर से लेकर कन्याकुमारी तक और मणिपुर से लेकर अरब सागर तक व्याप्त भ्रष्टाचार, अन्याय, अत्याचार और संघटित अपराध की सिर्फ फेहरिस्त ही तैयार करें तो लेख़ पूरा हो सकता है। कश्मीर में पिछले कई दिनों से चल रही हिंसा और तमिलनाडु (कन्याकुमारी) तक भ्रष्टाचार की और मणिपुर के सशस्त्र बल विशेष अधिनियम से शुरू करके देश के हृदयस्थल मध्य प्रदेश में पहुँचेगे, जहाँ पर देश के सर्वाधिक कुपोषित बच्चे निवास करते हैं। परन्तु भारत का तन्त्र न तो बुद्धिजीवियों की बात सुनना चाहता है और न ही आम आदमी की। वह अपने ही मद में चूर है और आर्थिक लाभ के लिए किसी भी हद तक जाने को तैयार है। आई. पी. एल. घोटाले ने शेयर घोटाले को फीका कर दिया था और राष्ट्रमण्डल खेलों में हुए घोटाले ने आई. पी. एल. को स्मृति से बाहर कर दिया है भारत में पिछले गुनाहों को छिपाने के लिए अगले गुनाहों की तीव्रता बढ़ा दी जाती है। यह एक तरह से उस सीख को मान लेना है कि एक रेखा को छोटी दिखाने के लिए एक बड़ी रेखा खींचो। इसी तरह हमारे यहाँ हर महीने होने वाला एक बड़ा अपराध पिछले महीने हुए अपराध को छोटा सिद्ध करता जा रहा है।

आम आदमी तो हजारों सालों से नरकीय जीवन जी रहा है। भारत के इतिहास में पहली बार 15 अगस्त, 1947 को एक आस बँधी थी कि अब हमारा राज आयेगा। इसके बाद बालिग मताधिकार ने और भी उम्मीदें जगायीं, लेकिन 350 से अधिक देशी रियासतों का एकीकरण कर जिस देश को 'भारत' के नाम पर एक किया गया था, वह छः दशक बाद मात्र 100 अरबपतियों की जागीर बनकर रह गया और देश की संसद और राज्य विधानसभाओं के अधिकांश सदस्य इन्हीं अरबपतियों के नजरिये से देश का विकास हमें समझाने लगे हैं, वरना लोकसभा में महँगायी पर हुई बहस का जवाब देते हुए वित्तमन्त्री महँगाई के लाभ नहीं गिनाते, क्योंकि अर्थशास्त्र के हिसाब से विकास के लिए मुद्रास्फीति का होना आवश्यक है आय यदि मुद्रास्फीति होगी तो महँगी भी होगी।

परन्तु स्वाधीनता दिवस के दस दिन पहले भी उन्होंने यह नहीं सोचा कि यह विकास किसके लिए है? महात्मा गांधी एकदम ठीक कहते थे कि देश को अर्थशास्त्री नहीं, बलिक विचारक बेहतर तरीके से चला सकते हैं। मगर हमारा पूरा तन्त्र अर्थशास्त्र का एक पाठ बनकर रह गया है।

पिछले दिनों मध्यप्रदेश के दो आईएएस अधिकारियों के बारे में समाचार

छपे। एक आईएएस के बारे में छपा था कि उसने शेयर बाजार में 300 करोड़ से अधिक का निवेश किया। दो दिन बाद दूसरे आईएएसस के बारे में खबर छपी कि उसकी पत्नी के नाम से 13 करोड़ रुपये का निवेश शेयर बाजार में हुआ है। इससे आप अफसरशाही में व्याप्त असमानता को पहचान सकते हैं। वैसे ही हम सब तो पूर्व में तय किये पैमाने को ही छूना चाहते हैं। अब अगर हर अधिकारी उस 300 करोड़ के पैमाने को नहीं छू पायेगा तो फिर सिर उठाकर कैसे जी पायेगा? वैसे अपवादों की गुंजाइश हमेशा रहती है और यहाँ भी है।

यह हमारा सौभाग्य भी है कि हमने उस देश में विद्यमान प्रत्येक राजनैतिक एवं आर्थिक विचारधारा का शासन देख लिया है। शुरुआती वर्षों में पंजाब आदि में हुए भूमि सुधारों के बाद 70 के दशक में पश्चिम बंगाल में वामपन्थी दलों की सरकार ने 'ऑपरेशन बरगा' के माध्यम से भूमि सुधार कर देश में नयी चेतना का संचार किया था परन्तु यह विचार भी आज धुंआ होता नजर आता है। आम आदमी को सुख पहुँचाने के लिए नये-नये कानून बनाये जा रहे हैं लेकिन उसी आम जनता की लड़ाई लड़नेवाले की या तो गुजरात उच्च न्यायालय में गोली मारकर हत्या कर दी जाती है या मध्यप्रदेश में ऐसे आदिवासी को लकड़ी की तस्करी के आरोप में जेल भेज दिया जाता है। दोनों ही स्थिति में आम आदमी निःसहाय है, क्योंकि औपनिवेशिक कानून के हिसाब से अभियोजन का अधिकार तो सिर्फ सरकार के पास सुरक्षित है। सारी दुनिया को छः दशक पहले भारत की आजादी से बहुत उम्मीदें थीं। भरत को तीसरी दुनिया का वैचारिक अगुआ माना जा रहा था। परन्तु धीरे-धीरे भारत ने अपनी उस जिम्मेदारी से मुँह मोड़ा और आज वह गुटनिरपेक्ष देशों का अगुआ नहीं बल्कि एक अन्य गुट का अदना-सा अनुयायी बनकर रह गया है। आज वह एक देश नहीं बल्कि एक उभरती हुई अर्थव्यवस्था और बड़ा बाजार भर है, इसलिए एक चमकता हुआ देश आज चरमराता-सा नजर आ रहा है।

सर्वदलीय प्रतिनिधिमण्डल का कश्मीर मिशन अपने उद्देश्यों में भले सफल न हुआ हो, किन्तु इसे शान्ति की तलाश में अच्छी शुरुआत माना जाएगा। कर्फ्यू और अशान्ति के बीच अपने दो दिवसीय प्रवास काल में प्रतिनिधिमण्डल ने जमीनी हालात का जायजा लिया और जनता की तकलीफों की जानकारी ली। सबसे बढ़िया काम यह हुआ कि अलगाववादियों के इनकार के बावजूद प्रतिनिधिमण्डल के प्रमुख सदस्यों ने उनसे सम्पर्क साधा और उनके विचार सुने। यह तो पहले से ही माना जा रहा था कि इस मिशन से पूर्वाग्रहग्रस्त अलगाववादियों

के रवैये में कोई परिवर्तन नहीं होगा और यही हुआ। उन्होंने अपना पुराना एजेण्डा ही दुहराया, जिसे भारत खारिज कर चुका है। प्रतिनिधिमण्डल के नेता स्वराष्ट्रमन्त्री चिदम्बरम ने स्पष्ट किया कि कश्मीर भारत का अभिन्न अंग है और संविधान के दायरे में ही अलगाववादियों की समस्याओं का समाधान किया जा सकता है इसे विवादित क्षेत्र नहीं माना जा सकता है। अलगाववादी जहाँ एकजुट दिखे, वहीं राज्य के राजनैतिक दल दलीय स्वार्थों से ऊपर नहीं उठ सके। कश्मीर में शान्ति कैसे हो, इस पर एक राय नहीं बन सकी, जो दुर्भाग्यपूर्ण है। पीपुल्स डेमोक्रेटिक पाटी (पी.डी.पी.) का व्यवहार तो अलगाववादियों जैसा ही देखने को मिला। जहाँ तक उमर अब्दुल्ला की सरकार का प्रश्न है, उनके इस्तीफे से कुछ नहीं बदलेगा बल्कि अलगाववादी जमातें इसे अपनी जीत समझेंगी और उनकी उन्मत्तता भी बढ़ेगी। उमर अब्दुल्ला समझते हैं कि यदि राज्य को स्वायत्तता दे दी जाय तो समस्या का समाधान हो जायगा। इस समय राज्य की जो स्थिति है, उसमें यदि उक्त सुझाव मान लिया जायगा तो उसके दुष्परिणाम ही होंगे। पहले से ही धारा 370 के अन्तर्गत कश्मीर को जो विशेषाधिकार प्रदान किये गये हैं, वे राज्य की स्वायत्तता का प्रतिरूप ही हैं। जहाँ तक वार्तालाप का सम्बन्ध है, अभी माहौल ठीक नहीं हैं। शान्ति के बिना कोई भी पहल सार्थक नहीं हो सकती है। सम्प्रति कश्मीर की जनता, विशेषकर युवकों के घावों पर मरहम लगाने की जरूरत है। केन्द्र और जम्मू-कश्मीर सरकार को इस दिशा में युद्ध-स्तर पर प्रयास आरम्भ कर देना चाहिये।

8. जन मानस में देशभक्त और जनसेवक

ऐसे समय में जब देश में गरीबी का ग्राफ स्तर निरन्तर बढ़ रहा हो, महँगाई रिकार्ड-दर-रिकार्ड तोड़ रही हो, भ्रष्टाचार अपनी सीमाएं लांघ चुका हो और आतंकवाद अपने चरम पर पहुँच चुका हो, तब निःस्वार्थ जनसेवा का दम्भ भरनेवाले सांसदों द्वारा अपने वेतन और भत्ते बढ़वाना क्या सिद्ध करता है? यही कि अब राजनीति विशुद्ध रूप से रोजगार का साधन अथवा व्यापार बन गयी है, जिसमें स्वहित ही सर्वोपरि होता है। आजादी के लिए हँसते-हँसते अपनी जान न्यौछावर कर देनेवाले उन लाखों भारतीयों ने क्या कभी कल्पना भी की होगी कि जिस देश के लिए वे अपनी जान कुर्बान कर रहे हैं, उस देश का भार उठानेवाली अगली पीढ़ियां अपने स्वार्थ को सर्वोच्च प्राथमिकता देंगी।

गौरतलब है कि 20 अगस्त 2010 को केन्द्र सरकार ने सांसदों का वेतन 16

हजार रुपये से बढ़ाकर 50 हजार रुपये प्रति मास करने की घोषणा की थी। इसी क्रम में उनका कार्यालय खर्च 20 हजार से बढ़ाकर 40 हजार रुपये प्रति मास तथा निर्वाचन क्षेत्र का व्यय भी 20 हजार से बढ़ाकर 40 हजार रुपये प्रति मास कर दिया गया। सदन में उपस्थिति के दौरान दैनिक भत्ता एक हजार की जगह दो हजार हो जाएगा। एक बार सांसद बनने पर मिलनेवाली पेंशन आठ हजार की जगह 20 हजार रुपये प्रति मास होगी। सांसद रहने के प्रति वर्ष के हिसाब से पेंशन में होने वाली 500 रुपये की वार्षिक वृद्धि अब 1500 रुपये प्रति वर्ष होगी। इसके अतिरिक्त वाहन खरीदने के लिए मिलनेवाले ब्याज-मुक्त कर्ज की सीमा एक लाख से बढ़कर चार लाख रुपये हो गयी है। सड़क से यात्रा करने पर 13 रुपये प्रति किलोमीटर की जगह 16 रुपये प्रति किलोमीटर की दर से भुगतान होगा। सांसद की पत्नी या पति जितनी बार चाहेंगे, उतनी बार प्रथम श्रेणी की हवाई यात्रा मुफ्त में कर सकेंगे। कुल मिलाकर सारांश यह है कि यदि एक बार आप सांसद बन गये तो चाँदी ही चाँदी है।

सांसदों की वेतनवृद्धि मामले में जिस तरह से गम्भीरता एवं तत्परता दिखायी गयी, विपक्षी दलों द्वारा सरकार पर जिस तरह से दबाव बनाया गया, वैसा अन्य मुद्दों पर क्यों नहीं होता है? यदि ऐसी गम्भीरता एवं तत्परता तथा विपक्षी दलों का दबाव अन्य सभी मुद्दों पर दिखाई देने लगे तो इस देश को विकसित राष्ट्र बनाने का स्वप्न अति शीघ्र ही पूरा हो जाएगा। इस पूरे प्रकरण में एक बात और उभरकर आयी है, वह यह कि कुछ सांसद अपना वेतन सरकारी सचिवों के वेतन 80 हजार रुपये प्रति मास से अधिक रखना चाहते हैं। सचिवों से कम वेतन लेना उन्हें अपमानजनक लगता है। उनका तर्क है कि वरीयता क्रम में सांसद सचिव से ऊपर होता है, इसलिए सांसदों का वेतन सचिवों से अधिक होना चाहिए। समझना कठिन है कि सांसदों और सचिवों की तुलना का आधार क्या है? यहाँ यह स्पष्ट होना चाहिए कि सांसदों को सचिवों के मुकाबले वरीयता क्यों दी जाती है? शायद इसलिए क्योंकि प्रजातान्त्रिक व्यवस्था में प्रजा सर्वोपरि होती है और नौकरशाही का स्थान प्रजा से नीचे होता है। सांसद प्रजा द्वारा चुने गये प्रतिनिधि होते हैं तथा निःस्वार्थ जनसेवा करते हैं। अतः सांसदों का स्थान सचिवों से ऊपर होना स्वाभाविक है। परन्तु यदि दूसरे दृष्टिकोण से विचार किया जाय तो कितने ऐसे सांसद हैं, जो एक सचिव की योग्यता के समक्ष कहीं भी ठहरते हों। सांसद बनने का अधिकार अनपढ़ और अँगूठा छाप व्यक्ति को भी होता है परन्तु क्या सचिव भी हर कोई बन सकता है? आज की यदि भ्रष्ट राजनीति का स्वरूप देखा जाय तो अधिकांश सांसद धनबल, बाहुबल, जोड़तोड़, सम्प्रदायवाद तथा जातिवाद

की ओछी राजनीति के बल पर सांसद बने हुए हैं, आगे भी बनेंगे। सांसद निधि से करोड़ों रुपये की अवैध कमाई करनेवाले सांसदों से हमारा सदन भरा पड़ा है, जिनमें स्वार्थपरता का स्पष्ट दर्शन होता है। सदन में बैठने के लिए इन माननीयों को दैनिक भत्ते के रूप में दो हजार रुपये प्रतिदिन प्राप्त होता। चाय, नाश्ता, सुरक्षा तथा वातानुकलित व्यवस्था अलग से। कुल मिलाकर देश की गरीबी मिटाने की चर्चा होगी परन्तु अमीरी अन्दाज में। इसके अलावा सदन में हंगामा, अनैतिक आचरण एवं तोड़फोड़ भी करेंगे अर्थात् इन सबका भत्ता भी दो हजार रुपये प्रतिदिन होगा।

आखिर एक जनप्रतिनिधि को वेतन एवं दैनिक भत्ता क्यों लेना चाहिए? जनप्रतिनिधि तो देश की निःस्वार्थ सेवा करने के लिए राजनीति में कदम रखते हैं। वेतन तो नौकरों को मिलता है। अन्य भत्तों की बात तो समझ में आती है, क्योंकि विभिन्न दायित्वों के निर्वहन में खर्च होना स्वाभाविक है। वेतन और दैनिक भत्ता लेने के बाद क्या यह नहीं कहा जाना चाहिए कि सांसद जनता से अपने सांसद होने का मूल्य वसूलते हैं? मूल्य लेकर सेवाएँ देना नौकरी ही कहलाती है। सदन में बैठा व्यक्ति क्षेत्र विशेष के लाखों लोगों का प्रतिनिधि होता है, न कि नौकर। अगर सांसद अपनी सेवाओं का मूल्य लेते हैं तो फिर उन्हें नौकर ही कहा जाएगा और एक नौकर के रूप में वे सचिवों के समक्ष कहाँ ठहरते हैं, इस पर उन्हें स्वयं विचार करना होगा। जो सांसद कम वेतन या बिना वेतन के काम करना अपनी तौहीन समझते हैं, उन्हें स्पष्ट करना चाहिए कि वे किस मजबूरी के कारण सांसद बने हैं और आगे भी रहना चाहते हैं। उन्हें ज्ञात होना चाहिए कि उनके पीछे देश के लाखों युवा, जो उनसे कहीं अधिक योग्यता रखते हैं, देश के प्रति अपने दायित्व का निर्वहन करने के लिए तैयार खड़े हैं, वह भी बिना वेतन के।

एक ओर हम अपने नेताओं में गांधी, नेहरू, सुभाष, आजाद और भगत सिंह ढूंढ रहे हैं, जिन्होंने इस देश की न केवल निःस्वार्थ सेवा की, बल्कि बड़ी से बड़ी कुर्बानी देने में भी पीछे नहीं हटे। वहीं दूसरी ओर हमारे जनप्रतिनिधि अपने वेतन और भत्तों के लिए परेशान हैं। क्या गांधी, नेहरू, सुभाष आदि ने भी अपनी सेवाओं का कभी कोई मूल्य माँगा था? तब फिर उनके पदचिह्नों पर चलने का दावा करनेवाले जनप्रतिनिधि अपनी सेवाओं का अधिक से अधिक मूल्य पाने के लिए इतने बेताब क्यों दिखाई पड़ रहे हैं? एक ओर वह स्वयं को जनसेवक कहते हैं वहीं दूसरी ओर सेवा का मूल्य भी चाहते हैं। यदि वे वास्तव में जनसेवक कहलाना

चाहते हैं तो उन्हें वेतन और दैनिक भत्ते को पूर्णतया अस्वीकार कर देना चाहिए और यदि वेतन और दैनिक भत्ते के बिना उनका काम नहीं चल पा रहा है तो स्वयं को जनसेवक कहलाना छोड़ देना चाहिए। आम जनमानस को भी चाहिए कि वह इनमें सच्चा देशभक्त और जनसेवक ढूंढना बन्द कर दे, क्योंकि एक धनसेवक कभी सच्चा जनसेवक हो ही नहीं सकता।

भारत एक धर्मनिर्पिक्ष, उदारवादी सांस्कृतिक देश है जहाँ अमीर और गरीब दोनों एक साथ रहते हैं। परन्तु गवर्नेस देश की सियासत का अभिन्न अंग नहीं बन सका है। इस कारण सामाजिक-आर्थिक विकास की प्रक्रिया बाधित हो रही है। विश्व के इस सबसे बड़े लोकतांत्रिक देश में हमेशा से ऐसे जन जातीय धार्मिक समुदायों के सर्मथन से धन या ताकत के बूते जन-प्रतिनिधि तो बन जाते हैं, पर अपने प्रशासकीय दायित्वों से अनभिज्ञ रहते हैं। ऐसे लोगों के स्थान पर अच्छे प्रत्याशी या जनप्रतिनिधि चुनने में उन्हीं को प्राथमिकता दी जानी चाहिए जो ज़मीनी राजनीति करें और समाज के हर तबके का विश्वास जीते।

वर्तमान हालात् को देखते हुए ऐसा जो शख्स ग्रामीण अंचलों से जुड़ा रहा हो, वह सदन में अपने क्षेत्र के लिए बेहतर नीतियाँ और योजनाएं बनवा सकता है, उन्हें कारगर ढंग से लागू करवा सकता है। दूसरी तरफ राष्ट्रीय स्तर पर ऐसे व्यक्ति की भी जरूरत है जो भले ही जन जीवन की व्यापक समझ नहीं रखते हो, मगर उन्हे डिप्लोमेसी, इकॉनमी और टेक्नॉलोजी की अच्छी समझ हो।

अध्याय-3

भारत और नेपाल

(India and Nepal)

1. नेपाल की स्थिति

नेपाल हिमालय के दक्षिण में फैला हुआ है। इसके उत्तर में तिब्बत, दक्षिण पश्चिम में भारत तथा पूर्व में सिक्किम राज्य है यहाँ पर संसार की प्रसिद्ध लड़ाकू जाति "गोरखा" निवास करती है। यहाँ के विद्यालयों में अन्य भाषाओं के साथ-साथ संस्कृति भी पढ़ाई जाती है। हिन्दू तथा बौद्ध धर्म यहां के प्रमुख धर्म हैं।

2. भारत के लिए नेपाल का महत्व

भारत की स्वतन्त्रता के पश्चात् भारत के लिए नेपाल का अत्याधिक महत्व हो गया है। चीन में साम्यवादी शासन के स्थापित होने से तिब्बत के चीन के अधिकार में जाने की सम्भावना हो गई थी और ऐसी परिस्थिति में यदि नेपाल में चीन का प्रभुत्व स्थापित हो जाता तो भारत के लिए यह अत्यन्त संकट की स्थिति हो जाती। चीन की ओर से कहा भी गया था कि 1942 की सन्धि के अनुसार नेपाल पर चीन का प्रभुत्व होना चाहिए। 1949 में माओ की प्रसिद्ध पुस्तक 'चाइनीज रेब्यूलेशन एंड चाइनीज कम्युनिस्ट पार्टी' में नेपाल को चीन का ही एक अधिराज्य स्वीकार किया था। ऐसी परिस्थिति में इस सुरक्षा के महत्वपूर्ण गढ़ का महत्व भारत के लिए अत्यन्त आवश्यक हो गया। इसलिए पंडित जवाहरलाल नेहरू ने विश्व को चेतावनी देते हुए कहा था कि नेपाल पर हुए किसी भी आक्रमण को भारत की सुरक्षा के विरूद्ध संकट समझा जाएगा। वर्तमान में भी नेपाल भारत के लिए सुरक्षा का प्रमुख गढ़ है।

24 दिसम्बर 1961 को नेपाल सरकार द्वारा एक छः पृष्ठों की पुस्तिका प्रकाशित की गई। पुस्तिका में दिखाया गया था कि अन्य दूसरे देशों से मिलने

वाली सहायताओं में चीन की सहायता स्वार्थ रहित एवं उदार है। इसके पश्चात् महाराजा महेन्द्र ने चीन की यात्रा की तथा साम्यवादी नेताओं का समर्थन नेपाली शासन के लिए प्राप्त करने का पूर्ण प्रयत्न किया। इस प्रकार कहा जा सकता है कि 1962 तक भारत और नेपाल के सम्बन्ध एक प्रकार से उपेक्षापूर्ण रहे और अनेक प्रयत्नों के पश्चात सम्बन्धों में मधुरता नहीं आ पाई। इसका परिणाम यह हुआ कि जब 1962 में भारत चीन युद्ध हुआ, उस समय प्रत्यक्ष में नेपाल ने तटस्थता की नीति अपनाई और अप्रत्यक्ष रूप से उसकी पूर्ण सहानुभूति चीन के साथ रही।

1962 से आगे भारत और नेपाल के सम्बन्धों पर विचार करने से पूर्व हम पिछले सम्बन्धों की संक्षेप में समीक्षा कर लें। यद्यपि हम यह जानते हैं कि नेपाल की ओर से भारत की अनेक बार उपेक्षा की गई और अपने स्वार्थों के कारण वह चीन की ओर झुका, परन्तु यदि हम इस काल के सम्बन्धों का गहन अध्ययन करें तो हमें निःसंकोच रूप से कहना होगा कि भारत भी इसके लिए कम दोषी नहीं है। यद्यपि भारत के राजनीतिज्ञ इन प्रयत्नों में तो लगे रहे कि नेपाल भारत के सम्बन्ध उचित बने रहें और नेपाल चीन की ओर आकर्षित नहीं हो, परन्तु उन्होंने उन दुविधाओं को दूर करने का गम्भीर रूप से प्रयत्न नहीं किया, जो सम्बन्धों को बिगाड़ने में सहायक हो रही थी। यह सर्वविदित था कि केवल नेपाली नरेश भारत का समर्थन करते हैं। ऐसी परिस्थिति में नरेश विरोधी व्यक्तियों को भारत में घुसने क्यों दिया गया। यदि यह मान भी लिया जाए कि वे जबरदस्ती या धोखा देकर घुस आए तो फिर नरेश विरोधी कार्य भारत से क्यों करने दिए गए और भारत सरकार ने इस सम्बन्ध में सतर्कता क्यों नहीं दिखाई। इन सभी का एक ही उत्तर है, भारत की शिथिलता और अधिकारियों की कामचोर भावना। ऐसी दशा में यह स्वाभाविक था कि नेपाल चीन की ओर आकर्षित होता।

3. भारत तथा नेपाल के मध्य उचित सम्बन्धों की स्थापना

अनेक बार ऐसी परिस्थितियाँ उत्पन्न हुई, जिन्होंने भारत तथा नेपाल के सम्बन्धों पर विपरीत प्रभाव डाला, परन्तु इन सब परिस्थितियों के बावजूद भी भारत तथा नेपाल में अधिक काल तक कटुता न रह सकी और दोनों एक दूसरे के समीप आ गए। दोनों देशों के मध्य उचित सम्बन्धों के स्थापित होने के कुछ प्रमुख कारण निम्न प्रकार थे–

(1) नेपाल सुरक्षा का गढ़–अन्य सीमावर्ती देशों के समान नेपाल भारत के

लिए चीनी आक्रमण से बचाव का एक प्रमुख सुरक्षा का गढ़ है। नेपाल तथा तिब्बत की पहाड़ी सीमाओं में अनेक ऐसे दर्रे हैं जिनमें से होकर तिब्बत की ओर से नेपाल आया जा सकता है। तिब्बत आज चीन के हाथ में है और तिब्बत तथा नेपाल के मध्य प्रयत्न कर सड़क का निर्माण किया जा सकता है। इस प्रकार हम अनुमान लगा सकते हैं कि भारत के विरूद्ध चीन इस देश का लाभ उठा सकता है तथा इस मार्ग द्वारा चीन, उत्तर प्रदेश और बिहार पहुँच सकता है। यहीं कारण है कि भारत के लिए नेपाल से मित्रता आवश्यक है। पंडित जवाहरलाल नेहरू ने कहा था कि "नेपाल की आन्तरिक दशा में हमारी रुचि इस कारण और भी गहरी है क्योंकि हमारी सीमा पर तिब्बत और चीन में नवीन परिवर्तन हो रहे हैं। नेपाल से सहानुभूति के अतिरिक्त देश की सुरक्षा में भी रुचि है। नेपाल की स्वतन्त्रता का सम्मान करते हुए भी हम नेपाल में कोई अव्यवस्था स्वीकार नहीं कर सकते क्योंकि इससे हमारी सीमा सुरक्षा कमजोर हो सकती है।"

(2) भारत के मार्ग से ही नेपाल का विश्व सम्बन्ध—नेपाल भारत की मित्रता का एक कारण यह है कि नेपाल केवल भारत के मार्ग से ही विश्व से सम्बन्ध बनाए रख सकता है। यद्यपि तिब्बत होते हुए भी चीन के माध्यम से नेपाल विश्व सम्पर्क कर सकता है, परन्तु भारत की अपेक्षा वह मार्ग अधिक दुर्गम और भयानक है। इस सम्बन्ध में पंडित जवाहरलाल नेहरू ने कहा था "हम नेपाल को स्वतन्त्र राष्ट्र मानते हैं, पर एक बच्चा भी जानता है कि भारत से गुजरे बिना नेपाल जाना असम्भव है। अतः स्पष्ट है कि हमसे अधिक घनिष्ठता नेपाल से अन्य कोई देश नहीं रख सकता।"

(3) नेपाली गोरखों तथा भारत की सैनिक सेवा—भारत में गोरखा बटालियन में तथा अन्य प्रकार से नेपाल के अनेक व्यक्ति आते हैं। इससे दोनों देशों को लाभ होता है। भारत को लड़ाकू सैनिक प्राप्त होते हैं तथा नेपाल को व्यक्तियों के लिए आजीविका प्राप्त होती है। इससे नेपाल की आर्थिक व्यवस्था पर सकारात्मक प्रभाव पड़ता है।

(4) भारत पर होने वाले सम्भावित आक्रमण को रोकने हेतु महत्वपूर्ण—यदि नेपाल और भारत मित्रतापूर्वक रहते हैं तो यह निश्चित है कि चीन की ओर से इस मार्ग द्वारा होने वाले आक्रमण को पहले नेपाल रोकेगा और भारत को अपनी सुरक्षा के लिए आवश्यक तैयारी का अवसर प्राप्त होगा।

(5) भारत द्वारा आर्थिक सहायता—दोनों देशों के मध्य उचित सम्बन्ध स्थापित होने का एक कारण यह भी है कि भारत द्वारा नेपाल को विकास हेतु

अनेक बार उचित सहायता दी गई है तथा दी जा रही है। अब नेपाल भी चीन की अपेक्षा भारत से ही अधिक सहायता लेना पसन्द करता है। भारत द्वारा नेपाल के आर्थिक विकास कार्यो में लगभग 88.90 करोड़ रुपए लगाए जा चुके हैं। इस धन से 100 परियोजनाएँ पूर्ण होने वाली है। 1954 से 1960 के मध्य 14 आर्थिक समझौतों पर हस्ताक्षर हुए थे। इसके पश्चात् भी भारत द्वारा अनेक समझौतों और सन्धियों के माध्यम से नेपाल को सहायता प्रदान की गई है।

(6) भारत द्वारा नेपाल की व्यापारिक सुविधाएँ—नेपाल के सभी सुविधाजनक मार्ग (व्यापारिक) भारत की ओर ही खुलते हैं। नेपाली व्यापारी प्रतिवर्ष तिब्बती ऊनी वस्त्र लेकर भारत व्यापार करने आते हैं। नेपाल का 90% व्यापार भारत के साथ ही होता है। नेपाल तीनों ओर भारत से घिरा होने के कारण व्यापार में भारत भूमि उपयोग में लाता है। चमड़ा तथा कच्ची खाल नेपाल भारत को निर्यात करता है, जबकि भारत से तैयार जूते और तम्बाकू इत्यादि वस्तुएँ नेपाल को भारत द्वारा निर्यात की जाती हैं। भारत से तैयार लगभग ढाई लाख जूतों के जोड़े नेपाल जाते हैं। इस प्रकार नेपाल भारत के अतिरिक्त अन्य दूसरे देश से उचित व्यापार नहीं कर सकता। अपनी आर्थिक परिस्थिति के कारण भी नेपाल को भारत से उचित सम्बन्ध बनाए रखना आवश्यक है।

4. 1962 के पश्चात भारत नेपाल सम्बन्ध

1962 से पूर्व ही भारत के नेपाल के साथ उचित सम्बन्ध बनाए रखने के पूर्ण प्रयत्न किए थे, परन्तु 1962 के चीनी आक्रमण के पश्चात तो नेपाली मित्रता अति आवश्यक हो गई और भारत ने नेपाल से उचित सम्बन्ध स्थापित करने के लिए पहले से अधिक प्रयास आरम्भ कर दिए। तत्कालीन गृहमन्त्री लाल बहादुर शास्त्री को नेपाल की यात्रा पर भेजा गया और उन्होंने भारत-नेपाल के मध्य पनप रहे अनेक सन्देह दूर किये। इसके पश्चात् नेपाल के महाराजा ने 13 दिन की भारत यात्रा की और फिर डॉ. राधाकृष्णन नेपाल की यात्रा पर गए। डॉ. राधाकृष्णन की यात्रा के समय तक सम्बन्धों में इतना सुधार आ गया कि नेपाल राष्ट्रीय पंचायत के अध्यक्ष सूर्य बहादुर थापा ने अपने एक भाषण में कहा—"जब तक एक भी नेपाली जीवित है, उस समय तक नेपाली मार्ग से किसी शक्ति को भारत पर आक्रमण करने की अनुमति प्रदान नहीं की जाएगी।"

23 दिसम्बर, 1964 को भारतीय विदेश मन्त्री सरदार स्वर्णसिंह की नेपाल यात्रा के अवसर पर एक समझौता हुआ। समझौता के अनुसार भारत द्वारा नेपाल

को 9 करोड़ रुपए की लागत से सीमावर्ती कस्बे सुगोली तथा मध्य पूर्वी नेपाल में ओखरा घाटी के बीच 128 मील लम्बी सड़क का निर्माण करना था। इसके अतिरिक्त काठमांडू और भारतीय सीमा रक्सोल को जोड़ने की सड़क योजना भी बनाई गई। कोसी योजना की पूर्ति का भी निश्चय किया गया। इस योजना के अनुसार नेपाल को बिजली प्रदान करना तथा सिंचाई सुविधा प्रदान करना था। कोसी योजना की पश्चिमी नहर का उद्‌घाटन 24 अप्रैल, 1965 में प्रधानमन्त्री लाल बहादुर शास्त्री ने किया। इस प्रकार भारतीय नेताओं के प्रयास से नेपाल के सम्बन्ध सुधरने लगे। दिसम्बर, 1965 में नेपाल के महाराजा ने फिर भारत की यात्रा की। यात्रा के अन्त में संयुक्त विज्ञप्ति प्रसारित की गई। विज्ञप्ति में नेपाली महाराजा द्वारा यह स्वीकार किया गया कि भारत द्वारा सहायता से नेपाल में पर्याप्त प्रगति हुई है। भारतीय प्रधानमन्त्री द्वारा आश्वासन दिया गया कि भारत की ओर से नेपाली पंचवर्षीय योजनाओं में सहानुभूतिपूर्वक सहायता प्रदान की जाएगी।

सम्बन्धों में पुनः तनाव

जनवरी 1966 में भारत में श्रीमती इन्दिरा गांधी तथा नेपाल में सूर्य बहादुर थापा ने प्रधानमन्त्री पद को सँभाला। दोनों नेताओं ने सम्बन्धों को मधुर बनाने का प्रयास किया। थापा मार्च 1966 में भारत की यात्रा पर आये। कुछ समय पश्चात् ही 4½वर्ग मील लम्बे सुसता नामक क्षेत्र के सम्बन्ध में विवाद उत्पन्न हुआ। नेपाल ने इसे अपना भाग कहा तो भारत ने कहा कि इस सम्बन्ध में वार्ता कर ली जाए। 22 अक्टूबर, 1967 को अपनी नेपाल यात्रा के मध्य तत्कालीन उपप्रधान मन्त्री श्री मोरारजी देसाई ने नेपाल को आर्थिक तथा तकनीकी सहायता प्रदान करने का वचन दिया।

5 जून से 9 जून को भारत के तत्कालीन विदेश मन्त्री दिनेश सिंह ने प्रमुख रूप से सुस्ता क्षेत्र और पश्चिमी कोसी नहर के सम्बन्ध में वार्ता करने हेतु नेपाल की यात्रा की। उस समय पश्चिमी कोसी नहर परियोजना के सम्बन्ध में नेपाल स्वीकृति प्रदान नहीं कर रहा था। 1969 की अपनी भारत यात्रा के मध्य नेपाल के विदेश मन्त्री ने यह समस्या उठाई थी कि भारत और नेपाल के मध्य सारी पश्चिमी सीमा का पुनः निर्धारण किया जाए। परन्तु भारत का विश्वास था कि 1930-31 के मानचित्रों के अनुसार सीमा का निर्धारण पहले से ही है, परन्तु कदाचित् दिनेश सिंह की नेपाल यात्रा असफल रही, क्योंकि संयुक्त विज्ञप्ति में प्रगाढ़ मित्रता की बात तो कही गई, परन्तु सुस्ता क्षेत्र और पश्चिमी नहर परियोजना के सम्बन्ध में कुछ भी नहीं कहा गया।

दिनेश सिंह के भारत लौटते ही नेपाली राजनीतिज्ञ फिर से भारत के विरुद्ध कार्य करने लग गए। 22 जून, 1969 को नेपाल के प्रधानमन्त्री द्वारा जो वक्तव्य दिया गया उसे भारत विरोधी कहा जा सकता है। कीर्तिनिधि बिष्ट ने कहा कि "भारत तथा नेपाल के मध्य कोई विशेष सम्बन्ध नहीं है। तथाकथित भारतीय सुरक्षा के लिए नेपाल अपनी प्रभुता को सीमित नहीं रख सकता।" कीर्तिनिधि ने भारत पर भी आरोप लगाया कि भारत ने 1950 की सन्धि के अनुसार अनेक सूचनाएँ नेपाल को नहीं दी हैं, जो दी जानी चाहिए थीं। कीर्तिनिधि ने यह भी स्पष्ट किया कि शस्त्रास्त्र सप्लाई समझौते को निरस्त किया जा सकता है। नेपाली प्रधानमन्त्री का मत था कि नेपाल उत्तर सीमा पर नेपाली चौकियों पर नियुक्त भारतीय विशेषज्ञों को तथा काठमांडू में नियुक्त भारतीय सैनिक सम्पर्क दल को वापिस बुलाया जाना चाहिए। उन्होंने कहा कि पिछले किसी भी समझौते द्वारा नेपाल को कोई लाभ नहीं हुआ है। कीर्तिनिधि ने भारत पर कर्णाली योजना के प्रति उदासीनता का आरोप लगाते हुए कहा कि भारत के समाचार पत्र नेपाल विरोधी समाचार प्रकाशित करते रहते हैं।

नेपाल की सरकार ने भी इस बार किसी भी परिस्थिति की चिन्ता किए बिना अपनी माँग की पूर्ति हेतु पूर्ण प्रयास किए और यथासम्भव नेपाल में भारत विरोधी वातावरण उत्पन्न कर दिया। ऐसी दशा में नेपाल में चीनी प्रभाव के अधिक पनपने के आसार नजर आने लगे। अतः भारत सरकार ने जुलाई 1970 में अपने सैनिक दलों को वापसी की आज्ञा दे दी।

सम्भवतः नेपाल में भारत विरोधी प्रवृत्तियों और सैनिकों की वापसी में चीन का प्रभाव काम कर रहा था। चीनी शक्ति 1962 के युद्ध के पश्चात् विशेष रूप से प्रगति कर रही थी और इसी प्रगति के प्रभाव में नेपाली नेताओं ने चीन से अधिक सहायता की आशा की। चीन और नेपाल में 1964 में एक व्यापार समझौता हुआ। 1968 में दोनों देशों ने सांस्कृतिक तथा वैज्ञानिक समझौतों पर हस्ताक्षर किए। नेपाल तथा चीन के मध्य कांठमाडू कोंडारी राजपथ के निर्माण हेतु भी इसी काल में समझौता हुआ। यह सड़क नेपाल को तिब्बत से मिलाती है इससे भारत की उत्तरी सीमा में संकट उत्पन्न हो गया।

5. भारत नेपाल सन्धि 1971

13 अगस्त, 1971 को भारत तथा नेपाल के बीच एक औद्योगिक विकास से सम्बन्धित सन्धि काठमांडू में हुई। 15 अगस्त से इस सन्धि को लागू किया गया।

भारत की ओर से विदेश व्यापार मन्त्री ललित नारायण मिश्र ने तथा नेपाल की ओर से वहाँ के व्यापार मन्त्री युवराज सुवेदी ने हस्ताक्षर किए। इस सन्धि को 1960 के समझौते के स्थान पर लागू किया गया। सन्धि पर हस्ताक्षर के समय नेपाल स्थित भारतीय राजदूत लल्लन प्रसाद सिंह तथा विदेश व्यापार मन्त्रालय के सचिव हरवंश लाल उपस्थित थे।

6. इन्दिरा गांधी की नेपाल यात्रा (1973)

नेपाल से सम्बन्धों को घनिष्ठ रूप देने के लिए तथा पिछले अनेक मतभेदों को दूर करने के उद्देश्य से तत्कालीन प्रधानमन्त्री इन्दिरा गांधी ने स्वयं 1973 में नेपाल की यात्रा की। इस समय तक महाराजा महेन्द्र के पुत्र महाराजा विरेन्द्र अपने पिता के स्वर्गवास होने के पश्चात् नेपाल के राज-सिंहासन पर आसीन हो चुके थे।

फरवरी 1973 में इन्दिरा गांधी नेपाल गईं। नेपाल में एक राजनीतिज्ञ ने कहा कि "श्रीमती गांधी की सद्भावना यात्रा ने नेपाल की जनता के बीच भारत का वह रूप प्रस्तुत किया है जो करोड़ों रुपयों की प्रयोजनों से भी समक्ष नहीं आ सकता था।"

नेपाल में लगभग सभी स्थानों पर इन्दिरा गांधी के भाषणों का स्वागत हुआ इन्दिरा जी ने युवा नरेश महाराजा वीरेन्द्र तथा उनकी पत्नी 'ऐश्वर्य राजलक्ष्मी' से वार्ता की। नेपाल में अपने भाषणों के मध्य इन्दिरा गांधी ने कहा कि "नेपाल एक प्रभुसत्तापूर्ण राज्य है और भारत उस पर कुछ भी थोपने का इच्छुक नहीं है। भारत की सरकार और उसकी जनता की यह तीव्र इच्छा है कि नेपाल एक शक्तिशाली देश बने। उन्होंने कहा कि हर देश यह चाहेगा कि उसका पड़ोसी शक्तिशाली हो।"

नेपाल को दी गई सहायता के सम्बन्ध में श्रीमती इन्दिरा गांधी ने कहा कि "भारत सरकार ने नेपाल को 100 परियोजनाओं के लिए जो 89 करोड़ की सहायता प्रदान की है, वह नेपाल की इच्छा से ही की और भारत की उसके बदले में हस्तक्षेप करने की कोई इच्छा नहीं है।"

7. विमान अपहरण और भारत

10 मई 1973 को नेपाली एयर लाइन्स का एक विमान कुछ व्यक्तियों द्वारा अपहरण कर लिया गया। विमान में 38 लाख रुपयों की मुद्रा थी। 'फारसीगंज' नामक भारतीय सीमा के पास इस विमान को उतारने के लिए विवश किया। जैसे

ही विमान वहाँ उतरा, पहले से ही तैयार रखी एक कार में बैठकर अपहरणकर्ता फरार हो गए। इस सम्बन्ध में यह अफवाह उड़ी कि भारत की इच्छा से ही विमान का अपहरण हुआ है। नेपाल ने भारत को इन व्यक्तियों का पता लगाने के लिए कहा। भारत को इस सम्बन्ध में जो कुछ तथ्य प्राप्त हुए वे नेपाल सरकार को भेज दिए गए।

20 जून, 1973 को लोकसभा के अध्यक्ष जी. एस. ढिल्ला ने कहा कि "भारत की नेपाल को दी जाने वाली सहायता, हिमालय रियासत के आर्थिक विकास में सहायता प्रदान करेगी, इससे भारत नेपाल मैत्री संघ को सहयोग प्राप्त होगा। भारत ने नेपाल की सड़कें इत्यादि बनाने के लिए सहायता प्रदान की है।...सहायता बिना किसी मुआवजे और सुविधाओं के प्रदान की गई।" इस प्रकार कहा जा सकता है कि भारत ने नेपाल के विकास में सहयोग प्रदान किया।

8. नेपाल का चीन की ओर झुकाव

यद्यपि इन्दिरा गांधी की 1973 की नेपाल यात्रा से भारत और नेपाल सम्बन्धों में सुधार हुआ। परन्तु नेपाल, भारत तथा चीनी विरोध का लाभ उठाने के लिए दोनों ओर आकर्षित रहता है जो एक प्रकार से भारत के अहित में ही होता है। इन्दिरा गांधी को भारत वापिस आए केवल 40 दिन ही हुए थे और भारत इस आशा से प्रसन्न था कि नेपाल जैसे देश के साथ घनिष्ठता स्थापित हो रही है कि तभी विदित हुआ कि नेपाल ने काठमांडु के चारों ओर तीस कि.मी. लम्बी एक परिक्रमा पथ के निर्माण के लिए चीन से एक समझौता कर लिया है। इस समझौते द्वारा निर्मित होने वाली सड़क को काठमांडू से सभी प्रमुख मार्गों की ओर मुड़ना है। भारत जाने वाले त्रिभुवन राज्य पथ की ओर भी इसका मुख होना है। भारत में इस समाचार की तीव्र प्रतिक्रिया हुई थी। चीन द्वारा इस समझौते के सम्बन्ध में नेपाल ने कहा कि इस प्रकार की योजना को 10 वर्ष पूर्व ही सोच-विचार लिया गया था। यह बात सत्य है कि इस प्रकार की योजना बहुत पहले की थी और उस समय नेपाल स्थित भारतीय राजदूत ने नेपाल को परामर्श भी दिया था कि इस प्रकार की योजना से भारत नेपाल सम्बन्धों पर बुरा प्रभाव पड़ सकता है।

इस प्रकार नेपाल, चीन तथा भारत के परस्पर विरोध का लाभ उठाते हुए दोनों हाथ से लड्डू खाने का प्रयास कर रहा था। अप्रैल 1973 तक नेपाल चीन से 51 करोड़ रुपयों की सहायता प्राप्त कर चुका था तथा दूसरी ओर इसी समय तक

भारत से अपनी परियोजना के लिए 1 अरब 25 करोड़ रु. ले चुका था। 1980 तक भारत द्वारा प्रदान राशि के 2 अरब तक पहुँचने की सम्भावना थी, जबकि चीन द्वारा प्रदान राशि 82 करोड़ उस समय तक होगी।

1973 में राजा वीरेन्द्र ने घोषणा की कि नेपाल भारतीय उपमहाद्वीपीय का अंग नहीं है। सितम्बर, 1974 में उन्होंने सिक्किम को भारत में सहराज्य का दर्जा दिए जाने का भी खुला विरोध किया। काठमांडू स्थित चीनी दूतावास द्वारा भारत विरोधी बुलेटिन निकाले गए। लेकिन नेपाल सरकार चुप्पी साधे रही। इन घटनाओं को भारत सरकार ने अत्यन्त गम्भीरता से लिया और नेपाल के साथ सम्बन्धों पर पुर्नविचार किए जाने की आवश्यकता महसूस की। यह भी कहा जाता है कि उस समय नेपाल से भारतीय राजदूत वापस बुलाने की बात पर भी विचार किया गया। लेकिन शीघ्र ही नेपाल सरकार का भ्रम दूर हो गया। उसे महसूस हो गया कि भारत के सहयोग के बिना उसका कार्य चलना कठिन है। नेपाल सब तरफ से भारत भूमि से घिरा देश है। समुद्र से दूर, अतः अन्य देशों से सम्बन्धों के लिए नेपाल की भारत पर निर्भरता आवश्यक है। नवम्बर, 1974 में नेपाली समाचार-पत्र 'सदरलैंड' ने कहा कि विश्व के 'लैंड-लाक्ड' (घिरे हुए) देशों को जो सुविधाएँ प्राप्त हैं, वही सुविधाएँ नेपाल को भी मिलनी चाहिए। राजनीतिक क्षेत्रों के अनुसार तत्कालीन भारतीय विदेश मन्त्री श्री चव्हाण ने नेपाली प्रधानमन्त्री श्री विजाल को स्पष्ट रूप से बता दिया कि भारत नेपाल की हर प्रकार से सहायता करने को तैयार है, किन्तु संचार एवं बन्दरगाह सुविधाओं को अधिकार के रूप में नहीं माँगा जाना चाहिए। नेपाल को यह नहीं भूलना चाहिए कि वह उस उपमहाद्वीप की रक्षा व व्यवस्था का एक अंग है।

भारत के कड़े रुख को देखकर नेपाल के महाराज ने अप्रत्यक्ष रूप में भारत से मधुर सम्बन्ध स्थापित करने का आग्रह किया। दोनों देशों के सम्बन्धों में सुधार आने लगा। दोनों देशों के नेताओं की पारस्परिक यात्राओं से अनेक क्षेत्रों के विषय में विचार-विमर्श हुआ तथा फिर से सम्बन्ध मधुर बनने लगे।

सन् 1976 में दोनों देशों के सम्बन्धों की दिशा में काफी ठोस कार्य हुआ। राजनीतिक और सरकारी स्तर पर कई यात्राएँ हुई। जिससे दोनों सरकारों के बीच निरन्तर वार्ता का सम्पर्क बना रहा। भारत सरकार ने यह निश्चय किया कि नेपाल के जो नागरिक भारत के संरक्षित प्रतिबन्धित क्षेत्रों का दौरा करना चाहेंगे उन्हें भी अन्य विदेशी राष्ट्रों के समकक्ष माना जाएगा और यात्रा के लिए परमिट प्राप्त करना होगा।

मार्च, 1977 में भारत में नई सरकार बनाने पर वातावरण और सुखद बना। पड़ोसी देशों से मित्रता बढ़ाने के उद्देश्य से भारतीय विदेश मन्त्री श्री अटलबिहारी वाजपेयी ने नेपाल की यात्रा की जिससे दोनों देशों में कई समस्याएँ हल हुई। भारत में नई सरकार बनने पर, अप्रैल, 1977 में नेपाल के राजा वीरेन्द्र ने भारत यात्रा की। एक समझौते द्वारा भारत ने नेपाल को बंगलादेश के साथ व्यापार करने के लिए भारत होकर जाने की सुविधाएँ प्रदान की। इससे सम्बन्धों में नया मोड़ आया। 1977 में ही भारतीय जनमत ने जे. पी. के साथ ही राजा वीरेन्द्र से भूतपूर्व नेपाली प्रधानमन्त्री श्री जी. पी. कोइराला को जेल से छोड़ देने की अपील की जिसका अनुकूल परिणाम निकला।

दिसम्बर 1977 में श्री मोरारजी देसाई ने नेपाल की यात्रा की। यह यात्रा बहुत ही सफल रही। इस अवसर पर नेपाल के प्रधानमन्त्री श्री कीर्तिनिधि विष्ट ने कहा कि भारत सरकार की नीति में एक नया दृष्टिकोण दिखाई दे रहा है, जो कि परिस्थितियों को अधिक गम्भीर और परिपक्व ढंग से समझाने के कारण है। इस यात्रा के अवसर पर नेपाली नदियों पर विभिन्न पनबिजली योजनाएँ और दोनों देशों के सामूहिक प्रयास से पानी के स्रोतों के उपयोग की अन्य समस्याओं पर भी सहमति हुई है। यह परियोजनाएँ करनाली, पंचेश्वर और रप्ती से सम्बन्ध रखती हैं। देवीघाट पनबिजली योजना पर भारत लगभग 32 करोड़ रुपए खर्च कर रहा था। इसी प्रकार दुलालघाट धानकुट्टा पर्वतीय मार्ग पर भी काम होगा। यह एक विराट परियोजना है जिस पर दो अरब रुपए का खर्च आया।

नेपाल यह आग्रह करता रहा है कि नेपाल को शान्ति क्षेत्र घोषित किया जाए।

भारत सरकार का दृष्टिकोण है कि केवल नेपाल को ही क्यों सम्पूर्ण उपमहाद्वीप को शान्ति क्षेत्र घोषित किया जाना चाहिए।

आज भारत और नेपाल के सम्बन्ध सामान्य हैं।

9. पड़ोसी देशों में अशांति से भारत को खतरा

हमारे पड़ोसी देशों में जबर्दस्त उथल-पुथल मची हुई है। पाकिस्तान अपने ही भस्मासुर तालिबान से लड़ रहा है तो श्रीलंका की फौज लिट्टे के अंतिम गढ़ तक घुस गई है। जबकि नेपाल में एक अजीब सत्ता-संघर्ष चल रहा है। यदि मजबूत पड़ोसी से सतर्क रहने की जरूरत होती है तो कमजोर पड़ोसी भी बाहरी ताकतों को आमंत्रित करते हैं।

यह चिन्ता आज हमारे कूटनीतिज्ञों को ही नहीं, हर भारतवासी को परेशान किए हुए है। क्योंकि हमारे तीन पड़ोसी जल रहे है यही नहीं, इन देशों में हमारे प्रतिद्वन्दी देश ज्यादा सक्रिय और प्रभावकारी दिख रहे हैं। पाकिस्तान, नेपाल और श्रीलंका इसके ताजा उदाहरण है, जहां हमारा प्रमुख प्रतिद्वंदी चीन हालात का फायदा उठाकर अपने कदम बढ़ा रहा है। गृह मंत्री पी चिदंबरम ने पिछले दिनों कहा भी कि संकट का फायदा उठाकर चीन श्रीलंका में अपना प्रभाव बढ़ाने की कोशिश कर रहा है। गृह मंत्री ने तो सिर्फ प्रभाव बढ़ाने की बात कही, लेकिन सच्चाई यह है कि चीन श्रीलंका के दक्षिणी तट के हंबंतोटा में एक अरब डॉलर की लागत से विशाल बंदरगाह बनवा रहा है, जहां से वह हिंद महासागर में अपने सामरिक और व्यावसायिक हितों पर नजर रखेगा।

मार्च 2007 में जब श्रीलंका सरकार ने चीन की इस योजना को मंजूरी दी, तभी से चीन इस द्वीप देश की हर तरह से मदद कर रहा है। आर्थिक, कूटनीतिक और सामरिक। जानकार यह भी बताते हैं कि लिट्टे के दमन की यह ताकत श्रीलंका सरकार को चीन से ही मिल रही है। इसका सबसे खतरनाक पहलू यह है कि श्रीलंका की मदद तो कर रहा है चीन, लेकिन लिट्टे समर्थक तमिलों को लग रहा है कि यह काम भारत सरकार करवा रही है, इसलिए वे हिन्दुस्तान के खून के प्यासे बन बैठे और भारत सरकार है कि तमिलनाडु के चुनावी समीकरणों को ही नहीं सुलझा पा रही है। उसे यही समझ में नहीं आ रहा है कि जयललिता और करुणानिधि में से कौन ज्यादा ताकतवर और भरोसेमंद है। जबकि श्रीलंकाई तमिलों के मामले में दोनों की भाषा में अब कोई फर्क नहीं रह गया है।

उधर पाकिस्तान में हालात और भी भयावह हो गए हैं। जरदारी सरकार उत्तर-पश्चिमी स्वात घाटी में तालिबान के साथ एक मजबूरी की लड़ाई लड़ रहा है। अमेरिका के आदेश पर वह उन्हीं तालिबानियों पर बमबारी कर रही है, जिन्हें पालने-पोसने और इस मुकाम तक पहुंचाने के लिए वह स्वयं जिम्मेदार रही है।

पाकिस्तान नहीं चाहता कि भारत अफगानिस्तान में रहे। वह किसी भी तरह चीन को घुसाना चाहेगा। क्योंकि चीन हमेशा से उसका मददगार रहा है। हमारी चिन्ता यह है कि जो तालिबान इसलामाबाद से महज 70 किलोमीटर दूर तक डेरा डाल सकता है, जिसकी गहरी पैठ पाकिस्तानी फौज और आईएसआई के भीतर है।

10. नेपाल में लोकतंत्र की समस्यायें

नेपाल को एक संप्रभुत्तासम्पन्न लोकतंत्र बनाने की राह में नई-नई रुकावटें

पैदा हो रही है। पूर्व नरेश ज्ञानेन्द्र द्वारा खुलेआम राजशाही की वकालत करने के बाद वहां के राजनैतिक हालत में भूचाल आ गया है। बेशक यह विचार लोकतंत्र के लिए ठीक नहीं, लेकिन ज्ञानेन्द्र ने राजशाही के समर्थन में सार्वजनिक बयान अचानक नहीं दिया है। इससे पहले भी वहां राजशाही के पक्ष में माहौल बनाने की कोशिश चलती रही है। कुछ दिन पहले ही राष्ट्रीय प्रजातंत्र पार्टी ने राजशाही की वापसी और नेपाल को फिर से हिन्दू राष्ट्र घोषित करने की मांग को लेकर काठमांडू में प्रदर्शन किया था।

दरअसल एक टीवी चैनल को दिए इंटरव्यू में पिछले दिनों ज्ञानेन्द्र ने कहा कि यह सोचना पूरी तरह गलत है कि नेपाल में राजशाही के दिन लद गए है। उनका यह बयान ऐसे समय आया है, जब वहां राजनैतिक गतिरोध बना हुआ है। संविधान सभा की मियाद खत्म होने जा रही है, लेकिन लोकतांत्रिक संविधान नहीं बन पाया है। सरकार और माओवादियों के बीच हुए शांति समझौते पर खतरे के बादल मंडरा रहे हैं। इन समस्याओं के हल के लिए बने हुई शांति समझौता पर खतरे के बादल मंडरा रहे हैं। इन समस्याओं के चलते हाल के लिए बने हाई लेवल पॉलिटिकल मैकेनिज्म के मुखिया और पूर्व प्रधानमंत्री गिरिजा प्रसाद कोइराला की मौत हुई है। यानी वहां राजनैतिक अफरातफरी की स्थिति है। ऐसे में, ज्ञानेन्द्र के बयान को हल्के में नहीं लिया जा सकता। यही वजह है कि राष्ट्रीय प्रजातंत्र पार्टी को छोड़कर शेष दलों ने इस बयान की तीखी आलोचना की है। राजशाही के खिलाफ ये प्रतिक्रियाएं लोकतंत्र के प्रति उम्मीदें तो खैर जगाती है, लेकिन यह तभी कारगर होगा, जब समय पर देश का नया संविधान बन, जाए नहीं तो राजशाही समर्थकों को लगातार सिर उठाने का मौका मिलेगा और वे नेपाल के गर्भ में पल रहे लोकतंत्र को खत्म करने का षडयंत्र रचते रहेंगे।

समय गवाह है कि वर्ष 1990 में संवैधानिक राजशाही के तहत जब नेपाल में आधा-अधूरा लोकतंत्र आया, तब लोगों ने सोचा कि अब नेपाल में भी ब्रिटेन की तरह सिर्फ सजावटी राजतंत्र होगा। लेकिन कुछ ही वर्षो में यह सोच गलत साबित हुई और राजनैतिक अस्थिरता लगातार बनी रही। यहां तक कि राजशाही को उखाड़ फेंकने के बाद भी यह अस्थिरता खत्म नहीं हुई। इस दौरान एनेकपा (माओवादी), नेकपा (एमाले) और नेपाली कांग्रेस जैसे तीनों बड़े दल सत्ता की राजनीति में आपस में ही उलझे रहे। नेपाली नौकरशाही और सेना में वर्षो से कब्जा जमाए राजा के वफादार अधिकारी लोकतान्त्रिक दलों के अंतर्विरोधों को लगातार हवा देते रहे। इन ताकतों ने पूरी कोशिश की कि माओवादियों के साथ हुआ शांति

समझौता बीच में ही टूट जाए। इसके लिए वे बार-बार माओवादी लड़ाकों के नेपाली सेना में समायोजन पर सवाल उठाते रहे। ज्ञानेन्द्र के करीबी और पूर्व सेनाध्यक्ष रुक्मांगद कटवाल तो माओवादियों के नेतृत्व में बनी सरकार के खिलाफ अभियान को चलाए रहे। राजशाही समर्थक ताकतों की रणनीति में फंसकर नेपाल के राष्ट्रपति ने भी आखिरकार जनरल कटवाल को बर्खास्त करने का फैसला वापस ले लिया। इस पर प्रधानमंत्री प्रचंड ने सेना पर नागरिक संवचित की बात को लेकर अपने पद से इस्तीफा दे दिया और माओवादियों के नेतृत्व वाली सरकार का अंत हो गया उसके बाद नेकपा (एमाले) माधव कुमार नेपाल प्रधानमंत्री बने लेकिन वह भी शांति समझौते को पूरा करने में कोई ठोस भूमिका नहीं निभा पाए। इन सारी बातों को लेकर ऐसा माहौल बना कि राजशाही समर्थक खुलेआम राजशाही के समर्थन में काठमांडू बंद का आहवान करने की हिम्मत जुटा पाए। नतीजन ज्ञानेन्द्र भी खुलकर राजशाही की वकालत करने लगे।

11. नेपालियों का भारत भूमि पर कब्जा

नारायणी नदी, जिसे बड़ी मण्डक भी कहा जाता है, हिमालय से निकलकर नेपाली की छाती को चीरकर भैंसालोटन, वाल्मीकि नगर के पास भारती सौम में प्रवेश करती है। भारतीय भूभाग का यह क्षेत्र बिहार राज्य के अन्तर्गत आता है। हिमालय से निकलने वाली नदियों में बड़ी गण्डक वह नदी है, जिसके प्रवाह में कहीं ठहराव नहीं है। बरसात के दिनों में इस नदी के प्रवाह का वेग इतना तीव्र होता है कि जैसे ही यह नेपाल की पहाड़ी भूमि से उतरकर भारत की कोमल भूमि में पहुंचती है, भारत की कोमल धरती को काटना शुरू कर देती है। अपने तीव्र कटाव से प्रत्येक वर्ष नदी पुरानी सीमा को छोड़ती है और नयी सीमा बनाती है। यह अपने बहाव का नया मार्ग बनाती रहती है, जिससे उत्तर प्रदेश और बिहार के बीच बराबर सीमा-विवाद पैदा होता है। सीमावर्ती किसानों और नागरिकों के बीच भूमि कब्जा को लेकर फौजदारियां होती रहती है। केन्द्र सरकार इसे देखकर भी खामोश रहती है।

उत्तर प्रदेश और बिहार राज्य का सीमा-विवाद अपनी जगह पर है, जो वर्षो से लटका हुआ है और केन्द्र सरकार की ऐसी ही उदासीनता रही तो आगे भी यह समस्या बनी रहेगी। इस समस्या पर केन्द्र सरकार खामोश है तो क्यों खामोश है? केन्द्र सरकार भारत-नेपाल सीमा-विवाद के प्रश्न पर भी खामोश है और इसका परिणाम यह है कि बिहार से लगी नेपाल सीमा पर नेपाल के नागरिकों ने भारत की 6000 एकड़ भूमि पर कब्जा कर लिया है और इस भूमि पर पिछले 45 वर्षों से

वे खेती भी कर रहे हैं। भारत सरकार इस मामले में भी तमाशाई बनी हुई है।

यहां उल्लेखनीय है कि पिछले सौ-सवा सौ साल से चले आ रहे इस क्षेत्र के सीमा-विवाद को हल करने के लिए भारत नेपाल की एक संयुक्त तकनीकी समिति गठित है और इस संयुक्त तकनीकी समिति को यह जिम्मा दिया गया है कि वह इस सीमा विवाद का हल निकाले, लेकिन भारत सरकार की उदासीनता से यह समिति निष्क्रिय बनी हुई है। बिहार की विधान सभा में इस समस्या को अनेक बार उठाया जा चुकी है लेकिन बिहार सरकार ने इसे अन्तर्राष्ट्रीय समस्या बताकर इस समस्या से अपना मुंह मोड़ते हुए कहा कि इसके बारे में केन्द्र सरकार को कई बार लिखा जा चुका है मगर केन्द्र की सरकार इस मामले पर ध्यान नहीं दे रही है।

भारत सरकार की सीमा नीति की समीक्षा करने के उपरान्त यह निष्कर्ष निकलकर सामने आता है कि भारत सरकार की सीमा सुरक्षा के सम्बन्ध में कोई नीति नहीं है। सन् 1962 के भारत चीन युद्ध में चीन ने भारत की 14 हजार वर्गमील भूमि पर कब्जा कर लिया। कैलास-मानसरोवर जैसे भारतीय तीर्थ पर कब्जा कर लिया और आज तक उसे भारत सरकार मुक्त नहीं करा सकी। इसके पूर्व पाकिस्तान ने सन् 1948 में कश्मीर राज्य के एक बड़े भू-भागपर कब्जा कर लिया और उसे भी पाकिस्तान से मुक्त नहीं कराया जा सका तथा नेपाल जैसा देश भी भारतीय भूमि पर कब्जा कर रहा है और भारत सरकार हवा में तलवार भांज रही है। सही बात तो यह है कि भारत के पड़ोसी देशों और विश्व के अन्य देशों ने समझ लिया है कि भारतीय नेता सिर्फ लफ्फाजी जानते हैं। राजनीति करने और शासन करने की कला से यहां का शासक वर्ग अनभिज्ञ है। श्री अटलबिहारी वाजपेयी और श्री जार्ज फर्नाण्डीस जब प्रतिपक्ष में थे, उस समय बड़े जोर-शोर से तिब्बत की आजादी के सवाल को उठाकर शासक पार्टी को कटघरे में खड़ा करते थे। लेकिन जब ये दोनों नेता शासन में थे तो तिब्बत के प्रश्न पर खामोश क्यों रहे? नेपाल के माओवादी नेता प्रचण्ड और उनकी पार्टी भारत-नेपाल सन्धि का, जो सन् 1950 में हुई थी, विरोध कर रहे है। इतना ही नहीं, वह सुगौली सन्धि को भी अमान्य करते रहे है। इतना ही नहीं, वह सुगौली सन्धि को भी अमान्य करते हुए उत्तराखण्ड के कुछ भू-भाग पर अपना दावा पेश करते है। नेपाल के माओवादी नेताओं को इतिहास का ज्ञान होना चाहिए और अगर नहीं है तो पढ़ लेना चाहिए कि नेपाल का बुटवल इलाका भारत का था, जिसे अंग्रेजों ने सुगौली सन्धि में उसे दे दिया। बुटवल का इलाका भारत का था और इस इलाके के साथ शादी औलाद का सम्बन्ध था, जो अभी भी चल रहा है।

12. एवरेस्ट पर केंची चलाएगा चीन

चीनी की पाठ्य पुस्तकों में हिमालय की आधिकारिक ऊंचाई 8848 मीटर की बजाय 8844.5 मीटर दर्ज है।

चीन दुनिया के सबसे ऊंचे शिखर एवरेस्ट की ऊंचाई पर कैंची चलाना चाहता है। इसके लिए चीनी विदेश मंत्रालय को एक प्रतिनिधिमंडल ने नेपाल सरकार के प्रतिनिधियों से एवरेस्ट की आधिकारिक ऊंचाई 8848 मीटर से घटा कर 8844 मीटर करने का आग्रह किया। चीन इसलिए ऐसा करना चाहता है कि, उसके यहां पाठ्य पुस्तकों और अन्य अभिलेखों में एवरेस्ट की यही ऊंचाई दर्ज है। चीन का मानना है कि, एवरेस्ट की वास्तविक ऊंचाई यही है शेष ऊंचाई बर्फ की परत के कारण है।

नेपाल के एक प्रमुख समाचार पत्र 'कांतिपुर ने यह जानकारी देते हुए कहा है कि चीनी विदेश मंत्रालय के सह सचिव के नेतृत्व में आ रहा यह दल हफ्ते भर तक नेपाल सरकार के प्रतिनिधियों से वार्ता करेगा। हालांकि वार्ता में सीमा संबंधी अन्य मुद्दों पर भी बातचीत की जानी है पर सबसे महत्वपूर्ण मसला एवरेस्ट की ऊंचाई को लेकर ही है। चीन इससे पहले भी एवरेस्ट की अधिकारिक ऊंचाई कम करने का आग्रह नेपाल से कर चुका है। जानकारी का मानना है कि, यदि नेपाल चीन के इस आग्रह को मान जाता है, तो इससे दुनिया के अन्य देशों के सामने दुविधा पैदा हो जाएगी। अन्तर्राष्ट्रीय नियमों के अनुसार, उन्हें इस संबंध में नेपाल की आधिकारिक घोषणा को ही मानना पड़ेगा। दुनिया का सर्वोच्च शिखर एवरेस्ट नेपाल और चीन अधिकृत तिब्बत की सीमा पर स्थित है। नेपाल में इसे सगरमाथा, तिब्बत में चोमोलंगमा और चीन में कोमीलंगमा नाम से जाना जाता है। 1865 में इस शिखर का नाम भारत के पूर्व सर्वेयर जनरल जार्ज एवरेस्ट के सहयोगी रहे राधाकांत सिकंदर ने ऊंचाई मापक यंत्रों और गणितीय पद्धति के आधार पर 1852 में एवरेस्ट की सही ऊंचाई 8848 मीटर आंकी थी। तब इसे 'शिखर-15' नाम दिया गया था भारतीय प्रायद्वीप के तिब्बत की ओर से खिसकने से एवरेस्ट की ऊंचाई हर साल हो रही 2 किलोमीटर की बढ़ोतरी के आधार पर 2003 में दुनिया में एवरेस्ट की गई ऊंचाई 29035 फीट लम्बी 8862 मीटर मापी गई थी।

अध्याय–4
भारत तिब्बत

तिब्बत की भौगोलिक स्थिति

विश्व के मानचित्र में तिब्बत का भौगोलिक परिवेश बिल्कुल अलग दिखाई देता है। अत्यधिक ऊँचाई पर स्थित होने के कारण भी इसे 'रूफ ऑफ द वर्ल्ड' के नाम से भी जाना जाता है। यह समुद्र तल से प्रायः 10,000–16,000 फीट की ऊँचाई पर स्थित है। इतनी ऊँचाई पर स्थित होने के कारण ही सम्भवतः यह बहुत समय तक असभ्यता के अन्धकार में छुपा रहा। भौगोलिक परिस्थितियां सुगम न होने के कारण अन्य देश भली प्रकार से इससे सम्पर्क न कर सके। फलतः यह सभ्यता की दौड़ में कुछ कदम पीछे रह गया। विशाल पर्वत श्रृंखलाओं द्वारा बाहरी दुनिया से कटा हुआ तिब्बत जानकारी की दृष्टि से आज भी एक बन्द किताब है।

तिब्बत के लोग अपने देश को 'पो' (Po) के नाम से पुकारते हैं। पश्चिमी विद्वानों के अनुसार तिब्बत शब्द दो तिब्बती शब्दों 'तो' ओर 'पो' से मिलकर बना है, जिसका अर्थ है ऊपरी तिब्बती। भारत के पौराणिक ग्रन्थों में तिब्बत का उल्लेख 'त्रिविष्टिप' नाम से है।

तिब्बत के दक्षिण और पश्चिम भाग में भारत की सीमा है और पूर्व में यह चीन से जुड़ा हुआ है। ल्हासा को केन्द्र मानते हुए हम देखते हैं कि भारत को जो मार्ग जाता है, वह दक्षिणी तिब्बत के उत्तर पश्चिम में होता हुआ लद्दाख की राजधानी 'लेह' पहुँचता हैं एक अन्य मार्ग पश्चिम दिशा में होता हुआ अल्मोड़ा पहुँचता है। तिब्बत एवं भारत के मध्य व्यापार का सबसे प्रमुख केन्द्र कलिमपोंग रहा है और दूसरा अल्मोड़ा है, कलिमपोंग से जो मार्ग ल्हासा जाता है वह दक्षिण पूर्वी सिक्कम होता हुआ 'डजे लेपमा' नामक दर्रे से होता हुआ तिब्बत जाता है। इस दर्रे के चार मील उत्तर पश्चिम में गंगटोक के मार्ग पर नाथुला दर्रा है।

भारत व तिब्बत के मध्य भाग का आधा व्यापार चुम्बी घाटी से होकर होता है।

तिब्बत एशिया में हिमालय के उत्तर में स्थित एक पर्वतीय देश है। इसका आकार बहुत कुछ दाहिने हाथ की बन्द मुट्ठी की तरह है, जिसमें कलाई पूर्व की ओर हो। यह तीन दिशाओं से पर्वत श्रृंखलाओं से घिरा हुआ है।

इस प्रकार तिब्बत के उत्तर में 'कुएन लुन' एवं टांग-ला श्रृंखलाएं हैं, पश्चिम में कराकोरम और लद्दाख है तथा दख्खिण में 1500 मील तक फैला हुआ हिमालय पर्वत है। उपरोक्त सीमाओं से घिरा हुआ तिब्बत क्षेत्रफल में 50,000 वर्ग मील है। इसका अधिकांश भाग, प्रायः तीन चौथाई, 16000 फीट ऊँचा है जिसमें पर्वत श्रृंखलायें एवं मैदान सम्मिलित है। शेष एक चौथाई भाग में घाटियां हैं, जो अनेकों महत्वपूर्ण महान नदियों एवं उनकी सहायक नदियों के उद्‌गम स्थान है। तिब्बत के इस भाग की ऊँचाई 9000 फीट से 15000 फीट है और यह प्रदेश इसलिए अत्यधिक महत्वपूर्ण है क्योंकि इसी भाग में तिब्बत का कृषि प्रदेश स्थिति है।

2. तिब्बत की राजनैतिक दशा

जब भारत व तिब्बत के संबंधों का प्रश्न आता है तो साधारणतया दृष्टि सातवीं शताब्दी तक जाकर ही लौट आती है। कहीं कहीं इससे पूर्व के तिब्बत के धर्म राजनीति के बारे में कुछ वर्णन मिल जाते हैं, परंतु ठोस व प्रामाणिक रूप में यह विषय अभी भी अंधकार की परतों के पीछे छुपा हुआ है।

यह तत्र विकीर्ण वर्णनों के गूढ़ अध्ययन के पश्चात 7वीं शताब्दी से पूर्व के तिब्बत के विषय में भी कुछ सुगठित जानकारियां उभर कर सामने आती हैं। शरतचन्द्रदास ने तिब्बत के प्रारंभिक काल के इतिहास का वर्णन करते हुए उल्लेख किया है कि, 'साक्य सिम्हा के प्रादुभाव से पूर्व पांडवों और कौरवों की बारह अक्षौहिणी सेना के बीच युद्ध के समय 'रूपति' नामक एक कौरव योद्धा डर के कारण तिब्बत की ओर भाग गया था। इस भय से कि, कहीं अन्य कौरव योद्धा उनका पीछा न करें उसने स्त्री वेशभूषा में अपने 1000 अनुगामियों के साथ तिब्बत में शरण ली। वहाँ उसने देखा कि, यह स्थान 'पुगियाल' नामक एक ऐसी जाति के लोगों से बसा हुआ था, जो उस समय अपनी आदिमकालीन अवस्था में थे। पुगियाल– यह तिब्बत का प्राचीन नाम था जो बाद में 'बौड' नाम में परिवर्तित हुआ, बौड का उच्चारण तिब्बत में पो, पु या पुगियाल किया जाता था। पहले तिब्बत को वहाँ के निवासी 'पौ' ही कहा करते थे। इन तिब्बती लोगों ने 'रूपति' को राजा के रूप में स्वीकार किया। उसने और उसके उत्तराधिकारियों ने

वहां अनेक वर्षों तक राज्य किया, उसके काल में वहाँ के लोग सम्पन्न हुए और अनेक कलाओं का विकास हुआ।

तत्पश्चात, रूपति के काल से लेकर तिब्बत में 'नाह–थी–सैनपो[6] द्वारा राजतंत्र स्थापित किये जाने तक अर्थात 400 ई. पू. तक तिब्बत का इतिहास समय की धुंधली परतों में छिपा है। इस लम्बे अंतराल के मध्य रूपति वंश के अंत होने के पश्चात तिब्बत देश का अनेक छोटे-छोटे राज्यों में विघटन हो गया, जिन पर वहां के देसी सरदारों व राजकुमारों का राज्य था। इस काल का कोई विश्वसनीय लेखा उपलब्ध नहीं है।

डैबथेर-नौ-पो, चो जुन प्राचीन दस्तावेजों में सबसे सही माने जाते हैं, उनके अनुसार इस देश में भी मानव उसी समय आकर बसे थे जिस समय भारत में अर्थात् वर्तमान कल्प के प्रारंभ में। कालचक्र, 'मंजूश्री मूलकल्प' और 'अष्टसहस्त्रिका' नामक पवित्र पुस्तकों में यह उल्लेख है कि, 'महात्मा बुद्ध' ने यह भविष्यवाणी की थी कि, उनका धर्म इस उत्तरी बर्फीले प्रदेश में दूर-दूर तक फैलेगा वहां अनेक संत जन्म लेंगे और उनकी यह भविष्यवाणी सत्य भी हुई इस बर्फ से ढके देश में अनेक संत महात्माओं ने जन्म लिया और भारत के संत भी ज्ञान प्रसार व धर्मप्रचार की इच्छा से यहाँ पधारे। यही कारण है कि कालान्तर में प्रत्यक्ष रूप से दोनों देशों के मध्य मधुर सम्बंधों को जन्म मिला।

3. तिब्बत की सामाजिक दशा

प्रत्येक देश के समाज पर उस देश के धर्म का प्रभाव बहुत दृढ़ है। धर्म इनके साधारण जीवन के क्रियाकलापों से इस गहराई से जुड़ा हुआ है कि, सामाजिक जीवन के अधिकांश पहलुओं पर इसकी छटा भरपूर रूप में दृष्टिगोचर होती है। उदाहरणार्थ यदि यह रास्ते में जाते हुए किसी नदी से जल लेंगे तो वह जल ग्रहण करने से पूर्व आदरस्वरूप उसमें कुछ न कुछ भेंट अवश्य चढ़ायेंगे। ऐसे ही किसी पर्वत पर चढ़ने से पहले उसे पूजेंगे। उनके जीवन के ऐसे अनेक पहलुओं के अध्ययन के फलस्वरूप यह तथ्य सामने आते हैं कि तिब्बतवासियों का समाज व धर्म आपस में दृढ़ता से गुंथे हुए हैं।

तिब्बत की सामाजिक दशा अन्यदेशों के जैसी विशेषताओं से ही अलंकृत है। यहां के रीतिरिवाज व रहने-सहन में भारतीय समाज की प्रचुर बौछार परिलक्षित होती है।

4. तिब्बत भारत के प्रेरक तत्व

इतिहास साक्षी है कि अनेकों देश अपने संपन्न व शक्तिशाली राज काल में बहुत से उपनिवेश स्थापित कर राज्य करते रहे हैं। भारतवर्ष ने भी अपने गौरवशाली अतीत के अध्याय में अनेक देशों को विजित किया, परंतु यह विजय अन्य देशों से भिन्न थी। यह विजयोल्लास किसी भी भूमि को अपने नियंत्रण में करके, वहां के शासन समृद्धि को छीनकर, वहां की जनता को गुलाम बनाकर स्थापित नहीं किया गया था, न ही इसमें किसी राजा द्वारा अपने सैन्य बल की वीरता के प्रमाण का प्रस्तुतीकरण किया गया। अपितु यह विजय तो उन स्थानों पर निवास करने वाले जनवासियों के हृदय पर की गयी थी, जिसे प्राप्त करने के पश्चात उनके उपनिवेशों का किसी आक्रान्ता द्वारा छीने जाने का भय भी नहीं था। इस प्रकार के अभियानों का उद्देश्य वहां के लोगों से कुछ लूटने-छीनने का नहीं बल्कि वहां के निवासियों को आध्यात्म, संस्कृति व धर्म की शिक्षाओं से सराबोर करने से था।

इस प्रकार की भावना का मूल कि, धर्म अथवा धर्म से प्रभावित विषयों का प्रचार करने वाले व्यक्ति ईश्वर के प्रिय होते हैं, हमारी संस्कृति के मूल में विद्यमान था। इसका प्रसार सदा से यहां के वातावरण में व्याप्त था और समय समय पर इसने अपने प्रमाण भी प्रस्तुत किये। श्री भगवदगीता में श्री कृष्ण ने कहा है कि,

यं इमं परमं गुह्यं मदभ्क्तेषीभिधस्यति।
भक्तिं मयि परां कृत्वा मामेवैष्यत्य संशय।।

भारत में बौद्ध धर्म के विदेशों में प्रचार के दुष्कर परंतु महान कार्य का प्रारंभ तीसरी शताब्दी ई. पू. में ही आरंभ हो गया था। सर्वप्रथम सम्राट अशोक द्वारा इसका श्रीगणेश किया गया। इसमें केवल भिक्षु, सन्यासियों व पंड़ितों ने ही नहीं अपितु स्वयं सम्राट की संतानों महेन्द्र व संघमित्रा ने भी योगदान किया। श्रीलंका में धर्मप्रचार की अभिलाषा से गये इस दोनों राजपुत्र व पुत्री द्वारा लगाया गया प्रतीक महाबोधिवृक्ष आज भी पुकार पुकार कर बौद्ध पंडितों की धर्म प्रसार की महत्वाकांक्षा की गवाही प्रस्तुत कर रहा है।

धर्म के प्रचार के क्षेत्र में भारतीयों का प्रयास इतिहास में संभवतः सर्वाधिक प्राचीन माना जाता है। साथ ही यह इस बात का भी परिचायक है कि भारत देश की सभ्यता कितनी पुरातन है, जिसने इतने प्राचीन काल में धर्म से प्रज्जवलित दीप्ति को, अनेकों सभ्यता से अनभिज्ञ, धर्म से शून्य प्रदेशों के निवासियों के जीवन को दैदीप्यमान कर सदैव के लिये उन्हें बर्बर्तापूर्ण जीवन से मुक्त कराया।

वस्तुतः बौद्ध धर्म के प्रचार की धारणा का जन्म गौतम बुद्ध द्वारा दिये गये उस उपदेश से हुआ था, जो उन्होंने काशी से छः मील उत्तर की ओर सारनाथ नामक स्थान से धर्मचक्र प्रवर्तन करते हुए अपने पांच शिष्यों[3] को दिया था—"भिक्षुओं! अब तुम लोग जाओ और बहुतों के कुशल के लिए, संसार पर दया के निमित्त देवताओं और मनुष्यों के कल्याण और हित के लिये भ्रमण करो। तुम उस सिद्धांत का प्रचार करो जो आदि में उत्तम है, मध्य में उत्तम है और अंत में उत्तम है। संपन्न, पूर्ण तथा पवित्र जीवन का प्रचार करो।"[4]

भगवान बुद्ध द्वारा बौद्ध विचारों के प्रसार के लिये अपने शिष्यों को यही प्रथम निर्देश किया गया था। बौद्ध धर्म के इतिहास में तथा भारतीय संस्कृति के विस्तार के दृष्टिकोण से यह प्रसार अभियान धारणा बहुत महत्वपूर्ण है। इसी उपदेश के द्वारा गौतम बुद्ध ने अपने शिष्यों को देश विदेश में अपनी शिक्षाओं का प्रसार करने की प्रेरणा दी। इस उपदेश ने भारतीयों के हृदय में धर्मप्रचार की अभिलाषा को जन्म दिया और तभी से धर्म प्रसार परंपरा का प्रादुर्भाव हुआ जिसने कालान्तर में देशदेशान्तरों के कोनों-कोनों तक बौद्ध धर्म के साथ-साथ भारतीय संस्कृति का भी प्रवेश कराया।

तिब्बत में बौद्ध अपने प्रवेश से पूर्व अनेक देशों जैसे चीन, जापान, कोरिया, श्रीलंका, नेपाल आदि देशों को यही अपनी तेजस्वी ज्ञान ज्योति से प्रभावित कर चुका था। तिब्बत में इस धर्म का प्रवेश सातवीं शताब्दी में हुआ। परंतु यत्र तत्र उपलब्ध विवरण, धर्मप्रचारकों के इस बर्फीली भूमि पर इससे पूर्व भी पहुंचने का संकेत देते हैं। भारतीय धर्मप्रचारक, आवागमन के मार्गों से शून्य, समय से पिछड़े हुए इन तिब्बतियों के देश में सब बाधाओं को पार करते हुए पहुँच गये। मान सरोवर और कैलाश की भूमि वाले इस देश को 'बुद्ध शरणं गच्छामि' के पवित्रतम नारे से गुंजायमान किया।

तिब्बत में धर्म प्रचार करने के उद्‌देश्य से गये बौद्ध पंडितों की श्रृंखला में प्रथम महत्वपूर्ण नाम आचार्य शान्तरक्षित का आता है। तिब्बत में बौद्ध धर्म की सुचारू रूप से स्थापना करने का श्रेय इन्हीं को जाता है। तिब्बती सम्राट ति-सोड. -दे-सेन ने शान्तरक्षित के ज्ञान व धर्म के प्रति भक्ति के विषय में बड़ा गौरवशाली वर्णन सुना था। वह इनसे प्रथम बार नेपाल में मिला। वह इन्हें अपने देश में निमंत्रित करने को बहुत उत्सुक था। परन्तु उस समय वहां बोन धर्मावलंबीयों की शक्ति बड़े दृढ़ रूप में विद्यमान थी।

शान्तरक्षित ने तिब्बत में बहुत कार्य किया, परन्तु उनकी शिक्षाएं सरल होने के कारण जादू टोने से प्रभावित प्रवृत्तियों वाले तिब्बतियों पर दृढ़ रूप से असर नहीं कर सकीं। इस दशा में शान्तरक्षित ने राजा को सलाह दी कि, 'आप भारत से आचार्य पद्मसंभव को बुलाएं। वह तंत्र मंत्र अच्छी तरह से जानते हैं और इसके अद्वितीय विद्वान हैं। वह ही इस देश के लोगों की भूत प्रेतों से रहित कर सकते हैं और जब तक भूत प्रेत के विचार न हटें तब तक बौद्ध धर्म का प्रचार करना असंभव है।' शान्तरक्षित की प्रेरणा पर राजा ने पद्मसंभव को तिब्बत आमंत्रित किया।

पद्मसंभव शान्तरक्षित के प्रमुख शिष्यों में एक थे। इन्होंने नालन्दा से बौध धर्म व तंत्र की शिक्षा प्राप्त की थी। वह विभिन्न प्रकार के तांत्रिक प्रयोगों के बड़े सफल ज्ञाता थे। यह तिब्बतियों के लिए अपने विशेष कृत्यों के कारण आज भी आदरणीय बने हुए हैं। इस प्रकार पद्मसंभव अपनी दूरदर्शिता व सूझ बूझ से तिब्बत में बौद्ध धर्म स्थापित करने के अभियान में बड़े सफल सिद्ध हुए। उन्होंने तिब्बतियों को अपनी तांत्रिक शक्ति के विविध प्रयोगों से बहुत प्रभावित किया और अपनी ओर उन्हें आकृष्ट करने के पश्चात उन्हें धर्म की मुख्य शिक्षाओं से अवगत कराया। इस प्रकार इस व्यक्ति ने देशकाल व वातावरण के अनुसार तिब्बतियों के समक्ष बौद्ध धर्म, तंत्र व बोन धर्म तीनों का मिश्रित रूप प्रस्तुत किया, जो सहज ही तिब्बतियों को ग्राह्यय हो सका। पाश्चात्य विद्वानों ने इसको 'लामा धर्म' का नाम दिया। पदमसंभव ने आठवीं शताब्दी में तिब्बत में लाल टोपी वाले बौद्ध संप्रदाय को जन्म दिया।

भारतवासियों ने सदैव अपने स्वर्णिम अतीत पर गौरव किया है। प्राचीन काल से ही भारत ज्ञान, अध्यात्म व शान्ति की जन्मस्थली रहा है। ज्ञान के इस अतुल भंडार का उपयोग उन्होंने मात्र अपने देश की सीमाओं के भीतर ही नहीं, अपितु बाहर भी सफल रूप में किया है। प्राचीन काल से ही हमारे यहां के मनीषियों, आचार्यो व राजपुरूषों ने विदेशों में अपने धर्म व ज्ञान की सुनहरी पताकाएं फहराकर उनको सभ्यता की ऊँची सीढ़ियों तक चढ़ाने का सफल प्रयास किया।

ऐतिहासिक प्रमाणों के आधार पर विदेशों में भारत द्वारा धर्म प्रसार की परम्परा का आरंभ सम्राट अशोक (273 ई. पू.) से होता है। उसके द्वारा किये गये प्रयत्न जो पाटलिपुत्र की तृतीय सभा के पश्चात शुरू होते हैं, निरंतर गतिमान रहे। श्री लंका के अतिरिक्त खोतन, चीन, कोरिया व जापान में बौद्ध प्रचारक गौतम बुद्ध का संदेश पहुँचा चुके थे। बौद्ध धर्म के प्रवेश व प्रसार के इतिहास में तिब्बत का

नाम उपर्युक्त समस्त देशों के काफी बाद आता है। यह विषय वास्तव में उत्सुकतापूर्ण है, क्योंकि अन्य देशों की तुलना में तिब्बत भौगालिक परिवेश में भारत के काफी समीप स्थित है और दोनों देशों को मात्र एक पर्वतमाला विभाजित करती है।

मुख्य रूप से भारत से बौद्ध धर्म के प्रचारकों का तिब्बत जाना 630 ई. में सम्राट स्त्रोंग-सेन-गम्पों[6] के शासन काल से आरंभ होता है। इसने अपने राज्यभिषेक के तीसरे वर्ष में एक तिब्बती 'शिष्ट मंडल'[7] भारत भेजा। इस महान राजा के पश्चात उसके पोते ति-दे-सक-तेन ने बौद्ध धर्म के प्रचारार्थ बहुत प्रयत्न किए। इसने सूत्रग्रन्थ, ज्योतिष व वैद्यक ग्रन्थों का अनुवाद किया तथा लद्दाख से भिक्षुओं को बुलवाया। इतना सब करने पर भी कोई भिक्षु बनने को उद्यत नहीं हुआ। इसका कारण यह था कि तब 'बोन धर्म' लोगों पर अपने सशक्त रूप में हावी था।

हमारे देश का तिब्बत से संपर्क होने का सर्वाधिक श्रेय बौद्ध धर्म को जाता है। इसी के माध्यम व प्रेरणा के द्वारा ही दोनों देशों के निवासियों का एक दूसरे के देश में आवागमन आरंभ हुआ।

इतिहासकारों के मत व अन्य ठोस प्रमाणों के आधार पर यह स्पष्ट हो चुका है कि भारत तिब्बत संबंध का प्रारंभ सातवीं शताब्दी से होता है। 630 ई. से पूर्व तक तिब्बत छोटी-छोटी सरदारियों में विभक्त था। तत्पश्चात 'स्त्रोंग सेन-गम्पों' ने कई राज्यों को जीतकर, उन्हें संगठित करके सही अर्थो में इसे एक देश की संज्ञा से अलंकृत किया। यही वहां का प्रथम सम्राट माना जाता है।

ग्यारहवीं शताब्दी के मध्य में तिब्बत से भारत आने वाले विद्वानों में मर-पा (छोस-क्यि-बूलो-ग्रोस) बहुत महत्वपूर्ण व्यक्ति था। यह सिद्ध 'नरोपा' (नाडपाद मृ. 1044 ई.) का शिष्य था। यह तीन बार भारत में आकर रहा। इसने अनुवाद का काम किया, लेकिन यह और मीला-रेपा (1040-1123 ई.) जैसे इसके शिष्य अपनी विचित्र चर्या से तिब्बत में चौरासी सिद्धों के यथार्थ प्रतिनिधि थे।

भारत के तिब्बत के साथ स्थापित संबंधों का सिलसिला कुछ प्रमाणों के आधार पर बहुत पहले से चला आ रहा था। इसकी नींव काफी पहले से पड़नी आरंभ हो गयी थी, परन्तु इस आधारशिला पर मजबूत भवन का निर्माण अर्थात् दोनों के मध्य दृढ़ संपर्को की शुरूआत 642 ई. से होती है, जब तिब्बत के सम्राट 'स्त्रोग-सेन-गम्पों' ने अपना एक दूतमंडल भारत भेजा।

भारत में यह वह समय था, जब बौद्ध धर्म अपनी उन्नत अवस्था पर विराजमान था। उत्तर भारत का शासक हर्षवर्धन बौद्ध धर्म में बहुत रूचि रखता था। अपने समय में उसने चतुर्थ बौद्ध संगीति का आयोजन किया था। यह सब यह प्रकट करने में सक्षम है कि भारत में उन दिनों बौद्ध धर्म की दशा बहुत अच्छी थी और इस क्षेत्र में नित नवीन, योग्य विद्वानों का जन्म हो रहा था, जिन्होंने इसकी संपदा को और अधिक समृद्ध बनाया। भारत का नालन्दा विहार उस समय अपनी प्रसिद्धि की पराकाष्ठा पर था, जिससे आकृष्ट हो देश विदेश के लोग यहां आकर शिक्षा ग्रहण करना अपना सौभाग्य समझते थे।

सातवीं शताब्दी में भारत में नालंदा विश्वविद्यालय अपनी उन्नति की चरम शिखर पर था। अतएव ऐसी अवस्था में किसी विदेशी का यहां आने पर उससे प्रभावित होना स्वाभाविक ही था (और मुख्य रूप में तिब्बतियों का) जो कि उस समय यहां व्याकरण, साहित्य व धर्म संबंधी विषयों का गूढ, अध्ययन करने की चेष्टा से पधारे थे। इसमें उनका मुख्य उद्देश्य यहां आकर यहीं स्थित ज्ञान व आचार्यों की सहायता से स्वदेश हेतु एक लिपि का निर्माण करना था। इस क्षेत्र में वे अभी अछूते थे। इसके नियमों से पूर्णतया अनभिज्ञ थे। इस दशा में उनका ज्ञान के इस प्रमुख केन्द्र नालन्दा से आकृष्ट हो जाना बहुत सुगम था। नालन्दा के इस विद्या प्रतिष्ठान ने जैसे नेपाल, चीन, जावा, खोतन जैसे अनेक देशों पर अपना बहुत प्रभाव डाला था, उसी क्रम में तिब्बत पर भी ज्ञान और साधना का भारी प्रभाव डालने में यह सफल हुआ। एक अन्य विद्वान का मत है कि, सातवीं शताब्दी में तिब्बत से प्रथम बार आए, इस दूतमंडल ने बंगाल की नागरी लिपि के ही एक रूप के आधार पर अपने देश के लिए लिपि का निर्माण किया। इसका उस काल में तिब्बत में प्रचार हुआ और वहां आज तक चल रही है और वही वहां के धार्मिक मठों-विहारों तथा लेखन की लिपि बन गयी।

तिब्बत व भारत के मध्य संपर्क की रीढ़ वस्तुतः बौद्ध धर्म ही था। परन्तु जब तिब्बतियों का भारत में आगमन आरंभ हुआ व भारतीयों ने तिब्बत की ओर प्रस्थान किया तो धर्म के अतिरिक्त अन्य भी अनेक क्षेत्र इस संबंध की कड़ी में जुड़ते गये, जिन्होंने इसके स्वरूप को और अधिक व्यापक व दृढ़ बनाने में सहायता की।

भारत व तिब्बत के जब संपर्क स्थापित हुए उस समय तक भारत से प्रसारित बौद्ध धर्म की स्वर्णिम, पताकाऐं मध्य एशिया, चीन, जापान आदि देशों में स्वतंत्रता से लहरा रही थी। परन्तु तिब्बत की सीमा को जिन देशों ने घेरा हुआ था, उनमें

अधिकाशंतः बौद्ध धर्मावलंबी हो गये थे। उन देशों में बौद्ध धर्म के साथ भारतीय कला का भी समय के साथ प्रभाव पड़ता रहा। इस प्रकार से तिब्बत में बौद्ध वास्तुकला का प्रवेश सीधा भारत से तो हुआ ही, उपरोक्त देशों से होते हुए भी यह कला, जो मूलतः भारतीय थी, तिब्बत पहुंच सकी।

तिब्बती वास्तुकला पर नालन्दा की वास्तुकला का भी प्रभाव परिलक्षित होता है। यह स्वभाविक भी है, क्योंकि छठी सातवीं आठवीं शताब्दी में नालन्दा ज्ञान के विविध क्षेत्रों के साथ-साथ वास्तुकला के विषय में भी अपनी चरम सीमा पर था। इनमें मुख्य मेहराबदार ताक है। हैवेल के अनुसार इनके अनेक प्रकार है, जैसे कमल की पत्तियां, पीपल की पत्ती के आकार, मकर के आकार विभिन्न स्थानों पर दिखाई देते हैं। नालन्दा में कला व दस्तकारी की शिक्षा भी दी जाती थी। अधिकांश विहारों के भवन आयाताकार हैं, जिनके साथ बरामदे व कमरे बने हैं। नालन्दा में प्राप्त ईटों का आकार बड़ा है। यह भवन इस बात का प्रमाण है कि उनकी वास्तु में शान शौकत, सौंदर्य व एकरूपता का विशेष ध्यान रखा जाता था। सभी स्तूप बुद्ध अवलोकितेश्वर की प्रतिमाओं से सुशोभित हैं, उनमें अर्धगोलाकार ताक हैं जिनमें बुद्ध प्रतिमाऐं बनी है। कुछ स्तूपों का आकार चौकार है और ऊपर गोलाकार होकर उठे है।[6] यह सभी कलाऐं धर्म पर अपना प्रभाव डालती थीं और इनकी कला के विषय धर्म से लिये गये थे।

इस प्रकार तिब्बत में बौद्ध धर्म के साथ-साथ बौद्ध मठों विहारों की वास्तु कला भी अपने भारतींय स्वरूप के साथ पहुंच गयी। डॉ. संकालिया का मत है कि, नालन्दा की कला मगध में प्रचलित होने के पश्चात देश से बाहर पूर्व की ओर जावा, कम्बोडिया, सुमात्रा व उत्तर की ओर नेपाल व तिब्बत में पहुंची और बहुत अधिक प्रचलित हुई। तिब्बती लेखक एवं इतिहासकार लामा तारानाथ ने भी अपने वर्णनों में नालन्दा प्रतिष्ठान की कला का वर्णन किया है।

वास्तव में यह कितने हर्ष का विषय है कि, हमारे देश में स्थित इतने महत्वपूर्ण मन्दिर 'बौद्ध-गया' की वास्तु का समकक्ष नमूना तिब्बत के विहार में स्थित है जिसके अवलोकन से इस मन्दिर के प्राचीन व मूल वास्तु का ज्ञान सरलता से प्राप्त होता है। तिब्बत ने कई क्षेत्रों में हमारे देश के मूल्यवान धरोहरों को उनके मूल रूप से अथवा उस मूल रूप से समकक्ष स्तरीय नमूने को अपने विहारों में संरक्षित किया है जो उनके इस प्राचीन गौरव की स्मृति को ताजा कर देता है। तिब्बत के विहारों में अनेक भारतीय चित्रपट भी मिलते हैं जिनका अजन्ता की कला से सीधा संबंध है।

दसवीं सदी में धर्मकीर्ति, जो नालन्दा धर्म कीर्ति विश्वविद्यालय का था, ने अनेक संस्कृत ग्रन्थों का तिब्बती में अनुवाद किया। यह वहां तांत्रिक विधि द्वारा धर्मप्रचार में संलग्न थे। मंजुश्री वर्मा व अन्य छः आचार्य जैसे-दिवाकरचन्द्र आदि ने तिब्बती विद्वानों की सहायता से तंत्र की पुस्तकों का तिब्बती में अनुवाद किया।

तिब्बत के प्रसिद्ध विद्वान विद्वान मर-पा ने भी भारत आकार तंत्र की शिक्षा ग्रहण की थी। वे तिब्बत में तंत्र के महान व सफल ज्ञाता माने जाते हैं। इन्होंने तीन बार तंत्र विद्या के ज्ञानार्जन हेतु भारत की यात्रा की। इनके शिक्षक भारत के तंत्र शास्त्र ने ज्ञाता पंडित 'नरोपो' थे। मर-पा ने तंत्र की प्रमुख गतिविधियों में अत्यन्त प्रवीणता प्राप्त की। वह इसमें पारंगत थे। इन्होंने अपने शिष्यों को चार बार अपनी आत्मा दूसरे शरीर में प्रवेश कराके दिखालाई थी।

बौद्ध भिक्षु

बौद्ध भिक्षुओं के मुताबिक बुद्ध के महापरिनिर्वाण की 2550वीं वर्षगाँठ पर त्रिपिटक सूत्र पाठ की शुरूआत भगवान बुद्ध की पावन भूमि बोधगया में हुई थी। दक्षिण-पूर्ण एशियाई देशों में बौद्ध धर्म की प्राचीनता थेरवादी परंपरा को पुर्नजीवित करते हुए उनकी समृद्ध विरासत को कायम रखने के क्रम में त्रिपिटक सूत्र पाठ का आयोजन किया जाता है।

इस अंतर्राष्ट्रीय समारोह में भारत सहित नेपाल, बांग्लादेश, श्रीलंका, म्यांमार, लाओस, थाईलैंड और कम्बोडिया के बौद्धभिक्षु हजारों की संख्या में भाग लिए। सूत्र पाठ के निमित्त बौद्ध भिक्षुओं व श्रद्धालुओं ने अपने सिर पर त्रिपिटक ग्रंथ को लेकर थम्म यात्रा निकाली। सूत्र पाठ के आयोजक देश लाओस तथा बांग्लादेश थे।

5. बोधगया-दुनिया भर के बौद्धों का श्रद्धा केन्द्र

निरंजना नदी, जिसे फलगू नदी भी कहते हैं, के किनारे बसा बोधगया बौद्ध धर्म का एक महत्वपूर्ण तीर्थ स्थान है यह गया से 13 किलोमीटर दूर है। बोधगया में अनेक बौद्ध मंदिर हैं। यहाँ नेपाल, म्यांमार, थाईलैंड, जापान, चीन, तिब्बत आदि देशों के बौद्ध धर्मावलंबियों का हमेशा जमावड़ा लगा रहता है। कहा जाता है कि राजकुमार सिद्धार्थ ने बोध गया में ज्ञान प्राप्त किया था और उसके बाद ही वह भगवान बुद्ध कहलाए थे। बौद्ध मंदिरों का जो भी धार्मिक महत्व हो, लेकिन यहाँ के मंदिर बौद्ध स्थापत्य कला के बेजोड़ नमूने हैं, जिन्हें दूर-दूर से लोग देखने के लिए यहाँ आते हैं। इतिहासकारों का मानना है कि बुद्ध के समय बोध गया

उरुवेला नामक गाँव था। बुद्ध के बाद इस स्थान का नाम संबोधि भी पड़ा था। यह सम्राट अशोक के एक अभिलेख से ज्ञात होता है। बोधि वृक्ष गया के मुख्य आकर्षणों में से एक है। मान्यता है कि इस वृक्ष के नीचे ही सिद्धार्थ को ज्ञान प्राप्त हुआ था। बोधि वृक्ष को गौड़ नरेश शशांक ने, जो महाराजा हर्षवर्धन के समकालीन थे, अधिकांश रूप से नष्ट कर दिया था। संभवतः वर्तमान वृक्ष मूलवृक्ष का ही वंशज है। इसी वृक्ष की एक शाखा अशोक की पुत्री संघमित्रा ने सिंहल देश के नगर अनुराधापुर में ले जाकर लगाई थी। यह वृक्ष वहाँ पर अभी तक स्थित है और इसी की एक टहनी वर्तमान सारनाथ में कुछ वर्ष पूर्व रोपित की गई थी। महाबोधि मंदिर वास्तुकला का बेजोड़ नमूना है। अति प्राचीन यह मंदिर 48 वर्ग फुट के चबूतरे पर स्थित है और पिरामिड की आकृति में 170 फुट ऊँचा है। मंदिर के ऊपरी भाग में एक छत्र लगा हुआ है तथा चार छोटी-छोटी मीनारें हैं। इस मंदिर में भगवान बुद्ध की एक प्रतिमा है। कहा जांता है कि सम्राट अशोक ने तीसरी शताब्दी में यहाँ एक स्तूप का निर्माण कराया था। बाद में राजा दुविश्क ने स्तूप को चारों ओर से घेर कर मंदिर का निर्माण कराया। 1205 में इस मंदिर को बख्तियार खिलजी ने ध्वस्त कर दिया। 1876 में इसका पुनः जीर्णोद्धार कराया गया। मंदिर की बाहरी दीवार पर की गई नक्काशी अत्यंत खूबसूरत है।

इस मंदिर का प्रांगण भी विशाल है जिसमें 2500 वर्ष पहले बनवाए गए छोटे-बड़े अनेक स्तूप आज भी अपनी भव्यता को दर्शाते हैं और वास्तुकला के खूबसूरत नमूने हैं। बोध गया के मुख्य मंदिर के उत्तरी भाग में स्थित चक्रमण स्थल है।

बोध गया का एक मुख्य आकर्षण भगवान बुद्ध की 80 फुट ऊंची प्रतिमा भी है। इस मूर्ति को बनवाने में एक करोड़ रुपये खर्च हुए थे। इसका निर्माण 1990 में जापान की संस्था दाईवुत्सु ने किया था। यहाँ कमल सरोवर भी देखने लायक है। भगवान बुद्ध ने कुछ समय यहाँ भी बिताया था। इसी सरोवर में आँधी, तूफान से नागराज मूयलिंद ने उनकी रक्षा की थी। बोध गया का थाईलैंड मंदिर भी अपनी भव्यता के लिए मशहूर है। इसका निर्माण थाईलैंड के तत्कालीन प्रधानमंत्री फील्ड मार्शल कितिकार्यने के प्रयासों से हुआ था।

बोधगया का पुरातत्व संग्रहालय भी आप देख सकते हैं। इस संग्रहालय का ऐतिहासिक एवं धार्मिक महत्व भी है। यहाँ खुदाई में मिले बौद्ध काल के अवशेषों को सहेज कर रखा गया है। इनके अलावा बोध गया में तिब्बती, थाई, भूटानी और श्रीलंकाई मठ भी देखने योग्य हैं।

संसार में भगवान बुद्ध की इतनी महत्ता होते हुए भी जब यह कहा जाता है कि बौद्ध धर्म नास्तिक है और उसमें ईश्वरवाद की गंध तक नहीं है तो आश्चर्य होता है, क्योंकि, वह धर्म ही क्या जिसमें ईश्वर का स्थान न हो? वह निर्वाण क्या जिसमें ईश्वर आनंद की अनुभूति न होकर शून्यवाद हो? इस दृष्टि से सोचने पर पुनः आश्चर्य होता है कि यदि बौद्ध धर्म नास्तिकवादी या अनीश्वरवादी है तो इसकी इतनी उन्नति कैसे हुई? दरअसल, जिस धर्म में ब्रह्म की ज्योति नहीं होती, वह धर्म टिक ही नहीं सकता। जब हम इस दृष्टि से विचार करते हैं तो पाते हैं कि यह धर्म वास्तव में अपने-अपने अनुपम, विलक्षण और विचित्र है। इस धर्म में भले ही ब्रह्म के बारे में ऊपरी तौर पर कुछ नहीं कहा गया हो और उसकी तुरही नहीं बजाई गई हो, लेकिन यह भी नहीं कहा गया है कि ब्रह्म का अस्तित्व है ही नहीं। इसे समझने के लिए हमें बौद्ध धर्म के उदय के समय की तत्कालीन परिस्थितियों को समझना पड़ेगा। इस धर्म के आविर्भाव के पहले आर्य धर्म कहें या सनातन धर्म या हिंदू धर्म बाह्याडबरों का एक प्रकार से अड्डा हो गया था। यथार्थ धर्म प्रथा और रूढ़ियों के नीचे दब गया था। धर्म के नाम पर अनेक प्रकार के अत्याचार, कदाचार, दुराचार, व्यभिचार आदि होने लगे थे। चारों ओर अंधविश्वासों का साम्राज्य स्थापित हो गया था। धर्माधिकारी साधारण जनता को धर्म के नाम पर बेवकूफ बनाकर अपना उल्लू सीधा कर रहे थे। यज्ञों के नाम पर निरीह पशुओं की बलि दी जा रही थी। राजनीति पर धर्मनीति ने पूरी तरह सत्ता स्थापित कर ली थी। ऐसे ही समय में भगवान बुद्ध का अवतरण हुआ। उन्होंने एक ज्योति पा ली जिसके द्वारा उन्होंने न सिर्फ अंधविश्वास और पाखंड का निराकरण किया बल्कि लोगों को निर्वाण या मुक्ति का मार्ग भी दिखलाया।

बुद्ध और आम्रपाली

आम्रपाली अपने जमाने की अपूर्व सुंदरी, कुशल गायिका और नर्तकी थी। राजकुमार बिंबिसार से उसने प्रेम विवाह किया था। राजमहल में उसे अपमान के घूँट पीने पड़े। वह वैशाली नगर के बाहर एक आम्र वन में पुत्र जीवक के साथ रहकर संगीत-साधना में रत रहा करती थी।

एक दिन आम्रपाली पुत्र के साथ भगवान बुद्ध के दर्शन के लिए पहुँची। उसने अत्यंत विनम्रता से कहा, 'गुरुवर, मेरे पास अपार धन-संपदा है, फिर भी मेरा जीवन अतृप्त है। मैं आपकी शरण में हूँ।' बुद्ध ने कहा, 'आम्रपाली, अन्य सांसारिक वस्तुओं की तरह सुंदरता आती है और चली जाती है। धन-संपदा और ख्याति भी क्षणभंगुर है। ध्यान-साधन के माध्यम से जो आत्मिक संतोष मिलता है,

वही जीवन में शाश्वत रहता है, इस जीवन के जो क्षण शेष रह गये हैं, उन्हें निरर्थक आमोद-प्रमोद में नष्ट नहीं करना चाहिए। साधना, ध्यान, प्राणायाम व संयमपूर्ण जीवन में पल-पल लगाओ, जीवन सहज ही सार्थक हो जाएगा।' बुद्ध के चंद शब्दों से आम्रपाली को प्रेरणा मिली और वह खुशी-खुशी लौट आयी।

कालदुयी और सारिपुत्र भी उस समय उपस्थित थे। सारिपुत्र ने भगवान बुद्ध से प्रश्न किया, 'स्त्री के सौन्दर्य को किस दृष्टि से देखना चाहिए?'

बुद्ध ने जवाब दिया, 'सुंदरता और कुरुपता, दोनों का सृजन पाँच तत्वों से होता है। मुक्त पुरुष न तो शारीरिक सौन्दर्य से सम्मोहित होता है और न कुरुपता से विरक्त। एक ही सौन्दर्य शाश्वत है, और वह है, करुणामय हृदय। करुणा का अर्थ है-अहेतुक प्रेम, अर्थात बदले में किसी से किसी प्रकार की अपेक्षा न करना।' सारिपुत्र की जिज्ञासा शांत हो गई।

प्रार्थना की शक्ति

सभी धर्मों एवं संप्रदायों में प्रार्थना को महत्व दिया गया है। हिंदू मंदिरों में प्रार्थना करते हैं। सिख गुरुद्वारों में अरदास करते हैं। ईसाई चर्च में प्रार्थना करते हैं, तो मुसलमान मसजिद में नमाज अता करते हैं। जैन व बौद्ध भी अपने-अपने ढंग से प्रार्थना करते हैं।

गांधी जी प्रार्थना करने के बाद ही सोते थे। सभी धर्माचार्यों, संत-महात्माओं ने प्रभु प्रार्थना को प्रभावी माना है। अधिकांश बड़े-बड़े सर्जन भी मरीजों का ऑपरेशन करने से पूर्व सफलता के लिए प्रार्थना का सहारा लेते देखे जा सकते हैं।

आध्यात्मिक विभूति टी.एल. बासवानी ने प्रार्थना पर एक पुस्तक *लिटल बुक ऑफ प्रेयर* भी लिखी है, उन्होंने प्रार्थना के कई प्रकार बताए हैं; जैसे-निवेदनयशील प्रार्थना, सामान्य प्रार्थना, शांति और साधना की प्रार्थना, प्रशंसा की प्रार्थना तथा मध्यस्थ प्रार्थना। साधु बासवानी लिखते हैं 'प्रार्थना शुद्ध मन व पूर्ण विश्वास के साथ किए जाने पर ही फलदायक होती है। भगवान निश्छल, निष्कपट व शुद्ध हृदय वाले की प्रार्थना जल्दी सुनते हैं। जब आप प्रार्थना खत्म करते हैं, तो आपको विश्वास होना चाहिए कि आपने जो कुछ माँगा है, आपको दिया जा चुका है। तब आप इसके लिए ईश्वर को धन्यवाद दे सकते हैं।'

6. दलाई लामा के सम्बन्ध में भारत का दृष्टिकोण

चीन के बार-बार विरोध के बावजूद भारत ने साफ किया है कि वह तिब्बती

धर्मगुरु दलाई लामा का तवांग की अपनी यात्रा स्थगित करने को नहीं कहेगा। दिल्ली में चीनी राजदूत ने दलाई लामा को लेकर भारत के रुख पर आपत्ति की थी। तो चीनी प्रधानमंत्री वेन जियाबाओं ने प्रधानमंत्री मनमोहन सिंह के साथ बातचीत में इस मसले को फिर उठाया।

आसियान और पूर्वी एशिया शिखर सम्मेलन की समाप्ति के बाद स्वदेश लौटने से पहले मनमोहन सिंह ने माना कि रात्रि भोज के दौरान जियाबाओ के साथ विवादित मसलों पर उनकी चर्चा हुई। इसमें अरुणाचल में चीनी घुसपैठ सहित ब्रह्मपुत्र नदी पर बांध बनाने तथा दलाई लामा की तवांग की प्रस्तावित यात्रा का मसला भी शामिल था। आसियान और पूर्वी एशिया शिखर सम्मेलन में भाग लेने आए राष्ट्रध्यक्षों के लिए थाईलैंड के प्रधानमंत्री की ओर से आयोजित इस रात्रि भोज में मनमोहन सिंह और जियाबाओं साथ-साथ बैठे। इसके पहले सुबह दोनों नेताओं ने प्रतिनिधिमंडल के साथ बैठक की थी। एक सवाल के जवाब में मनमोहन सिंह ने माना कि उन्होंने न तो पाक अधिकृत कश्मीर में चीनी परियोजनाओं का मामला उठाया और न ही जम्मू-कश्मीर के नागरिकों को वीजा दिए जाने में चीन की ओर से किए जा रहे भेदभाव का। चीन को इतिहास याद दिलाते हुए तिब्बती धर्मगुरु दलाई लामा ने सीमावर्ती भारतीय कस्बे तवांग पर उसके दावे पर हैरानी जताई है। चीन के एतराज को नजरअंदाज कर दलाई लामा तवांग पहुंचे। आध्यात्मिक नेता के दर्शन के लिए दुनिया भर से आए हजारों लोगों ने यहां बड़ी गर्मजोशी से उनका स्वागत किया।

चीन को आड़े हाथों लेते हुए 74 वर्षीय दलाई लामा ने कहा, '1962 के भारत-चीन युद्ध के दौरान चीन की सेना ने तवांग पर कब्जा कर लिया था और बाम डिला तक पहुंच गई थी। बाद में तत्कालीन चीन सरकार ने एकतरफा युद्ध विराम कर अपनी सेना वापस बुला ली थी। लेकिन, अब वह अलग ही सुर में बोलता है। मैं इस पर हैरान हूँ।'

उल्लेखनीय है कि तवांग समेत अरुणाचल प्रदेश के बड़े हिस्से पर चीन अपना दावा जताता रहा है। इसी के मद्देनजर उसने भारत से मांग की थी कि वह निर्वासित तिब्बती नेता दलाई लामा को अरुणाचल यात्रा की इजाजत न दे। लेकिन, भारत ने चीन को दो टूक कह दिया था कि तिब्बती धर्मगुरु देश में कहीं भी आने-जाने के लिए स्वतंत्र हैं।

चार सौ साल पुराने तवांग मठ में एक संग्रहालय का उद्घाटन करने के बाद संवाददाताओं से मुखातिब दलाई लामा ने कहा, 'चीन के लिए यह आम बात है।

मैं जहां भी जाता हूं, वह मेरे खिलाफ प्रचार करता है। चीन की कम्युनिस्ट सरकार का यह दावा पूरी आधारहीन है कि मैं अलगाववादी आंदोलन को बढ़ावा दे रहा हूं। मेरी यह यात्रा पूरी तरह गैर राजनैतिक है।' इससे पहले दलाई लामा के तवांग पहुंचने पर उनका जोरदार स्वागत हुआ। तिब्बती धर्मगुरु के हजारों अनुयायी उनके दर्शन करने दुनिया भर से यहां पहुंचे हैं। आठ किलोमीटर दूर बने हैलीपैड से तवांग मठ तक सड़कें दोनों और पारंपरिक परिधान पहने स्थानीय लोग भी आध्यात्मिक नेता का स्वागत करने के लिए खड़े थे। तवांग मठ में करीब 800 बौद्ध भिक्षुओं ने धार्मिक रीतियों से उनका स्वागत किया। इस मौके पर मौजूद एक भिक्षु सरवांग लामा ने बाद में कहा, 'दलाई लामा को अपने बीच पाकर हम बहुत उत्साहित हैं।'

नोबेल पुरस्कार विजेता दलाई लामा की अगवानी के लिए राज्य के मुख्यमंत्री दोरजी खांडू भी मठ में मौजूद थे। करीब छः साल बाद अरुणाचल पहुंचे दलाई लामा तवांग मठ के करीब स्थित एक स्कूल के मैदान में प्रार्थना सभा आयोजित की।

तिब्बतियों के आध्यात्मिक गुरु दलाई लामा ने कहा कि मैं जब-जब बोधगया की पावन भूमि का स्पर्श करता हूं, मुझे एक नई ऊर्जा और शक्ति मिलती है। पिछले 50 वर्ष से बोधगया आ रहा हूं। यहां लोगों के अभूतपूर्व स्वागत के तरीके से खुद को भारत का ही महसूस करता हूं।

दलाई लामा सोमवार को विश्वदाय धरोहर महाबोधि मंदिर के गर्भगृह में विशेष पूजा-अर्चना करने व मल्टी मीडिया संग्रहालय के शिलापट्ट का अनावरण करने के बाद मीडिया से मुखातिब थे।

उन्होंने महाबोधि मंदिर के द्वितीय चंक्रमण पथ के दक्षिणी-पश्चिमी कोण पर भगवान बुद्ध के जीवनवृत्त एवं प्रज्ञापारमिता सूत्त पटिका व गोल्डन व्हील (धर्मचक्र) का अनावरण किया। जीवनवृत्त लाल सैंड स्टोन पर उत्कीर्ण है। तत्पश्चात दलाई लामा ने प्राचीन भारत टूरिज्म बंगलौर व बिहार पर्यटन के सहयोग से बने मल्टी मीडिया संग्रहालय का अवलोकन कर शिलापट्ट का अनावरण किया। इस मौके पर उन्होंने कहा कि मैं भारत का ही बेटा हूं। भारत सभी धर्मों को संरक्षण देता रहा है। यहां अनेकता में एकता है। मैं भारत के इस संदेश को मजबूती में बाहर ले जाऊंगा, मैं भारत की धरती को नमन करता हूं।

भारत के प्रति बीजिंग के दुर्भावनापूर्ण रवैये का कभी अंत भी होगा या नहीं? ज्यादा दिन नहीं हुए, जब मनमोहन सिंह ने चीनी प्रधानमंत्री वेन जियाबाओं को साफ शब्दों में कहा था कि दलाई लामा हमारे सम्माननीय अतिथि हैं और उन्हें

देश के अंदर कहीं भी जाने का अधिकार है। इसके बावजूद बीजिंग ने दो दिन दलाई लामा पर भारत-चीन रिश्ता बिगाड़ने का आरोप लगाया। दरअसल दलाई लामा की प्रस्तावित तवांग यात्रा ने बिजिंग को क्षुब्ध कर दिया है, इसीलिए वह तिब्बती धर्मगुरु की फिर से आलोचना पर उतर आया है। बिजिंग के क्षोभ की कई वजहें हो सकती हैं। मसलन, अरुणाचल प्रदेश से सटा तिब्बत पिछले काफी समय से चीन के खिलाफ उद्वेलित है और बीजिंग इस बात को लेकर आशंकित है कि दलाई लामा के दौरे से स्थिति और खराब हो सकती है। फिर जब अरुणाचल को चीन अपना कथित हिस्सा बताता है, और हमारे प्रधानमंत्री तक के दौरे पर चुप नहीं बैठता, तब दलाई लामा की यात्रा पर वह खामोश रहेगा, यह सोचना भोलापन है। तिब्बत पर चीनी वर्चस्व के विरोध में ही दलाई लामा को वतन छोड़ना पड़ा है। अब यह बात भी सर्वविदित है कि तिब्बत के संसाधनों को हथियाने की मंशा ने ही चीन को दलाई लामा के खिलाफ इतना आक्रामक बनाया है। हालांकि इस बार दलाई लामा की भर्त्सना करते हुए चीन भारत की आलोचना से दूर रहा। बल्कि चीनी विदेश मंत्रालय की प्रतिक्रिया से ऐसा लगता है, मानो उसे भारत के साथ अपने रिश्ते को लेकर काफी चिंता है। दरअसल यही बिजिंग की धूर्तता है। चूंकि बिना किसी ठोस एजेंडे के सार्वजनिक तौर पर हमेशा भारत के खिलाफ बोलना संभव नहीं, इसलिए दलाई लामा को फटकारते हुए उसने भारत से बेहतर रिश्ता बनाने का दिखावा किया। जबकि वास्तव में वह कदम-कदम पर भारत का अहित करना चाहता है। ब्रह्मपुत्र पर बांध बनाने का ताजा मामला ही लीजिए। बीजिंग बार-बार कहता रहा है कि वह ऐसा कुछ नहीं कर रहा। यहां तक कि शीर्ष मुलाकात में भी उसने इससे इनकार किया। लेकिन नेशनल रिमोट सेंसिंग एजेंसी के सेटेलाइट चित्र बांध के निर्माण की पुष्टि करते हैं! यानी हकीकत में वह भारत को बर्बाद करना चाहता है, लेकिन कभी-कभी हमारे साथ दोस्ती का दिखावा भी करता है। हमारी सरकार ने बेहतर कूटनीति का परिचय देते हुए ठीक ही यह जवाब दिया कि चीन के साथ हमारे रिश्ते में कोई तनाव नहीं है और आने वाले दिनों में आपसी संबंध सुधरेंगे। चीन भले ही माने कि हमारे रिश्ते ठीक नहीं, लेकिन सार्वजनिक तौर पर हम खुद यह बात क्यों स्वीकार करें? अलबत्ता इसका मतलब यह नहीं कि हम उससे डर जाएं। अरुणाचल हमारे देश का अभिन्न हिस्सा है, वहां बीते दिनों हुए चुनाव में मतदाताओं ने भारी संख्या में हिस्सेदारी कर चीन की साजिश को बेनकाब कर दिया है। ऐसे में, वहां दलाई लामा की प्रस्तावित यात्रा को कोई कैसे रोक सकता है!

तिब्बतियों के आध्यात्मिक गुरु दलाई लामा ने कहा कि भारत में धर्मनिरपेक्षता

के कारण ही जनतंत्र है। उन्होंने कहा कि सभी धर्मों का आदर करें, यही धर्मनिरपेक्षता है। प्रेम और करुणा इसी से आती है। उन्होंने धार्मिक स्वतंत्रता पर बल देते हुए कहा कि इसके बिना तिब्बत अधूरा है। वे प्रवचन के समापन के बाद बोधगया के कालचक्र मैदान में इटली, फ्रांस, कनाडा, रूस, स्पेन, जापान, कोरिया, बेल्जियम, इस्राइल, नार्वे, दक्षिणी अफ्रीका, थाईलैंड, म्यांमार सहित अन्य देशों से पहुंचे बौद्ध श्रद्धालुओं को संबोधित कर रहे थे।

उन्होंने कहा कि तिब्बत में विकास हुआ है, लेकिन धार्मिक स्वतंत्रता के बिना वह अधूरा है। तिब्बत में वर्ष 2008 के नरसंहार का जिक्र करते हुए कहा कि वह काफी भयावह था। स्वतंत्रता का महत्व वहीं जान सकता है, जो अपना देश छोड़कर शरणार्थी बना हो। दलाई लामा ने धर्मावलंबियों को बौद्ध साहित्य का विभिन्न दृष्टिकोण से अध्ययन करने का सुझाव दिया। उन्होंने कहा कि केवल आशीर्वाद लेने से जीवन नहीं बदल सकता। बौद्ध धर्म में जीवन को बेहतर बनाने की शिक्षा है। उन्होंने कहा कि भावावेश में निर्णय नहीं लेना चाहिए। सच्चाई को स्वीकार करते हुए निर्णय लें। इधर, दलाई लामा पिछले दिनों अमेरिका की यात्रा पर थे। चीन की चेतावनी के बावजूद राष्ट्रपति बुश ने उनका गर्मजोशी से स्वागत किया। अमेरिका की संसद में उन्हें सर्वोच्च नागरिक सम्मान 'गोल्ड एवार्ड' से नवाजा गया। दलाई लामा अनेक वर्षों से विश्व भर में भ्रमण करते रहे हैं एवं 'तिब्बत की स्वतंत्रता' पर चलाए जा रहे उनके अभियान को पर्याप्त सहयोग एवं सहानुभूति भी मिली है। यह तो समय ही बताएगा कि उनके अभियान को कब और कितनी सफलता मिलेगी?

अमेरिका में दलाई लामा ने अनेक ध्यान एवं आध्यात्मिक कैंप एवं सेमिनार आयोजित किए हैं। अनेक विश्वविद्यालयों में उन्होंने भाषण भी दिए हैं। रिचर्ड गियर समेत हालीवुड की अनेक हस्तियां उनकी अनुयायी हैं। अमेरिका के समाचार पत्रों में दलाई लामा का नाम सुर्खियों में रहता है। 'न्यूयार्क बेस्ट सेलर' में उनकी दो पुस्तकें 'फ्रीडम इन एक्साइ' एवं 'आर्ट आफ हैपीनेस' प्रथम स्थान पर रही हैं। पहली पुस्तक उनकी आत्मकथा है।

अमेरिका के बुद्धिजीवी वर्ग में दलाई लामा एक परिचित नाम है। वर्ष 1989 में दलाई लामा को 'तिब्बत को स्वतंत्रता' के अभियान पर शांति का नोबेल पुरस्कार भी मिला है। यह बात अलग है कि चीन उनके हर प्रयास को नकारता जा रहा है। दलाई लामा को सुनने और पढ़ने वालों की संख्या खासी बड़ी है, लेकिन यह विचित्र है कि उन्हें कभी भारत का उल्लेख करते नहीं सुना गया।

उन्होंने कभी यह नहीं कहा कि मैं भारत का आभारी हूं कि इस देश ने मुझे घर दिया है। वर्ष 1997 में 'कुंडन' नामक मूवी बनी थी। इसमें दलाई लामा के आरंभिक जीवन एवं तिब्बत पर चीन के आक्रमण का उल्लेख था। उस समय दलाई लामा युवक थे। वह फिल्म में प्रत्येक देश से प्रार्थना करते हैं कि चीन के आक्रमण का विरोध किया जाए एवं उन्हें आश्रय दिया जाए। विश्व का कोई भी देश चीन का विरोध करने का साहस नहीं जुटा पाता और न ही उन्हें शरण देता है। इसमें जापान, वियतनाम, थाईलौंड आदि ऐसे देश भी सम्मिलित थे जहां बहुसंख्यक लोग बौद्ध धर्म के अनुयायी हैं एवं दलाई लामा को अपना धर्म गुरु मानते हैं। 1959 में दलाई लामा के भारत प्रवेश के साथ ही फिल्म समाप्त हो जाती है। भारत बौद्ध धर्म का उद्भव स्थल है, गौतम बुद्ध की जन्म स्थली है, अतः दलाई लामा का भारत में आश्रय लेना कोई अप्रत्याशित घटना नहीं है। भारत में आदि काल से आश्रय देने की परंपरा रही है। भारत ने बहाई, यहूदी, पारसी एवं बौद्ध धर्म मतावलंबियों को उस समय अपने यहां शरण दी जब ये धर्म अपने ही देश में संकट से घिरे थे। हिमाचल प्रदेश का धर्मशाला नगर दलाई लामा के हवाले है। लाखो तिब्बती शरणार्थियों ने भारत के कोने-कोने में अपना घर बनाया है। दलाई लामा भारतीय समाज में अपना विशिष्ट स्थान रखते हैं एवं विशेषाधिकारों का उपयोग करते हैं। भारत में तो वैसे ही जनसंख्या की अधिकता और भूमि की कमी है। भारत ने सन् 1962 में चीन के आक्रमण को झेलकर दलाई लामा को आश्रय देने की भारी कीमत चुकाई है। हमारे हजारों सैनिक उस युद्ध में शहीद हो गए। यह भी सत्य है कि युद्ध में भारत असफल रहा। लद्दाख एवं अरुणाचल के पास का बड़ा क्षेत्र चीन के कब्जे में आ गया था।

चीन युद्ध के समय भारतीय सेना लड़ाई के लिए तैयार नहीं थी। उस समय पंडित नेहरू 'हिंदी-चीनी भाई-भाई' का नारा लगा रहे थे। ऐसी ही घटना का यदि हम विवेचन करें तो पाएंगे कि ईरान में सत्ता पलटने के पश्चात जब शाह अपना देश छोड़कर भागे थे तो शाह के निकटतम मित्र अमेरिका ने भी उन्हें शरण नहीं दी थी। शाह ने अपने जीवन के अंतिम दिन पनामा में भारी धन देकर बिताए थे। यह एक ज्वलंत प्रश्न है कि जब विश्व का कोई भी राष्ट्र दलाई लामा को अपने देश में आश्रय देने को तैयार नहीं था, उस समय यदि भारत दलाई लामा को आश्रय नहीं देता तो दलाई लामा कहां जाते? इन स्थितियों में क्या दलाई लामा एवं उनके अनुयायियों को भारत का आभार नहीं प्रकट करना चाहिए? अपने भाषण में आभार नहीं प्रकट करना चाहिए? अपने भाषण में, साक्षात्कार में या पुस्तकों में वह उस मदद का उल्लेख कर सकते हैं जो उन्हें भारत में मिली। भारत

ने दलाई लामा को हमेशा ही विशिष्ट सम्मान दिया है। खुद दलाई लामा भी महात्मा गांधी फाउंडेशन के एक कार्यक्रम में अपनी युवावस्था में सपने में गांधीजी से की गई मुलाकात का जिक्र किया, लेकिन उनसे और उनके अनुयायियों से हर भारतवासी को यह भी अपेक्षा है कि वह भारत द्वारा उन्हें दिए गए समर्थन को विश्व के मंचों पर आभार प्रकट करें।

अमेरिका ने तिब्बत के निर्वासित धर्मगुरु दलाई लामा को लोकतंत्र के प्रति उनके समर्पण के लिए डेमोक्रेसी सर्विस मैडल से सम्मानित किया है। चीन की नाराजगी के बावजूद अमेरिकी राष्ट्रपति बराक ओबामा और दलाई लामा की मुलाकात के एक दिन बाद तिब्बती धर्मगुरु को इस पुरस्कार से नवाजा गया। अमेरिकी कांग्रेस से सहायता प्राप्त यह पदक नेशनल एंडाउमेंट फॉर डेमोक्रेसी की ओर से दिया गया। दलाई लामा को यह पुरस्कार निर्वासन में रहते हुए भी लोकतांत्रिक सरकार को समर्थन देने तथा तथा तिब्बतियों की इच्छा का सम्मान करते हुए अपने सदियों पुराने धार्मिक पद को समाप्त करने के लिए भी तैयार हो जाने के लिए मिला है। एंडाउमेंट के अध्यक्ष कार्ल ब्रेशमेन ने कहा, 'दलाई लामा ने क्रूरता के सामने जिस नैतिक शक्ति और आत्मबल का परिचय दिया है उससे न केवल तिब्बतियों को विपरीत परिस्थितियों का सामना की हिम्मत मिलती है बल्कि हर शोषित को ताकत मिली है।'

पिछले कुछ समय से भारत-चीन संबंधों में खटास का नया दौर शुरू हुआ है। चीन ने एक के बाद एक ऐसे कई गोले नई दिल्ली पर दागे हैं, जिन्होंने भारत को विचलित कर दिया है। चीन के एक थिंकटैंक ने दो महीने पहले अपने विश्लेषण में कहा था कि भारत एक झूठा देश है, जो जातियों व धर्मों के घालमेल से बना है और टूटने के कगार पर है। लिहाजा बीजिंग को नियोजित तरीके से वहां के तमिलों, असमियों, कश्मीरियों आदि को सीधा सहयोग देकर भारत के कम से कम बीस टुकड़े कर देने चाहिए। बीजिंग ने हालांकि इसे एक विद्वान की व्यक्तिगत राय कहकर नई दिल्ली को शांत करने की कोशिश की, लेकिन उस विश्लेषण को प्रमुखता से प्रकाशित भी करवाया।

अरुणाचल पर अपना दावा जताते हुए बीजिंग पहले भी कई बार चीन यात्रा जाने वाले अरुणाचली सांसदों और अधिकारियों को इस आधार पर चीनी वीजा देने से मना करता आया है कि वे चीनी नागरिक होने के नाते बिना वीजा वहां जा सकते हैं। पिछले दिनों उसने एशियाई विकास बैंक से उधार लेने की भारत की एक अर्जी को यह कहकर रद्द करवाने की कोशिश की कि अरुणाचल एक विवादास्पद इलाका है।

पिछले एक दो साल से चीन के सरकारी प्रकाशनों में अरुणाचल प्रदेश के लिए दक्षिणी तिब्बत का इस्तेमाल किया जाने लगा है। उनमें छपने वाले लेखों में बीजिंग से पूछा जाता है कि वह दक्षिणी तिब्बत को भारत से कब मुक्त कराएगी। चीन की दलील है कि चूंकि तिब्बत चीन का हिस्सा है, इसलिए उसकी संस्कृति से मेल खाता अरुणाचल भी उसका है। उसका कहना है कि तिब्बत से जुड़े अरुणाचल के तवांग इलाके में छठे दलाई लामा सेयांग पैदा हुए थे। उसका यह भी तर्क है कि चूंकि 1914 के शिमला समझौते के तहत उस इलाके को भारत में शामिल करने से पहले तक वहां से तिब्बत को टैक्स जाता था, इसलिए वह तिब्बत का हिस्सा है।

कुछ समय पहले राष्ट्रपति प्रतिभा पाटिल की अरुणाचल यात्रा पर चीन ने आपत्ति जलाई थी। वहां चुनाव प्रचार के दौरान प्रधानमंत्री मनमोहन सिंह के दौरे पर चीन ने जैसा बवाल खड़ा किया, उसने अंतर्राष्ट्रीय बिरादरी को भी हैरान किया। इससे पहले चीन सरकार अपने नक्शों में अरुणाचल को चीनी हिस्सा दिखाती रही है और प्रधानमंत्री अटल बिहारी वाजपेयी को दिए गए आश्वासनों के बावजूद सिक्किम को अलग देश के रूप में दिखाती आ रही है। और अब तिब्बत के निर्वासित शासक दलाई लामा की प्रस्तावित अरुणाचल यात्रा को लेकर तो चीन का भारत-विरोध पराकाष्ठा पर पहुंच चुका है। दलाई लामा इससे पहले भी अरुणाचल जा चुके हैं। तिब्बत पर चीनी कब्जे के अंतिम चरण में 1959 में चीनी सैनिकों से अपनी जान बचाने और भारत में शरण लेने के लिए भागते समय उन्होंने उसी इलाके से भारत में प्रवेश किया था। पहले की तरह इस बार भी उनकी यात्रा का उद्‌देश्य वहां के प्रतिष्ठित तवांग मठ में धार्मिक प्रवचन देना है। लेकिन दलाई लामा को अरुणाचल यात्रा की अनुमति देने पर आग बबूला बीजिंग ने न केवल दलाई लामा को विध्वंसकारी बताया था, बल्कि उसने भारत को चीन के अंदरूनी मामलों में दखल देने से बाज आने को भी कहा था। लेकिन भारत ने अभूतपूर्व साहस और राष्ट्रीय आत्मसम्मान का प्रदर्शन करते हुए बीजिंग के इस विरोध को यह कहते हुए खारिज कर दिया था कि अरुणाचल प्रदेश भारत का अभिन्न अंग है। दलाई लामा भारत के सम्मानित मेहमान है, इसलिए उन्हें देश में कहीं भी आने-जाने की आजादी है। भारत-चीन रिश्तों के छह दशकों में शायद यह पहला अवसर है, जब नई दिल्ली ने बिना दब्बूपन दिखाए चीनी घुड़कियों का ऐसा आत्मसम्मान भरा जवाब दिया है।

वह दिन जल्द आएगा जब भारत में निर्वासन में रह रहे आध्यात्मिक नेता

दलाई लामा और अन्य तिब्बती नागरिक अपनी मातृभूमि जाऐंगे और उसका भविष्य सँवारेंगे। दुनिया भर में फैले तिब्बती सर्मथक समूहों द्वारा आयोजित अन्तर्राष्ट्रीय समारोह में मैंने भारत और चीन के संबन्धों का जिक्र उक्त पुस्तक में किया है जो 21वीं सदी के विश्व के इतिहास की दिशा के प्रमुख आधार होंगे। भारत और चीन के बीच शांतिपूर्ण सहयोग के अलावा दूसरा कोई विकल्प नहीं है। विश्वयुद्ध की विभीषिका से बचने के लिए भारत हर प्रकार से संयम बरत रहा है।

अरुणाचल विवाद पर भारत ने जो रवैया अपनाया है, वह किसी भी आत्मसम्मानी भारतीय के लिए संतोष की बात है। हालांकि भारतीय कूटनीतिज्ञों के ढुलमुल इतिहास को देखते हुए यह आशंका भी है कि आनेवाले दिनों में चीन की बढ़ती तिलमिलाहट और आक्रामक रुख के सामने भारत अपना यह साहसी रवैया बरकरार रख पायेगा भी या नहीं। ऐसी आशंकाओं के बावजूद अब यह साफ है। कि चीन के साथ संबंधों के मामले में भारत में एक नई सोच उभर रही है। अब चीन के साथ इस विवाद में भारतीय पक्ष कई ठोस तर्क दे सकता है।

पहला तर्क यह है कि 1949 में चीनी गणराज्य के अस्तित्व में आने से पहले तिब्बत एक स्वतंत्र देश था, वर्ष 1913 के बाद से तो था ही। दूसरा तर्क यह कि पिछले 2,000 साल से ज्यादा लंबे इतिहास में अरुणाचल समेत 3,500 किलोमीटर लंबी भारत-तिब्बत सीमा पर एक दिन के लिए भी, एक इंच जगह पर भी न तो कोई चीनी सैनिक तैनात था और न टैक्स उगाहने वाला कोई चीनी कारिंदा; इस सीमा पर न तो चीन की करेंसी या चीनी डाक का चलन था और न किसी तरह का कोई चीनी कानून यहां लागू था। चीन को यह भी बताना चाहिए कि 1914 की शिमला संधि में भारत, तिब्बत और चीन तीन अलग-अलग देशों के तौर पर शामिल हुए थे। उस संधि में तत्कालीन तिब्बत सरकार ने अरुणाचल (तब नेफा) को भारत का हिस्सा स्वीकार किया था और चीन ने इस पर कोई आपत्ति दर्ज नहीं कराई थी। एक तथ्य यह भी है कि अरुणाचल की किसी भी जाति की चीनी जातियों से कोई समानता नहीं है, हालांकि एक मोन्पा जनजाति के लोग सीमा के दोनों ओर रहते हैं, उनकी संस्कृति भी समान है। लेकिन तिब्बती मोन्पाओं का चीन से रिश्ता उपनिवेशवादी गुलामी से ज्यादा कुछ नहीं है। बीजिंग से यह भी पूछना चाहिए कि अगर सचमुच अरुणाचल उसका हिस्सा है, तो 1962 की जंग में तवांग पर कब्जा करने के बाद भी उसने इसे भारतीय इलाका मानकर खाली क्यों कर दिया था?

जाहिर है, अरुणाचल पर कब्जा जमाने के लिए चीन झूठ का सहारा ले रहा

है। उसे झूठा साबित करने के लिए हमारे पास जो सबूत हैं, उनका इस्तेमाल तो करना ही होगा हमें अब अपनी तिब्बत नीति पर भी फिर से विचार करना होगा। दब्बूपने में तिब्बत को चीन का हिस्सा मान लेने के बजाय अब भारत को तिब्बत पर चीन के अनैतिक और गैरकानूनी कब्जे को चुनौती देकर इस अंतर्राष्ट्रीय मंच पर एक उपनिवेशवादी मुद्दे के रूप में पेश करना चाहिए। भारत के खिलाफ चीन के आक्रामक रवैये की यही काट हो सकती है। यह प्रश्न मानस पटल पर उद्धेलित कर रहा है।

7. भारत तिब्बत के ऐतिहासिक सूत्र

भारत की सीमा पर स्थित समुद्रतल से 10,000 फीट की ऊँचाई पर स्थित, मुट्ठी के आकार का एक छोटा सा देश, जिसे पौराणिक ग्रन्थों और महाभारत में 'त्रिविष्टप' के नाम से जाना जाता है, जनसंख्या और क्षेत्रफल दोनों ही की दृष्टि से भारत के अनुपात में बहुत छोटा होते हुए भी भारत से इसके सम्बन्ध प्राचीन काल से ही मधुर एवं बहुपक्षी रहे हैं। यहां के धर्म व तंत्र पर, वास्तु व प्रतिमा विज्ञान पर, औषधि विज्ञान, लिपि व शिक्षा प्रणाली सब ही पर भारत की छाप स्पष्ट रूप से देखने में आती है।

भारत का अधिक प्रत्यक्ष प्रभाव तिब्बत पर प्रायः सातवीं शताब्दी से दृष्टिगोचर होता है, जब प्रथम तिब्बती सम्राट स्त्रोंग-सेन-गम्पों ने तिब्बत से एक शिष्टमंडल भारत भेजा, जिसाका उद्‍देश्य भारत में आकर तिब्बत के लिए एक लिपि का निर्माण एवं बौद्ध धर्म के ग्रन्थों को भारत से लाना था। इस सम्राट पर अपनी दो विदेशी बौद्ध रानियों का पर्याप्त प्रभाव था, जिनमें एक चीनी व दूसरी नेपाली थी। ये दोनों रानियां अपने साथ बौद्ध धर्म से सम्बंधित प्रतिमाएं लाई थी। चीनी राजकुमारी जो प्रतिमा अपने साथ लाई थी, वह शाक्य मुनि की थी। राहुल सांकृत्यायन के अनुसार यह मूर्ति एक लम्बी यात्रा तय कर के भारत से मध्य एशिया होते हुए चीन पहुंची थी। यह बुद्ध की प्रथम मूर्ति थी, जिसने तिब्बत में प्रवेश पाया और जिसने मूर्तियों के प्रति तिब्बती लोगों में रूचि पैदा की।

सातवीं शताब्दी से पूर्व का तिब्बत कैसा था, इस विषय में कोई विशेष प्रामणिक जानकारी नहीं है। अनेक लेखकों चार्ल्स बैल, रिचर्डसन, डॉ. सत्यकेतु वेदालंकार, राहुल सांक्यान आदि ने यह विचार व्यक्त किया है कि, सातवीं शताब्दी से पूर्व तिब्बत के लोग असभ्य थे। यह बात उस समय गले के नीचे नहीं उतरती जब हमें ज्ञात होता है कि, सातवीं आठवीं शताब्दी में तिब्बत राजनैतिक

एवं सैन्य शक्ति की दृष्टि से भारत और चीन जैसे विशाल देशों से भी अधिक शक्तिशाली था और उसने आस-पास के क्षेत्र पर आक्रमण करके उनका एक बड़ा भाग अपने अधिपत्य में ले लिया था।

तिब्बत का सातवीं शताब्दी में इतना सशक्त होना दर्शाता है कि, इसकी इस उन्नति की तैयारी काफी पहले से शुरू हो चुकी थी। अन्यथा रातों रात कोई देश सैनिक शक्ति से इतना परिपक्व नहीं हो सकता कि, अपने आसपास के प्रदेशों पर अपनी सत्ता जमा ले। तिब्बत का उस समय का मानचित्र उसकी दूर दूर तक पहुंची सीमाओं का स्पष्ट गवाह है। इससे निष्कर्ष यह निकलता है कि, सातवीं शताब्दी से पूर्व ही तिब्बत में सभ्यता का प्रसार आरम्भ होने लगा था, जो सबके समक्ष बहुत प्रभावी रूप में देर से, सातवीं सदी तक उभर आ सका। इस देरी के कारण में संभवतः उसकी भौगोलिक स्थिति उत्तरदायी रही है।

तिब्बती लोगों की ज्ञान पिपासा एवं जादू-टोना भूतप्रेतों पर आधारित अपने बोन धर्म के स्थान पर भारत से 'बौद्ध धर्म' के लिये गये प्रयास भी उनके सभ्य होने का प्रमाण देता है। इस प्रयास में कितने ही तिब्बती लोगों को तिब्बत से भारत की अपनी यात्रा में दुर्गम एवं कठिन मार्ग तथा जलवायु परिवर्तन के कारण प्राणों की आहुति देनी पड़ी। भारत पहुंचने से पूर्व वे मार्ग में नेपाल में कुछ समय तक ठहरते थे, जिससे वे वहां संस्कृत एवं हिन्दी भाषा का ज्ञान प्राप्त करते थे, ताकि भारत पहुंचने पर वहां के बौद्ध एवं अन्य ग्रन्थों का उपयोग कर सकें और वहां के विद्वानों से व विश्वविद्यालयों में, ज्ञान प्राप्त कर सकें। भारत से विद्वान बौद्ध भिक्षुओं को अपने देश में लाने के लिये तिब्बत के राजाओं का विशेष आग्रह रहा, जिससे उनका देश धार्मिक एवं सांस्कृतिक क्षेत्र में आगे उन्नति कर सके और प्रचलित कुरीतियों को समाप्त कर सके, वे इन विद्वानों के प्रति कृतज्ञता प्रकट करने हेतु उन्हें स्वर्ण की प्रचुर मात्रा देते थे। ऐसे लोगों को जो ज्ञान एवं धर्म के लिये इतने आधिक संलग्न रहे हों, असभ्य कहना किसी भी प्रकार न्याय संगत नहीं है। ऐसा प्रतीत होता है कि, वहां प्रचलित कुछ कुरीतियों को देखकर ही कुछ विद्वानों ने पूरे देश के प्रति यह धारणा बना ली कि तिब्बत में असभ्य एवं बर्बर जातियां निवास करती हैं।

प्रस्तुत ग्रन्थ में यह भी प्रमाणित करने की चेष्टा की गई है कि सातवीं शताब्दी के तिब्बतियों पर असभ्यता और बर्बरता अरोपित करना सत्यता से दूर है।

इस ग्रन्थ में भारत एवं तिब्बत दोनों देशों के आपसी सम्पर्कों के श्रीगणेश एवं उनके विस्तार को व्यापक रूप से चित्रित करने का प्रयास किया गया है।

सर्वप्रथम दोनों देशों के बीच स्थापित महत्वपूर्ण सम्बंधों की जानकारी के लिये उपलब्ध साहित्यिक एवं पुरातात्विक साक्ष्यों का समुचित ढंग से प्रयोग किया गया है। इनके माध्यम से इस विषय को सशक्त रूप से प्रमाणित सिद्ध करने में सहायता प्राप्त हुई। इन साहित्यक साक्ष्यों के क्षेत्र में मुख्य रूप से दो प्रकार के ग्रन्थ है, धार्मिक व ऐतिहासिक। पौराणिक ग्रन्थ, तिब्बती रामायण, गोपथ ब्राह्मण आदि धार्मिक ग्रन्थों के अंतर्गत स्थान रखते हे। ऐतिहासिक साक्ष्यों की श्रेणी में मुख्य रूप से महाभारत, अभिज्ञानशाकुन्तलम, रघुवंश आदि आते हैं। तिब्बत के विह र साक्या, सम-ये तथा भारत के 'की' व टाबो 'मठ', साथ ही कुछ पाण्डुलिपियां व मूर्तियां आदि पुरातात्विक सामग्री के अंतर्गत आने वाले ठोस प्रमाणों का प्रतिनिधित्व करती है।

धार्मिक ग्रन्थों व महाभारत में तिब्बत का 'त्रिविष्टप' के नाम से उल्लेख किया गया है। जहां अनेक भारतीय राजाओं के जाने का वर्णन निहित है। इसको इन्द्र की भूमि माना गया है। तिब्बती रामायण में भारत की रामायण से बहुत समता दृष्टिगोचर होती है। पुरातत्व के क्षेत्र में मुख्य रूप से तिब्बत का प्रथम बिहार 'सम-ये' है, जिसका निर्माण भारतीय पंडित शान्तरक्षित व पद्मसंभव के प्रयासों से हुआ। यह यहां के इतिहास में एक युगान्तकारी घटना है। इस विहार का वास्तु भारत के प्राचीन विश्वविद्यालय उदन्तपुरी के आधार पर बनाया गया था। डॉ. सत्यकेतु वेदालंकार के अनुसार तिब्बत के महत्वपूर्ण साक्या मठ, जिसने दीर्घ काल तक वहां के धर्म व राजनीति को प्रभावित किया, उसका निर्माण भी भारतीय विश्वविद्यालय 'विक्रमशिला' के नमूने पर हुआ था। इस प्रकार के अनेक प्रमाण भारत और तिब्बत के मध्य हुए विविध पक्षीय सम्बन्धों को उजागर करते हैं।

पृष्ठभूमि के अंतर्गत तिब्बत की विभिन्न दशाओं का विश्लेषण प्रस्तुत करने का प्रयास किया है, जिनमें मुख्य रूप से भौगोलिक, राजनैतिक, सामाजिक व धार्मिक अवस्थाएं है। यहां की भौगोलिक अवस्था में उसका भारत से समीप परन्तु रास्तों की दुर्गमता का चित्रण है। तिब्बत समुद्रतल से 10,000 फीट की ऊंचाई पर स्थित है। भारत की अनेक महत्वपूर्ण नदियां, जैसे ब्रह्मपुत्र, सतलज, सिन्धु आदि का उद्‌गम स्थान तिब्बत में ही है। यहां स्थित कैलाश पर्वत व मानसरोवर झील भारतीयों के तीर्थ स्थल हैं। इसके साथ ही तिब्बत के तापमान, वनस्पति, जलवायु आदि का चित्रण है। राजनैतिक दशा में मुख्य रूप से तिब्बत के प्रारम्भिक तथा 700 से 1200 ई. तक के इतिहास का क्रमबद्ध वर्णन निहित है, इसमें महाभारत काल में भी तिब्बत के भारत से हुये सम्पर्कों के मुख्य तथ्य प्रकाश

में आते हे, इनमें सर्वप्रथम 'रूपति' नामक एक कौरव योद्धा का महाभारत के युद्ध से भयभीत होकर अपने 1000 सैनिकों के साथ तिब्बत की ओर भाग जाने व कालान्तर में वहीं शासन करने का उल्लेख है। सातवीं शताब्दी में तिब्बती सम्राट स्त्रोंग-सेन-गम्पों के सिंहानारूढ़ होने के बाद से वहां के सुव्यवस्थित राजनैतिक अवस्था तथा भारत के साथ प्रकट रूप में सम्पर्कों के बढ़ने का विषय वर्णित है। इन तिब्बती राजाओं के कार्यों की भी विशद व्याख्या दी गयी है, जो भारत एवं तिब्बत के बीच अनेक प्रकार के सम्बंध, यथा धार्मिक शैक्षणिक, व्यापारिक आदि स्थापित करने में सहायक हुए। धार्मिक दशा में सातवीं शताब्दी से तिब्बत में बौद्ध धर्म के प्रसार का वर्णन है, जिसमें भारत से वहां गये पंडितों के योगदान की चर्चा है। साथ ही अनेक तिब्बतियों के भारत आकर धर्म की शिक्षा पाना तथा अनेक धार्मिक ग्रन्थों का तिब्बती भाषा में अनुवादित होने का विषय दिया गया है। इसमें तिब्बत के प्राचीन धर्म 'बोन' व वहां भारत के तंत्र के प्रसार का भी वर्णन निहित है। महत्वपूर्ण धर्मप्रचारकों आचार्य शान्तरक्षित, पद्मसम्भव, अतिशा स्मृति आदि के प्रेरणास्त्रोत जीवन का भी प्रस्तुतकीकरण है। तिब्बतियों का आज भी बौद्ध धर्मानुयायी होना इस विषय को और अधिक दृढ़ कर देता है।

सामाजिक अवस्था में तिब्बती समाज के विभिन्न पक्षों को दर्शाने का प्रयत्न किया है। इनमें भारत व तिब्बत के जनजीवन में प्राप्त समता का भी वर्णन है। तिब्बती समाज धर्म से प्रभावित रहा है। इनका जीवन चार भागों में वर्गीकृत है—जन्म, वृद्धि, पतन, मृत्यु। तिब्बतियों का शारीरिक सौष्ठव चीन व पूर्वी एशिया के लोगों जैसा है। इनके मनोरंजन के मुख्य साधनों में 'शो' व 'बा' है, 'शो' जुए की तरह खेला जाता है। जहां तिब्बती स्त्री पुरूषों के अधिकारों का प्रश्न आता है, स्त्रियों की दशा पश्चिमी देशों की महिलाओं से भी उत्तम है। यहां की प्रमुख फसलें 'जौ' व 'कटु' हैं। तिब्बत व भारत के रीति रस्मों में भी कहीं कहीं साम्य दृष्टिगोचर होता है।

इस ग्रन्थ के अंतर्गत भारत और तिब्बत के प्राचीन संबंधों को स्थापित करने में जो प्रमुख प्रेरक तत्व थे, उनका अध्ययन अत्यंत ही महत्वपूर्ण है। ग्रन्थ में इन पर विस्तार में प्रकाश डालने की चेष्टा की गयी है। भारत के अनेक धर्म प्रचारकों ने तिब्बत में बौद्ध धर्म के प्रसार कार्य में विशेष योगदान दिया। उन्होंने तिब्बत को धर्म की ही दृष्टि से नहीं अपितु सभ्यता व संस्कृति के अनेक पहलुओं यथा शिक्षण, समाज, चरित्र निर्माण, कला, औषधि विज्ञान आदि में भी उन्नति के उच्च सोपानों पर पहुंचाने का प्रयास किया। शान्तरक्षित व अतिशा जैसे आचार्यों ने तो

अपने जीवन का एक लम्बा भाग तिब्बत में कार्यरत रहते हुए ही न्यौछावर कर दिया। बौद्ध धर्म प्रचार की इस भावना का जन्म बुद्ध के प्रथम उपदेश से हुआ था। इस अभियांन को भारत की सीमाओं को लांघकर विदेशों तक पहुंचाने में सम्राट अशोक द्वारा किये गये प्रयत्न विशेष रूप से महत्वपूर्ण है। कालान्तर में लगातार बौद्ध पंडितों द्वारा इस क्षेत्र में कार्यरत रहने पर यह एक परम्परा सी बन गयी। उसी के परिणामस्वरूप इस भावना से ओतप्रोत भारतीय पंडितों ने तिब्बत की ओर प्रस्थान किया व वहां की भूमि को 'बुद्धं शरणं गच्छामि' के पावन नारे से गुंजायमान किया।

तिब्बत में बौद्ध धर्म का प्रवेश व प्रसार तिब्बती इतिहास की एक युगान्तकारी घटना है। इसने वहां के धर्म व जीवन को उन्नत कर उसे नवीन आयाम दिये। तिब्बत की लिपि के निर्माण में भारतीय योगदान तो सर्वविदित है। लिपिदत्त व संघघोष नामक भातीय पंडितों ने इस कार्य में तिब्बती दूतमंडल के अध्यक्ष संभोटा को विशेष रूप से सहयोग दिया। इस लिपि का व्याकरण पाणिनी एवं चन्द्रगोमिन पर आधारित था। तत्पश्चात ही भारतीय पंडितों को तिब्बत में धर्म व शिक्षा के प्रसारार्थ आमंत्रित किया जाना आरंभ हुआ। इनमें अनेकों पंडित तो वहां अपने कार्य में ऐसे रत हुये, कि पुनः अपने घर व बान्धवों की ओर मुड़ कर भी नहीं देखा तिब्बत के लिये ही समर्पित हो गये। तिब्बत जाने वाले आचार्यों में से अधिकांश वे थे जो बौद्ध धर्म के साथ साथ तंत्र के भी अच्छे ज्ञाता थे।

तिब्बत से भी अनेक व्यक्ति भारत में अपने ज्ञान की पिपासा शान्त करने के उद्‌देश्य से आये। इनमें से कुछ तो ऐसे थे, जिन्होंने अनेक बार भारत की यात्रा की व वर्षो यहां विद्याध्ययन में बिताये।

'मर पा' जिसने भारत के तंत्र शास्त्र के ज्ञाता पंडित 'नरोपा' से तंत्र की शिक्षा प्राप्त की थी उसने तीन बार कठिन परिश्रम करके भारत की यात्रा की। तिब्बतियों की ज्ञान के प्रति उत्सुकता, उत्साह व समर्पण वास्तव में प्रशंसनीय है। उपरोक्त गतिविधियों के माध्यम से दोनों देश एक दूसरे के और समीप आ सके।

बौद्ध धर्म के साथ-साथ तिब्बत में भारतीय साहित्य व कला ने भी प्रवेश किया। कला तो सदा से ही धर्म की चेरि रही है। इस दृष्टि से भारतीय कला का वहां पहुंचना स्वाभाविक ही था। इसी क्रम में भारतीय साहित्य ने भी तिब्बत में अपना काफी प्रभाव स्थिर किया। बौद्ध धर्म से सम्बन्धित मूर्तियां अपनी विभिन्न मुद्राओं के साथ तिब्बत पहुंची। तिब्बत में वज्रधारा व पांच ध्यानी बुद्धों ने विशेष स्थान पाया। तारा, जम्भला, मरीचि, आदि ने भी अपने भारतीय स्वरूप में ही वहां प्रयाण किया। विहारों की वास्तु के साथ-साथ शिक्षण प्रणाली भी भारतीय ही रही।

औषधिशास्त्र में प्राप्त समताएं व प्रमाण भी दोनों देशों के इस क्षेत्र में हुए सम्बंधों के गवाह हैं। उदाहरणार्थ सुश्रुत संहिता की तरह ही यहां भी शरीर के साथ मन, इन्द्रियां व आत्मा के प्रसन्न व संतुष्ट होने पर ही व्यक्ति पूर्ण रूप से स्वस्थ माना जाता है। फिंक महोदय का भी मत है कि तिब्बत ने शरीर रचना विज्ञान का ज्ञान भारत से लिया है। इसके अतिरिक्त तंत्र के क्षेत्र में तो तिब्बत भारत से गहरे तक प्रभावित हुआ। यहां अनुवादित तांत्रिक ग्रन्थ हेवज्र, गुह्यतंत्र आदि इसके प्रमाण है। मर-पा आदि विद्वानों का भारत से तंत्र सीखना इसे और अधिक दृढ़ कर देता है।

उपरोक्त विषय तिब्बत व भारत के सम्बंधों की प्राचीनता, निकटता व उनके मधुरता के साथ उन्नत होने का स्पष्ट व वृहद उल्लेख करते हैं।

अनेक विद्वानों, जिनमें मुख्य रूप से अंग्रेजी, रूसी, तिब्बती, भारतीय आदि हैं, ने तिब्बत के अनेक पक्षों को अपनी लेखनी का विषय बनाया। अंग्रेज विद्वान रिचर्डसन व स्नैलग्रोव ने मुख्यतः प्राचीन काल के तिब्बत के धर्म, जनजीवन व भूगोल का वर्णन किया है। सर चार्ल्स बैल द्वारा तिब्बत के धर्म, जन जीवन तथा इतिहास का वर्णन किया गया है। बैडल महोदय द्वारा तिब्बती लामा धर्म का विशिष्ट रूप वर्णन किया गया है। माइकल एरिस व आंगसान सू क्यी द्वारा संपादित पुस्तक में अनेकों देशों के विद्वानों द्वारा तिब्बत के विभिन्न पक्षों तथा उस पर भारतीय प्रभाव का विवरण चित्रित किया गया है। ए वोस्त्रिकोव व सोमा डी कोरोस ने विशेष रूप से तिब्बत के पुरातत्व व इतिहास से संबंधित विषयों पर अपनी लेखनी चलाई है। दावा नोर्बू ने तिब्बती धर्म में 'कर्म' की प्रधानता पर बल दिया है। अनेक तिब्बती लामाओं ने भी इस विषय पर लिखा है। भारतीय विद्वान एस. सी. दास, सत्यकेतु विद्यालंकार, राहुल सांकृत्यायन, तथा चन्द्रगुप्त वेदालंकार ने भी तिब्बत के धर्म संस्कृति व वहां गये भारतीय पंडितों आदि का वर्णन किया है।

तिब्बत के दक्षिण और पश्चिम भाग में भारत की सीमा है और पूर्व में यह चीन से जुड़ा हुआ है। चीन की तुलना में भारत का प्रभाव तिब्बत पर अधिक रहा। इसका मुख्य कारण तिब्बत का बौद्ध धर्म के प्रति आकर्षण प्रतीत होता है। इसके लिए तिब्बत ने सीधे बौद्ध धर्म की जननी भारत से सम्बंध एवं सम्पर्क बनाने का विशेष प्रयत्न किया।

सातवीं शताब्दी में, जबकि यह संबंध स्थापित होना प्रारम्भ हुआ, भारत में बौद्ध धर्म की शिक्षा के लिये उनके उच्च स्तरीय प्रसिद्ध विश्वविद्यालय जैसे नालन्दा, विक्रमशिला व उदन्तपुरी अपनी उन्नति की चरम सीमा पर थे। साथ ही

भारत में इस काल में पद्मसम्भव, शान्तरक्षित, कमलशील, अतिशा स्मृति आदि जैसे प्रकाण्ड विद्वान विद्यमान थे जिनमें से अनेक बौद्ध धर्म के साथ-साथ तंत्र विद्या में भी पारंगत थे। तिब्बत में बौद्ध धर्म के स्वीकार होने के अनेक कारणों में से एक यह भी था कि, जो विद्वान जैसे पद्मसम्भव, कमलशील व अन्य बौद्ध धर्म के प्रचार के लिए तिब्बत गये, वे तंत्र विद्या में भी प्रवीण थे, इससे तिब्बत के स्थानीय लोगों के मन-मस्तिष्क पर अधिकार पाने में सफलता मिली, क्योंकि तिब्बती पहले से ही जादू टोना, भूत-प्रेत जैसे क्रियाकलापों से प्रभावित थे। वहां के प्रचलित बोन धर्म में भी प्रचुर मात्रा में ऐसी गतिविधियां विद्यमान थीं। प्रत्यक्ष है कि जो बौद्ध धर्म तिब्बत में पहुंचा और वहां स्वीकार किया गया, वह मूल बौद्ध धर्म से भिन्न था और उसमें तंत्र का समावेश हो चुका था। उसका यह मिश्रित रूप उसके लिये तिब्बत में ग्राह्य होने में वरदान सिद्ध हुआ।

तिब्बत का सर्वप्रथम मठ 'सम-ये' का निर्माण आचार्य शान्तरक्षित व पद्मसम्भव के निर्देशन में हुआ। यह दोनों बौद्ध पंडित नालन्दा व उदन्तपुरी विश्वविद्यालय से संबंधित थे और वहां के विशाल परिसर एवं भवनों से अभिभूत रहे, और इसका प्रभाव उनके चिन्तन पर अवश्य पड़ा होगा। कदाचित इसका ही परिणाम था कि उन्होंने सम-ये विहार के निर्माण में विशालत के तत्वों को ध्यान में रखते हुए इस मठ को एक बहुत बड़ा रूप दिया।

यहां यह उल्लेखनीय है कि, सम-ये मठ का नमूना प्राचीन भारतीय विहार उदन्तपुरी से लिया था। मठों में यह साम्य मात्र विशालता एवं भवनों के नमूने तक ही सीमित नहीं था। अपितु इनमें होने वाले विभिन्न क्रियाओं में भी विद्यमान था। प्राचीन काल के भारतीय विश्वधिालय (नालन्दा, विक्रमशिला, उदन्तपुरी) मात्र धर्म ही सम्बंधित नहीं थे बल्कि, यह शिक्षा के उच्चस्तरीय केन्द्र भी थे। यहां विभिन्न विषयों की शिक्षा दी जाती थी जिनमें, औषधि विज्ञान, ज्योतिष तंत्र विद्या, मूर्ति व वास्तु कला, आदि सम्मिलित थे। ऐसा लगता है कि इसी प्रारूप को अपनाते हुए तिब्बत में जिन मठों का निर्माण भारतीयों की प्रेरणास्वरूप हुआ वे भी बौद्ध धर्म प्रचार के केन्द्र होने के साथ शिक्षण केन्द्र भी बन गये। डॉ. सत्यकेतु के अनुसार तिब्बत ने प्राचीन भारत की शिक्षा प्रणाली वैसी की वैसी ही अपना ली थी। तिब्बत में सम-ये मठ प्रथम विहार था, जहां तिब्बत के पहले पांच भिक्षु बने, जो वहां के उच्च कुलों के थे। तिब्बत में भारतीय ज्योतिष ग्रन्थ कालचक्र का अनुवाद होने के पश्चात वहां के लोगों ने संवत्सरों तथा उनसे निर्मित चक्रों की उस प्रणाली को अपनाया, जो भारत के ज्योतिषियों में प्रचलित थी।

अध्याय–5
भारत तथा चीन

1. भारत चीन सम्बन्धों की ऐतिहासिक पृष्ठभूमि

प्राचीन काल से ही भारत तथा चीन के ऐतिहासिक सम्बन्ध रहे हैं। चीन के यात्री भारतीय संस्कृति का अध्ययन करने प्राचीन काल में भारत आते रहे हैं। ब्रिटिश शासन काल में यद्यपि ब्रिटिश शासकों ने चीन में अत्याचार किए, लेकिन भारतीय जनता का इन कार्यों में कोई सहयोग नहीं था। 1926 में ब्रुसेल्स सम्मेलन में भारत तथा चीन के प्रतिनिधियों द्वारा संयुक्त विज्ञप्ति में कहा गया कि एशिया से पश्चिमी साम्राज्यवाद की समाप्ति हेतु भारत तथा चीन का सहयोग आवश्यक है। भारतीय कांग्रेस के अनेक प्रस्तावों में भी चीन के प्रति ब्रिटिश नीति की कठोर आलोचना की गई। 1931 में जापान द्वारा मंचूरिया पर आक्रमण करने पर भारत में जापान के विरोध में प्रदर्शन किए गए। 1937 में चीन-जापान युद्ध के समय भारत की सहानुभूति चीन के पक्ष में रही। 1948 में च्यांगकाई शेक की कुओमिंतांग सरकार के पतन के पश्चात् चीन में साम्यवादी सरकार की स्थापना हुई। भारत सरकार ने साम्यवादी सरकार के साथ सहानुभूति दिखाते हुए उसे तुरन्त मान्यता प्रदान कर दी। कुओमिंतांग सरकार के समय के.एम. पणिक्कर चीन में भारतीय राजदूत थे और साम्यवादी सरकार के समय भी उन्हें ही चीन में राजदूत बना कर भेजा गया। पणिक्कर के प्रयत्नों से भारत तथा चीन की जनता अत्यन्त ही निकट आ गई। भारत ने संयुक्त राष्ट्र संघ में भी चीन को उसकी सदस्यता दिलाने का पूर्ण प्रयत्न किया। यद्यपि चीन के अत्याधिक समर्थन से अमेरिका इत्यादि देशों ने भारत से नाराजगी प्रकट की, परन्तु भारत ने इसकी चिन्ता नहीं की। 1959 तक भारत और चीन के मध्य मित्रता का वातावरण बना रहा। इसके प्रमुख कारण यह थे कि दोनों देश एशिया के प्रमुख देश थे और एशिया की प्रगति चाहते थे। दोनों देशों का उस समय तक शान्तिपूर्ण सहअस्तित्व में विश्वास था। इसके अतिरिक्त

भारत सबसे बड़ा गैर साम्यवादी देश था, जो चीन से सहानुभूति रखता था जबकि अन्य देश उससे अछूतों जैसे व्यवहार कर रहे थे। दोनों देशों में एशिया का एक संगठन बनाने की भी भावना कार्य कर रही थी। इन अनेक कारणों ने दोनों देशों के मध्य मित्रतापूर्ण वातावरण बनाए रखा।

चीन में साम्यवादी सरकार की स्थापना के पश्चात् अमेरिका ने उनको मान्यता प्रदान नहीं की। परन्तु ब्रिटेन ने उसे मान्यता प्रदान कर दी। ब्रिटेन के समान भारत भी चीन को मान्यता देने के पक्ष में था। 27 नवम्बर 1949 लोक सभा में बोलते हुए पण्डित जवाहरलाल नेहरू ने कहा कि "चीन में क्रान्ति आने पर हमने अपने राजदूत तथा अन्य साधनों से मालूम किया और हमें ज्ञात हुआ कि यह क्रान्ति महलों की नहीं थीं। यह क्रान्ति लाखों प्राणियों की थी। क्रांति द्वारा स्थायी सरकार स्थापित हुई है। सरकार जनप्रिय है। अब यह हमारे विचारने का विषय नहीं रह गया है। हम इस परिणाम पर पहुँचे हैं कि इस सरकार को मान्यता प्रदान कर देंगे।" चीन स्थित भारतीय राजदूत श्री के. एस. पणिक्कर भी सरकार यद्यपि उस समय साम्यवाद के कट्टर आलोचक थे, परन्तु 30 दिसम्बर, 1949 को भारत द्वारा चीन को मान्यता प्रदान कर दी गई। पं. जवाहरलाल के इस कार्य ने भारत तथा चीन को मान्यता के बन्धन को सुदृढ़ किया।

भारत ने चीन को संघ में मान्यता दिलाने का पूर्ण प्रयास किया। भारत का विश्वास था कि यदि संसार के सर्वाधिक जनसंख्या वाले देश को संघ का सदस्य नहीं बनाया जाएगा तो विश्व-शान्ति की कल्पना अधूरी रह जाएगी।

यद्यपि भारत ने दक्षिणी कोरिया को मान्यता प्रदान कर दी थी और उत्तरी कोरिया को आक्रान्ता भी घोषित कर दिया था, परन्तु जब जनरल मेक आर्थर की अध्यक्षता में संयुक्त राष्ट्र संघ की सेना 38 अक्षांश पार कर उत्तरी कोरिया की सीमाओं में घुसने लगी तो पंडित नेहरू ने संघ के इस कार्य का विरोध किया। इसके पश्चात् चीन के विरुद्ध आने वाले हर प्रस्ताव का पण्डित नेहरू ने विरोध किया।

पंचशील के सिद्धान्त में दोनों देशों में 29 अप्रैल, 1954 को भारत तथा चीन के मध्य तिब्बत के सम्बन्ध में जो समझौता हुआ, उसका आधार पंचशील बनाया गया। पंचशील के पाँचों सिद्धान्तों पर दोनों देशों ने अपना विश्वास प्रकट किया। पंचशील के अनुसार दोनों देशों ने एक-दूसरे की प्रादेशिक अखण्डता को मान्यता दी तथा स्पष्ट किया कि एक-दूसरे की प्रादेशिक सीमाओं का अतिक्रमण नहीं किया जाएगा तथा आन्तरिक मामलों में हस्तक्षेप न करने की भी बात कही गई।

समानता के व्यवहार के साथ-साथ शान्तिपूर्ण-सहयोग की भी बात कही गई। भारत के निमन्त्रण पर चीन के प्रधानमन्त्री चाऊ-एन-लाई जून, 1954 में भारत की यात्रा पर आए। 28 जून को भारत और चीन के प्रधानमन्त्रियों का संयुक्त वक्तव्य प्रकाशित हुआ जिसमें पुनः पंचशील के सिद्धान्तों में आस्था प्रकट की गई थी। इस अवसर पर एक वक्तव्य में कहा गया था कि, "भारत तथा चीन के सम्बन्धों को बनाए रखने के लिए पंचशील के सिद्धान्तों का पालन करने का पूर्ण निश्चय किया गया है। एशिया तथा संसार के अन्य देशों के साथ भी दोनों देश पंचशील के सिद्धान्तों के अनुसार ही व्यवहार करेंगे। यदि इस सिद्धान्त का प्रयोग अन्तर्राष्ट्रीय सम्बन्धों में किया जाएगा, तो आशंका के स्थान पर विश्वास जन्म लेगा।" पंडित जवाहरलाल नेहरू ने भी अक्टूबर, 1954 में चीन की यात्रा की। 1954 से 1957 के मध्य पंचशील के सिद्धान्त के आधार पर भारत और चीन की प्रगाढ़ मित्रता बनी रही। अप्रैल, 1955 में बान्डुंग सम्मेलन में भारत और चीन की मित्रता अपने शिखर पर थी, जब नेहरू और चाऊ ने पूर्ण सहयोग और मित्रता से कार्य किया। इसके पश्चात् भारत ने चीन को फार्मूला दिए जाने का समर्थन प्रारम्भ किया तथा संयुक्त संघ में सदस्यता दिलाने का भी पूर्ण प्रयत्न किया। गोवा के प्रश्न पर चीन ने भारत का पूर्ण समर्थन किया।

भारत और चीन के बीच आपसी सांस्कृतिक सहकार का हजारों वर्षों का इतिहास है। इसी सहकार के चलते दोनों देश प्राचीन सभ्यताओं के तौर पर दर्ज है और शायद इसी के चलते भारत और चीन में 1962 के अलावा हर्षवर्द्धन के दौर को छोड़कर कोई भिड़ंत नहीं हुई। यह कोई सामान्य बात नहीं है कि सैकड़ों वर्षों की साम्राज्यवादी जिल्लत झेलकर दोनों राष्ट्र आज दुनिया को एशिया की शताब्दी बनाने के उदाहरण के तौर पर पेश किए जाते हैं। उनके बीच आदान-प्रदान का सिलसिला लगातार मजबूत हो रहा है। इस मजबूती में ही आपसी विवादों के आखिरी समाधान की उम्मीद निहित है। इस नजदीकी को दूरी में बदलने के अंतर्राष्ट्रीय प्रयासों से सावधान रहने की जरूरत है।

2. नालंदा की प्राचीन गौरव गाथा

भारत की सनातन संस्कृति सदैव से विश्व के लिए आकर्षण का केन्द्र रही है। प्राचीन काल से ही विदेशी यात्री भारत आते रहे हैं और यहाँ की संस्कृति, शिक्षा, दर्शन, रहन-सहन, खानपान और उदारता को देखकर अचंभित हुए हैं। इसका विवरण उनके ग्रंथों में बकायदा देखा जा सकता है। यूनानी और चीनी यात्रियों का

तो भारत से परंपरागत नाता रहा है। इन देशों के लोग बौद्ध शिक्षा ग्रहण करने के लिए भारत आते रहे हैं। संपूर्ण एशिया महाद्वीप में भारतीय शिक्षा और ज्ञान का डंका बजता था। भारत के तक्षशिला, नालंदा और विक्रमशिला विश्वविद्यालय अपने समय में शिक्षा के स्वर्णिम केंद्र रहे हैं। इन शिक्षा केद्रों से निकले प्रकाश ने संपूर्ण एशिया महाद्वीप को आलोकित किया है। कालांतर में भारत पर होने वाले विदेशी आक्रमणों ने इन शिक्षा केद्रों को तहस नहस कर दिया। भारत नालंदा विश्वविद्यालय की पुनर्स्थापना करके एशिया महाद्वीप के उन देशों को भी अपने साथ जोड़ सकेगा, जो ऐतिहासिक काल में हमारी संस्कृति के हमराही रहे हैं। इतिहास गवाह है कि दीर्घकाल तक नालंदा विश्वविद्यालय की ज्ञान ज्योति की बहती गंगा से संपूर्ण एशिया महाद्वीप पल्लवित पुष्पित होता रहा है, 5 वीं से 7 वीं शताब्दी के मध्य यह बौद्ध विद्या केन्द्र अपनी स्वर्णिम अवस्था में था। उस समय यह विश्वविद्यालय दक्षिणी बिहार में स्थित राजगिरि के निकट स्थापित था। इतिहासकारों द्वारा माना जाता है कि गुप्तवंशी शासक कुमारगुप्त ने इस बौद्ध संघ को पहला दान दिया था। चीनी यात्री ह्वेनसांग ने अपने ग्रंथ में लिखा है कि लगभग 470 ई. के आसपास गुप्त-सम्राट नरसिंहगुप्त बालादित्या ने नालंदा में एक सुंदर मंदिर निर्मित करवाकर इसमें 80 फीट ऊँची ताँबे की बुद्ध प्रतिमा को स्थापित करवाया था। गौरतलब है कि गुप्त सम्राट वैष्णव धर्म के अनुयायी थे, लेकिन अन्य धर्मों के उत्थान में भी उनकी गहरी अभिरुचि थी। उनके द्वारा नालंदा विश्वविद्यालय को अनुदान देना, उनकी शिक्षा के प्रति गहरे लगाव को दर्शाता है। इसे तत्कालीन भारत की धार्मिक उदारता का अद्‌भुत उदाहरण माना जा सकता है। विश्वविख्यात नालंदा विश्वविद्यालय को दान देने में तत्कालीन शासक अपना गौरव समझते थे। नालंदा विश्वविद्यालय के अवशेषों से प्रतीत होता है कि यहाँ पर व्याख्यान के लिए सात बड़े कक्ष एवं 300 छोटे कक्ष बनाए गये थे। आज की तरह विद्यार्थियों को रहने के लिए छात्रावास की सुविधा भी उपलब्ध थी। एक लेख से जानकारी मिलती है कि शैलेन्द्र शासक बालपुत्रदेव ने तत्कालीन मगध नरेश देवपाल की अनुमति से जावा से आए भिक्षुओं के निवास के लिए एक विहार का निर्माण कराया था। नालंदा विश्वविद्यालय की ज्ञान ज्योति के आकर्षण के कारण ही यहाँ जावा, चीन, तिब्बत, लंका और कोरिया के विद्यार्थी शिक्षा ग्रहण करने आते थे।

महत्वपूर्ण तथ्य यह है कि आज की तरह नालंदा विश्वविद्यालय में भी प्रत्येक विषयों की शिक्षा दी जाती थी। किन्तु यहाँ बौद्ध धर्म की महायान शाखा का अध्ययन-अध्यापन विशेष रूप से होता था। प्राचीन ग्रंथों से जानकारी प्राप्त होती

है कि यहाँ हस्तलिखित ग्रंथों को रखने के लिए एक विशाल पुस्तकालय निर्मित था। यह पुस्तकालय इतना बड़ा था कि इसे तीन बड़े-बड़े भवनों में विभाजित किया गया था। इन विभाजित भवनों को रत्नसागर, रत्नदोधि और रत्नरंजक नाम से जाना जाता था। चीनी यात्री ह्वेनसांग के विवरण से नालंदा विश्वविद्यालय की विशालता के बारे में पर्याप्त जानकारी मिलती है। जब ह्वेनसांग इस विद्यास्थली में अध्ययनरत था, तब यहाँ तकरीबन 10,000 विद्यार्थी शिक्षा ग्रहण कर रहे थे। चीनी यात्री इत्सिंग भी अपने ग्रंथ में नालंदा विश्वविद्यालय में 3,000 विद्यार्थियों की शिक्षा ग्रहण करने की बात कहता है।

इन विद्वानों के ग्रंथों पर विश्वास किया जाए तो नालंदा विश्वविद्यालय में शिक्षकों की संख्या लगभग 1,500 के आसपास थी, जो एक विशाल विश्वविद्यालय की सूचना देता है। सभी शिक्षक अपने-अपने विषयों में पारंगत, निपुण, ज्ञानवान और नीतिवान होते थे। विश्वविद्यालय प्रशासन पारदर्शी और राग-द्वेष से उपर था। उसकी अपनी समिति थी। इस पर राजाओं का नियंत्रण न के बराबर था। नालंदा विश्वविद्यालय के शिक्षक मंडली में बौद्ध विद्वान ह्वेनसांग को भी शामिल किया गया था। इसके अलावा महान विद्वान, धर्मपाल, चंद्रपाल, ज्ञानचंद्र, प्रभामित्र, स्थिरमति, गुणपति, जिनमित्र, दिङ्नाग और आर्यदेव जैसे प्रतिभासंपन्न आचार्यों की भी जानकारी मिलती है। महान आचार्य शीलभद्र नालंदा विश्वविद्यालय के कुलपति थे। उन्होंने अपने ज्ञानपुंज से नालंदा विश्वविद्यालय को जगत प्रसिद्ध कर दिया था। इसी शिक्षा स्थली से धर्मकीर्ति, नागार्जुन, असंग और वसुबंधु जैसे महान महायानी विचारक शिक्षा ग्रहण कर चुके हैं। नालंदा विश्वविद्यालय की यश कीर्ति को कुछ ऐसे समझा जा सकता है कि वहाँ का द्वारपाल भी योग्यता संपन्न प्रकाण्ड विद्वान होता था। विश्वविद्यालय में प्रवेश के इच्छुक विद्यार्थियों को सबसे पहले द्वारपाल से वाद विवाद और तर्क करना पड़ता था, और उसमें उत्तीर्ण होने के बाद ही प्रवेश मिल पाता था। विश्वविद्यालय का प्रशासन कठोर और न्यायपरक था। शिक्षा की भाषा पालि थी।

नालंदा विश्वविद्यालय में विज्ञान की शिक्षा भी दी जाती थी। ऐतिहासिक विवरणों से सूचना मिलती है कि समय की जानकारी के लिए वहाँ जलघड़ी का प्रयोग किया जाता था। विश्वविद्यालय की माली हालत समृद्ध थी। राजाओं द्वारा विश्वविद्यालय को अनुदान देने की परंपरा विद्यमान थी। स्वयं हर्षवर्धन शासन द्वारा विश्वविद्यालय को 200 ग्रामों का अनुदान प्राप्त था। इस विद्या केंद्र का विनाश कैसे हुआ, आज तक रहस्य बना हुआ है। आमतौर पर ध्वंसावशेषों के

आधार पर इतिहासकार इसी निष्कर्ष पर पहुँचे हैं कि किसी भयंकर अग्निकांड में नालंदा विश्वविद्यालय समाप्त हुआ है। आज देश की सरकार 5 वीं शताब्दी के स्वर्णिम सांस्कृतिक कालखंड के ध्वंसावशेषों पर एक नयी इबारत लिखने का प्रयास करके निश्चय ही अपनी सार्थक सोच को व्यक्त कर रही है। इससे देश की आने वाली पीढ़ी को अपनी कालजयी संस्कृति पर गुमान करने का भरोसा जगेगा।

नालन्दा की परम्परा को आगे बढ़ाने के लिए बिहार सरकार के वर्ष 1951 में नालन्दा महाविहार कायम किया था। इसकी नींव भारत के प्रथम राष्ट्रपति डा. राजेन्द्रप्रसाद ने रखी थी और वर्ष 1956 में तत्कालीन उपराष्ट्रपति सर्वपल्ली डा. राधाकृष्णन ने इसे देश को समर्पित किया था।

आज गुरु, गुरु न रहा। उसे अपने शिष्य के भविष्य से कोई सरोकार नहीं है। उसे केवल अपने भारी भरकम वेतन और राजनैतिक क्षेत्र में उसकी सशक्त भागीदारी से सरोकार है। आज शिक्षक स्कूल जाने के स्थान पर जिला मुख्यालय पर नकारा मास्टरों की फौज जुटाकर धरना प्रदर्शन से लीडर बनना पसंद कर रहा है। परिवेश में वह मोलभाव की राजनीति का एक भारी भरकम हिस्सा बन गया है।

नौनिहालों को शिक्षित कर उनका सर्वांगीण विकास करने के बजाय 'गुरूजी' धरना-प्रदर्शन, जोड़-तोड़ की राजनीति व गुटबाजी करने में ज्यादा विश्वास करने लगे हैं। शिक्षक आज स्कूल में कम राजनैतिक अखाड़े में ज्यादा नजर आ रहे है।

शिक्षा जीवन के सर्वांगीण विकास हेतु अनिवार्य है। शिक्षा के बिना मनुष्य विवेकशील और शिष्ट नहीं बन सकता। विवेक से मनुष्य में सही और गलत का चयन करने की क्षमता उत्पन्न होती है। शिक्षा ही मानव को मानव के प्रति मानवीय भावनाओं से पोषित करती है। शिक्षा से मनुष्य अपने परिवेश के प्रति जागरूक होता है। निर्बल की सहायता करना, दुखियों के दुख दूर करने का प्रयास करना जैसी बातें शिक्षित व्यक्ति में हो सकती है। इतिहास, साहित्य, राजनीतिशास्त्र, समाजशास्त्र आदि विषयों के अध्ययन से विद्यार्थी विद्वान ही नहीं बनता वरन् उसमें एक विशिष्ट जीवन दृष्टि, रचनात्मकता और परिपक्वता का सृजन भी होता है। शिक्षित सामाजिक परिवेश में व्यक्ति अशिक्षित सामाजिक परिवेश की तुलना में सदैव ही उच्च स्तर पर जीवन यापन करता है।

नालन्दा विश्वविद्यालय का विधेयक संस्कृति या शिक्षा मंत्रालय ने नहीं, बल्कि विदेश मंत्रालय ने तैयार किया है। विदेश मंत्रालय पर काबिज चीन

समर्थक लॉबी में भारतीय विदेश नीति को चीनी हितों में देखते हैं, जिनका, लक्ष्य बौद्ध धर्म से जुड़े अंतर्राष्ट्रीय मंचों पर कब्जा जमाकर अपने भिक्षुशु दलाई लामा की ताकत को कमजोर करना है। चीन समर्थक कम्यूनिस्ट नालन्दा विश्वविद्यालय विधेयक में सक्रिय भूमिका अदा कर रहे हैं, जो कालान्तर में घातक होगा।

3. कैलास मानसरोवर यात्रा

भगवान शंकर के दिव्यधाम कैलास की हिंदू जनमानस में मान्यता, महत्व और उत्सुकता को प्रतिपादित करती हैं। इसी सिद्ध क्षेत्र से आदिनाथ स्वामी ऋषभदेव मोक्ष को प्राप्त हुए, इसलिए इसे जैन तीर्थ भी माना जाता है। कैलास से लगभग 13 किलोमीटर की दूरी पर स्थित **मानसरोवर ताल** इक्यावन शक्तिपीठों में से एक है। सती की दाहिनी हथेली इसी में गिरी थी, ऐसी कथा है। इसके निकट है **राक्षस ताल** और मान्यता है कि किसी समय राक्षसराज रावण ने वहीं खड़े होकर देवाधिदेव भगवान शंकर की आराधना की थी।

हिंदुओं, जैनियों और बौद्धों से समान रूप से पूजनीय इस दिव्यधाम के दर्शन हेतु प्रतिवर्ष मई के अंत से कैलास मानसरोवर यात्रा प्रारंभ होती है। इस यात्रा के लिए आवेदन करते हुए 'कैलास मानसरोवर' मात्र दो शब्द, तीर्थयात्रा का एक स्थान प्रतीत होते हैं। कुछ अपनी कल्पना से, कुछ पुस्तकों में पढ़कर, कुछ इंटरनेट पर तलाश कर तीर्थयात्री इसके बारे में मन में एक छवि बना लेते हैं...लेकिन इस स्थान पर पहुँचने के बाद तर्क तिरोहित हो जाते हैं...स्वभाव शिवभाव हो जाता है!

अब जबकि भारत से श्रद्धालुओं के दल कैलास मानसरोवर की यात्रा के लिए प्रस्थान प्रारंभ कर रहे हैं, मैं इस तीर्थयात्रा का साक्षी होने के कारण कह सकता हूँ कि यह केवल भारत से चीन तक की दुर्गम यात्रा नहीं है। यह वह अध्यात्म पथ है, जो जीव को जीवित रहते हुए ही ईश्वर तक ले जाता है। पुराणों में 'सशरीर स्वर्गारोहण' शायद इसे ही कहा गया होगा। इस यात्रा में दुर्गम पथ भी हैं, आँधी-तूफान-बारिश भी और वह प्रतिकूल परिस्थितियां भी, जहाँ श्वास लेना भी श्रम प्रतीत होता है। यहाँ आधुनिक जीवन का कोई तत्व नहीं अपितु पर, पंचतत्व से निर्मित मानव शरीर प्रकृति से सामंजस्य बना ही लेता है। यह शिवकृपा से ही संभव है।

कैलास मानसरोवर का निकटतम ग्राम प्रयांग समुद्रतल से लगभग 4750 मीटर की ऊँचाई पर है। लगभग 150-200 की आबादी वाले इस गांव के साथ ही श्रद्धालुओं का विश्व से आभासी अंतिम संपर्क भी समाप्त हो जाता है। प्रयांग से

मानसरोवर की दूरी 300 किलोमीटर है जिसे पूरा करने में लगभग आठ घंटे का समय लगता है। इस तिब्बती पठार में लगभग 30 मील जाने पर पर्वतों से घिरे दो अत्यंत विशिष्ट सरोवर राक्षस ताल और मानसरोवर ताल मिलते हैं। यह मनुष्य के नेत्रों के समान स्थित हैं और नासिका के समान ऊपर उठी एक पर्वतीय भूमि दोनों को पृथक करती है। राक्षस ताल की कई भुजाएं मीलों दूर तक टेढ़ी-मेढ़ी होकर पर्वतों में चली गई हैं, वहीं मानसरोवर का आकार सुडौल अण्डाकार है। यह दोनों ताल गेंगा चू नामक छोटी नदी से जुड़े हैं।

मानसरोवर के आसपास कोई वृक्ष नहीं है। कहीं-कहीं एक से सवा-फुट की कंटीली झाड़ियां व छोटी-मोटी घास अवश्य दिखाई देती है। मानसरोवर के निकट ही स्थित है–चू गोम्पा तथा गुरुदेव पूज्य स्वामी चिदानंद सरस्वतीजी द्वारा स्थापित परमार्थ निकेतन का आश्रम, जिसकी भव्यता और स्थापत्य सौंदर्य देखते ही बनता है। आश्रम की उत्तर दिशा में स्थिर, शांत किसी तपस्वी सा ध्यानमग्न अभिनव मुद्रा में अखिल विश्व का नियंता, कैलास स्थित है।

मानसरोवर के चारों तरफ बर्फीले पहाड़ हैं। इसके उत्तर में कैलास पर्वत, तो दक्षिण-पश्चिम में गुरुलामानधाता पर्वत, तो दक्षिण-पश्चिम में गुरुलामानधाता (जो तिब्बत का तीसरा सबसे ऊँचा पर्वत है) के शिखर दिखते हैं। पहाड़ों से घिरा पवित्र सरोवर यों प्रतीत होता है, मानो हिमालय स्थित कैलास ने अपने भक्तों को अमरत्व प्रदान करने के लिए हृदय की विगलित धारा को प्रवाहित कर दिया है, जिसमें प्राणी स्नान कर आनंदलोक के अमरत्व को प्राप्त कर सके।

यहां पर प्रातः 9.30 से रात्रि 10.00 बजे तक प्रकाश रहता है। पूज्य स्वामी जी के दल के सदस्य के रूप में मैं 6:30 बजे के लगभग मानसरोवर के तट पर था। अचानक बादल छंटे और सम्मुख उपस्थित था साक्षात कैलास! मैं भावुक हो रहा था और एक-एक क्षण को अपने भीतर संजो लेना चाहता था। उसे दुर्लभ दृश्य में इतना रम गया था कि सरोवर के आचमन की उत्कंठा को रोक नहीं सका। मैंने वस्त्र उतारे और मानसरोवर में डुबकी लगाया। नश्वर शरीर शीतल जल में डूब गया और अविनाशी आत्मा में गूंज उठे शताब्दियों पूर्व कूर्मपुराण में गाए गए श्लोक

मासे सरसिन्नात्वा शक्रस्यार्धासनं लभेत्
उत्तरं मानसं गत्वां सिद्धिं प्राप्नोत्यनुत्तमाम्
तस्मान्निर्वर्तयेच्छ्राद्ध यथाशक्ति यथाबलम्
कामान् सलभते दिव्यान् मोक्षोपायं च विन्दति।।

मानसरोवर का जल इतना ठंडा था कि पूरा शरीर थरथरा उठा, किंतु उस

थरथराहट में भी एक आत्मिक सुख, मानसिक ऊर्जा इंगित कर रही थी कि यह अनुभव दुर्लभ है। यह अनुभव पवित्र है और यह वह जल है, जिसमें संभवतः स्वयं औघड़-अविनाशी-नीलकंठ भगवान शिव स्नान करते होंगे।

कैलास के दिव्य दर्शन और मानसरोवर के जल में स्नान करते हुए मुझे साक्षात् शिव की प्रतीति हो रही थी। यह दृश्य लगभग 15-20 मिनट तक ही रहा। इसके बाद पुनः कैलास को बादलों ने ढंक लिया। मेरे साथ-साथ लगभग सभी श्रद्धालुओं ने कैलास के दर्शन किए और बादलों की अनुकंपा पर कृतज्ञ हुए कि उन्होंने राह दिखाकर हमें दुर्लभ दृश्यों से साक्षात्कार करने दिया। अपनी यात्रा की सार्थकता पर सभी श्रद्धालु भावविभोर थे। अपनी श्रद्धा और उल्लास के आवेग को वे सभी ढोल-मंजीरा बजा-बजाकर हर-हर शंकर, जय शिवशंकर का आह्वान करके प्रकट करने लगे। वातावरण मंजीरों की झंकार से झंकृत हो रहा था। पहाड़ों के मध्य गूंजते मानव स्वर, ढोल की थाप और मंजीरों की झंकार से लग रहा था कि समस्त क्षेत्र एक शिवालय प्रांगण में परिवर्तन हो गया है और सामने पर्वत के रूप में शिव-पार्वती साक्षात मुस्करा रहे हैं।

4. चीन में भारतीय शैली के बौद्ध मंदिर

चीन के प्राचीन बौद्ध मठ, श्मेअलीन मंदिर, वेद्यशाला, सांगयांग अकादमी वागशी' टावर्स और जोगबू मंदिर जैसी पारंपरिक संरचनाएँ भारतीय शिल्प एवं स्थापत्य कला का सम्मिश्रण है, जो दो हजार वर्षों से ज्यादा के इतिहास को समेटे हुए ये स्मारक विभिन्न वास्तु कलाओं को प्रदर्शित करते हैं।

चित्रों के अध्ययन से स्पष्ट होता है कि भारतीय मालवा शैली से उनका विशेष लगाव रहा है। वहाँ के चित्रकारों की भारतीय परंपरा से उनका सबंन्ध रखा था। विक्रम संवत् 1317 में श्राविक प्रतिक्रमण सूत्र पुर्णी ग्रंथ में भारत चित्रकला, मूर्तिकला एवं स्थापत्य का केन्द्र था, जहाँ भारतीय शिल्पी, चित्रकार चीन गये और वहाँ के शिल्पी भी भारत आये, इससे दोनों में शिल्पियों का आदान-प्रदान होता रहा। कालांतर में इसकी पारदर्शिता भारतीय शिल्पियों और चीनी शिल्पियों के सम्मिश्रण से विकसित हुई है, जो कालांतर में औद्योगिक विकास में दिखाई दे रही है।

हनान प्रांत के लुओयांग में पहली सदी के प्राचीन श्वेताश्व (व्हाइट हार्स) मंदिर परिसर में भारतीय शैली से निर्मित एक बौद्ध मंदिर है।

श्वेताश्व मंदिर चीन में सबसे पहले बने बौद्ध मंदिरों में से एक है और यह

दोनों देशों के बीच प्राचीन काल से ही स्थापित घनिष्ठ सांस्कृतिक संबंधों की निशानी है। यह मंदिर भारत और चीन की संस्कृतियों के अंतरसंबंधों का प्रतीक चिन्ह है। यह स्थान भारतीय बौद्ध भिक्षु विद्वानों कश्यपमतंग और धर्मरत का आश्रय स्थल रहा, जो भारतीय संस्कृति के दूत के रूप में श्वेत रंग के अश्व पर सवार हो कर यहां आये थे और अपने साथ प्राचीन बौद्ध सूत्रों को सर्वप्रथम यहां लाये थे। इन विद्वानों के आगमन की स्मृति में बना श्वेताश्व मंदिर हमें याद दिलाता है कि किस प्रकार दोनों सभ्यताएं एक दूसरे से समृद्ध हुई। कालान्तर तक वह नवनिर्मित मंदिर भारत-चीन मैत्री का स्मरण है और यह आने वाले समय में दोनों देशों की जनता के बीच सांस्कृतिक आदान-प्रदान में वृद्धिकारक सिद्ध होगा।

यह मंदिर दोनों देशों की संस्कृति के अनन्तर संबंधों का प्रतीक चिन्ह है। दोनों देशों के बीच सहयोग बढ़ाने के लिए भारत की ओर से कूटनीतिक पहल के तहत बनाये गये इस मंदिर पर करीब 17 करोड़ रुपये की लागत आयी और इसके निर्माण में तीन वर्ष लगे। मंदिर के निर्माण के लिये चीन सरकार ने जमीन दी है, जबकि भारत ने डिजाइन से लेकर निर्माण तक पूरा कार्य कराया है। **लुआयांग भारत चीन की जनता का अंतर्मन उस समय छू लिया जब राष्ट्रपति** प्रतिभा पाटिल ने 2010 में इसका लोकार्पण किया है।

इससे पहले 1993 में तत्कालीन प्रधानमंत्री पी वी नरसिंहराव श्वेताश्व मंदिर आये थे और जून 2003 में तत्कालीन प्रधानमंत्री अटलविहारी वाजपेयी ने यहां आकर घोषणा की थी कि भारत इसी परिसर में एक भारतीय शैली के बौद्ध मंदिर का निर्माण करेगा। यह नवनिर्मित मंदिर उसी निर्णय के अनुरूप बनाया गया है। अप्रैल 2004 में चीनी प्रधानमंत्री वेन जियाबाओ की भारत यात्रा के दौरान नयी दिल्ली में मंदिर के निर्माण को लेकर सहमति पत्र पर हस्ताक्षर किये गये थे। डा. कपिला वात्सायन की अध्यक्षता वाली एक सलाहकार समिति बनायी गयी, जिसने भारत के पारंपरिक बौद्ध शिल्प एवं समसामयिक शैली को मिला कर बनायी गयी एक डिजाइन को स्वीकृत किया। भारतीय विशेषज्ञों ने मंदिर का गुम्बद सांची के स्तूप से प्रेरणा लेकर तैयार किया है, जबकि चुनार के बलुआ पत्थर से निर्मित भगवान बुद्ध की प्रतिमा सारनाथ की प्रतिमा का प्रतिरूप प्रतीत होती है। मंदिर का ढांचा एक जलाशय में स्थित है। इतने महत्वपूर्ण स्थान पर भारतीय शैली का बौद्ध मंदिर भारत के लोगों की तरफ से हमारी सहोदर संस्कृति वाले देश चीन के लोगों के लिए उपहार है। इसके जरिए हम कई महत्वपूर्ण संबंधों एवं यादों को साझा कर सकते हैं।

हम एक प्राचीन सभ्यता से संबंध रखते हैं और दोनों देशों के आपसी संबंध लाखों वर्ष पुराने हैं। निसंदेह भारतीय बौद्ध भिक्षुओं ने चीन में बौद्ध धर्म के प्रचार, प्रसार में अहम भूमिका निभाई है। इससे पहले श्रीमती पाटिल के यहां पहुंचने पर हवाईअड्डे पर हेनान प्रांत के वाइस गवर्नर सोंग शुआनशाओ ने उनकी आगवानी की। हवाईअड्डे पर ही उनकी गवर्नर गेंगमाओ के साथ एक संक्षिप्त आंतरिक कक्ष में प्रार्थना की और एक बौद्ध चित्रकला प्रर्दशनी का अवलोकन किया।

5. तिब्बत की समस्या और भारत-चीन संबंध

भारत और चीन के सम्बन्ध बहुत अच्छे हैं, परन्तु तिब्बत की समस्या ने इस मधुरतापूर्ण सम्बन्धों में दरार डाल दी और अन्त में इसका परिणाम भारत-चीन युद्ध में हुआ। तिब्बत की समस्या को लेकर भारत तथा चीन के मध्य अनेक मतभेद उत्पन्न हो गए।

भारत तथा चीन के मध्य 200 मील में फैला तिब्बत, भारत तथा चीन दोनों के लिए सुरक्षा का गढ़ था। दोनों देशों में से यदि कोई भी देश दूसरे पर आक्रमण करता तो उसे पहले तिब्बत से युद्ध करना होता, क्योंकि तिब्बत में से होकर ही भारत द्वारा चीन, चीन द्वारा भारत में सुगमतापूर्वक प्रवेश किया जा सकता था। भारत के लिए यह आवश्यक गढ़ था, क्योंकि भारत की ओर से किसी देश पर आक्रमण होने की सम्भावना कम थी जबकि भारत पर आक्रमण होने की सम्भावना अधिक थी।

तिब्बत तथा भारत के मध्य 1906 में ब्रिटिश भारत तथा चीन के मध्य जो समझौता हुआ था, उसके अनुसार तिब्बत को चीन का प्रादेशिक भाग तो स्वीकार किया गया था, लेकिन तिब्बत की राजधानी में एक भारतीय प्रतिनिधि के रहने की भी शर्त इस समझौते में थी। समझौते के अनुसार भारतीय व्यापार हेतु तिब्बत में अनेक भारतीय समितियों की स्थापना की भी व्यवस्था थी। इस समझौते के आधार पर भारत तथा तिब्बत के मध्य व्यापार चल रहा था और चीन द्वारा सम्पूर्ण तिब्बत हड़पने के प्रयत्न से भारतीय व्यापार को हानि होने की सम्भावना थी।

तिब्बत के दलाई लामा से भारत के और तिब्बत के मध्य भी मैत्रीपूर्ण सम्बन्ध थे और भारत नहीं चाहता था कि उसका एक पड़ोसी देश नष्ट हो जाय। भारत ने इस मित्रता को अन्त तक निभाया और जब चीन ने तिब्बत पर आक्रमण किया तो दलाई लामा को भारत ने शरण प्रदान की।

यद्यपि भारत तिब्बत में अपने सभी अधिकार समाप्त करने को तैयार था, परन्तु भारत चाहता था कि तिब्बत को एक स्वायत्त शासन प्राप्त इकाई स्वीकार कर लिया जाए। चीन की ऐसी इच्छा बिल्कुल नहीं थी। चीन पूर्णरूप से तिब्बत को हड़प लेने पर तुला हुआ था।

भारत और चीन के मध्य इस प्रश्न को लेकर मतभेद इस कारण और भी तीव्र हो गए थे, क्योंकि चीन तिब्बत की समस्या को हल करने के लिए शक्ति का प्रयोग करने का प्रयास आरम्भ कर दिया था, जो पंचशील की भावना के विरुद्ध था।

इन अनेक कारणों ने भारत तथा चीन के मध्य तिब्बत की समस्या को लेकर मतभेद उत्पन्न कर दिए थे। चीन तो प्रारम्भ से ही तिब्बत पर अपना प्रभाव स्थापित करना चाहता था। 1 जनवरी, 1950 को चीन द्वारा घोषणा की गई थी कि चीन ने तिब्बत को 'साम्राज्यवाद से मुक्ति' दिलाने का निश्चय किया है। भारत सरकार इस घोषणा से आश्चर्यचकित और चौकन्नी हो गई। तुरन्त ही भारतीय राजदूत के एम. पणिक्कर को आदेश दिया गया कि चीन सरकार से इस सम्बन्ध में स्पष्टीकरण मांगा जाए। पणिक्कर ने चाऊ-एन-लाई सें भेंट की। चाऊ ने यह तो कहा कि चीन तिब्बत में से साम्राज्यवाद को समाप्त करेगा, परन्तु चाऊ ने भारतीय राजदूत को विश्वास दिलाया कि मामला सैनिक शक्ति से हल करने का प्रयत्न नहीं किया जाएगा।

इसी समय दलाई लामा की ओर से एक मिशन भारत भेजा गया। मिशन का उद्देश्य भारत पर यह प्रभाव डालना था कि भारत तिब्बत के प्रतिनिधियों को चीन की पार्लियामेंट में स्थान दिलाने का प्रयत्न करे, परन्तु भारत सरकार ने मिशन को परामर्श दिया कि उचित यही होगा कि तिब्बत सीधे चीन से सम्बन्ध स्थापित करे। जब मिशन चीन की ओर जा रहा था कि भारत को समाचार प्राप्त हुआ कि चीन ने अपनी विशाल सेना को तिब्बत की ओर कूच करने का आदेश दे दिया है।

25 अक्टूबर, 1950 को पीकिंग रेडियो ने घोषणा की कि चीन ने तिब्बत को साम्राज्यवादी बन्धन से छुटकारे का प्रयत्न आरम्भ कर दिया है। पण्डित जवाहर लाल लेहरू समझ गए कि तिब्बत के प्रतिनिधि मण्डल के भारत आगमन से चिढ़ कर ही चीन ने ऐसा किया है।

26 अक्टूबर को भारत सरकार ने चीन को एक विरोध-पत्र भेजा। इसमें कहा गया कि यह सब कुछ सुनकर भारत को आश्चर्य तथा खेद हुआ है। भारत ने चीन को स्मरण दिलाया कि चीन ने प्रत्येक समस्या का हल शान्तिपूर्ण ढंग से

करने का संकल्प भी लिया है। इस पर चीन ने भारत को साम्राज्यवादी भावना से प्रेरित बताया। चीन ने यह अवश्य कहा है कि तिब्बत के मामले को शान्तिपूर्ण ढंग से ही निपटाने का प्रयत्न किया जाएगा। दलाई लामा ने इस समस्या को सं. रा. संघ में उठाने का प्रयत्न किया, परन्तु किसी भी ओर से प्रोत्साहन न मिलने से कोई लाभ नहीं हुआ। चीन तिब्बत में हस्तक्षेप करने पर तुला हुआ था। अन्त में किसी ओर से आशा न देख तिब्बत ने चीन के साथ 23 मई, 1951 को एक समझौता कर लिया। समझौते के अनुसार निश्चित हुआ, (1) कि तिब्बत को पूर्णरूप से स्वायत्त शासन का अधिकार होगा। (2) चीन तिब्बत के आन्तरिक मामलों में हस्तक्षेप करने का प्रयत्न नहीं करेगा। (3) सुरक्षा कार्य हेतु चीन की सेना तिब्बत में रहेगी। (4) चीन द्वारा दलाई लामा को उचित सम्मान प्रदान किया जाएगा। (5) तिब्बत में धार्मिक स्वतन्त्रता बनी रहेगी। (6) तिब्बत के विदेशी मामले चीन के अधीन रहेंगे। (7) चीन द्वारा तिब्बत के विकास कार्यों में सहयोग प्रदान किया जाएगा। (8) चीनी सेनाओं का साथ देने वाले तिब्बती नागरिकों को किसी प्रकार का दण्ड तिब्बत सरकार नहीं देगी (9) तिब्बत में चीन का प्रशासनिक तथा सैनिक मण्डल रहेगा। (10) व्यापार तथा आवागमन चीन के अधीन रहेगा।

यद्यपि भारत में साम्यवाद विरोधी भारत के विपक्षी दलों ने तथा कुछ अन्य व्यक्तियों ने इस सम्बन्ध में भारत सरकार की आलोचना की, तथा माँग भी की गई कि भारत को चीन द्वारा बलपूर्वक तिब्बत में हस्तक्षेप का विरोध करना चाहिए था और सम्भव होता तो सैनिक कार्यवाही भी करनी चाहिए थी। परन्तु भारत सरकार उस समय चीन से मधुर सम्बन्ध बनाए रखना चाहती थी, अतः चीन तिब्बत समझौते को कोई विरोध नहीं किया गया। 29 अप्रैल, 1954 को भारत तथा चीन के मध्य एक आठ वर्षीय व्यापारिक समझौता भी हुआ, जिसके अनुसार भारत ने तिब्बत में अपने विशेषाधिकारों का त्याग कर दिया। भारत सरकार द्वारा तिब्बत में चीन की प्रभुता को भी स्वीकार कर लिया गया। इसके बाद दोनों देशों के प्रधानमन्त्रियों ने एक-दूसरे के देश की यात्रा की। चाऊ के भारत आगमन पर भारत ने चीन तिब्बत समझौते को मान्यता प्रदान कर दी।

परन्तु भारत तथा चीन के सम्बन्ध अधिक समय तक मधुर न रह सके। मार्च, 1959 में तिब्बत में चीनियों के विरुद्ध भयानक विद्रोह प्रारम्भ हो गया। तिब्बती और चीनी सेनाएँ भी आपस में टकराई। चीन द्वारा इस विद्रोह को क्रूरता से कुचल दिया गया। विद्रोह को दलाई लामा का समर्थन प्राप्त था, अतः दलाई लामा भाग कर भारत आ गए। भारत ने यह कहकर उन्हें शरण प्रदान की कि भारत सर्वदा ही शरणार्थियों को शरण प्रदान करता रहा है। यद्यपि भारत ने दलाई

लामा को शरण तो प्रदान कर दी, परन्तु उन्हें स्पष्ट रूप से बता दिया गया कि भारत की सहानुभूति तिब्बत के प्रति होते हुए भी भारत तिब्बत की कोई सहायता चीन के विरुद्ध नहीं कर सकता, क्योंकि भारत तिब्बत को चीन का एक अंग स्वीकार कर चुका है। इतना होने पर भी दलाई लामा को शरण दिया जाना चीन को अच्छा नहीं लगा और चीन ने भारत पर विस्तारवादी इत्यादि आरोप लगाना प्रारम्भ कर दिए। चीन ने तिब्बत में भारतीय व्यापारियों की सुविधाएँ भी समाप्त कर दीं। भारत ने इस सम्बन्ध में चीन को एक विरोध-पत्र भेजा, परन्तु कोई लाभ नहीं हुआ और भारत तथा चीन के सम्बन्ध बिगड़ते चले गए। चीन ने भारत पर आरोप लगाया कि दलाई लामा को भारत ने बलात रोक लिया है। इसके अतिरिक्त चीन का वह भी आरोप था भारत तिब्बत को हड़पने का प्रयास कर रहा है।

पश्चिमी राष्ट्रों में मानवाधिकार एवं लोकतंत्र तथा व्यक्ति प्रतिष्ठा की दृष्टियों से तिब्बत और चीन की दो महान विभूतियों को नोबेल पुरस्कार से सम्मानित किया। आशय यह रहा कि प्राचीनतम सभ्यता के देश चीन के लाल नेताओं में मानवाधिकार प्रतिष्ठित हो सके। चीन की सामान्य जनता पर पुरस्कारों का असर इस कारण भी है कि आम आदमियों के लिए इन दो विभूतियों ने व्यक्तिगत कष्ट उठाया और उठा रहे हैं। पूज्य दलाई लामा का जीवन निर्वासन में बीत रहा है और शीका जीवन कारावास में व्यतीत हो रहा है।

तिब्बत की सम्प्रभुता नष्ट होते ही भारत के सम्मुख कई भयंकर समस्याएं उठ खड़ी हुई। लार्ड कर्जन का प्रश्न यक्षप्रश्न बन गया। अब हिमालय की रक्षा की बारी है। बफर खत्म होते ही भारत एवं चीन आमने-सामने आ गये। हिमालयवर्ती सीमारेखा 2640 मील से कुछ अधिक है। इन क्षेत्रों में पहले साधु-सन्त रहते थे। अब सैनिकों के व्यूहनका कार्य प्रारम्भ हुआ। अकल्पित व्यय की परिस्थितियां उत्पन्न हुई और हो रही है। 1947 ई. से लेकर 1962 ई. तक चीन ने भारत को बहकाने में सफलता प्राप्त की। 1962 ई. के बाद भारत के सामने से धुन्ध कम हुई। 1948 ई. से लेकर 1962 तक चीन ने कई हथकण्डों का भारत के खिलाफ सटीक प्रयोग किया। उसने भाईचारे और शान्ति के नाम सरहद पर संयुक्त सैनिक गश्त दल की योजना बनायी। भारत को अच्छा लगा। संयुक्त गश्त की आड़ में उसने कई हजार वर्ग मील भारतीय भूमि पर कब्जा कर लिया। भारत की आंख खुली। श्रीमती इंदिरा गांधी, श्री अटलबिहारी वाजपेयी एवं डा. मनमोहन सिंह की सरकार के समय में सीमा की रक्षा के लिए ठोस कदम उठाये गये। लेकिन चीनी खतरे का विस्तार बढ़ा है। सीमा से बढ़कर आन्तरिक सुरक्षा को अब गम्भीर चुनौती दे रहा है। विश्व छत तिब्बत सर्वदा से शान्ति एवं साधना का क्षेत्र रहा है।

पौराणिक युग में यह शैव मत का शीर्ष एवं श्रेष्ठतम स्थल था। इतिहास प्रसिद्ध महायान मतावलम्बी साधकों का जाग्रत केंद्रों का एक मात्र अवशेष स्थल रहा है। परमाणु भट्ठियां हैं। रेलमार्ग हैं। पूरा-पूरा पर्यावरण विनष्ट होता जा रहा है। हिमालय का पर्यावरण तेजी से विलुप्त हो रहा है। मानसून के प्रभावित होने से उत्तर भारत एवं उत्तर-पूर्वी भारत तथा उत्तर-पश्चिमी भारत की कृषि पर प्रतिकूल प्रभाव प्रकट हो रहे हैं। हिमालय से निकली नदियों पर खतरा उपस्थित हो गया है। 2005 ई. में पंजाब एवं सतलज के समीपवर्ती क्षेत्रों में जो भयंकर बाढ़ आयी थी, वह चीनी बांधों से संबंधित थी।

वर्तमान समय में चीन ब्रह्मपुत्र नदी पर बांध बांध रहा है। ब्रह्मपुत्र के ब्रह्मजल को अपनी पीली नदी में ले जाने की योजना बना रहा है। इसका कुप्रभाव यह होगा कि सम्पूर्ण असम एवं बंग्लादेश का क्षेत्र बुरी तरह से क्षतिग्रस्त हो जाएगा। उल्लेख है कि मातृभूमि भारत की दो भुजाएं सिन्ध नदी एवं ब्रह्मपुत्र नदी हैं। हृदय की नदी गंगा जी हैं। दोनों भुजाएं 2100 किलोमीटर लम्बी हैं। बिल्कुल बराबर है। हृदय नदी गंगाजी 2410 किलोमीटर लम्बी हैं। हिमालय से अन्यान्य नदियों के साथ-साथ यह तीन नदियां निकलती हैं। स्पष्ट है कि हिमालय के बचाव से भारत का वर्तमान एवं भविष्य सुरक्षित रहेगा। हिमालयवर्ती मुख्य मन्त्रियों में असम के लोकप्रिय मुख्य मन्त्री श्री तरुण गोगोई सार्वजनिक के बयान जारी करके चीन द्वारा बांधे जा रहे ब्रह्मपुत्र पर बांध पर भारत की चिन्ता को उजागर किया। भारत के प्रधान मंत्री डा. मनमोहन सिंह ने हिमालय की सुरक्षा हेतु प्रयास प्रारम्भ किया है। आज आवश्यकता है कि भारत का आम आदमी एवं व्यापारी वर्ग पीले संकट के फैलाव से भारत को बचाये।

6. भारत चीन सीमा विवाद

भारत और चीन सीमा विवाद तो पुराना है, लेकिन इतना पुराना भी नहीं कि दोनों देशों के बीच की दोस्ती और दीर्घकालीन आदान-प्रदान को प्रभावित करे। दरअसल 1950 वाले दशक के उत्तरार्द्ध से भारत और चीन के बीच जब-तब कड़वाहट प्रकट होने के लक्षण अधिक मुखर हुए हैं। 1962 की मुठभेड़ ने तो जैसे इस अदावत को एक विकराल रूप दे दिया। भारतीय मानस सोचने लगता है कि चीन कभी भी 62 को दोहरा सकता है और शायद चीनी मानस भी इस आशंका से ग्रस्त है कि भारत उस हादसे की भरपाई करने के लिए कभी भी बदले की भावना पर उतर सकता है।

1962 के हादसे को स्मृति से बाहर तो नहीं किया जा सकता, लेकिन उसे दोनों देशों के बीच टकराव की धुरी भी नहीं बनाया जा सकता। हां, इतना जरूर है, कि कोई भी सामान्य विवाद के उठने पर यह छाया अपना विकराल असर कर जाती है। सच यह है कि 1962 में भारत और चीन पश्चिमी उकसावे से इस खेल के शिकार बने और उस पर नव-स्वतंत्रता के अहंकार ने घी डालने का काम किया। 1962 का युद्ध कोई एक दिन में नहीं हुआ था। उसकी पृष्ठभूमि में ब्रिटिश इंडिया और चीन के बीच चल रहे इस विवाद का बारूद सुलगता रहा। साफ है कि भारत पर बर्तानवी शासन के दौर की यह आफत अब तक चली आ रही है। जिस मैकमोहन रेखा की अकसर बात की जाती है, वह ठीक-ठीक है कहाँ, इसका कोई ठोस दस्तावेज है नहीं, बस-दावे-प्रतिदावे के आधार पर इसकी व्याख्या की जाती है, और अधिकतर जानकार यह कहते पाए जाते हैं कि इसका विकल्प वास्तविक नियंत्रण रेखा ही हो सकती है। इस रेखा को समझौते का मूलाधार बनाकर मैकमोहन रेखा के धुँधलेपन को खत्म किया जा सकता है और एक स्थायी सीमा रेखा को जन्म दिया जा सकता है। लेकिन इस सदाशयता को आधार बनाने की प्रक्रिया इतनी आसान नहीं है। जब तक यह हो नहीं जाता, तब तक तू बड़ा कि मैं बड़ा के दृश्यों को झेलते जाने के सिवा और कोई चारा नहीं है। नई परिस्थितियों में नई पहल से ही कुछ ठोस और सकारात्मक हल खोजा जा सकता है। 1914 के शिमला समझौते की भी अपनी-अपनी व्याख्याएँ हैं। उन दावों-प्रतिदावों का समाधान भी इस प्रक्रिया में अपने आप हो सकता है। लेकिन यह एक जटिल काम है।

चीन की ओर से अरुणाचल प्रदेश पर दावा जताने और जम्मू-कश्मीर को विवादित क्षेत्र बताते हुए वहाँ के पाकिस्तान अधिकृत कश्मीर पाकिस्तान द्वारा चीन के हवाले करने की रणनीति अपनाना और उक्त क्षेत्र में चीन द्वारा सामरिक व्यवस्था करना भारत के हित में नहीं है। इसका सीधा मतलब है कि चीन ने भारत के खिलाफ कुछ ज्यादा ही आक्रामक रवैया अपना लिया है। उसका यह रवैया भारत के साथ-साथ विश्व शान्ति को भी खतरे की ओर ले जानेवाला है। चीन के ऐसे इरादों के प्रति विश्व समुदाय चाहे जब चेते, परन्तु भारत की आँखें तुरन्त खुल जानी चाहिए। वैसे भी सन् 1962 के चीन-भारत युद्ध से लेकर अब तक हाल के घटनाक्रम यह बताते हैं कि चीन महज किसी गलतफहमी अथवा अपनी स्वाभाविक विस्तारवादी प्रवृत्ति के चलते नहीं, बल्कि जानबूझकर भारत को घेरने, धमकाने और नीचा दिखाने की कोशिश कर रहा है।

भारतीय सेना के उत्तरी कमाण्ड के कमाण्डर जनरल बी. एस. जसवाल का चीन द्वारा वीजा देने से इनकार करने पर भारत द्वारा विरोधपत्र भेजा जाना, उसके साथ सैन्य सम्बन्धों को स्थगित करना उसी तर्ज पर अच्छा जवाब था। उसकी इस हरकत के माकूल जवाब में यह भी भारत को करना चाहिए कि तत्काल प्रभाव से तिब्बत में कार्यरत चीनी प्रशासन के अधिकारियों को वीजा देना बन्द करे। पता नहीं भारत सरकार इस तरह का कोई कदम उठायेगी या नहीं, लेकिन अब यह आवश्यक हो गया है कि चीन की हरकतों पर गम्भीरता का परिचय दिया जाय।

भारत को चीन से अपने विवाद प्राथमिकता के आधार पर सुलझाना चाहिए, भले ही इसके लिए किसी उच्चाधिकार समिति का गठन ही क्यों न करना पड़े। यह जानना जरूरी है कि चीन के इरादे क्या हैं ओर वह आपसी विवादों को वास्तव में शान्तिपूर्ण ढंग से हल करने का इच्छुक है या नहीं? कहीं ऐसा तो नहीं है कि आपसी विवादों को हल करने के नाम पर वह सिर्फ समय जाया कर रहा है?

चीन पाकिस्तान अधिकृत कश्मीर में इस हद तक अपना प्रभाव जमा चुका है, जिसे भारत अपना भू-भाग बताता है। देश की जनता भारत सरकार से यह आश्वासन चाहेगी कि चीन की हरकतों पर न केवल निगाह रखी जा रही है, बल्कि उसका प्रतिकार भी किया जायेगा।

ज्ञातव्य हो कि 26 अक्टूबर 1947 को महाराज हरि सिंह ने पूरे कश्मीर का विलय भारत के साथ किया था। जम्मू कश्मीर का जो भी हिस्सा पाकिस्तान के कब्जे में है, वह अवैध आक्रमण का नतीजा है। मार्च 1963 में जम्मू कश्मीर के एक तिहाई को पाकिस्तान ने अवैध रूप से चीन के हवाले कर दिया। 1947 से लेकर अब तक भारत ने जम्मू कश्मीर में लोकतंत्र को मजबूल करने का प्रयास किया। पाक में अवैध कब्जे वाले कश्मीर में न तो लोकतंत्र नाम की कोई चीज है, न ही मानवाधिकार है और न ही वहाँ विदेशी पत्रकारों के जाने आने की छूट है। उत्तरी इलाके में भारी संख्या में चीनी सैनिक मौजूद हैं।

भारत को यह भी ध्यान में रखना होगा कि पाकिस्तान अधिकृत कश्मीर अब चीन के आधिपत्य में है। पाकिस्तान की आक्रमण संधि भी चीन से हो चुकी है। पाकिस्तान ने यह खतरनाक संधि इसलिए की कि भारत किसी प्रकार काश्मीर पर अपना कब्जा नहीं जमा सके।

उल्लेख है कि 78,114 वर्ग किलोमीटर भूभाग, जो भारत का हैं, उस पर पाकिस्तान काबिज है और इस कश्मीरी भूमि में से 5180 वर्ग किलोमीटर भूमि को

पाकिस्तान ने चीन को दान में दे दिया है। आज हिमालयवर्ती उत्तर पश्चिम की डूरण्ड रेखा पर चीन सशक्त हो चुका है। चीन अफगानिस्तान के क्षेत्र से भी भारत को विस्थापित करने में प्रयत्नशील है। कश्मीर प्रान्त में पाकिस्तान, चीन एवं कुछ अन्य देशों की कारगुजारियां स्पष्ट हो चुकी है। हिमालय के मध्य क्षेत्र में चीनी संकट यथावत बना हुआ कश्मीर प्रान्त भारत का अभिन्न अंग है। भारत के अपनी संप्रभुता की रक्षा के लिए चीन और पाकिस्तान की कपटपूर्ण कूटनीति से सतर्क रहना चाहिए।

कश्मीर तो समस्या प्रधान क्षेत्र है ही, किन्तु अरुणाचल और सिक्किम पर भी भारत सरकार की सर्तक दृष्टि होनी चाहिए। यदि इन क्षेत्रों में सैनिक क्षमता कम हुई तो भारत के सामने जटिल समस्या आ सकती है। चीन की सीमा से लगे भारतीय क्षेत्रों की सैनिक व्यवस्था सर्वोपरि महत्व की है। सन् 1962 के चीनी आक्रमण से सबक लेना चाहिए।

चीन ने तिब्बत की राजधानी ल्हासा को भारत, भूटान नेपाल की सीमा से सटे दूसरे मिरोज शहर से जोड़ने के लिए रेल नेटवर्क का निर्माण शुरू किया। मिरोज तिब्बत के बौद्ध धर्मावलम्बियों में दूसरे बडे आध्यात्मिक नेता पंचेनलामा का निवास स्थान होने के अलावा माउन्ट एवरेस्ट के पास स्थित है। यह शहर भारत नेपाल और भूटान की सीमा से सटा है। झिंगई तिब्बत मार्ग के खुलने पर भारत की चिन्ता बढ़ गई थी कि इससे चीनी सेना को अपने सैनिकों को इस क्षेत्र तक शीघ्रता से लाने में आसानी होगी।

भारत से सम्बन्ध सुधारने की दिशा में चीन का रूख और प्राथमिकताएँ बदली-सी नजर आ रही हैं। विश्व समुदाय में यह धारणा आम है कि अपने पड़ोस में उभरती प्रतिद्वन्द्वी महाशक्ति के साथ सीमा-विवाद को हल न करना और उसे द्विपक्षीय विवादों में उलझाये रखना चीन के हित में है। भारत-चीन सीमा-विवाद हल हुआ तो हम सब कुछ भूलकर आर्थिक विकास की प्रक्रिया में जुट जाएँगे। उधर, उत्तर-पूर्वी सीमा पर तैनात सैन्य संसाधन पाकिस्तान की ओर रुख करने के लिए स्वतन्त्र हो जाएँगे। यह न चीन के लिए अनुकूल है और न उसके मित्र पाकिस्तान के लिए। उसने एक ओर भारत को सीमा-वार्ताओं में उलझाये रखा और दूसरी ओर अपने सुरक्षा कवच को मजबूत करता चला गया। भारतीय सीमा पर परमाणु मिसाइलों की तैनाती, बड़े पैमाने पर सड़कों, हवाई अड्डों का निर्माण किया जा रहा है, और भारत के पड़ोसी देशों, विशेषकर म्यांमार, श्रीलंका और नेपाल तक पहुँचकर उसे घेरने की रणनीति आगे बढ़ायी गयी। चीनी दुर्भावना का

खुलासा उस समय हो गया, जब उसने भारत-अमेरिका असैन्य परमाणु करार को रुकवाने के लिए अन्तर्राष्ट्रीय परमाणु मंचों पर अन्तिम क्षण तक कोशिशें कीं। ये कोशिशें नाकाम हो गयीं तो अब उसने पाकिस्तान के साथ वैसा ही करार कर लिया है, जिस पर अमल रुकवाने के लिए इन दिनों भारत जूझ रहा है। भारत के साथ तनाव बनाये रखने में चीन का कोई नुकसान नहीं है, बल्कि यह हमें दबाव में रखने की उसकी दीर्घकालिक रणनीति के अनुकूल है। वह इसके लिए समय-समय पर बहाने तलाशता रहेगा। ऐसा न होता तो उन्हीं जनरल जसवाल को चीन यात्रा पर आने से क्यों रोका जाता, जो चौथी कोर के कमाण्डर के रूप में 2008 में चीन की यात्रा कर चुके हैं। उस समय वह अरुणाचल प्रदेश के प्रभारी थे, जिसे चीन विवादास्पद मानता है।

वैसे तो चीन पूरी दुनिया के लिए एक पहेली है, पर भारत के लिए वह कुछ ज्यादा ही जटिल है, क्योंकि चीन ने पाकिस्तान की मदद करते हुए कश्मीर के विवादित होने का मुद्दा उठाया है। चीन की तरफ से शुरू की गयी राजनयिक आक्रामकता का यह नतीजा हुआ है कि दोनों देशों के बीच रक्षा सम्बन्धी विनिमय रद्द हो गया है। इससे भारत-चीन सम्बन्धों में बहाल होती उस सामान्य स्थिति पर फर्क पड़ेगा, जो अरुणाचल प्रदेश में दलाई लामा की यात्रा पर चीन के कड़े बयान और सीमा पर चीनी फौजों की घुसपैठ से लड़खड़ाने के बाद संभाल ली गयी थी। उस पर प्रधानमन्त्री मनमोहन सिंह ने संयम दिखाते हुए कोपेनहेगेन के पृथ्वी सम्मेलन से लेकर ब्राजील के ब्रिक सम्मेलन तक कई अन्तर्राष्ट्रीय मंचों पर चीन से सहयोग का माहौल बनाया और अपने पर्यावरणमन्त्री एवं विदेशमन्त्री को चीन भेजकर राजनायिक नजदीकी दिखायी। इससे भारत के राजनायिक जगत में यह समझ दिखाई पड़ती है कि भारत जैसे बड़े बाजार की चीन को सहज जरूरत है और आर्थिक क्षेत्र में सहयोग बढ़ाने से चीन पुराने गिरबे-शिकवे भुलाकर हमारा करीबी बन सकता है। इसी नाते आर्थिक उदारीकरण को वैश्विक सम्बन्धों का मूल आधार माननेवाली सोच चीन की इन झिड़कियों को ज्यादा महत्व देने से रोकती है। जैसे ही इन विषयों पर विदेश नीति को विस्तार देने की माँग उठती है, वैसे ही यह सीख दी जाने लगती है कि हम 1962 के हीनता के बोध के शिकार हैं या कुछ ज्यादा राष्ट्रवादी हो रहे हैं। चीन की हर आक्रामक कार्यवाई पर रक्षात्मक रुख अपनाने का यह सुझाव विश्वशान्ति के आर्थिक एजेण्डे से प्रेरित लगता है, न कि राजनैतिक।

वह एशिया से लेकर अफ्रीका और अमेरिकी महाद्वीप तक अपने आर्थिक और

रणनीतिक हितों का जाल फैला रहा है। ऐसे पाकिस्तान के सहारे भारत को घेरना और कश्मीर के बहाने भारत के लिए सिरदर्द पैदा करते रहना उसकी रणनीति है। वह पाकिस्तान अधिकृत कश्मीर में निर्माण कर रहा है। उसने पाकिस्तान को दो एटमी रियेक्टर दिये हैं, जिस पर भारत ने आपत्तियाँ भी दर्ज की हैं। ऐसी स्थितियों में चीन के बारे में आक्रामक न सही, पर सतर्क विदेश नीति की जरूरत है, क्योंकि एक पेंचीदा पड़ोसी, जो कुछ भी भूलना नहीं जानता, उससे हम सब कुछ भुलाकर अच्छे सम्बन्ध नहीं बना सकते। ऐसे शत्रुवत मित्र देश, जो तिब्बत-भूटान को हमसे अलग कर पण्डित जवाहरलाल नेहरू के 'हिन्दी-चीनी भाई-भाई' की दिली आवाज को दरकिनार एवं नजरअन्दाज करके हमारी सामरिक शक्ति की कमजोरी एवं आर्थिक विपन्नता का बेजां फायदा उठाते हुए, सन् 1962 में अचानक आक्रमण कर हमारे देश की 1600 वर्गमील भूमि हथियाये हुए, अब हमारे देश के अभिन्न अंग अरुणाचल प्रदेश को अपना हिस्सा मान रहा है, उससे अत्यधिक सतर्क रहना ही राष्ट्र की सम्प्रभुता एवं अखण्डता के हित में है।

जम्मू-कश्मीर के अशांत इलाकों में सर्वदलीय प्रतिनिधिमंडल का दौरा एक अच्छा फैसला है और गृह मंत्रालय को बिना देर किए इस अवसर का इस्तेमाल करना चाहिए। दिल्ली में बैठकर राज्य में शांति-व्यवस्था बहाल करने की बातें करना बहुत आसान है, लेकिन इसके लिये ठोस उपाय सुझाते वक्त हमारे राजनैतिक दलों की नजर में जम्मू-कश्मीर के आम जनजीवन की तस्वीरें होनी चाहिए।

आर्म्ड फोर्सेस स्पेशल पॉवर्स एक्ट को हटाने पर सहमति नहीं बन पाई है पर सरकार को याद रखना चाहिए कि सेना और अर्धसैनिक बलों के जवान वहाँ कश्मीरियों की सुरक्षा के लिए ही गये थे। बहरहाल, केन्द्र सरकार के लिए सबसे जरूरी है—निर्णायक होना। अनिर्णय की स्थिति उपद्रवियों को बल देती है और कश्मीर का उपद्रव देश के किसी और भाग के उपद्रव से अलग है। इसे हल्के में लेना बड़ी भूल होगी। इस दौरे को और कारगर बनाने के लिए हमारे राजनेता जम्मू-कश्मीर के तमाम धड़ों के प्रतिनिधियों के घर जा-जाकर उनसे बात कर सकते हैं। क्या शर्तें मानी जाए और क्या न मानी जाए, यह मामला तो टेबल पर आमने-सामने बैठकर होने वाली अधिकारिक बातचीत से जुड़ा है। इस नजर से देखें तो महबूबा मुफ्ती की इस बात में काफी दम नजर आता है कि बातचीत बिना शर्त शुरू की जानी चाहिए। जो विदेशी ताकतें जम्मू-कश्मीर की जलती आग में अपने हाथ सेंकना चाहती हैं।

भारत का कश्मीर अलगाववाद और हिंसा की आग में झुलस रहा है युवा हिंसा पर उतारू हैं। सार्वजनिक संपत्ति को नुकसान पहुँचाकर आंदोलनकारी अपना आक्रोश जाहिर कर रहे हैं। अनेक युवा और सेना के जवान इस बेबुनियाद आंदोलन की चपेट में आकर अपनी जान गँवा चुके हैं। बहुतों के घर उजड़ चुके हैं, बहुत-सी माँओं ने अपने बेटों को खो दिया है और बहुतों ने अपने पति को इससे लोगों में दहशत का माहौल बना हुआ है। उनमें अविश्वास घर कर गया है। अब वहां के अधिकांश कश्मीर में किसी भी कीमत पर अमन चाहते हैं, वे अब इस रोज-रोज की हिंसा से आजिज आ चुके हैं, वो शांति से जीना चाहते हैं उनकी रोजी रोटी, कामकाज हिंसा के कारण ठप्प पड़ चुके हैं, उनके लिए सब कुछ अनिश्चित सा हो गया है। लेकिन कुछ सत्ता को चाहने वाले या पाकिस्तान के इशारों पर काम करनेवाले ये कभी चाहते ही नहीं, कि वहाँ सामान्य जीवन बहाल हो। इस हिंसा को भड़काने में पाकिस्तान के नापाक मंसूबों से इंकार नहीं किया जा सकता है, कहीं ना कहीं अलगाववादी पाकिस्तान से प्रेरित नजर आते हैं।

सत्ता और विपक्ष को इस संवेदनशीन मुद्दे पर राजनीति करने के बजाए एक प्रभावी हल खोजना चाहिए। यदि ईमानदारी से देखा जाए तो किसी राष्ट्रीय नेता ने हिंसा के दौरान वहाँ का दौरा नहीं किया, जबकि जरूरत थी वहाँ जाकर नजदीकी संवाद करने की, लेकिन उनका वास्तविक हाल जानने की कोशिश नहीं की गई।

उसी समय भारत तथा चीन के मध्य उत्पन्न सीमा विवाद ने तीव्र रूप धारण कर लिया। जब 1950-51 में ही चीन द्वारा प्रकाशित नक्शे में भारत के विशाल भू-भाग को चीन का अंग बताया गया था। जब भारत सरकार की ओर से आपत्ति उठाई गई तो प्रत्युत्तर में चीन द्वारा कहा गया कि प्रकाशित नक्शे को मिंतांग सरकार का समय नहीं मिल पाया है कि पर्याप्त संशोधन किया जा सके। समय मिलने पर ऐसा कर दिया जाएगा। भारतीय राजनीतिज्ञों ने चीन की बात पर भरोसा कर लिया। परन्तु चीन ने कोई भी संशोधन नहीं किया, और उल्टा 17 जुलाई, 1954 को चीन ने भारत पर आरोप लगाया कि भारतीय सेना ने कूजे नामक चीनी स्थान पर अवैध रूप से अधिकार कर लिया है। यह स्थान भारत में बड़ा होती के नाम से था। उत्तर प्रदेश में बद्रीनाथ के निकट स्थिति इस स्थान के सम्बन्ध में भारत ने स्पष्टीकरण दिया कि यह स्थान भारतीय क्षेत्र में है। अक्टूबर, 1954 में अपनी चीन यात्रा के समय भी पंडित जवाहर लाल नेहरू ने इस प्रश्न को उठाया था, परन्तु इसे एक साधारण बात कहकर टाल दिया गया।

1954 से चीनी सेनाओं द्वारा भारत के विभिन्न क्षेत्रों में अधिकार किया जाने लगा। जुलाई, 1954 में बड़ा होती में सितम्बर, 1955 में दम्जान (उत्तर प्रदेश) में, सितम्बर, 1956 में शिपकी दर्रे (हिमाचल प्रदेश) तथा 1957 में लोहित क्षेत्र में चीनियों ने अतिक्रमण किया। 1958 में चीनियों ने लद्दाख के खुरनाक नामक किले को हस्तगत कर लिया। सितम्बर, 1958 में चीनियों द्वारा अक्साई चिन के पठार में एक सड़क का भी निर्माण कर लिया गया। इसके अतिरिक्त भारत के विभिन्न क्षेत्रों में चीनी सैनिक अवैध रूप से घुसने लगे तथा अवैध चौकियों की स्थापना की जाने लगी। 23 जनवरी 1959 को चाऊ एन लाई का एक पत्र पण्डित जवाहर लाल नेहरू को प्राप्त हुआ। पत्र में लिखा था कि भारत तथा चीन के मध्य सीमाओं का निर्धारण हो जाना चाहिए।

चीन द्वारा भारत पर आक्रमण करने का प्रमुख कारण भारत द्वारा रक्षात्मक तैयारियों में कमी थी। भारत ने उस समय तक रक्षात्मक तैयारियों की एक प्रकार से उपेक्षा ही कर रखी थी भारत को यह विश्वास था कि कदाचित उससे किसी देश का युद्ध न होगा। चीन की ओर से उतनी आशंका नहीं थी, जितनी पाकिस्तान की ओर से थी। एक छोटा देश होने के कारण पाकिस्तान की ओर से विशेष चिन्ता नहीं थी। तिब्बत के सम्बन्ध में भारत विरोध मात्र करके रह गया था। चीन उसी समय समझ गया था कि भारत के पास रक्षात्मक तैयारियाँ पूर्ण नहीं हैं।

12 जुलाई 1962 को लद्दाख में गलवान नदी की घाटी की भारतीय चौकी को चीनियों ने अपने अधिकार में ले लिया। यह स्थान उस स्थान से भी 10 मील आगे को, जिसे चीनी अपनी सीमा मानते थे। भारत द्वारा विरोध प्रकट करने पर चीन ने भारत पर आरोप लगाया कि भारत चीनी सिकियाँन प्रदेश में 4 सैनिक अड्डे स्थापित कर रहा है। 8 सितम्बर को चीनी सेनाएँ मैकमोहन रेखा को पार कर भारतीय सीमा में घुस आई। 20 सितम्बर को ढोला के निकट थागला नामक पर्वत पर चीनियों ने भारतीयों पर आक्रमण किया। भारत सरकार द्वारा विरोध प्रकट करने पर इस क्षेत्र को चीनी क्षेत्र बताया। इस समय तक लगभग 25 हजार वर्ग मील का क्षेत्र चीनियों के अधिकार में जा चुका था। भारत में अब चेतना का संचार हुआ और पण्डित जवाहर लाल नेहरू ने 3 अक्टूबर 1962 को कहा—“हमारी ओर से सेना को आदेश दिया जा चुका है कि नेफा (अरुणांचल प्रदेश) से चीनियों को खदेड़ दिया जाए।” पण्डित जवाहरलाल नेहरू के इस वक्तव्य ने चीनियों में और भी उत्तेजना भर दी तथा चीन की ओर से भयानक आक्रमण की सम्भावना उत्पन्न हो गई। 20 अक्टूबर, 1962 को प्रातः चीनियों ने भारत पर आरोप लगाया कि भारत चीन की भूमि हड़पता जा रहा है, और उसी दिन नेफा और लद्दाख में

चीनियों ने भयंकर आक्रमण कर दिया। नेफा में चीनी सैनिकों द्वारा ढोला और खिजमाने की चौकियों पर अधिकार कर लिया गया। चीनी सेनाएँ पूर्ण तैयारियों के साथ थीं तथा परिस्थिति उनके अनुकूल थी। 25 अक्टूबर को चीनी सेना द्वारा मैकमोहन रेखा के 16 मील दक्षिण में तवाँग पर अधिकार कर लिया। 18 अक्टूबर से 14 नवम्बर तक युद्ध में शिथिलता रही और इसके पश्चात् पुनः भड़क उठा। 15 तथा 16 नवम्बर को चीनियों द्वारा भयानक आक्रमण किया गया। 18 नवम्बर को वालाँग पर चीन का अधिकार हो गया। 19 नवम्बर तक चीनी सेनाएँ आसाम के मैदान के समीप बोमडिला से भी आगे निकल गईं। 20 नवम्बर तक चीनी सेनाएँ ऐसे क्षेत्र में आ चुकीं थीं, जहाँ से उनको पूर्वी बंगाल तथा बंगाल की खाड़ी ब्रह्मपुत्र नदी तथा आसाम का मैदान स्पष्ट दिखाई दे रहा था। इतना होने पर भी किसी भी पक्ष की ओर से युद्ध की घोषणा नहीं की गई तथा कूटनीतिज्ञ सम्बन्ध भी उस समय तक स्थापित रहे।

सर्वाधिक चिन्ताजनक परिस्थिति उत्तर-पूर्व से उत्पन्न हो रही है। यह मैकमोहन लाइन का क्षेत्र है। इस क्षेत्र में भारतीय प्रान्त अरुणाचल ड्रैगन के दबाव में पड़ रहा है। अरुणाचल का क्षेत्रफल 83743 वर्ग किलोमीटर और आबादी लगभग 10 लाख है। चीन इस पूरे भूखण्ड को अपना क्षेत्र बतलाता है। परतन्त्र भारत ने यद्यपि भारत की सुरक्षा के लिए उत्तर-पश्चिम हिमालय में डूरण्ड लाइन तथा उत्तर में तिब्बत को बफर स्टेट और उत्तर-पूर्व में मैकमोहन लाइन की संरचना की। 1903 ई. में ही भारत के तत्कालीन गर्वनर जनरल लार्ड कर्जन ने चेतावनी देते हुए कहा था कि अब तक हिमालय भारतीय भूभाग की रक्षा करता रहा है, लेकिन आने वाले समय में भारतीयों को ही हिमालय की रक्षा करनी पड़ेगी। लार्ड कर्जन की दूरदृष्टि थी। वह समय भारत की स्वतन्त्रता प्राप्ति के साथ ही प्रारम्भ हो गया। अंग्रेजों ने अपने कार्यकाल में भारत की प्राचीन सांस्कृतिक, धार्मिक एवं ऐतिहासिक धरोहरों पुनरुद्धार किया, भारत के मैदानी क्षेत्रों से लेकर पर्वतीय क्षेत्रों में अवस्थित धरोहरों को प्रकाश में लाया।

चीन ने सहज भाव से कहा कि नक्शे पुराने जमाने के हैं और सरकार ने उन नक्शों पर ध्यान नहीं दिया है। समय आने पर नक्शों पर कारवाई होगी। भारत सरकार ने संतोष व्यक्त किया। नक्शों के बाद कूटनीतिक शब्दों के अर्थ के संबंध में दोनों देशों के बीच पत्राचार जारी हुआ। 'तिब्बत' को सुजनेरिटी एवं सावनेरिटीकी शब्दावली लपेटा गया। चीन स्थित भारतीय राजदूत चीन के मीठे-मीठे शब्दों में फंस गये, साथ ही साथ भारतीय राजदूत अपने व्यक्तिगत कैरियर के प्रति अधिक सतर्क थे। फल यह हुआ कि तिब्बत को न सुजनेरिटी प्राप्त हुई, न ही तिब्बत की

प्राचीन सावरेनिटी को मान्यता प्राप्त हुई। तिब्बत को बुद्ध एवं त्रिपिटक से वंचित होना पड़ा

विश्व युद्ध की विभीषिका से बचने के लिए भारत हर तरह से संयम बरत रहा है। भारतीय सीमाओं पर चीन और पाकिस्तान द्वारा किए जा रहे घुसपैठ से भारत का चिन्तित होना स्वाभाविक है। पडोसी देशों के आक्रामक रवैये के कारण भारत को अपने अस्तित्व हेतु लम्बी लड़ाई के लिए तैयार रहना होगा।

यह स्पष्ट हो जाना चाहिए कि इसका समाधान आप के हाथ में है। यह आप के संकल्प पर निर्भर है कि इस प्रक्रिया को प्रगति में बदला जाय। इसलिये लचीलापन दिखाने, समझौता करने तथा रचनात्मकता के साथ आपसी सम्मान की भावना से पारदर्शितापूर्ण एवं समावेशी वातावरण बनाने की जरूरत है।

7. भारत-चीन की चुनौतियाँ

दुनिया की प्राचीन संस्कृतियों वाले पड़ोसी देश भारत व चीन इस बार अपने राजनायिक संबंधों की 60 वीं वर्षगाँठ मना रहे हैं। बीते छह दशक में दोनों के रिश्ते काफी उतार-चढ़ाव भरे रहे हैं। 1962 के युद्ध की काली छाया भी अकसर सीमा-विवाद के रूप में पड़ती दिखाई देती है।

भारत की स्वतन्त्रता प्राप्ति एवं भारत विभाजन के साथ-साथ हिमालय के तीनों क्षेत्र अव्यवस्थित हो गये। अव्यवथापन कभी धीमी गति से तो कभी तीव्र गति से निरन्तर बढ़ता जा रहा है। इसके प्रभाव भारतीय संघ की सम्प्रभुता पर विगत पांच वर्षों से स्पष्ट रूप से दिखाई पड़ रहे हैं। कश्मीर एवं अरुणाचल प्रान्तों के भारतीय नागरिकों के वीजा के प्रश्न को चीन ने उठाया तथा अरुणाचल प्रदेश में भारतीय सेनाओं के व्यूहन् पर चीन ने चेतावनी दी। भारतीय नेताओं के अरुणाचल दौरे पर चीन ने उँगली उठायी। लद्दाख के बड़े क्षेत्र पर सड़कों का निर्माण चीन ने किया। भारत के गुलाम कश्मीर में चीन ने सैनिक ठिकाने की स्थापना की। पास्तिान के सहयोग से आज चीन का कब्जा डूरण्ड लाइन पर कायम करने का कुचक्र जारी है। भारतीय भूभाग पर चीनी घुसपैठ भारत के आतंरिक मामलों में हस्तक्षेप है तथा पंचशील के सिद्धातों का खुला उल्लघन है।

इस मसले पर दोनों पक्ष तमाम घोषणाओं के बावजूद दो कदम आगे बढ़ते ही तीन कदम पीछे हट जाते हैं। पिछले साल भी अरुणाचल के मुद्दे पर मनमोहन सिंह के बयान के बाद भारत की ड्रैगन के साथ तनातनी हो गयी थी। लेकिन

जल्द ही दोनों को इसका अहसास हो गया कि शब्दों की लड़ाई से किसी को भी फायदा नहीं पहुँचेगा। कई बार ऐसे मौके भी आए जब रिश्तों की डोर मजबूत होने के संकेत मिले। पचास के दशक के शुरुआती साल हों या फिर 1978 के बाद का समय।

वैसे 60 वीं वर्षगाँठ के मौके को भारत व चीन खास मान रहे हैं, इसमें राजनैतिक विचार-विमर्श के अलावा आर्थिक व सांस्कृतिक आदान-प्रदान को भी बढ़ावा देने की बात कही जा रही है। भारत अपना समारोह चीन में मनाएगा और चीन भारत में। इतना ही भारतीय सांस्कृतिक दल चीन के 33 शहरों में कार्यक्रम प्रस्तुत करेंगे। पिछले साल की कड़वाहट को छोड़ दें, तो हाल के दिनों में चीन ने बार-बार दोहराया है कि भारत उसका एक अच्छा सहयोगी होने के साथ-साथ पड़ोसी भी है। चीनी प्रधानमंत्री वेन जियाबाओ ने भारत-चीन के बेहतर संबंधों पर सकारात्मक रुख दिखाया है। जबकि भारत की ओर से भी उचित माहौल बन रहा है।

भारत चीन से राजनायिक संबंध स्थापित करने वाला सोलहवाँ देश था, और पहला गैर समाजवादी देश। जहाँ भारत ने के.एम. पणिक्कर को चीन में अपना पहला राजदूत नियुक्त किया। वहीं चीन ने युवान चोंगस्यान को भारत भेजा। उस दौरान भी तिब्बत का मुद्दा उठने लगा था। वर्ष 1954 में चीनी प्रधानमंत्री चाउ इन लाई के भारत दौरे व जवाहर लाल नेहरू की चीन यात्रा के दौरान दोनों पक्षों के बीच व्यापार व अन्य द्विपक्षीय मामलों पर समझौते किए गए। इसमें तिब्बत पर आठ साल का महत्वपूर्ण समझौता (पंचशील) शामिल था। हालांकि लद्दाख के अक्साई चीन क्षेत्र को भारतीय मानचित्र पर दर्शाए जाने से चीन नाराज हो गया।

इसके बाद कुछ साल तक दोनों के मध्य विश्व शांति के मकसद से कई अहम मुद्दों पर सहमति कायम हुई।

चाउ ने भारत के सामने अक्साई चिन के बदले उत्तर-पूर्वी हिस्से को लेने का प्रस्ताव रखा, जिसे भारत ने ठुकरा दिया। और सीमा विवाद की परिणति 20 अक्टूबर, 1962 के युद्ध के रूप में देखने को मिली, उसके बावजूद सीमांकन का मसला सुलझ नहीं पाया। यहाँ बता दें कि चीन की सीमा 14 देशों के साथ मिलती है, पर सिर्फ भारत के साथ ही इस विवाद का हल नहीं निकला है। भारत व चीन के संबंधों का सबसे खराब दौर साठ से सत्तर के दशक के बीच का था। उन दिनों चीन-पाकिस्तान संबंधों में सुधार हुआ और वह भारत के मुद्दे पर पाकिस्तान को समर्थन देने लगा।

मगर 1979 में तत्कालीन सोवियत संघ द्वारा अफगानिस्तान पर आक्रमण किए जाने के पश्चात् भारत व चीन नजदीक आते दिखे। उस दौर में चीन ने पाकिस्तान के प्रति अपने नरम रुख में बदलाव करने के साथ-साथ सिक्किम व भूटान के सवालों पर भी लचीलापन दिखाया। जबकि 1981 से 87 तक दोनों में सीमा विवाद के मसले पर कई बार वार्ताएँ हुईं, लेकिन उनका कोई भी नतीजा नहीं निकल पाया। 1988 में राजीव गांधी की चीन यात्रा से द्विपक्षीय रिश्तों में सुधार आया और विज्ञान-तकनीकी सहयोग व सीधी हवाई सेवा शुरू करने समेत कई द्विपक्षीय संबंधों पर सहमति बनी। मगर 1998 में भारत के नाभिकीय परीक्षण के बाद एक बार फिर तनाव बढ़ गया।

हालांकि 2003 में प्रधानमंत्री अटल बिहारी वाजपेयी की चीन यात्रा ने संबंधों को फिर से पटरी पर लाने में अहम भूमिका निभाई। इस दौर में व्यापारिक रास्ते भी खुलने लगे और पिछले 10 वर्षों में चीन-भारत व्यापार में आयी तेजी से इसके सबूत भी मिलते हैं। वर्ष 2000 में चीन द्वारा भारत को करीब 15 अरब डॉलर का माल निर्यात किया गया, जबकि 2008 में यह बढ़कर 32 अरब डॉलर हो गया। इस दौरान भारत द्वारा चीन को निर्यातिति माल की राशि 760 मिलियन डॉलर से 20 अरब डॉलर पहुँच गयी।

व्यापार के बीच अरुणाचल प्रदेश व तिब्बती धर्मगुरु दलाईलामा को लेकर समय-समय पर विवाद होते रहे हैं। जनवरी 2008 में प्रधानमंत्री मनमोहन सिंह की चीन यात्रा को काफी सफल करार दिया गया। लेकिन अरुणाचल दौरे में मनमोहन के एक बयान ने (अरुणाचल प्रदेश भारत का हिस्सा है) चीन को उत्तेजित कर दिया।

वर्तमान में राजनायिक संबंधों के 60 साल पूरे होने पर विदेश मंत्री की पहली चीन यात्रा को काफी अहम माना जा रहा है। एस एम कृष्णा व उसके चीनी समकक्ष यांग चे छी पिछले कुछ समय से कई अंतर्राष्ट्रीय मंचों पर एक-दूसरे से मिलते रहे हैं और दोनों विदेश नीतियों पर नरम रुख के पक्षधर भी हैं।

पिछले साल के तनाव के बाद इस दिशा में कुछ कोशिशें भी हुई हैं, जिसके तहत 25 हजार चीनियों के बिजनेस वीजा को रोजगार वीजा में भी तब्दील किया गया है। इसे देखते हुए पुरानी कड़वाहट को भुलाकर फिर से आगे बढ़ने की उम्मीद की जा सकती है। राजनैतिक विश्लेषकों का मानना है कि सीमा विवाद समेत दलाईलामा व अन्य संवेदनशील मसलों पर दोनों देशों को बयान देने से

बचना चाहिए, क्योंकि इससे किसी भी पक्ष का दीर्घकालिक फायदा नहीं होगा।

जवाहर लाल नेहरू विश्वविद्यालय में अन्तर्राष्ट्रीय राजनीति व राजनायिक मामलों के प्रोफेसर स्वर्ण सिंह कहते हैं कि बीते साठ सालों में दोनों देशों के संबंधों में परिपक्वता आई है। उनके मुताबिक भारत-चीन के पास रिश्ते बेहतर करने का यह एक नया मौका है। जलवायु परिवर्तन पर कोपनहेगन सम्मेलन में कार्बन उत्सर्जन में कमी लाने आदि मुद्दों पर दोनों देश कुछ करीब आए हैं। दोनों जिस तरह अमीर देशों की नीतियों के खिलाफ एक्रजुट हुए वह एक अच्छा संकेत कहा जा सकता है।

भारत-चीन राजनायिक संबंधों के साठ साल का इतिहास कुछ ऐसा है कि उसमें कदम-कदम पर कोई न कोई विवाद जरूर मौजूद रहा है। सीमा विवाद व सुरक्षा से लेकर जलवायु परिवर्तन, जल संसाधन और ऊर्जा जरूरतें आगे भी राह में बाधक बन सकती हैं। मगर दोनों की भलाई इसी में है कि वे इन सब मसलों से उपर उठकर 21 वीं सदी में तमाम चुनौतियों का मिलकर सामना करें।

चीनी सेना नई चाल चलते हुए लद्दाख स्थित भारतीय क्षेत्र में घुसपैठ कर रही है। चीनी सेना का यहाँ सशस्त्र बलों से कोई टकराव नहीं है, लेकिन वे खानाबदोशों और चरवाहों के जरिये इंच-ईंच कर देश की जमीन पर कब्जा कर रहे हैं।

आश्चर्य की बात यह है कि सर्वाधिक घुसपैठ 1965 से 1995 के बीच हुई और चीनी सेना ने अपनी चौकियाँ स्थापित कीं। जब हमने लद्‌दाख के लोगों से मुलाकात की तो वे अपनी उस एक-एक इंच जमीन के लिए उतावले दिखे जिस पर वे 1962 से कब्जा होते देख रहे हैं। सेना की लेह स्थित 14 कोर के कमांडर लेफ्टिनेंट जनरल एस. के. सिंह और अन्य अधिकारियों की ब्रीफिंग के बाद रूडी ने कहा, 'पिछले पाँच साल से चीन की तरफ से घुसपैठ हो रही है। वैसे उन्होंने कोई चौकी नहीं बनाई है। उनका सशस्त्र बलों से कोई टकराव नहीं है, लेकिन वे खानाबदोशों और चरवाहों के जरिये लड़ रहे हैं। भारतीय क्षेत्र में लोग वहाँ अकेला महसूस करते हैं क्योंकि आंतरिक रेखा सीमा अनुमति की वजह से शेष देश से उनका संवाद नहीं के बराबर है।

उच्चतम न्यायालय ने पाँच साल के इंतजार के बाद भारतीय सेना को अन्तर्राष्ट्रीय सीमा के निकट सामरिक महत्व की एक सड़क बनाने की अनुमति दे ही दी। मुख्य न्यायाधीश के.जी. बालाकृष्णन, न्यायमूर्ति एस.एच. कपाड़िया तथा आफताब आलम की एक विशेष पीठ ने तिब्बत भूटान, तथा सिक्किम के त्रिकोण

के निकट सामरिक महत्व की एक सड़क बनाने की अनुमति इस शर्त के साथ दी है। वन्यीकरण के लिए योजना पर आने वाले खर्च का पाँच प्रतिशत हिस्सा वहन करने का जिम्मा सिक्किम की राज्य सरकार ने अपने कंधों पर लिया है।

उच्चतम न्यायालय द्वारा नियुक्त केन्द्रीय उच्चाधिकार समिति द्वारा इस प्रस्ताव पर प्राथमिकता के आधार पर विचार किया गया जिसमें फलैग हिल और डोकला के बीच एक नई सड़क बनाने की बात कही गई है। जो पनगोलखा वन्यजीव अभयारण्य के बीच से गुजरेगी। सेना का इस बारे में कहना है कि सागरिक महत्व की आवश्यकताओं को देखते हुए उन्हें इस सड़क की जरूरत है।

यह सड़क सीमा सड़क संगठन द्वारा बनाई जाएगी। केन्द्रीय उच्चाधिकार समिति ने अपनी रिपोर्ट में कहा कि इस प्रस्तावित सड़क के निर्माण के कारण 3042 पेड़, 9769 झाड़ियाँ, 408 जड़ी बूटियाँ तथा करीब पाँच हजार बाँस काटने पड़ेंगे। भारत-चीन सीमा के 50 मीटर के दायरे में आने वाली इस सड़क के निर्माण कार्य में हो रहे विलम्ब के लिए सेना और समिति दोनों ही एक दूसरे को जिम्मेदार ठहरा रही थीं। सेना लाल फीताशाही को जिम्मेदार ठहरा रही थी जबकि समिति ने केन्द्रीय गृह मंत्रालय और रक्षा मंत्रालय के बीच समन्वय के अभाव को जिम्मेदार ठहराते हुए कहा कि सेना से जुड़ी परियोजनाओं को राष्ट्र की सुरक्षा की दृष्टि से सदा ही प्राथमिकता के आधार पर मंजूरी दी जाती रही है।

दंतेवाड़ा जिले के लाड़मेटला के जंगल में 6 अप्रैल को हुए देश के सबसे बड़े नक्सली हमले में माओवादियों ने हथियार का इस्तेमाल किया, उनमें कुछ चीन में बने होने के प्रमाण मिले हैं। पुलिस ने घटना स्थल से ऐसी करीब दो दर्जन से अधिक इस्तेमाल किये गये ग्रेनेड हासिल किये हैं। इसकी पुष्टी दंतेवाडा आई जी एस आर जी में की है। इसकी बारीकी से जाँच होनी चाहिए कि चाइनीज ग्रेनेड नक्सलियों के पास कैसे पहुंचे। इस मसले को भारत-चीन आयोग के समर्थन भी प्रस्तुत किये इसकी खुली चर्चा है।

सभी पूछ रहे हैं कि हमारे विदेश मंत्री आखिर चीन गए ही क्यों? वहां जाकर क्या मिला? सबसे बड़ी उपलब्धि यह रही कि दोनों देशों के बीच 'हॉट लाइन' कायम हो गई। इस 'हॉट लाइन' की जरूरत क्या थी? संचार क्रांति के इस जमाने में दोनों प्रधानमंत्रियों को अगर आपस में बात करनी हो तो उसमें कितने सैकेंड या मिनट की देर लग सकती है? भारत और पाकिस्तान के बीच 'हॉट लाइन' की बात तो समझ में आती है लेकिन भारत-चीन 'हॉट-लाइन' को जरूरत से ज्यादा महत्व देना समझ में नहीं आता। उसे 'उपलब्धि' कहना तो यही बताता है कि

और कुछ नहीं तो यही सही।

चीन से जैसी बातें खुलकर होनी चाहिए थीं, इस यात्रा में नहीं हुईं। क्या हमें पता नहीं कि सीमा के सवाल पर चीन टस से मस नहीं हो रहा है। भारत की हजारों मील जमीन का कब्जा छोड़ना तो दूर रहा, वह दो-टूक शब्दों में कहता है कि आप अरुणाचल खाली कीजिए। यदि दलाई लामा या भारत के प्रधानमंत्री अरुणाचल जाते हैं तो वह उनका विरोध करता है, जबकि चीनी नेता तिब्बत और सिंक्यांग जाते हैं तो हम अपना मुंह भी नहीं खोलते। हमारे कश्मीर और अरुणाचल के नागरिक जब चीन-यात्रा करते हैं तो उनके पासपोर्ट पर चीनी दूतावास वीजा का ठप्पा नहीं लगाता है, क्योंकि पासपोर्ट पर ठप्पा लगाने का मतलब यह है कि इन दोनों प्रांतों को वह भारत का हिस्सा मान रहा है। यह भारत की बेइज्जती है। यदि भारत सिंक्यांग और तिब्बत के नागरिकों की कागजी वीजा देना शुरू कर दें तो चीन की तबियत झक हो जाएगी। चीन क्या कर लेगा? कश्मीर और अरुणाचल पर जितना ऐतिहासिक विवाद है, उससे कहीं बड़ा विवाद तिब्बत और सिंक्यांग के बारे में है। मैं एशियाई राष्ट्रों की वर्तमान यथास्थिति को भंग करने के पक्ष में नहीं हूं। मैं नहीं चाहता कि चीन, पाकिस्तान, नेपाल, श्रीलंका आदि राष्ट्रों में हम उप-राष्ट्रवाद को भड़काएं लेकिन अगर कोई पड़ोसी राष्ट्र भारत में ऐसे तत्वों को हवा दे रहा हो तो भारत की क्या मजबूरी है कि वह गूंगे-बहरे की मुद्रा धारण कर बैठ जाए?

चीन विश्व मंच पर भी हठधर्मी करता रहता है। उसने पूरा जोर लगाया कि एशियन डेवलपमेंट बैंक अरुणाचल के विकास के लिए ऋण न दे। उसने अपनी चाल उस समय भी प्रकट की जब भारत-अमेरिका परमाणु सौदा सम्पन्न हो रहा था। उसने परमाणु सप्लायर्स ग्रुप को भरमाने की जी-तोड़ कोशिश की कि भारत को कोई भी रियायत नहीं दी जाए। उसने आग्नेय एशिया के 'आसियान' राष्ट्रों के साथ चीन, जापान और दक्षिण कोरिया को जोड़ने की वकालत की। लेकिन वह भारत, आस्ट्रेलिया और न्यूजीलैंड को जोड़ने का विरोध करता रहता है। आखिर चीन को भारत से क्या डर है? वास्तव में वह भारत को दक्षिण में कैद करके रखना चाहता है। वह उसे एशियाई महाशक्ति नहीं बनने देना चाहता है। पूरे एशिया देना चाहता है। पूरे एशिया का वह एकछत्र नेता बने रहना चाहता है। उसकी इस महत्वकांक्षा का एकमात्र रोड़ा भारत है। इसलिए चीन खुलकर कभी नहीं कहता कि भारत को सुरक्षा परिषद् का सदस्य बनाया जाना चाहिए। भारतीय विदेशमंत्री ने इस मुद्दे पर जब चीन से समर्थन मांगा तो समर्थन देने के बजाय चीनी सरकार

ने भारत की इस महत्वाकांक्षा के प्रति सहानुभूति जता दी। यही प्रश्न मैंने चीनी नेताओं और विदेश नीति विशेषज्ञों से उठाया तो उन्होंने कहा कि वे भारत का समर्थन करेंगे तो उन्हें जापान का भी समर्थन करना पड़ेगा। वे बिल्कुल नहीं चाहते कि जापान की गिनती विश्व शक्तियों में होने लगे।

चीन इस संभावना के विरुद्ध जबर्दस्त किलेबंदी कर रहा है। उसने पाकिस्तान को अपने गुर्गे की तरह पाला हुआ है। उसे वह हथियार, पैसा, प्रशिक्षण और राजनैतिक समर्थन भी खुलकर देता है। 1965 और 1971 के भारत-पाक युद्धों के दौरान चीन ने भारत-पाक युद्धों के दौरान चीन ने भारत को धमकाने की भी कोशिश की थी। हमारे विदेशमंत्री ने जब पाक-अधिकृत कश्मीर में चीनी निर्माण कार्यों पर आपत्ति की, तो चीनी सरकार ने गोलमटोल जवाब दे दिया। पाकिस्तान को परमाणु शक्ति बनाने में सबसे सक्रिय भूमिका चीन ने ही निभाई है। पाकिस्तान चीन का इतना आभारी है कि उसने अपने कब्जाए हुए कश्मीर की हजारों मील भूमि चीन को सेत-मेत में दे दी है।

भारत ने अफगानिस्तान को यदि डेढ़ विलियन डॉलर की सहायता दी तो चीन ने तीन बिलियन डॉलर तांबे की एक खदान में झोंक दिए हैं। वह नहीं चाहता है कि म्यांमार और बांग्लादेश की गैस भारत को मिले। इन पड़ोसी देशों के समस्त भारत-विरोधी तत्वों से चीन विशेष निकटता बनाकर रखता है। यह कितनी शर्मनाक बात है कि चीनी लोगों ने भारत सरकार के कंप्यूटरों से गोपनीय सैन्य जानकारियां चुराने की कोशिश की है। इस अंतर्राष्ट्रीय अपराध के ठोस प्रमाण भी उपलब्ध हो चुके हैं। चीन की फौज अब भी शीतयुद्ध की मानसिकता से ग्रस्त है। चीन के रणनीतिकार अपनी रचनाओं में दक्षिण एशिया ही नहीं, आग्नेय एशिया और मध्य एशिया में भी चीन का एकछत्र वर्चस्व कायम करने पर आमादा दिखाई पड़ते हैं।

चीन यह समझने की कोशिश क्यों नहीं करता कि भारत किसी भी विश्वशक्ति का पिछलग्गू कभी नहीं बन सकता, जैसे कि खुद चीन कभी सोवियत संघ का बन गया था। स्वयं चीन अमेरिका के साथ घनिष्ठता बढ़ा रहा है तो वह भारत से ईर्ष्या क्यों करता है? वास्तव में चीन और भारत एशिया का संयुक्त नेतृत्व, 21वीं सदी को एशिया की सदी बना सकता है। पाकिस्तान को भारत के विरुद्ध नकली पहलवान की तरह खड़ा करने की चीनी कूटनीति आत्मघाती भी सिद्ध हो सकती है। पाकिस्तान से निर्यात होने वाला आतंकवाद न केवल सिंक्यांग के उइगर मुसलमानों को चीन से अलग कर सकता है, वह शंघाई और पेइचिंग में वही

दर्दनाक दृश्य भी उपस्थित कर सकता है, जो मास्को में चचेन आतंकवादियों ने किया है। चीनियों को इस तरह के तर्कों से समझाने की कोशिश हमारे नेता करते हैं या नहीं, कुछ पता नहीं, लेकिन उनकी बातों पर चीनी तभी ध्यान देंगे जबकि हम सीमा, वीजा, कश्मीर अरुणाचल आदि मुद्दों पर उनके साथ दृढ़ता से पेश आएंगे। चीनियों की इतनी हिम्मत नहीं कि वे अपने 60 अरब डॉलर का भारत-चीन व्यापार खतरे में डाल दे और दुनिया के सबसे बड़े लोकतंत्र को अपने विरुद्ध खड्गहस्त कर दे।

8. चीन के आक्रामक रुख पर भारत की तीखी प्रतिक्रिया

एक बार फिर अरुणाचल प्रदेश को लेकर भारत की चीन के साथ गहमागहमी चल रही है। इस बार सबसे अच्छी बात यह हुई कि सरकार चीन को मुंहतोड़ जवाब दे रही है। इतना बड़ा देश होने के बावजूद चीन के शासकों को संतोष नहीं है और अधिक से अधिक जमीन पर कब्जा करना चाहते हैं। चीन का कोई भी पड़ोसी उससे खुश नहीं है। ताईवन से चीन का जबरदस्त झगड़ा चल रहा है। जापान भी अंदर-अंदर चीन से चिढ़ा रहता है। वियेतनाम से भी उसके संबंध पहले की तरह मधुर नहीं रह गए है। हांगकांग मिलने के बाद भी चीन को चैन नहीं है। भारत के अभिन्न अंग अरुणाचल प्रदेश को चीन हथियाना चाहता है। चीन की इस नीति से दुनिया के ज्यादातर देश चिढ़ते हैं। आखिर चीन को क्या अधिकार है कि वह प्रधानमंत्री मनमोहन सिंह के अरुणाचल प्रदेश जाने पर आपत्ति जताए। दुनिया जानती है कि अरुणाचल भारत का अभिन्न अंग है। अचानक चीन का उस पर दावा कैसे बनता है, यह सबके लिए ताज्जुब की बात है। भारत सरकार ने सही कहा कि पाकिस्तान अधिकृत कश्मीर में चीन को विकास करने का अधिकार नहीं है, क्योंकि यह भारत का अंग है। भारत के चक्कर में पाकिस्तान चीन के एक गुलाम देश की तरह व्यवहार करता है। उसने अपनी ज्यादातर परियोजनाओं का ठेका चीन को दे रखा है। पाकिस्तान सरकार के आमंत्रण पर पाक अधिकृत कश्मीर में भी वह ऐसी परियोजनाओं पर काम कर रहा है। शेर को सवा शेर वाली कहावत तब चरितार्थ हुई, जब भारत ने पाक अधिकृत कश्मीर का तकनीकी मुद्दा उठाकर चीन को चुप कर दिया।

पिछले डेढ़ दशक से चीन ने अपना स्वभाव पूरी तरह बदल रखा था। उसका ध्यान सिर्फ आर्थिक तरक्की पर केंद्रित था। उसने कहीं से भी लड़ाई-झगड़े की संभावना पर विराम लगा रखा था। वह हमेशा व्यापार के विस्तार में लगा रहता था

और धीरे-धीरे दुनिया के हर देश के साथ उसने आर्थिक आधारों पर अपने संबंध सामान्य बना लिए थे। यहां तक कि 1962 के युद्ध के घाव न भूलने वाले भारत के लोगों ने भी चीन के साथ अच्छे व्यापारिक संबंध बना लिए थे। लोग दुश्मनी को पूरी तरह भूल गए थे, आना-जाना जमकर हो रहा था। भारत चीनी सामान का आयात करने वाला बड़ा केंद्र बन गया है। भारतीय व्यापारी जमकर चीनी समान खरीद रहे हैं। इन हालात में अचानक चीन के रुख में परिवर्तन होना और 1960 के दशक जैसा व्यवहार करना, कहीं से उसके हित में नहीं है। आज भारत 1962 वाला भारत नहीं है। यह ईंट का जवाब पत्थर से देगा। यदि भारतीय व्यापारियों ने चीनी सामान की खरीद बंद कर दी, तो उसे बहुत बड़ा आर्थिक झटका लगेगा।

अरुणाचल के लोगों ने भी चीन के दावों को नकार दिया है। पिछले दिनों हुए विधानसभा चुनाव में लोगों ने चुनाव प्रक्रिया में जमकर भाग लेकर भारत के लोकतंत्र का झंड़ा बुलंद किया और चीनी तानाशाही को करारा जवाब दिया। मुझे याद है जब एक लंबे अंतराल के बाद राजीव गांधी चीन गये थे और उन्होंने फिर से दोस्ती का हाथ बढ़ाया था। तब दोनों देशों की तरफ से संयुक्त रूप में यही कहा गया था कि आपसी बातचीत के जरिये सीमा विवाद सुलझाया जाएगा। यही नहीं, बाद में जो भी प्रधानमंत्री चीन की यात्रा पर गए या चीन से जो भी प्रधानमंत्री या राष्ट्रपति आए, सबने इसी वाक्य को दोहराया। आधिकारिक स्तर पर इस दिशा में काम भी चल रहा है। इस बीच नवंबर 2006 में चीन के राजदूत ने अरुणाचल को लेकर आपत्तिजनक बयान दिया था। अरुणाचल की बात इस राजदूत को कहां से सूझी, यह समझ से परे है। लगता है कि चीनी राजदूत ने विदेश मंत्रालय की फाइलों का अध्ययन नहीं किया या फिर उनके दिल में भारत विरोध भरा हुआ था। **यदि वे इतिहास के पन्ने पलटने की कोशिश करेंगे तो यह काम हम भी बखूबी कर सकते हैं।** फिर मैकमोहन रेखा की भी बात होगी और कश्मीर का वह हिस्सा जो पाकिस्तान ने चीन को गैरकानूनी तरीके से सौंप दिया है, उसकी बात भी होनी चाहिए।

चीन ने एक आन लाइन मैप सर्विस शुरू की है जिसमें भारतीय भूभाग अरुणाचल प्रदेश और आक्साई चीन को उसमें अपने देश का हिस्सा बताया है। मैप वर्ल्ड खण्ड में चीनी भाषा में इस नक्शे को प्रदर्शित किया गया है, जिसमें अरुणाचल प्रदेश को दक्षिणी तिब्बत का हिस्सा बताया गया है। नक्शे का अध्ययन करने से उसमें दक्षिणी तिब्बत का कोई उल्लेख नहीं है लेकिन उसकी सीमाओं को अरुणाचल प्रदेश तक दिखाया गया है, जो दरअसल जम्मू काश्मीर में लद्दाख का हिस्सा है। बरहार उसी नक्शे में नियंत्रण रेखा को दर्शाया गया है और

दोनों ओर के काश्मीरों को दिखाया गया है। इसमें गिलगित और बाल्टिस्तान के उत्तरी इलाकों को पाक नियंत्रित काश्मीर का हिस्सा बताया गया है।

जब कुछ समय पहले चीन ने गिलगित बाल्टिस्तान इलाके में चीनी सैनिकों की मौजूदगी में इस क्षेत्र को पाकिस्तान का उत्तरी हिस्सा बता दिया था, तब भारत ने कड़ी आपत्ति दर्ज कराई थी और बीजिंग के सैन्य आदान प्रदान रोक दिया था इससे पहले भी उत्तरी इलाकों के कमाण्डर लेफ्टिनेन्ट जनरल वी. एस. जसवाल को चीन ने वीजा देने से इन्कार कर संबंधों में कडवाहट घोलने का काम किया था। चीन ने जम्मू काश्मीर के लोगों के लिए नत्थी वीजा जारी किया और भारत ने इस पर आपत्ति जताई थी। बहरहाल नए नक्शे में सिक्किम को भारत का हिस्सा बताया गया है। लेकिन इसमें कुछ पेच डाल दिए गये हैं।

वर्ष 1988 की राजीव गांधी की चीन की यात्रा के बाद से दोनों देशों के बीच के रिश्तों को सामान्य बनाने की लगातार कोशिश हो रही है। सीमा विवाद का बातचीत के जरिये निपटारा करने के लिए कदम उठाए गए हैं। दोनों देशों का व्यापार बढ़ा है। पिछले वर्ष बीच दोतरफा व्यापार 52 अरब डॉलर के आंकड़े पर पहुंच चुका था। दो बड़े विकासशील देश होने के नाते भारत और चीन को यह जरूरी लगा है कि विश्व व्यापार संगठन में व्यापार वार्ताओं तथा पर्यावरण में बदलाव जैसे प्रमुख मुद्‌दों पर आपस में सहयोग करें। ब्रिक (ब्राजील, रूस, भारत तथा चीन) फोरम की शिखर बैठक का पिछले दिनों आयोजन बहुध्रुवीयता की दिशा में इनके बढ़ते कदम का ही सूचक है।

चीनी क्रांति की साठवीं सालगिरह उस समय पड़ी, जब चीनी लोक जनवादी गणराज्य और प्रगति करने तथा इक्कीसवीं सदी में विश्व मामलों में महत्वपूर्ण भूमिका अदा करने की ओर बढ़ रहा है। इस मौके पर चीनी जनता अपनी उपलब्धियों पर गर्व कर सकती है और भरोसे के साथ भविष्य का स्वागत कर सकती है।

9. भारत और चीन का नया दृष्टिकोण

चीन के प्रधानमंत्री वेन जियाबाओ की भारत यात्रा से दोनों देशों के संबंधों में एक नया अध्याय शुरू हुआ है। अब चीन को भी यह महसूस करना चाहिए कि भारत 1962 का देश नहीं है। वह एक ऐसी आर्थिक शक्ति के रूप में उभरा है, जो आज नहीं तो कल उसके लिए चुनौती बनकर खड़ा हो सकता है। चीन की विकास दर यदि 10 है तो भारत भी 9 के करीब पहुंच रहा है, जबकि अमेरिका और यूरोपीय देशों की विकास दर 6 से नीचे है। आज यदि चीन के उद्योग-धंधे

दिन दूनी रात चौगुनी रफ्तार से बढ़ रहे हैं तो उसके पीछे अमेरिका और यूरोप की कंपनियों का बहुत बड़ा योगदान है। इन सबने अपने कारखाने चीन में लगाए है। कल यदि यही देश फैसला करें कि हमें भारत जाना है तो चीन की आर्थिक प्रगति का पहिया धीमा पड़ सकता है। अमेरिका के राष्ट्रपति बराक ओबामा न केवल भारत के साथ बेहतर आर्थिक संबंध चाहते है, बल्कि चीन से ज्यादा महत्व भारत को दे रहे हैं। ऐसे में चीन को विशेष पहल कर भारत के साथ आर्थिक भागीदारी का रास्ता चुनना होगा। उसे भारतीय अर्थव्यवस्था के साथ सहयोग करके चलना होगा, न कि भारत के उद्योग-धंधों को चौपट करके।

आज भारत और चीन के व्यापार में करीब 19 अरब डॉलर का अंतर है। भारत 95 हजार करोड़ से ज्यादा की वस्तुएं चीन से आयात करता है, जबकि चीन भारत से कम आयात करता है। प्रधानमंत्री की इस यात्रा के दौरान यह मुद्दा भी भारत ने उठाया है और चीनी प्रधानमंत्री ने आश्वासन दिया है कि वह इस अंतर को कम करने का हरसंभव प्रयास करेंगे। यदि वह ऐसा करते हैं तो भारतीय उद्योग-धंधों को मदद मिलेगी और भारत में रोजगार के ज्यादा अवसर पैदा होंगे। अब जब दोनों प्रधानमंत्रियों ने तय किया है कि दोनों देशों के बीच सौ अरब डॉलर अर्थात 5 लाख करोड़ रुपये का व्यापार होगा तो बेहतर यही है कि दोनों को बराबर-बराबर का हिस्सा मिले। उससे न केवल संबंध अच्छे रहेंगे, बल्कि आपसी रिश्तों में मजबूती भी देखने को मिलेगी। वैसे इस मामले में भारतीय व्यापारियों को भी सोचना पड़ेगा। ज्यादा मुनाफा कमाने की उनकी आदतों के चक्कर में वे चीन से हर सामान का जमकर आयात कर रहे हैं और टैक्स चोरी करके भी छिपाकर काफी चीनी माल भारत के बाजारों में ला रहे हैं। इससे हमारे देश के उद्योग-धंधे चौपट हो रहे हैं और जगह-जगह चीनी माल नजर आ रहा है।

चीन के प्रधानमंत्री की मौजूदा यात्रा के दौरान दोनों देशों के बीच 16 अरब डॉलर के व्यापार समझौते हुए हैं। भारत चीन में आईटी के क्षेत्र में निवेश करेगा और चीन उड़ीसा में एक बिजलीघर लगाएगा। हमारी कोशिश यह होनी चाहिए कि चीन भारत में ज्यादा से ज्यादा कारखाने लगाए। चूंकि चीन की आईटी क्षेत्र पर उतनी पकड़ नहीं है जितनी भारत की इसलिए अपने नागरिकों को प्रशिक्षित करने के लिए वह आईटी पर जोर देगा। उसकी मंशा है कि विश्व में आईटी में भारत का जो दबदबा है उसे कम कर दिया जाए। भारतीयों को चीन के साथ व्यापारिक समझौते करने से पहले इन सारी बातों का ख्याल रखना पड़ेगा।

चीनी प्रधानमंत्री को यह भी ख्याल रखना होगा कि वह तटस्थता के साथ

भारत और पाकिस्तान के संबंधों को देखें। अभी तक चीन भारत के मुकाबले पाकिस्तान को प्राथमिकता देता है और उसकी ऐसे क्षेत्रों में मदद करता है जो भारत के लिए नुकसानदेह है। यदि चीन आर्थिक-सामाजिक क्षेत्रों में पाकिस्तान के साथ सहयोग करता है तो भारत को कतई आपत्ति नहीं होगी। आपत्ति तब होती है तब चीन रक्षा मामलों में पाकिस्तान की मदद के लिए आगे आता है। कहा तो यहां तक जाता है कि 1998 में चीन ने परमाणु बम का फार्मूला पाकिस्तान को दे दिया था। इन सब बातों से दोनों देशों के बीच दूरी बनती है।

चीन को रक्षा क्षेत्र में पाकिस्तान की मदद बंद करनी चाहिए और किसी भी तरह उसके ऐसे किसी प्रयास को समर्थन नहीं देना चाहिए जो भारत के खिलाफ हो। चीनी प्रधानमंत्री के भारत दौरे के दौरान यह भी तय हुआ है कि दोनों मिलकर आतंकवाद के खिलाफ लड़ाई करेंगे। मुझे उम्मीद है कि यह लड़ाई चीन की तरफ से सच्चे दिल से होगी, क्योंकि आतंकवाद फैलाने में सबसे बड़ा हाथ पाकिस्तान का है और उसकी गतिविधियों पर चीन को रोक लगवानी होगी। वैसे भी यह चीन के हित में है। चीन में कुछ ऐसे प्रांत हैं, जहां इस्लामी कट्टरता और आतंकवाद धीरे-धीरे बढ़ रहा है। यदि चीन इस पर काबू पाना चाहता है तो पाकिस्तान पर सख्ती करनी होगी, क्योंकि ऐसे लोगों को मदद पाकिस्तान में बैठे आतंकवादी संगठनों से ही मिलती है। भारत के साथ अपने रिश्तों को बेहतर बनाने के लिए चीन के लिए सबसे बड़ा कदम यह हो सकता है कि वह संयुक्त राष्ट्र में सुरक्षा परिषद की स्थायी सदस्यता के लिए भारत का समर्थन कर दे। इसका न केवल भारतीयों के दिलों पर अच्छा असर पड़ेगा, बल्कि विश्व में भी एक नए किस्म का समीकरण बनेगा।

अरुणाचल प्रदेश का मुद्दा भी भारतीयों के लिए संवेदनशील है। अरुणाचल प्रदेश के मामले में चीन को अपना दखल एकदम बंद करना चाहिए। अरुणाचल के लोगों ने भी चीन के इरादों को सिरे से ठुकरा दिया है। दो साल पहले हुए राज्य विधानसभा चुनाव में लोगों ने खुलकर भाग लेकर भारत के लोकतंत्र का झंडा बुलंद किया और चीनी तानाशाही को करारा जवाब दिया था। मुझे याद है कि जब एक लंबे अंतराल के बाद राजीव गांधी चीन गए थे और उन्होंने दोबारा दोस्ती की शुरूआत की थी तो दोनों देशों की तरफ से संयुक्त रूप से यही कहा गया था कि आपसी बातचीत के जरिए सीमा विवाद सुलझाया जाएगा। यही नहीं, बाद में जितने प्रधानमंत्री चीन की यात्रा पर गए या चीन से जितने भी प्रधानमंत्री या राष्ट्रपति भारत आए, सबने इसी वाक्य को दोहराया।

बीच में नवंबर 2006 में चीन के राजदूत ने अरुणाचल प्रदेश को लेकर आपत्तिजनक बयान दिया था। अरुणाचल प्रदेश की बात चीन के राजदूत को कहां से सूझी, मेरी समझ में नहीं आता। लगता है कि वह विदेश मंत्रालय की फाइलों का अध्ययन नहीं करते या फिर उनके दिल में भारत विरोध समाया हुआ है। उन्हें यह पता नहीं है कि यदि वे इतिहास को कुरेदने की कोशिश करेंगे तो हमारे नाखून भी इतिहास को उसी तरह कुरेदता जानते हैं। फिर मकमोहन रेखा और कश्मीर के उस हिस्से की भी बात होगी जो पाकिस्तान ने उसे गैरकानूनी तरीके से सौंप दिया है। इसलिए बेहतर है कि भारत-चीन सीमा विवाद भी बातचीत से सहयोग की भावना से निपटाया जाए, न कि टकराव से।

चीनी प्रधानमंत्री वेन जियाबाओ की भारत यात्रा राजनीतिक न होकर बिजनेस डील पर आधारित मानी जा रही है। हालांकि दोनों देशों के बीच कई मुद्दे लंबित हैं जिनमें सीमा विवाद सबसे अहम है। वहीं जम्मू-कश्मीर के लोगों को नत्थी वीजा दिए जाने का मसला भी चल रहा है, लेकिन तीन दिवसीय यात्रा के दौरान दोनों पक्षों ने विवादित मुद्दों को नहीं छेड़ा। वे पूरी तरह व्यापारिक संबंध मजबूत करने की कोशिश में लगे रहे। चीनी मीडिया ने इस यात्रा को काफी तवज्जो दी, लेकिन राजनीतिक या संवेदनशील विषयों पर किसी ने ध्यान नहीं दिया। भारत को बिजनेस के क्षेत्र में एक बड़े बाजार के रूप में मानते हुए जानकार पहले से ही मानकर चल रहे थे कि भारत व चीन के प्रधानमंत्रियों की मुलाकात से कुछ विशेष हासिल नहीं होने वाला है। विशेषकर संवेदनशील मामलों पर बात वहीं पर आकर रुकेगी, क्योंकि दोनों पक्ष एक-दूसरे के सामने झुकना नहीं चाहते हैं। यही वजह है कि विवादित प्रकरण जहां के तहां अटके पड़े हैं। हालांकि बीच-बीच में तनाव जरूर पैदा हो जाता है। पिछले साल अरुणाचल प्रदेश के मुद्दे ने तनाव पैदा किया, जबकि हाल में जम्मू-कश्मीर के एक सैन्य अधिकारी को चीन द्वारा वीजा देने से इनकार से दोनों पक्षों के रिश्तों में खटास आयी। इसके बाद से ही भारतीय मीडिया वीजा मुद्दे को बार-बार उठा रहा है। जियाबाओ के दौरे से पहले कुछ संवेदनशील मसलों पर चर्चा होने की संभावना थी, हालांकि चीनी मीडिया में इसकी कोई चर्चा नहीं थी।

हकीकत भी यही है कि चीन वर्तमान माहौल में एशिया में किसी भी तरह के बदलाव की कोशिश नहीं करना चाहता है। वेन जियाबाओ के बयानों से भी यही ध्वनित होता है। सुरक्षा परिषद में भारत की स्थायी सदस्यता को लेकर भी कोई चर्चा नहीं हुई, जबकि जम्मू-कश्मीर विवाद समेत अक्साई चिन का जिक्र भी भारत व चीन के बीच नहीं हुआ। भारत-पात के नजरिए से देखा जाए तो चीन

उनके विवादित मामलों को इसलिए भी नहीं उठाना चाहता, क्योंकि किसी भी तरह से भारत के पक्ष में बयान से उसका करीबी मित्र नाराज़ हो सकता है। ऐसे में चीनी प्रधानमंत्री कोई जोखिम मोल नहीं लेना चाहते। भारत दौरे के जोखिम मोल नहीं लेना चाहते। भारत दौरे के बाद वह पाकिस्तान जा रहे हैं। इसकी वजह यह है कि एक ओर वह भारत का महत्व समझते हैं तो दूसरी तरफ पाकिस्तान से भी दोस्ती बनाए रखने की पूरी कोशिश कर रहे हैं। गौरतलब है कि पाँच साल में यह दूसरा मौका है जब चीनी प्रधानमन्त्री भारत की यात्रा पर आए। इन पाँच सालों में व्यापार में तो इजाफा हुआ मगर राजनीतिक सम्बन्धों में कोई व्यापक बदलाव नहीं आया। हालांकि इसके इतर देखा जाए तो द्विपक्षीय व्यापारिक सम्बन्धों के लिहाज से उनकी यात्रा एक हद तक सफल भी रही, क्योंकि राजनीतिक रिश्ते बनाए रखने में बिजनेस भी महत्वपूर्ण भूमिका निभाता है, इसलिए व्यापार और सांस्कृतिक सम्बन्धों की अपनी एक अलग जगह है। दोनों देशों के बीच विवादों के अलावा एक दूसरा पहलू है व्यापार, जो कि दोनों देशों के बीच पिछले एक दशक में कई गुना बढ़ गया है। वर्तमान में यह 60 अरब डॉलर के करीब पहुँचने वाला है। जबकि वर्ष 2015 तक 100 अरब डॉलर का लक्ष्य निर्धारित किया गया है। हालांकि दोनों देशों के बीच व्यापार में भी असन्तुलन है। भारत का सबसे बड़ा व्यापारिक सहयोगी होने के बावजूद घाटा भी उसे सर्वाधिक हो रहा है। वेन जियाबाओं के इस दौरे में 16 अरब डॉलर की डील के बीच व्यापार सन्तुलन कायम करने पर भी सहमति बनी। अखबार चाइना डेली की हेडलाइन है, चीनी प्रधानमन्त्री के दौरे से आर्थिक सम्बन्ध और गहरे होंगे। यहाँ तक कि अखबार ने हॉटलाइन शुरू होने और सांस्कृतिक आदान-प्रदान बढ़ाने जैसे मामलों को प्रमुखता दी है। भारत के स्कूलों में चीनी भाषा सिखाए जाने के कदम को भी चीन रिश्ते मजबूत होने की दिशा में महत्वपूर्ण बता रहा है। हालांकि भारतीय मीडिया में हाल के दिनों में भले ही कई संवेदनशील मुद्दों पर लगातार चर्चा की जाती रही है, लेकिन चीन में ऐसा नहीं है। चीन का मकसद मीडिया के जरिये यह साफ करना है कि वह भारत के साथ विवादित मुद्दों पर बहस नहीं करना चाहता है और उसका ध्यान सकारात्मक पहलुओं पर केन्द्रित है। अगर पिछले दिनों अमेरिकी राष्ट्रपति बराक ओबामा और फ्रांस के राष्ट्रपति निकोलस सरकोजी की भारत यात्रा की बात की जाए, तो इस पर भी चीन की गहरी नजर थी। वह अमेरिका के सामने यह दर्शाना चाहता है कि भारत के साथ चीन का भविष्य बिजनेस के आधार पर काफी बेहतर हो सकता है। वही भारत द्वारा समय-समय हथियारों की खरीद जैसे सौंदों पर चीन की विशेष नजर होती है।

चीनी प्रधानमन्त्री वन च्या पाओं की भारत यात्रा उतनी नाटकीय नहीं रही, जितनी विदेशी राष्ट्राध्यक्षों की भारत यात्राएं अक्सर हो जाती है। विश्लेषकों का नजरिया भी इस सम्बन्ध में कुछ ढ़ीला सा ही रहा, जो वन च्या पाओ से सीमा विवाद, पाकिस्तान और यूएन सिक्युरिटी काउंसिल में भारत की जगह को लेकर किसी ठोस बयान की उम्मीद कर रहे थे। एशिया के दोनों बड़े पड़ोसियों के कूटनीतिक रिश्तों का इतिहास देखते हुए फिलहाल ऐसी उम्मीद बेमानी ही कही जा सकती थी। इसमें कोई शक नहीं कि पिछले दो-तीन सालों से भारत-चीन सम्बन्ध एक ठण्डे दौर से गुजर रहा है, लेकिन इसमें लगातार गिरावट या खतरनाक मोड़ जैसी कोई बात नहीं है। पारम्पिरिक रूप से चीन अपने शक्ति परीक्षण का दायरा पूरब में, यानी जापान, और बरास्ते ताइवान कुछ हद तक अमेरिका से जोड़कर ही देखता आया है। अचानक अपने दक्षिण में भारत के रूप में एक बड़ी एटमी ताकत के उदय ने उसे चौंका दिया है। अरूणाचल प्रदेश और जम्मू-कश्मीर के इर्द-गिर्द उसकी कूटनीतिक और सामरिक सक्रियता को उसकी, चौकन्नी प्रतिक्रिया भर माना जा सकता है। लेकिन रिश्तों का दूसरा पक्ष यह है कि पिछले दस वर्षों से दोनों देशों का आपसी व्यापार बीस गुना बढ़ गया है और दोनों देशों की सरकारें बहुत उत्साह न दिखाएं तो भी उनके व्यापारिक रिश्ते आने वाले दिनों में नई ऊँचाइयाँ चढ़ते जाएंगे। यह दुनिया में अपनी धमक जाहिर कर रहे दो बड़े पड़ोसियों का स्वाभाविक रूप से करीब आना है। चीनी प्रधानमन्त्री की यात्रा में जिन छह समझौतों पर हस्ताक्षर हुए हैं, उनमें मीडिया, बैकिंग और आईटी में नजदीकी बढ़ाने की बात सबसे खास है। अभी भारत चीन को ज्यादातर खनिज और कच्चे माल बेचता है, जबकि वह भारत को तैयारशुदा चीजें सप्लाई करता है। बैकिंग, आईटी और मीडिया में भारत के पास चीन को बेचने के लिए काफी कुछ है और ये तीनों ही कारोबार कूटनीति से ऊपर उठकर आम आदमी के स्तर पर भारत और चीन के जुड़ाव की जमीन तैयार करेंगे। नेताओं का आना-जाना अभी भले मशीनी हो लेकिन दोनों देशों के समाज जुड़ेंगे तो भावना के लिए भी कुछ न कुछ जगह जरूर निकल आएगी।

10. चीन की विस्तारवादी नीतियों की समीक्षा

भारत-चीन के मध्य चार हजार किलोमीटर की सीमा अनिर्णीत स्थिति में हैं। इसके अलावा चीन भारत के अरुणाचल प्रदेश में 88,743 वर्ग किलोमीटर से अधिक क्षेत्र पर दावा करता है। अक्साई चीन पर उसने 60 हजार वर्ग किलोमीटर

पर कब्जा किया हुआ तो है। इन सबके बावजूद चीन भारत का विश्व में सबसे बड़ा व्यापारिक साझेदार और पूंजी निवेशक बनने की ओर बढ़ रहा है। भारत और चीन के बीच सैन्य तथा आर्थिक क्षमताओं के फासले काफी बढ़ गए हैं। चीन का रक्षा बजट भारत के रक्षा बजट का लगभग 10 गुणा है। वह पाकिस्तान को आज भी मदद दे रहा है चूंकि उसे अपने मुस्लिम बहुल प्रदेश सिक्यांग में इस्लामी आतंकवाद नियंत्रित करने में पाकिस्तान से मदद की आशा है। लेकिन वह इन सबके समानांतर भारत के साथ व्यापारिक और अन्य गैर विवादित क्षेत्रों में संबंध बढ़ाते रहना चाहता है। इसके पीछे उसकी भावना यह है कि भारत पर सामरिक दबाव बनाए रखते हुए तात्कालिक विवाद की स्थिति से बचा जाए। विश्व में सैन्य तथा आर्थिक महाशक्ति के रूप में उभरने के लिए चीन को 20 वर्ष का समय चाहिए। वह भारत अफ्रीका और अरब देशों से कच्चे माल की आपूर्ति प्राप्त करते हुए तथा भारत के सूचना विज्ञानी विशेषज्ञों से अपने यहां व आईटी स्तर बढ़ाते हुए शक्ति संयत्र में लगा है। इसका एक दिलचस्प उदाहरण है। भारत ने अफगानिस्तान में 1.2 डालर की पूंजी निवेश कर राजमार्ग, अस्पताल और विद्यालय आदि बनवाए हैं। भारत की तुलना में चीन का पूंजी निवेश कम है, लेकिन वह अफगानिस्तान से कीमती खनिज खरीदकर भारत द्वारा बनाए राजमार्ग का इस्तेमाल करके चीन ले जा रहा है। ऐसी स्थिति में भारत की चीन नीति क्या है।

भारत की राजसत्ता अपने दोनों परमाणु शक्ति संपन्न पड़ोसी देशों से उत्पन्न खतरों का सामना करने के बजाय राजनैतिक प्रतिशोध और विदेशी दबावों में काम करने के रास्ते पर चला रही है। भारत को चीन के मुकाबले अपनी सामरिक क्षमता बढ़ाते हुए सभ्यतामूलक हिंद, बौद्ध पंथ द्वारा अपने पड़ोसी देशों और तिब्बत, मंगोलिया एवं अन्य बौद्ध बहुल क्षेत्रों में प्रभाव बढ़ाना चाहिए। लेकिन दुर्भाग्य से भारत की सेक्यूलर राजसत्ता भारतीय सभ्यता के मूल अधिष्ठानों के प्रति न केवल उपेक्षा का भाव बरतना अपना स्वीकार राजकर्म मानती है, बल्कि बौद्ध हिंदू, सिख, जैसे आदि मूल भारतीय विचारधाराओं के विश्व में प्रचार प्रसार को अपना कर्तव्य भी नहीं समझती। चीन इस मामले में निर्द्वद्व और संदेह से परे है। इसलिए वह वर्तमान वैश्विक कूटनीतिक परिदृश्य में बुद्ध को अपनी छवि सुधारने और प्रभाव बढ़ाने का साधन बनाए हुए हैं। इसका असर भारत के दो अत्यन्त महत्वपूर्ण सीमा क्षेत्रों लद्दाख तथा अरुणाचल प्रदेश में भी दिखाई देने लगा है। वहां के बौद्ध घरों में चीन से छपकर आए भगवान बुद्ध के पोस्टर, चित्र, ल्हासा के चमचमाते नवीन रूप के विशाल चित्र और चीन के सामान्य जनजीवन की खुशहाली दिखाने वाले पिक्चर पोस्टकार्ड और सीड़ी आदि की भरमार है। इन

सीमावर्ती क्षेत्रों में भारतीय मुख्यभूमि के विभिन्न श्रेष्ठ स्थानों के चित्र न मिलकर चाइना के कारखानों से निकले उत्पाद और चित्र दिख रहे हों तो यह चीन के मानसिक युद्ध की सफलता का द्योतक है। जिस क्षेत्र पर कब्जा करना होता है पहले वहां की जनता का मन जीता जाता है। भारतीय नेता अन्य मुद्दों में ही उलझे रहकर राष्ट्रीय सुरक्षा से जुड़े प्रश्नों पर एकमत बनाने के लिए तैयार नहीं होते। इस परिस्थिति में आवश्यक है कि चीन के संदर्भ में एक राष्ट्रीय नीति बने।

भारत की चीन नीति को अमेरिकी प्रभाव और भारतीय क्षेत्र में प्रतिस्पर्द्धा से मुक्त रखते हुए अगले दो दशकों के लिए ऐसी सशक्त तैयारी की ओर ले जाएं कि चीन हमारी ओर कभी विस्तारवादी दृष्टि से देखने की हिम्मत नहीं करेगा और हम उसके कब्जे की जमीन भी वापस लेने में सफल होंगे।

आज तो तथाकथित चीन विशेषज्ञ ऐसी बात करने में भी संकोच करते हैं क्योंकि उनका मानना है कि यदि चीन वर्तमान एलएसी अर्थात वास्तविक नियंत्रण रेखा को भारत-चीन के मध्य निर्णायक सीमा के रूप में मान्य कर ले तो यह भी काफी है। यह हारी हुई मानसिकता है। चीन अक्साई चीन पर कब्जे के बावजूद अरुणाचल पर भी हक जताने में संकोच नहीं करता। साथ ही भारत के इर्दगिर्द सामरिक घेराबन्दी भी दबाव में प्रतिरोध का साहस ही न जुटा सके। पिछले एक वर्ष में लद्दाख और अरुणाचल सीमा पर चीन द्वारा, की गई घुसपैठ की 216 से अधिक घटनाए इसी रणनीति को दर्शाती हैं।

दुनिया का सबसे सफल युद्ध वह है, जिसमें शत्रु को बिना लड़े पराजित कर दिया जाता है।...यही तो कहा था ढाई हजार साल पहले चीन के प्रख्यात रणनीतिकार सुन त्जु ने। चीन ने दुनिया के बाजार को बड़ी सफाई के साथ बिना लड़े जीत कर सुन त्जु को सही साबित कर दिया। पूरी दुनिया युआन की खींचतान का नतीजा जानने को बेचैन है। नतीजा वक्त बताएगा, लेकिन दिख यह ही रहा है कि बाजार में खेल के नियम फिलहाल बीजिंग से तय होंगे। चीन अपनी शर्तों पर ही युआन के तूफान पर लगाम लगाएगा, क्योंकि भारी कर्ज और ध्वस्त वित्तीय तंत्र के कारण दुनिया के महाबलियों की तिजोरियां तली तक खाली हैं, जबकि चीन अपनी कमजोर मुद्रा के साथ इस समय महाशक्तिशाली है। दुनिया का ताजा आर्थिक विकास मेड इन चाइना है, जबकि दुनिया का ताजा आर्थिक विनाश मेड इन अमेरिका और यूरोप।.

विदेश मंत्री एसएम कृष्णा ने भारत और चीन से प्रतिस्पर्धी रुख को दरकिनार करते हुए विभिन्न मुद्दों पर आपसी सहयोग बढ़ाने की अपील की है। अपने

पहले बीजिंग दौरे पर कृष्णा ने भारत-चीन संबंधों के वैश्विक महत्व पर जोर देते हुए कहा, दोनों मुल्कों को जटिल सीमा विवाद सहित विभिन्न मतभेदों के निपटारे में परिपक्वता दिखानी चाहिए, साथ ही उभरती शक्तियों के रूप में जलवायु परिवर्तन (कोपेनहेगन) पर दिखाए गए सहयोग का विस्तार आतंकवाद समेत कई जटिल वैश्विक मुद्दों के समाधान में करना चाहिए।

द्विपक्षीय रिश्तों की उत्साही तस्वीर पेश करते हुए कृष्णा ने काफी अरसे से लंबित सीमा विवाद के हल के लिए नई दिल्ली और बीजिंग से धैर्यपूर्ण रुख अपनाने की वकालत की। उन्होंने कहा, पिछले साल अरुणाचल प्रदेश को लेकर एक-दूसरे पर आरोप-प्रत्यारोप लगाने वाले दोनों देशों की असल परीक्षा इसी में होगी। विदेश मंत्री के मुताबिक भारत-चीन ने सीमा परिसीमन जैसे मुद्दों का हल तलाशने के लिए एक तंत्र बनाया है, हालांकि यह इतना आसान नहीं। हमें स्वीकारना होगा कि हमारे ताल्लुकात सुधरने के बाद भी हमारे बीच कई मुद्दों पर मतभेद रहेंगे।

बीजिंग में एक प्रमुख थिंक टैंक को संबोधित करते हुए कृष्णा ने कहा, हमारे पड़ोसी मुल्कों में व्यापक अस्थिरता का माहौल है। इस पर मूक दर्शक बने नहीं रह सकते। प्रत्यक्ष रूप से पाकिस्तान का नाम लिए बिना उन्होंने राजनीतिक स्वार्थों की पूर्ति के लिए संकीर्ण विचारधाराओं को हथियार के तौर पर इस्तेमाल करने वाली ताकतों से बचने पर जोर दिया। कृष्णा ने आतंक के खिलाफ जंग में चीन से मदद की मांग करते हुए कहा, दहशतगर्दों के सफाए के लिए पूरी दुनिया को एकजुट होना पड़ेगा। भारतीय फौज के आधुनिकीकरण मामले में चीन के साथ प्रतिस्पर्धा से इनकार करते हुए उन्होंने साफ कहा, सेना का आकार अपने भू-भाग की रक्षा के लिए है।

उल्लेखनीय है कि चीन मुद्रा युआन के विनियम दर पर चल रही बहस के बीच अमेरिकी सांसदों के एक प्रभावशाली समूह ने इसके खिलाफ मोर्चा खोल दिया है। वित्त मंत्री दिमोथी गीथनर को पत्र लिखकर सांसदों ने कहा है कि चीन को विनिमय दर में हेराफेरी करने वाला देश घोषित किया जाए। चीन जानबूझकर अपनी मुद्रा की विनिमय दर को कम रखता है, जिससे उसका निर्यात बढ़ता है।

इन सांसदों ने कहा है कि 15 अप्रैल को सीनेट में पेश की जाने वाली द्विवार्षिक रिपोर्ट में विनियम दर से छेड़छाड़ करने वाले देश की परिभाषा बदली जाए। पुराने मानक इतने विस्तृत हैं कि किसी देश की हेराफेरी करने वाला नहीं घोषित किया जा सकता है। इसलिए अमेरिका को चाहिए कि वह इसकी परिभाषा

में बदलाव करके चीन को विनिमय दर में हेराफेरी करने वाला तिकड़मबाज देश घोषित करे। राबर्ट रूसी, कार्ल लेविन, रस फिनगोल्ड और सुसेन कोलिन्स जैसे प्रभावशाली सांसदें ने इस पत्र पर हस्ताक्षर किए हैं। इन अमेरिकी सांसदों ने मांग की है कि चीन की इस हेराफेरी के खिलाफ कड़ी कार्रवाई की जाय। डालर के मुकाबले युआन की विनिमय दर में छेड़छाड़ से अमेरिका में रोजगार के अवसर प्रभावित होते हैं। इसके जरिए चीन अपने निर्यातकों को अनुचित तरीके से फायदा पहुंचाता है।

हाल के एक अध्ययन में यह बात सामने आई है कि चीन के साथ व्यापार में अमेरिका को नुकसान हो रहा है। अमेरिकी निर्यात की घटती क्षमता और बढ़ते विदेशी कर्ज के कारण 24 लाख अमेरिकियों की बेरोजगार होना पड़ा है। सांसदों का कहना है कि सरकार इस रिपोर्ट के आधार पर चीन के खिलाफ कदम उठाए, जो अमेरिकी अर्थव्यवस्था को नुकसान पहुंचाने के लिए अनुचित प्रतिस्पर्धा का लाभ उठा रहा है।

पिछले महीने ही अमेरिकी राष्ट्रपति बराक ओबामा ने युआन को बाजार के हवाले करने की चीन से अपील की थी। चीन ने इस अपील को ठुकराते हुए अमेरिका को नसीहत दे डाली थी। चीन ने कहा था कि डालर के प्रति निवेशकों का भरोसा कम होता जा रहा है। वह इसकी मजबूती के उपाय करें। अमेरिका चीन पर आरोप लगाता रहा है कि विनिमय दर में हेराफेरी से चीन का माल विदेशों में सस्ता हो जाता है। यहां चीन में विदेशी माल महंगा होता है। इससे जहां चीन का निर्यात बढ़ रहा है। वहीं दूसरे देशों पर निर्यात घट रहा है।

चीन को यह बात दशकों पहले समझ में आ गई थी कि कूटनीति और समरनीति की दुनिया भले ही ताकत की हो, लेकिन बाजार की दुनिया में कमजोर रहकर ही दबदबा कायम होता है। यानी कि निर्यात करना है और दुनिया के बाजारों को अपने माल से पाट कर अमीर बनना है तो अपनी मुद्रा का अवमूल्यन ही अमूल्य मंत्र है। 1978 में अपने आर्थिक सुधारों की शुरुआत से ही चीन ने निर्यात का मैदान मारने के लिए मुद्रा अवमूल्यन के प्रयोग शुरु कर दिए थे। आठवें दशक में चीन का निर्यात बुरी तरह कमजोर था। सस्ती मुद्रा का विटामिन मिलने के बाद यह चढ़ने और बढ़ने लगा। इसे देख कर अंततः 1994 में एक व्यापक बदलाव के तहत चीन ने डालर व युआन की विनियम दर को स्थिर कर दिया जो कि इस समय 6.82 युआन प्रति डालर पर है।

आज चीन तब उभर रहा है, जब अन्य एशियाई देश भी उभर रहे हैं उभरते

चीन के विस्तारवादी आवेग पर कुछ हद तक अन्य एशियाई शक्तियों के उभार से, अंकुश लग जाता है। अधिक शक्तिशाली और अधिक सम्पन्न चीन अपने पड़ोसियों के साथ पहले ही दबंग विदेश नीति पर चल रहा है, यह इस साल की अनेक घटनाओं से साफ हो जाता है। दक्षिण चीन सागर को अपने मुख्य राष्ट्रीय हितों में शामिल करना ऐसा कदम है, जो इस विकसित द्वीप पर तमाम वार्ताओं की संभावनाएँ खत्म कर देता है। इसी प्रकार पीले सागर में चीन अपना दबदबा चाहता है और अतीत की तरह अमेरिका और कोरिया के संयुक्त नौसेना युद्धाभ्यास नहीं चाहता। चीन जापानी प्रभुत्व वाले सेनकाकू द्वीप पर भी अपना दावा कर रहा है। इस इलाके में चीनी युद्धपोत अब अधिक चक्कर लगाने लगे हैं। इसके अलावा तिब्बत तक रेलवे लाइन बिछा कर चीन ने युद्ध के लिए तैयार एयरफोर्स तक जल्द-से-जल्द रसद सामग्री पहुँचाने का मार्ग प्रशस्त कर दिया है इन सैन्य घटनाओं की 2006 में भारत के पूर्वोत्तर राज्य अरुणाचल प्रदेश पर चीन के फिर से दावे के परिप्रेक्ष्य में देखा जाना चाहिए। इसके अलावा चीन जम्मू कश्मीर पर भारत की संप्रुभता पर सवाल उठाता है, जिसके पाँचवे भाग पर वह पहले ही कब्जा जमा चुका है। विश्व के इतिहास में कभी भी सीमाओं पर बड़े पैमाने पर बदलाव मेज पर नहीं हुए है।

एशिया प्रशगंत आर्थिक सहयोग एपेक शिखर सम्मेलन में राष्ट्रपति हू जिन्ताओ ओ, जापान के प्रधानमंत्री नाओतो कान से द्विपक्षीय मुलाकात के दौरान हजारों जापानियों ने चीन की विस्तारवादी नीतियों के खिलाफ बड़ा प्रदर्शन किया। पूर्वी चीन सागर में एक द्वीप को लेकर एशिया की इन दो बड़ी आर्थिक शक्तियों के बीच तनाव व्याप्त है। योकोहामा में तीन हजार से ज्यादा लोगों ने भारी सुरक्षा के बीच शांतिपूर्ण ढंग से प्रदर्शन किया। प्रदर्शनकारी अपने हाथों में लख्तिया ली जिन पर लिखा था "चीन के विस्तारवाद का नाश हो" तथा "हम कम्यूनिस्ट चीन को अपनी जमीं पर कब्जा नहीं करने देगें। जापानी नागरिकों की याकोहामा में इसके अलावा और प्रदर्शन करने की योजना है।

वाशिंगटन चीन की उभरती ताकत पर नियन्त्रण करने के मकसद से भारत जैसी उभरती शक्तियों के साथ साझेदारी मजबूत कर रहा है। अमेरिकी विचारक मंडल 'कार्नेजी एंडोवमेंट फार इंटरनेशनल पीस' की अध्यक्ष जेसिका मैथ्यूज ने कहा, "अमेरिका पहले ही भारत के साथ साझेदारी को प्रगाढ़ बनाना आरंभ कर चुका है। भारत एक उभरती ताकत है और उसकी चीन के साथ लंबी सीमा है। अमेरिका भारत के साथ विशेष संबंध बना रहा है।" उन्होंने कहा, "नयी दिल्ली के

साथ वाशिंगटन की बढ़ती नजदीकी की सबसे बड़ी वजह यही है कि अमेरिका समझता है कि भारत ही चीन की तेजी से बढ़ती ताकत को संतुलित कर सकता है।"

चीन के साथ भारत की 4000 किमी लंबी सीमा है और पाकिस्तान की तरह चीन के साथ भी भारत के गहर सीमा विवाद है। 1988 में तत्कालीन प्रधानमंत्री राजीव गांधी तथा 2003 में प्रधानमंत्री अटल बिहारी बाजपेयी की चीन यात्राओं ने दोनों देशों के मध्य संबंधों को असाधारण और नूतन आयाम दिए तथा यह तय हुआ कि सीमा विवाद दोनों देशों के लिए स्थापित सीमा आयोग की वार्ताओं के माध्यम से ही तय किए जाएंगे। वास्तव में प्रधानमंत्री वाजपेयी का भारत-चीन संबंधों के शांतिपूर्ण दौर को स्थायित्व देने एवं नए आर्थिक और सांस्कृतिक सहयोग के शिखर स्थापित करने का श्रेय दिया जाता है। आज की स्थिति यह है कि भारत-चीन आर्थिक व्यापार 60 अरब डालर से भी अधिक बढ़ने की ओर अग्रसर है अर्थात कुछ ही समय में भारत का चीन से व्यापार अमेरिका से भी अधिक हो जाएगा। संस्कृति तथा पर्यटन के क्षेत्र में भारत से चीन जाने वाले यात्रियों की संख्या में प्रतिवर्ष 20 प्रतिशत से अधिक की वृद्धि हो रही है, जबकि चीन से भारत आने वाले यात्री 35 से 40 प्रतिशत तक की वृद्धि दर भी दिखाते हैं। चीन में जब से बौद्ध मत के प्रति शासकीय एवं सामान्य जनता के स्तर पर असाधारण रुझान बढ़ा है तब से भारत के बौद्ध तीर्थ स्थलों की ओर चीन के यात्रियों की संख्या भी बढ़ी है। चीन ने कैलास-मानसरोवर क्षेत्र में भी नई योजनाएं प्रारंभ की हैं, जिनका मुख्य उद्देश्य मूलतः भारत से अधिक संख्या में तीर्थयात्रियों को आकृष्ट करना है। इनमें मानसरोवर क्षेत्र में हवाई अड्डे का निर्माण, होटल तथा भारत के अनेक संतों को धर्म आश्रमों के निर्माण की अनुमति शामिल है। कुछ वर्ष पहले स्वामी चिदानंद सरस्वती को मानसरोवर के तट पर आश्रम निर्माण की अनुमति देकर अभूतपूर्व कदम उठाया था। चीन के लगभग हर नगर में योग केंद्र खुल रहे हैं। कुछ समय पहले श्री रविशंकर बीजिंग के पास एक विशाल योग केंद्र का उद्घाटन करके आए थे, जिसमें हजारों की संख्या में चीनी नागरिक शामिल हुए।

ये तमाम संबंध उन खतरों को ओझल नहीं कर सकते जो चीन के महत्वाकांक्षी सैन्य बल तथा आर्थिक प्रभुत्व की कामना से पैदा हो रहे हैं। चीन पहले से ही अकसाई चिन क्षेत्र में 38,000 वर्ग किमी. से अधिक भूमि पर कब्जा किए हुए है और वह अरुणाचल के 90,000 वर्ग किमी. पर अपना दावा जताता है। हाल ही में

उसने सुरक्षा परिषद में वीटो का इस्तेमाल कर भारत के दो शत्रुओं को प्रतिबंधित करने के कदम को रोक दिया था पाकिस्तान के परमाणु कार्यक्रम के पीछे चीने के ही तकनीकी सहयोग का हाथ है और पाकिस्तान के अवैध कब्जे में स्थित गुलाम कश्मीर में चीन के सैनिकों की निर्माण एवं सहायता कार्य के बहाने बड़ी संख्या में उपस्थिति दर्ज हुई है। चीन ने कश्मीर के संदर्भ में अपनी नीति बदलकर उसे विवादाग्रस्त एवं भारत से बाहर माना है। कश्मीर के नागरिकों को चीन की यात्रा हेतु वीजा अलग से कागज पर मुहर लगाकर पासपोर्ट से नत्थी किया जाता है और उस प्रकार पासपोर्ट पर मुहर लगाकर नहीं दिया जाता जैसे शेष भारतीयों को मिलता है। हाल ही में चीन ने उत्तरी कमान के सेनाध्यक्षों जनरल जसवाल को वीजा देने से इंकार कर भारत का अपमान किया था। इसके विरोध में भारत ने चीन के साथ अपने सभी संयुक्त सैन्य अभ्यास रद कर दिए हैं। चीन ने पिछले एक वर्ष में 142 से अधिक बार भारतीय सीमा के भीतर घुसपैठ की घटनाओं से भी भारतीय मानस में आशंकाएं घनीभूत की है। इसी के साथ भारत चीन तथा पाकिस्तान के बीच अभी भी नागरिक सहयोग के नाम पर चल रहे परमाणु तकनीक सहयोग से चिंतित है। चीन द्वारा तिब्बत में किया जा रहा मानवाधिकार उल्लंघन तो भारत के हितों के संदर्भ में भी चिंता करने का विषय है। चीन द्वारा भारत की चारों ओर से की जा रही घेरेबंदी उसकी नीयत में खोट दर्शाता है तो नेपाल में चीन द्वारा माओवादी कम्युनिस्ट पार्टी के माध्यम से सीधे राजनीतिक दखल दक्षिण एशिया में शक्ति संतुलन को भारत के विरुद्ध झुकाने के साथ-साथ हमारी सुरक्षा के लिए सीधी चुनौती है।

दुःख इस बात का है कि एक कमजोर तथा भ्रष्टाचार के आरोपों में लड़खड़ाती सत्ता चीन की इन चुनौतियों का आत्मसम्मान एवं दृढ़ता से सामना करने में असमर्थ है। चीन हो या अमेरिका, वे केवल शक्तिशाली देश की इज्जत करते हैं, उसकी नहीं जो राष्ट्रीयता की भावना पर सेक्युलर हमले करते हुए न अभी तक कोई स्पष्ट चीन नीति बना पाया हो और न ही पाकिस्तान नीति। आशा की जानी चाहिए कि चीनी प्रधानमंत्री का भारत यात्रा के दौरान भारत का पक्ष और विपक्ष एकमत होकर चीन से दृढ़तापूर्वक अपने हितों की रक्षा हेतु वार्ता कर पाएगा तथा हमारे कश्मीर और पाकिस्तान के संदर्भ में चीन के भारत हित विरोधी रुख को बदलने पर विवश करेगा। भारत के हितों पर चोट करते देखते हुए भी चीन के साथ उसी के पक्ष में असंतुलित व्यापार एवं ज्ञानदान के उपक्रम आत्मघाती ही होंगे।

भारत पिछले दो दशकों से सीमापार आतंकवाद का शिकार रहा है सीमापार आतंकवाद को पाकिस्तान की सरकारी एजेंसियों का समर्थन हासिल रहा है तथा राजनीतिक एवं आर्थिक हथियार के रूप में आतंकवादी कार्रवाइयां लगातार जारी हैं। उन्होंने कहा कि यह अच्छी बात है कि आज पूरी दुनिया यह मानने लगी है कि आतंकवाद समूचे विश्व की शांति एवं स्थायित्व के लिए खतरा है। भारत अपने सहयोगी देशों के साथ मिलकर कारगर आतंकवाद विरोधी प्रणाली विकसित करने में लगा है।

भारत सभी बकाया मुद्दों पर चीन व पाकिस्तान से वार्ता करने के लिये तैयार है। श्री कृष्णा ने कहा कि आतंकवाद के खिलाफ अंतर्राष्ट्रीय सहयोग हासिल करने के प्रयासों के तहत भारत ने संयुक्त राष्ट्र में व्यापक अंतर्राष्ट्रीय आतंकवाद विरोधी संधि के लिये पहल की है। उन्होंने पाकिस्तान को याद दिलाया कि वह शीर्षस्तर पर दिये गये अपने वायदों को पूरा करते हुये अपनी भूमि पर भारत विरोधी आतंकवादी गतिविधियों को रोके तथा मुंबई आतंकवादी हमले के दोषियों के खिलाफ तेजी से कार्रवाई करे।

इस घटना में मारे गए अन्य लोग आम नागरिक है प्रवक्ता ने इस हमले को इस्लाम और इंसानियत के दुश्मनों का काम बताया। देश में बढ़ते हुए प्रदर्शन के कारण चीन की सरकार परेशान हो गयी। उसे सूझ नहीं रहा है कि इन प्रदर्शनकारियों पर कैसे रोक लगायी जाय? वे चाहते हैं कि विदेशी पर्यटकों के मन में यह भावना नहीं फैले कि चीन में जगह-जगह जनता सरकार के खिलाफ उग्र प्रदर्शन कर रही है। इसी कारण चीन के प्रधान मंत्री बेन जियाबाओ ने यह घोषणा की है कि वे इस पक्ष में हैं कि देश में जनता को राजनीतिक आजादी दी जाय। उन्हें इस बात की इजाजत दी जाय कि वे जब चाहें और जहां चाहें सरकार की आलोचना कर सकते हैं परन्तु चीन के अन्दर और बाहर सभी निष्पक्ष प्रेक्षक यही कह रहे हैं कि बेन जियाबाओ की यह घोषणा केवल लोगों की आंख में धूल झोंकने जैसी है। वे चाहते हैं कि किसी प्रकार समाज में तेजी से फैल रही बेचैनी समाप्त हो जाय।

ओबामा की भारत-यात्रा में सामरिक खुले सहयोग की संधियां होने में समय लग सकता है, क्योंकि भारत को अपने पुराने सामरिक सहयोगी रूस के साथ भी विचार-विमर्श के लिए समय चाहिए। रूस, अमेरिका, भारत, जापान सभी चीन-पाकिस्तान और तमाम इस्लामी राष्ट्रों के खिलाफ एकजुट हो सकते हैं लेकिन ब्रिक (ब्राजील, रूस, इण्डिया, चीन) के गठबन्धन और शंघाई कार्पोरेशन कोआपरेशन जैसे सामरिक संघटन को नजर अन्दाज नहीं किया जा सकता।

भारत और चीन के गहराते व्यापारिक सम्बन्धों का महत्व इसी बात से आंका जा सकता है कि चीन आज हमारा सबसे बड़ा ट्रेड पार्टनर बन चुका है। गौर फरमाइये, ओबामा जब हिन्दुस्तान आये तब हमने उनके साथ 10 अरब डालर के व्यापार समझौते पर हस्ताक्षर किये पर चीन के साथ पहले ही यह 49 अरब डालर तक पहुंच चुका है। अब दोनों देशों ने इस वर्ष 2015 तक 100 अरब डालर तक पहुंचाने का लक्ष्य रखा है। सवाल पैदा होता है कि हमारा बड़ा दोस्त कौन है, अमेरिका या चीन।

आज चाहे अरुणांचल प्रदेश हो या ताईवान या सेनकाकू द्वीप, चीन अपने दावों को अमली जामा पहनाने के लिए ताकत के इस्तेमाल के संकेत दे रहा है। सीमा विवाद पर अपने पड़ोसियों के साथ टकराव का रुख अपनाकर चीन एशिया के आर्थिक पुर्नजागरण पर भी पलीता लगा रहा है। तमाम एशियाई देशों और विश्व समुदाय को अब बीजिंग को स्पष्ट संदेश दे देना चाहिए कि छः दशक बाद चीन द्वारा सीमाओं का पुनर्निर्धारण संभव नहीं है।

11. सुरक्षा परिषद में भारत का स्वागत करे बीजिंग

अपने पहले चीन दौरे पर विदेश मंत्री एम.एम. कृष्णा ने संयुक्त राष्ट्र सुरक्षा परिषद (यूएनएससी) में स्थायी सदस्यता के लिए चीन के समर्थन पर बल दिया। उन्होंने कहा, बीजिंग को संयुक्त राष्ट्र सुधार संबंधी अपनी नीतियों की पुनः समीक्षा कर इस महत्वपूर्ण संस्था में अपने पड़ोसी मुल्क का स्वागत करना चाहिए। उधर, बीजिंग भी इस बाबत चर्चा के लिए तैयार हो गया है। इस मुद्दे पर एकमत हासिल करने के लिए उसने भारत समेत हर संबंधित देश से बातचीत की प्रतिबद्धता जताई है।

द्वितीय खण्ड

अध्याय–6
पंचशील का प्रसार व प्रभाव

1. पंचशील का इतिहास

भारत के लिए पंचशील कोई नया शब्द नहीं है। भारतीय संस्कृति में ऐतिहासिक और धार्मिक रूप में इस शब्द का इतिहास सहस्रों वर्षों से जाना जाता है। सर्वप्रथम पंचशील का प्रयोग महात्मा बुद्ध ने किया था। जो व्यक्ति बौद्ध धर्म स्वीकार करके भिक्षुक बन जाता था, उसे पाँच व्रत धारण करने होते थे। इसे ही पंचशील कहा गया था, ये व्रत थे-अहिंसा, अस्तेय, ब्रह्मचर्य, सत्य बोलना तथा मद्यपान निषेध। महाराजा अशोक ने भी इन्हीं सिद्धान्तों के आधार पर अपने 6 परिमित निर्धारण किए थे, परन्तु भारतीय राजनीति के लिए यह शब्द लगभग नया है। भारतीय राजनीति में इस शब्द का प्रयोग विदेशों से सम्बन्ध स्थापित करने के लिए किया गया है। इस प्रकार भारतीय विदेश नीति से पंचशील का घनिष्ठ सम्बन्ध है। हमें यहाँ यह ध्यान रखना होगा कि पंचशील के सिद्धान्तों में से एक सिद्धान्त सह-अस्तित्व का प्रयोग अशोक ने दिया था और इसके प्रमाण में आज भी अनेक शिलालेख पाए जाते हैं। शिलालेखों पर खुदे इस सिद्धान्त का आशय यही है कि जो व्यक्ति दूसरों के धर्म और विश्वास को हानि पहुँचाता है, वह अपने ही धर्म की हानि करता है, परन्तु हम यह कह सकते हैं कि राजनीति में इसका प्रयोग प्रथम बार पंडित जवाहरलाल नेहरू जी ने ही किया। पंचशील के सिद्धान्त निम्न प्रकार हैं-

(1) एक दूसरे की प्रादेशिक अखंडता तथा सर्वोच्च सत्ता के प्रति पारस्परिक सम्मान की भावना।

(2) एक राष्ट्र पर दूसरे का आक्रमण न करना।

(3) एक दूसरे के आन्तरिक मामलों में राष्ट्रों द्वारा हस्तक्षेप न किया जाना।

(4) प्रत्येक राष्ट्र के समानता के आधार को स्वीकार करते हुए परस्पर सहयोग तथा एक दूसरे को लाभ पहुँचाना।

(5) सभी राष्ट्रों द्वारा शान्तिपूर्ण सहं जीवन (Peaceful co existence) में विश्वास किया जाए तथा इसी आधार पर सहयोग प्रदान करना।

2. आधुनिक युग में पंचशील का प्रयोग

सर्वप्रथम आधुनिक युग में पंचशील की भावना और शब्दों का प्रयोग भारत और चीन के मध्य मैत्री और समझौते के आधार पर हुआ। भारत और चीन के मध्य तिब्बत के सम्बन्ध में एक समझौता हुआ जिसमें तिब्बत ने स्वयं को चीन का एक प्रादेशिक भाग स्वीकार किया। इसी समझौते के अन्तर्गत भारत और चीन ने पंचशील के पाँच सिद्धान्तों को आधार मानकर राजनीति में व्यवहार करने की बात का वचन एक दूसरे को दिया। यहाँ एक बात का उल्लेख करना चाहेंगे, पंचशील के निर्धारण भारत तथा चीन के मध्य तिब्बत सम्बन्ध में हुए समझौते के मदेनजर हुए हैं। जिसमें पंचशील की बात स्पष्ट हो गई थी वह 29 अप्रैल 1954 का दिन था। के. रमन पिल्लई के शब्दों में 29 अप्रैल 1954 को भारत और चीन के प्रतिनिधियों ने एक समझौते पर हस्ताक्षर किए, जो व्यापार सम्बन्धी तथा तिब्बत पर चीन के आधिपत्य से बँधा था।

इसके पश्चात् 20 जून 1954 को चीन के प्रधानमन्त्री श्री चाऊ-एन लाई दिल्ली आए और उन्होंने पंडित जवाहरलाल नेहरू से तीन दिन तक वार्ता की। दोनों प्रधानमन्त्रियों के संयुक्त वक्तव्य में पंचशील के सिद्धान्तों में विश्वास व्यक्त किया गया। वक्तव्य में स्पष्ट किया गया कि भारत तथा चीन दोनों देश पंचशील के आधार पर पारस्परिक सम्बन्ध करने के लिए दृढ़ प्रतिज्ञ हैं। यह भी कहा गया कि एशिया तथा विश्व के अन्य देशों के साथ अपने सम्बन्ध स्थापित करते समय पंचशील का ध्यान रखा जाएगा।

सितम्बर 1954 में जब इंडोनेशिया के प्रधानमन्त्री अली शास्त्रों मिजोजो भारत आए तो उन्होंने भी पंचशील सिद्धान्त की प्रशंसा की। 17 अक्टूबर 1954 को हो ची मिन्ह (लोकतन्त्रीय वियतनाम गणराज्य के राष्ट्रपति) के तथा 22 सितम्बर 1954 को यूगोस्लाविया के राष्ट्रपति टीटो ने पंचशील के सिद्धान्तों को स्वीकार किया तथा इसके पश्चात् 2 अप्रैल 1955 को लोकसभा में स्पष्ट किया गया था कि कम्बोडिया, बर्मा, लाओस, गणतन्त्रीय वियतनाम यूगोस्लाविया ने पंचशील के सिद्धान्तों को स्वीकार किया है। 10 अप्रैल 1955 को नई दिल्ली में चौदह देशों के

लगभग 200 प्रतिनिधियों ने पंचशील के समर्थन सम्बन्धी शपथ ली। अफगानिस्तान तथा सीरिया और सऊदी अरब ने भी इन सिद्धान्तों की प्रशंसा की। अप्रैल 1955 में होने वाले बांडुंग सम्मेलन पंचशील के समर्थन का सबसे बड़ा सम्मेलन था। इस सम्मेलन में 29 आफ्रेशियाई देशों ने पंचशील को मान्यता प्रदान की। इस सम्मेलन में निम्न दो सिद्धान्त पंचशील में और जोड़ दिए गए।

(1) सभी अन्तर्राष्ट्रीय विवादों को शान्तिपूर्ण साधनों से सुलझाना तथा

(2) मानव-मात्र के मूल अधिकारों का सम्मान। बाद में पोलैंड, आस्ट्रिया तथा अमेरिका द्वारा भी इस सिद्धात को मान्यता प्रदान की गई। 14 सितम्बर 1959 को भारत ने संघ की 82 राष्ट्रों की सभा में पंचशील प्रस्ताव प्रस्तुत किया, जो स्वीकार कर लिया गया। इस प्रकार 1959 तक पंचशील का सिद्धान्त अपने चरमोत्कर्ष पर पहुंच चुका था।

3. पंचशील की व्याख्या एवं मूल्यांकन

पंचशील के प्रथम, द्वितीय तथा तृतीय सिद्धान्त विभिन्न राष्ट्रों को एक दूसरे की सार्वभौमिकता तथा प्रादेशिक अखंडता का सम्मान करने के लिए प्रेरणा प्रदान करते हैं। दूसरे शब्दों में साम्राज्यवाद विरोधी है। इसके अतिरिक्त दूसरे देशों के आन्तरिक मामलों में हस्तक्षेप को भी अनुचित बताया जाता है। पंचशील का चौथा सिद्धान्त परस्पर लाभ के लिए प्रेरित करता है। इसमें पारस्परिक सहायता भी आ जाती है। पंचशील का अन्तिम सिद्धान्त अत्यन्त महत्वपूर्ण है। शान्तिपूर्ण सहअस्तित्व के इस सिद्धान्त का अर्थ है कि अपनी परम्पराओं, संस्कृति तथा सभ्यता को दूसरे पर थोपा नहीं जाना चाहिए। पाँचवें सिद्धान्त को अपनाकर अन्तर्राष्ट्रीय तनाव और मतभेद कम किए जा सकते हैं।

यद्यपि प्रारम्भ में पंचशील को अच्छा समर्थन प्राप्त हुआ। परन्तु 1962 में पंचशील के एक प्रमुख समर्थक चीन द्वारा ही भारत पर आक्रमण कर पंचशील के सिद्धान्तों को तिलांजलि दे दी गई। उसी समय से पंचशील एक आलोचना का विषय बन गया है। आलोचकों का कथन है कि पंचशील एक कोरा आदर्श मात्र है और व्यावहारिकता की राजनीति में इसका कोई सम्बन्ध नहीं है। कुछ आलोचकों का कथन है कि वर्तमान राजनीति में पंचशील का सिद्धान्त अव्यावहारिक है और इस पर भरोसा करके कोई लाभ प्राप्त नहीं किया जा सकता। इसके अतिरिक्त कुछ आलोचकों ने कहा है कि पंचशील उन अनेक सन्धियों और समझौते के समान असफल हो गया है, जो प्रथम विश्वयुद्ध के पश्चात् किए गए थे। आचार्य कृपलानी ने पंचशील की आलोचना करते हुए कहा था कि यह महान् सिद्धान्त

पाप पूर्ण वातावरण की देन है। आध्यात्मिक और सांस्कृतिक रूप से हमारे साथ सम्बद्ध एक प्राचीन राष्ट्र के विनाश पर हमारी स्वीकृति पाने के लिए यह प्रतिपादित किया गया है।"

निश्चय ही पंचशील का सिद्धान्त एक प्रकार से असफल हो गया है और आज की कुटिल राजनीति में इसे कुछ एक राष्ट्रों को छोड़कर अन्य देश सम्मान प्रदान नहीं करते। आलोचकों की इस आलोचना में भी आंशिक तथ्य है कि यह सिद्धान्त कोरा आदर्श सिद्ध हुआ है। परन्तु हम इतना अवश्य कह सकते हैं कि राजनीति के लिए इस सिद्धान्त का पालन किया जाऐ तो संसार में होने वाले युद्धों की विभीषिका में बचा जा सकता है और विश्व शान्ति की सम्भावनाओं को प्रोत्साहन प्राप्त हो सकता है।

पंडित जवाहरलाल नेहरू ने इस सिद्धान्त के परिपालन में अधिक विश्वास व्यक्त किया कि अन्ततः चीन ने हमारे साथ विश्वासघात किया। पंडित जवाहरलाल नेहरू जी अपने समान पंचशील के अन्य सदस्यों पर भरोसा करते रहे और रक्षात्मक तैयारी पर ध्यान नहीं दिया। किसी भी सिद्धान्त को प्रतिपादित करने के लिए शक्ति की आवश्यकता होती है और हमने आरम्भ में इस सत्य की उपेक्षा की। पंचशील के सिद्धान्तों का परिपालन किया जा सकता था। यदि भारत आज के समान 1962 में भी शक्ति सम्पन्न होता। आचार्य कृपलानी की आलोचना में भी सत्य का कुछ अंश है। यदि हम निष्पक्ष रूप से विचार करें तो हमें यह अनुभव होगा कि भारत ने तिब्बत के सम्बन्ध में जो फैसला किया, वह उचित नहीं था। हमें यह अधिकार था कि हम किसी दूसरे देश के सम्बन्ध में यह निर्णय लें कि उस पर किस देश का आधिपत्य होना चाहिए अथवा नहीं, निश्चय ही पंचशील में विश्वास प्रकट करके चीन ने भारत की उस सुविधा का बदला दिया था, जो तिब्बत के सम्बन्ध में भारत ने उसे प्रदान की थी।

भारत ने विरोध किया। ऐसा भारत ने दो कारणों से किया था-एक तो भारत मिस्र का मित्र था। दूसरे रूस भी मिस्र का पक्ष ले रहा था। इसके साथ ही इसी काल में हंगरी के प्रश्न पर भारत ने रूस का समर्थन किया। इस प्रकार इस काल में भारत की नीति रूस के प्रति पक्षपाती रही।

4. अरुणाचल प्रदेश के सम्बन्ध में भारत चीन दृष्टिकोण

दूसरे उत्तर पूर्वी राज्यों की तरह ही अरुणाचल प्रदेश की समस्या भी यही है कि उसकी वर्षों से केन्द्र अनदेखी कर रहा है। देश की आजादी को साठ साल हो

चुके हैं लेकिन उत्तर पूर्व के इस छोटे से राज्य के लोग अभी भी राष्ट्र की मुख्यधारा में शामिल नहीं हो पाए हैं। मुख्यधारा से कटे हुए लोगों की झलक देखनी हो तो आप उत्तर पूर्व की यात्रा कीजिए। पड़ोसी मुल्क चीन के नेता यह अच्छी तरह जानते हैं कि अरुणाचल प्रदेश को दिल्ली में बैठे लोग इतनी तवज्जो नहीं देते जितनी दूसरे राज्यों को मिलती है। इसी स्थिति का राजनायिक फायदा उठाने की कोशिश वे हर समय करते हैं। जब भी मौका मिलता है चीन यह कहने से नहीं चूकता कि अरुणाचल प्रदेश भारत का अभिन्न हिस्सा नहीं है। चीन भले ही सीमा विवाद सुलझाने के लिए औपचारिक बातचीत में शामिल हो लेकिन अरुणाचल का जिक्र कर बीजिंग इस भाग को अक्सर उकसाता रहता है।

चीन नहीं चाहता कि दिल्ली में बैठे नेता अरुणाचल की तरफ ज्यादा ध्यान दें। यही वजह है कि हाल ही प्रधानमंत्री मनमोहन सिंह की अरुणाचल प्रदेश की यात्रा उसकी नजर में स्वागत योग्य नहीं थी। पिछले 12 सालों में अरुणाचल प्रदेश की यात्रा करने वाले डा. मनमोहन सिंह पहले प्रधानमंत्री हैं। प्रधानमंत्री की यह यात्रा काफी महत्वपूर्ण थी क्योंकि अरुणाचल प्रदेश के लोगों में यह धारणा बनी हुई है कि राजधानी दिल्ली को उनकी या उनके राज्य की इतनी चिंता नहीं है जितनी होनी चाहिए। वहां के लोगों की इसी नाराजगी को देखते हुए प्रधानमंत्री चाहते हैं कि केन्द्र व राज्यों की सरकारें इस पर ध्यान दें। जाहिर सी बात है चीन नहीं चाहता कि नई दिल्ली अरुणाचल प्रदेश के लोगों के जरूरतों पर प्राथमिकता से ध्यान दें।

चीन चाहता है कि अरुणाचल प्रदेश के लोग मुख्यधारा से अलग-थलग पड़ें रहें ताकि उसे अपने मकसद में कामयाबी मिले। बीजिंग का अरुणाचल प्रदेश को लेकर भारत को उकसाना अब सामान्य बात हो गई है। नवम्बर 2006 में चीन के राष्ट्रपति हू जिन्ताओ की दिल्ली यात्रा से ठीक एक दिन पहले चीन के राजदूत यह अच्छी तरह से जानते थे कि इससे चीन राष्ट्रपति की यात्रा के दौरान दोनों देशों के संबंधों पर असर पड़ सकता है। पिछले साल ही चीन ने अरुणाचल प्रदेश के एक आई.ए.एस. अधिकारी को वीजा देने से इस आधार पर इंकार कर दिया कि अरुणाचल प्रदेश का होने की वजह से वो चीन का नागरिक है और उसे चीन में आने के लिए वीजा की जरूरत नहीं।

प्रधानमंत्री मनमोहन सिंह की अरुणाचल प्रदेश यात्रा पर भी चीन ने हालांकि सीधा विरोध नहीं जताया लेकिन चीन के एक कनिष्ठ राजनयिक ने बीजिंग स्थिति भारतीय दूतावास में विरोध दर्ज कराया। इस बार भी इरादा भारत को

परेशान करने का था। हालांकि भारतीय विदेश मंत्रालय ने इसका तीव्र विरोध करते हुए बीजिंग से कहा कि अरुणाचल प्रदेश देश का अभिन्न हिस्सा है और प्रधानमंत्री को देश के किसी भी हिस्से की यात्रा करने का अधिकार है।

अगर चीन भारत के साथ आधिकारिक वार्ता के प्रति वचनबद्ध है, तो उसे रह-रहकर विरोध दर्ज कराने के बहाने ढूंढने की जरूरत नहीं। दशकों तक खराब रहे भारत और चीन के द्विपक्षीय रिश्ते अब कुछ ठीक होते दिखाई दे रहे हैं। प्रधानमंत्री मनमोहन सिंह की हाल ही में हुई चीन यात्रा उम्मीद से कहीं ज्यादा अच्छी रही और भारत वास्तव में अपने अहम पड़ोसी के साथ बेहतर रिश्ते चाहता है। भारत ने अपनी तरफ से कभी तिब्बत और ताइवान के बारे में गैर जरूरी बयानबाजी नहीं की है। बीजिंग को यह ध्यान में रखना चाहिए कि भारत की तरफ से उस पर कभी राजनायिक तौर पर तोहमत नहीं लगाई गई है और उसे भी अक्सर होने वाली बयानबाजी से बचना चाहिए।

अरुणाचल प्रदेश की यात्रा के दौरान भावुक होकर प्रधानमंत्री मनमोहन सिंह ने अरुणाचल प्रदेश को 'उगते सूर्य का हमारा प्रदेश' कहा था, लेकिन हकीकत यह है कि अरुणाचल प्रदेश भारत और चीन दोनों के बीच बढ़ती नाराजगी का कारण बन गया है। भारत ने हमेशा राजनायिक रूप से सावधानी बरतने का प्रयास किया है जबकि चीन ने हमेशा प्रोटोकॉल व शिष्टता का ध्यान नहीं रखते हुए भारत पर सीधे हमले किए हैं। वास्तव में चीन अरुणाचल प्रदेश पर अपना दावा जताने के लिए जो मौके ढूंढता है, उससे पता चलता है कि वह जानबूझकर इस मुद्‌दे को उठाता है। रिश्तों में मजबूती लाने व आपसी विश्वास बढ़ाने के लिए दोनों देशों द्वारा की गई घोषणाएं व करार तथा पंचशील के पांच सिद्धांतों पर बने रहने की प्रतिबद्धता को चीन ने कभी तवज्जों नहीं दी और वह हमेशा सीमा विवाद के मामले में अपने दावों पर ही अड़ा रहा।

वास्तव में अरुणाचल प्रदेश के मामले में स्थिति बेहद खराब है। पहले चीन की रुचि तवांग तक सीमित थी। हाल ही उसने पूरे अरुणाचल प्रदेश पर अपना दावा करना शुरू कर दिया है। प्रधानमंत्री की अरुणाचल यात्रा पर सवाल उठाकर चीन ने भारत की संप्रभुता को चुनौती देने के अपने सारे पुराने रिकॉर्ड भी तोड़ दिए हैं।

5. भारत के पूर्वोत्तर हिस्से को काटने की चीनी साजिश

बदलते हुए भू राजनैतिक परिदृश्य और सामरिक शक्ति संतुलन के समीकरणों के मद्‌देनजर एशिया को एक बार फिर बीजिंग के दृष्टिकोण से देखे जाने की

जरूरत है। चीन दुनिया की बड़ी आर्थिक शक्ति बनने की ओर बढ़ रहा है। बल्कि वह अमेरिका की समानांतर ताकत बनने की कोशिश करे, तो आश्चर्य नहीं। बोरिस येल्तसिन ने रूस का जो हाल किया है, उससे पश्चिम एशिया में रूसी दखल की आशंका सीमित है। अगर उस क्षेत्र में अमेरिकी स्थिति कमजोर होती है, तो तालिबानी पाकिस्तान को मोहरा बनाकर चीन तेल उत्पादक देशों पर हावी होने का प्रयास कर सकता है। कराकोरम हाइवे से लेकर ग्वादर में बंदरगाह बनाने तक चीन ने इस इलाके में काफी तैयारियां कर ली है। अन्यथा ईरान की सीमा पर बलोचिस्तान के तट पर चीनी उपस्थिति का क्या काम? इराक, ईरान व अफगानिस्तान में आतंकवाद के तात्कालिक युद्ध विराम से अमेरिका को क्षेत्र से बाहर भेजने में सहूलियत होगी। चूंकि पाकिस्तान को खुद तेल भेजने में सहूलियत होगी। अस्तु पाकिस्तान खुद तेल व गैस समझौते में चीन को आवश्यक पक्ष बनाने का प्रयास कर रहा है, इसलिए इस क्षेत्र में सशक्त आर्थिक शक्ति के रूप में चीन की उपस्थिति की संभावना सामने है।

जापान और दक्षिण कोरिया चीन के आर्थिक प्रतिद्वंद्वी हो सकते हैं, सामरिक नहीं। चीन के सस्ते श्रम ने बड़े पैमाने पर जापानी पूंजी को आमंत्रित भी किया है। जापान बीसवीं सदी की शुरुआत में चीन पर किए हमले के लिए क्षमा भी मांग चुका है। म्यांमार की सरकार चीनी प्रभाव में है।

बीजिंग की ओर से देखने पर तिब्बत के पार भारत-नेपाल की सीमा अनेक संभावनाओं में भरी दिखती है। खुद भारत की आंतरिक राजनीति में चीन एक पक्षकार हो चुका है। माओवादी राज्य से युद्ध कर रहे हैं। भारतीय उपमहाद्वीप में बीजिंग की मंशा समझने में 1962 के युद्ध का घटनाक्रम महत्वपूर्ण है। तब भारतीय राजनायक ने युद्ध से बचने की पूरी कोशिश की थी। चीन से पंचशील समझौता किया। तिब्बत ने अपने अधिकार छोड़ दिए। अक्साईचिन क्षेत्र से होकर बनाई गई तिब्बत सिक्यांग सड़क को भी एक अरसे तक नजरअंदाज किया। लेकिन अंतर्राष्ट्रीय बिरादरी में भारत को जो सम्मान प्राप्त था, उससे चीन बौखलाया हुआ था। उसे हर हाल में भारत को नीचा दिखाना था। इसके लिए तर्क गढ़े गए। अक्साईचिन और अरुणाचल को चीन का हिस्सा बताया गया। वैचारिकता की आड़ में हमारे यहां पिट्ठू व एजेंट बनाए गए। सीमा विवाद तो जबरदस्ती का था। जब तिब्बत ही चीन का नहीं था, तो हिमालय के इस पार हो सकता था? लेकिन भारतीय राजनायक की गलतियों का सहारा लेकर युद्ध थोप दिया गया। जो लोग सोचते हैं कि चीन भारत का मित्र हो सकता है, उनकी अकल पर तरस आता है। विस्तारवादी कम्युनिस्ट चीन से हमारे कामचलाऊ आर्थिक-व्यावसायिक संबंध हो

सकते हैं, वह हमारा मित्र नहीं हो सकता।

भारत की बढ़ती आर्थिक महत्ता के मद्देनजर चीन फिर विवादग्रस्त और युद्ध का बहाना खोजेगा। उसका उद्देश्य भारत को कमजोर बनाए रखना है। पाकिस्तान का कराकोरम राजमार्ग उसे हिंद महासागर पहुंचाता है। दूसरी ओर, ल्हासा को सड़क और रेलमार्ग से जोड़ दिया गया है। ल्हासा से काठमांडू तक चीनी राजमार्ग आता है। नेपाल की बदल चुकी राजनैतिक परिस्थितियों में नेपाल के रास्ते बांग्लादेश पहुंचने में 30 किलोमीटर चौड़ा सिलीगुड़ी कॉरीडोर ही एकमात्र बाधा है। बांग्लादेश का भारत के प्रति व्यवहार अगर असामान्य रहा है, तो उसके पीछे बड़े मोहरों की शह है। जहां तक सामरिक रणनीति का प्रश्न है, तो चीन ने नेपाल के रास्ते सिलीगुड़ी कॉरीडोर काटकर बांग्लादेश से जुड़ने के रणनीतिक लक्ष्य पर निश्चय ही विचार किया होगा। इसी रणनीति के तहत माओवादियों की गतिविधियों में तेजी से बढ़ोतरी की आशंकाएं बनेंगी। बीजिंग में बैठकर देखने से शतरंज की बिसात पर पूर्वोत्तर और असम को भारत से काट देने की योजना बन रही है। चीन जानता है कि दुनिया में हमारा कोई सामरिक स्थायी नहीं है और हम अब भी निर्गुट आंदोलन के खुमार में हैं। इस रणनीति में एक बाधा तिब्बत की 50 लाख जनता है। इसीलिए तिब्बत में तिब्बतियों को अल्पसंख्यक बना देने का काम योजनाबद्ध तरीके से चल रहा है।

नए समीकरणों के मुताबिक, अक्साईचिन की तुलना में अरुणाचल प्रदेश चीन के हितों की दृष्टि से बड़ा मुद्दा बनता है। अरुणाचल के रास्ते बांग्लादेश से सीधे संपर्क होना आसान है। नेपाल की आतंरिक स्थिति कभी भी चीनी हस्तक्षेप को आमंत्रित कर सकती है। हमारे लिए भारत नेपाल सीमा पर चीनी सेना की उपस्थिति से बुरा और कुछ नहीं हो सकता। बीजिंग के पास हमारी तुलना में कहीं बड़े आणविक जखीरे हैं। अगर युद्ध की आशंका बनी, तो तालिबानी पाकिस्तान भी अवसर का लाभ उठाते हुए कश्मीर में मोरचा खोल सकता है। नेपाल की तराई में भी मोरचे लग सकते हैं और एक लंबे युद्ध की भूमिका बन सकती है। भले ही निकट भविष्य में यह आशंका सच होती न दिखे, लेकिन चीन के साथ रिश्तों में हमें सावधानी और अतिरिक्त चौकसी तो बरतनी ही पड़ेगी।

6. पूर्वोत्तर में अलगाववादी आंदोलन

मणिपुर देश के सबसे सुंदर प्रदेशों में से एक है जहां झीलें, पहाड़ियां उनके मध्य की सुरम्य घाटियां और वनों का अद्भुत संसार रचा है। यहां की वैष्णव परंपरा विश्वविख्यात है। गोविंदजी का मंदिर तो अद्भुत मणिपुरी वास्तुकला का

नमूना है। बाजार में उपलब्ध कलाकृतियों में सबसे ज्यादा रुक्मिणी और कृष्ण के चित्र ही बिकते हैं। यहां संस्कृत के अनेक विद्वान हैं। मणिपुरी नृत्य, जो अनिवार्यतः राधा और कृष्ण के प्रेम प्रसंग पर आधारित हैं, दर्शकों को चमत्कृत करते हैं। आज मणिपुर अग्निकुंड के तपने की तरह अशांत है। गैर/मणिपुरी भारतीयों को 31 मई तक निकल जाने के लिए स्थानीय विद्रोही संगठनों ने आदेश दे दिए हैं। स्थानीय हिंदुस्तानी समाज-संगठनों के नेताओं के अनुसार हजारों उत्तर भारतीय यहां से पलायन कर चुके हैं, जिनमें मजदूर, अध्यापक और व्यापारी सम्मिलित हैं। किसी भी गैर-मणिपुर को गुवाहाटी से चलने वाली बसों में इंफाल तक का टिकट नहीं दिया जाता है। केवल इंफाल से गुवाहाटी जाने का टिकट मिलता है। गत 16 जनवरी से 61 हजार सरकारी कर्मचारी 'कलम रोको' हड़ताल पर थे और किसी भी सरकारी विभाग में कुछ काम नहीं हो रहा था। वह छठे वेतन आयोग सिफारिशें लागू कराना चाहते हैं। मणिपुर में भारतीयता के किसी भी प्रतीक का सार्वजनिक प्रदर्शन प्रायः वर्जित है। यहां सरकारी सुरक्षा के साये में ही कुछ सरकारी इमारतों पर गणतंत्र दिवस एवं स्वतंत्रता दिवस पर तिरंगा फहराया जाता है। न स्कूलों में राष्ट्रगान होता है, न तिरंगा फहराते हैं।

मणिपुर इस समय भयानक संत्रास के दौर से गुजर रहा है। नागालैंड की ओर जाने वाले दोनों राजमार्ग 16 अप्रैल से पूरी तरह बंद थे। शेष भारत के साथ मणिपुर का संबंध केवल हवाई मार्ग से ही संभव थे। राजमार्ग रोके जाने के कारण आम जरूरतों की वस्तुएं आसमान छूते दामों पर मिल रही हैं। उदाहरण के लिए इंफाल से चूड़चंद्रपुर, जो लगभग 60 किलोमीटर है, तक जाने के लिए पहले बस किराया 40 रुपये था, अब वह बढ़कर 150 रुपये हो गया है। इससे अंदाजा लगाया जा सकता है कि सामान्य व्यक्ति सब्जी, आटा, दाल, कितने महंगे दामों पर खरीदने को मजबूर हो रहा होगा। आपातकालीन स्थिति में यहां आम नागरिक का न तो मणिपुर से निकलना संभव है न बाहर से मणिपुर आना। चार महीने से सरकारी कर्मचारी हड़ताल पर थे। इसके बाद भी मुख्यमंत्री ने उन्हें बातचीत के लिए बुलाकर समाधान का रास्ता ढूंढ़ने की एक बार भी कोशिश नहीं की। आमतौर पर हर सरकारी योजना पर दो से पांच प्रतिशत हिस्सा स्थानीय आतंकवादी विद्रोही संगठनों को देना पड़ता है। पेट्रोल पंपों से डीजल और पेट्रोल गायब हो गए हैं। वाहनों की मीलों लंबी लाइने पेट्रोल पंपों को दिख रही हैं। बीच-बीच में स्कूल पांच-पांच, सात-सात दिन के लिए बंद हो जाते हैं। बसों और टेंपों के किराए चार-पांच गुना बढ़ गए हैं। क्या यह स्तब्ध करने वाली बात नहीं है कि देश का इतना संवेदनशील सीमावर्ती प्रदेश इतनी अशांति से गुजर रहा हो और न तो

कथाकथित राष्ट्रीय मीडिया का इस ओर ध्यान गया, न ही अपने आपको राष्ट्रीय दलों ने सुध ली। इस परिदृश्य में नागालैंड के विद्रोही एवं आतंकवादी संगठन, नेशनल सोशलिस्ट काउंसिल आफ नागालैंड के नेता मुइवा ने आग में घी डालने का काम किया। उन्होंने घोषणा की कि वे मणिपुर में अपने पुश्तैनी गांव जाएंगे। गृहमंत्री चिदंबरम ने मणिपुर के कांग्रेसी मुख्यमंत्री इबोबी सिंह से सलाह किए बिना अनुमति दे दी। इसका मणिपुर में तुरंत तीव्र विरोध शुरू हो गया। कांग्रेसी मुख्यमंत्री होते हुए भी इबोबी सिंह ने चिदंबरम का आदेश मानने से इंकार कर दिया। मणिपुर के सभी राजनीतिक दल और जनजातीय संगठन एकजुट होकर मुइवा की अपने पुश्तैनी गांव सामदन (उखरूल जिला) की यात्रा का विरोध कर रहे हैं। उन्हें पता है, मुइवा वृहत्तर नागालैंड के लिए आंदोलन कर रहा है जो पूरी तरह ईसाई होगा। उनका नारा भी है-'नागालैंड फार क्राइस्ट।' मणिपुर के लोग अपने प्रदेश की एक इंच भूमि भी नागालैंड को देने के लिए तैयार नहीं है। मुइवा के वृहत्तर नागालैंड, जिसे उन्होंने नागलिम नाम दिया है, में मणिपुर के वे इलाके भी आते हैं जहां विभिन्न नागा जनजातियां निवास करती हैं।

मुइवा के नेशनल सोशलिस्ट काउंसिल आफ नागालैंड तथा सेना में युद्ध विराम चल रहा है। लेकिन मुइवा जब भी निकलता है तो उनके साथ भारत विरोधी विद्रोही संगठन के 50 सशस्त्र गुरिल्ला चलते हैं। मुइवा पर मणिपुर में हत्या और राजद्रोह के अनेक मुकदमे भी दर्ज है। मुख्यमंत्री का कहना है कि ऐसे व्यक्ति का मणिपुर में प्रवेश राज्य की ओर से अधिक अशांति में धकेल देगा। मुइवा जिद पकड़कर असम-मणिपुर सीमा पर बेसाराम गांव में डेरा डाले और मणिपुर आने का प्रयास किये। यह केंद्र सरकार द्वारा मणिपुर के भविष्य के साथ बहुत बड़ा खिलवाड़ है। यहां पहले से ही चीन तथा पाकिस्तान समर्थित आतंकवादी विद्रोही संगठन सामान्य जनजीवन अस्त-व्यस्त किए हुए हैं। पूर्वोत्तर राज्य पहले ही चर्च समर्थित अलगाववादी आंदोलनों से जूझ रहे हैं।

यह विचार पहले भी सामने आ चुका है कि नक्सलवाद व आतंकवाद का प्रभावी तरीके से सामने आने के लिए एक ओर सख्ती बरतने की जरूरत है तो दूसरी ओर उन इलाकों में गति देने की असम्भावना है, जहां नक्सली संगठनों में अपनी जड़ें जकड़ ली हैं।

7. चीन ने बनवाया पाक का एटम बम

एक सनसनीखेज खुलासे में बताया गया है कि पाक को 1982 में दो परमाणु हथियार बनाने के लिए उसे हथियार श्रेणी का यूरेनियम चीन ने मुहैया कराया था।

अमेरिकी दैनिक वाशिंगटन पोस्ट ने पाक के परमाणु हथियार के जनक माने जाने वाले विवादास्पद वैज्ञानिक ए.क्यू. खान के एक दस्तावेज के हवाले से यह खुलासा करते हुए बताया कि चीन ने 'खुद अपने आप करो' शब्द लिखे एक बैग के साथ पाकिस्तान को यूरेनियम उपलब्ध कराए थे। परमाणु प्रसार की जानबूझकर की गई यह कोशिश 1976 में तत्कालीन चीनी नेता माओ जेदोंग और पाकिस्तान के प्रधानमंत्री जुल्फिकार अली भुट्टो के बीच हुए गोपनीय करार हिस्सा था। खान ने पाकिस्तान के परमाणु बम कार्यक्रम पर 11 पृष्ठ के दस्तावेज में लिखा, मेरे निजी आग्रह पर चीन के प्रधानमंत्री ने हमें 50 किलोग्राम संवर्द्धित यूरेनियम दिया था, जो दो परमाणु बम बनाने के लिए पर्याप्त था। अखबार ने लिखा कि खान ने परमाणु सामग्री की तस्करी के लिए जनवरी 2004 में हिरासत में लिए जाने से पहले पाकिस्तान के खुफिया विभाग के लिए यह दस्तावेज तैयार किया गया था। खान ने लिखा कि यूरोनियम सामान्य हथियार के ब्लूप्रिंट के साथ आया, जिसका चीन पहले ही परीक्षण कर चुका था। इस ब्लूप्रिंट की मदद से परमाणु परीक्षण करने की पाकिस्तान की कोशिशें में तेजी आई। अमेरिकी अधिकारियों का कहना है कि खान ने चीन को यह प्रौद्योगिकी ईरान को उपलब्ध कराई। लीबिया ने इस बात की पुष्टि भी की है कि उसे इससे सम्बन्धित सामग्री खान के गुप्त नेटवर्क से मिली है।

8. भारत को ताकत दिखाना चाहता है पाकिस्तान

इतिहास साक्षी है कि अतीत काल में भारत का विस्तार भूमध्य सागर से पूर्वी द्वीप-समूह तक विस्तृत था, जिसे वृहत्तर भारत के नाम से जाना जाता रहा है। उस समय के हिन्दू धर्म और संस्कृति का विस्तार इन्हीं अरेबियन मुसलमानों को कांटों की तरह चुभता था। वे अरेबियन प्रत्यक्ष युद्ध में भारतीयों को पराजित नहीं कर पाते थे तो छद्म युद्ध से भारतीयों को परास्त करना प्रारम्भ कर दिया और शनैः शनैः इस्लाम का विस्तार करने लगे। उसका परिणाम यह हुआ कि आज भारतीय उपमहाद्वीप को छोड़कर पूर्वी द्वीप-समूह तक इस्लामिक देश बना डाला और अब बचे हुई कश्मीर से कन्याकुमारी तथा गुजरात से अरुणाचल प्रदेश तक विस्तृत भारत को भी हड़पने की साजिश रच रहे हैं।

पाकिस्तान ने अमेरिकी मदद से पिछली कई लड़ाइयां लड़ीं, जिसमें उसे मुंह की खानी पड़ी। उस समय अमेरिका ने देखा कि पाकिस्तान आमने-सामने की लड़ाइयों में हारता जा रहा है तो उसने आतंकी लड़ाई लड़ने का सुझाव दिया और हर सम्भव मदद का आश्वासन दिया उसने तालिबान को मिलाकर भारत के

विरूद्ध आतंकवादी कारवाई करने में मदद देने का वादा कर लिया और अपने यहाँ प्रशिक्षण देने के कई केन्द्र स्थापित करा दिये, जो आज भी चल रहे हैं। मुशर्रफ दो मुंहे सर्प की तरह चाल चल रहे थे। एक ओर शान्ति प्रक्रिया की पहल कर रहे थे और दूसरी ओर अमेरिका से एफ 16 आदि आधुनिक हथियार पाने का प्रयास कर रहे थे। अब प्रश्न उठता है कि जब सभी पड़ोसी देश शान्ति से रहना चाहते हैं तो पाकिस्तान को अपनी सुरक्षा में किससे भय है और वह हथियार किसके विरूद्ध इस्तेमाल करने के लिए लेना चाहता था?

अटलबिहारी वाजपेयी सरकार के समय, जब अटलजी ने कश्मीर सम्बन्धी मसला शान्ति वार्ता से सुलझाने की सलाह दी तो परवेज मुशर्रफ पिछले युद्ध परिणामों को सोचकर शान्ति वार्ता करने पर राजी हो गये। उसने शान्ति वार्ता में दोनों देशों के अवामों को एक दूसरे से मिलाने-जुलाने के लिए रेल सेवा पुनः चालू करने का निवेदन किया जिसे वाजपेयी जी ने स्वीकार कर रेल सेवा बहाल कर दी। इसी प्रकार उसने बस-सेवा शुरू करने का आग्रह किया, जिसे वाजपेयी जी ने स्वयं बस द्वारा लाहौर जाकर प्रारम्भ कर दिया। लेकिन मुशर्रफ ने पुनः परम्परागत छल-कपट का सहारा लिया और करगिल युद्ध छेड़ दिया। इस लड़ाई में भी मुंह की खाकर पुनः समझौता के लिए वाजपेयी जी को राजी कर लिया और आगरा में बातचीत की गयी लेकिन समझौते की बात खारिज कर संसद भवन पर खूनी हमला करा दिया।

शेख अब्दुला का इतिहास स्मरण होता है वे तत्कालीन कश्मीर के मुख्य मंत्री थे, जिन्हें पण्डित जवाहरलाल ने 'शेरे कश्मीर' के खिताब से नवाजा था, जिन्होंने छद्म व्यवहार के कारण छः साल तक जेल में बिताया था। मुसलमान पश्चिमी एशिया से पूर्वी एशिया तक इस्लामिक क्षेत्र का स्वप्न संजोये बैठे हैं। बीच में भारत रोड़ा बनकर खड़ा है, इसीलिए वे कश्मीर हड़पने की योजना बना रखे हैं। सन् 1964 की लड़ाई में तत्समय पाकिस्तान के प्रधान मंत्री जुल्फिकार अली भुट्टो का कथन है- 'कश्मीर के लिए हजारों साल तक लड़ाई लड़ता रहूँगा, प्रेम से लिया है पाकिस्तान, लड़कर लूँगा हिन्दोस्तान'।

भारत में जो भी सरकारें थीं, वे पाकिस्तान के साथ अच्छे संबंध बनाने की कोशिश करती रहीं लेकिन पाकिस्तान ने कभी भी शान्ति प्रक्रिया में सहयोग नहीं दिया।

भारतीय सीमा के पास पाकिस्तान के बड़े स्तर पर जारी युद्धाभ्यास के बारे में विश्लेषकों का कहना है कि इस कवायद का मकसद परमाणु हथियार सम्पन्न

प्रतिद्वंद्वी को अपनी ताकत दिखाना है। सेना के सभी अंग इस सैन्याभ्यास में हिस्सा ले रहे हैं जिसे न्यू रिज़ॉल्व नाम दिया गया है। अपनी पूर्वी सीमा पर पाक सेना यह युद्धाभ्यास ऐसे समय में कर रही है जब उसकी पश्चिमोत्तर सीमा पर तालिबान आतंकवादियों का खतरा बना हुआ है। इस्लामाबाद से 600 किलोमीटर दक्षिण स्थित पंजाब प्रांत के खैरपुर तामेवाली के आकाश पर लड़ाकू जेट विमानों का शोर है तो रेगिस्तानी जमीन पर टैंकों की गड़गड़ाहट और गोलीबारी गूंज रही है। बीते दो दशकों में खैरपुर तामेवाली में पाक सेना का यह अब तक का सबसे बड़ा युद्धाभ्यास है। पाकिस्तानी वायुसेना के एफ-16, फ्रांसीसी मिराज और चीन में बने एफ-7 पीजी लड़ाकू विमान जमीन पर बने अपने निशानों पर बम और मिसाइलें बरसा रहे हैं। भारतीय सीमा से महज साठ किलोमीटर दूर स्थित इस जगह पर जारी युद्धाभ्यास में पचास हजार से ज्यादा सैनिक हिस्सा ले रहे हैं। दस अप्रैल से शुरू यह युद्धाभ्यास 13 मई तक जारी रहा। वर्ष 1947 में आजादी के बाद से भारत और पाकिस्तान के बीच तीन जंग लड़ी जा चुकी है। इनमें से दो युद्ध कश्मीर की वजह से लड़े गए और सीमा के दोनों ओर बार-बार सैन्य बल दिखाया जाता रहा। लगभग 16 करोड़ की आबादी वाले परमाणु हथियार सम्पन्न पाकिस्तान में एक के बाद एक आत्मघाती हमलों और बम धमाकों में बीते तीन वर्ष से भी कम समय में 3200 से ज़्यादा लोग मारे जा चुके हैं। इसके लिए तालिबान और अन्य चरमपंथी इस्लामी गुटो को जिम्मेदार ठहराया जाता है।

नए सेना प्रमुख जनरल वी.के. सिंह ने लद्दाख क्षेत्र में भारत-चीन सीमा पर सुरक्षा स्थिति की मंगलवार को समीक्षा की। सेना प्रमुख के तौर पर कार्यभार ग्रहण करने के बाद जम्मू-कश्मीर की उनकी यह पहली यात्रा है। सेना प्रमुख के तौर पर कार्यभार ग्रहण करने के बाद मंगलवार सुबह अपनी पत्नी के साथ लेह की पहली यात्रा पर पहुंचे जनरल सिंह की अगवानी उत्तरी कमान के जनरल आफिसर कमांडिंग इन चीफ लेफ्टिनेंट जनरल बी.एस. जसवाल और लेह स्थित 14वीं कोर के कमांडर लेफ्टिनेंट जनरल एस.के. सिंह ने की। रक्षा सूत्रों ने बताया कि लेह पहुंचने के तुरंत बाद सेना प्रमुख ने भारत-चीन और लद्दाख क्षेत्र में भारत-पाक सीमा पर सुरक्षा हालात की समीक्षा की। फील्ड कमांडरों ने उन्हें सीमांत क्षेत्र में सेना की तैयारियों और विभिन्न सुरक्षा उपायों के बारे में जानकारी दी। उन्होंने बताया कि बाद में सिंह श्रीनगर रवाना हो गए, ताकि क्षेत्र में सुरक्षा स्थिति, आतंकवाद निरोधक कार्रवाई और सीमा पार से घुसपैठ की स्थिति की समीक्षा कर सकें। तीन दिनों की यात्रा के दौरान सिंह के उधमान में उत्तरी कमान मुख्यालय

का दौरा करने और उत्तरी कमान के प्रमुख लेफ्टिनेंट जनरल बी.एस. जसवाल के साथ चर्चा करने की है। सिंह का जम्मू नगरौटा में 16वीं कोर के मुख्यालय में भी गये। उन्होंने पुंछ, मेंढर और अखनूर के अग्रिम क्षेत्रों में जाकर सीमा पार घुसपैठ को रोकने के उपायों और सीमा पर स्थिति का जायजा लिया।

— लद्दाख क्षेत्र में सीमा पर सुरक्षा की स्थिति की समीक्षा की।

— अफसरों से इलाके के बारे में गहन जानकारी हासिल की।

सुरक्षा पर नज़र चीन परमाणु डी पर चीन की ओर से दी गई सफाई से अमेरिका संतुष्ट नहीं है। उसने इस्लामाबाद को दो और परमाणु बिजली सयंत्र की सप्लाई किये जाने पर पेईचिंग से कड़ी आपत्ति की है।

न्यू विचार सद्दाम ग्रुप (एमएलजी) की बैठक में जब एस एस जी चीन से पाक को दो नयुक्टरों की बिक्री अन्य होने वाली एस एस जी हेतु जापान पर सवाल किये तो चीन उसे डकार गया।

उल्लेखनीय सभी नियमों का पालन करना चाहिए। उन्हें ऐसे कामों से बचना होगा जिनसे सभी हथियारों की दौड़ का इजाफा हो।

9. साम्राज्यवादी मंसूबों की असलियत

चीन के प्रधानमंत्री वेन जियाबाओ की भारत यात्रा से पहले उम्मीद की जा रही थी कि भारत-चीन के बीच विवादित मुद्दों पर बातचीत होगी। चीनी प्रधानमंत्री संयुक्त राष्ट्र सुरक्षा परिषद में भारत की स्थायी सदस्यता पर चीन का रुख स्पष्ट करेंगे, लेकिन इन सबके विपरीत वह सिर्फ कारोबारी डीलिंग करके चले गए। हां, उम्मीद के मुताबिक कुछ मुद्दों पर जियाबाओ बोले, लेकिन वह भी कूटनीतिक अंदाज में। इसे भारत को समझने की दरकार है चीन के प्रधानमंत्री वेन जियाबाओ की आगवानी में भारत की वैसी उत्सुकता नहीं दिखाई दी, जैसी नवंबर 2010 में अमेरिकी राष्ट्रपति बराक ओबामा की यात्रा के दौरान दिखाई दी थी। जबकि दोनों यात्रों का मकसद भारत में व्यापार को विस्तार देना रहा है। लेकिन वेन जियाबाओ की इस तीन दिवसीय यात्रा के बाद भारत की परस्पर व्यापारिक मंसूबों की पूर्ति के साथ यह खयाल गंभीर सतर्कता के साथ रखने की जरूरत है कि चीन कहीं कारोबारी समझौतों की ओट में कूटनीतिक और सामरिक मसलों को सुलझाने की दृष्टि से नजर अंदाज तो नहीं कर रहा है। भारत को इस पहलू का भी ध्यान रखना चाहिए कि जापान और दक्षिण कोरिया को पीछे धकेलने के बाद चीन वैश्विक स्तर पर जिस तरह से आर्थिक और सामरिक रूप में एक ताकत के रूप में उभरा

है, उस परिप्रेक्ष्य में वह कहीं राजनीतिक विस्तार के सपने तो नहीं देखने लगा? यह शंका इसलिए भी पुख्ता लगती है, क्योंकि चीन भारत से जुड़े उन सभी पड़ोसी देशों में दिलचस्पी ले रहा है, जिन देशों से भारत के संबंधों की मधुरता में खटास आई है।

लोकतांत्रिक व्यवस्था को हाल ही में मंजूर करने वाले नेपाल में चीन की दिलचस्पी और दखल एक साथ दिखाई दे रहे हैं। दखल जहां राजनीतिक अस्थिरता का कारण बना हुआ है, वहीं दिलचस्पी नेपाल में व्यापार के बहाने सहानुभूति का सबब बनी हुई है। हाल ही में चीन ने नेपाल के साथ सड़कों के विस्तार और विद्युत संयंत्रों की स्थापना को लेकर एक ऐसे व्यापारिक समझौते को शक्ल दी है, जो चीन के लिए दस हजार करोड़ रुपये के घाटे का सौदा है। चीन ने नेपाली पुलिस को प्रशिक्षण देने का सिलसिला शुरू कर वहां के सुरक्षा मामलों में भी प्रभावी हस्तक्षेप शुरू कर दिया है। दूसरी तरफ पाक अधिकृत कश्मीर (पीओके) में दस हजार सैनिक तैनात कर और 80 अबर डॉलर के निवेश के बहाने अपनी सामारिक घुसपैठ शुरू कर दी है। चीन के साम्राज्यवादी मंसूबे नेपाल और पीओके तक ही सीमित नहीं हैं, बल्कि वह अपनी कुटिल कूटनीतिक दखल का विस्तार बांग्लादेश, म्यामांर और श्रीलंका में करता हुआ विश्व मंच को यह संदेश देना चाहता है कि भारत के ताल्लुक अपने किसी भी सीमांत देश से मधुर नहीं है।

चीन जिस तरह से भारत पर शिकंजा कसता चला जा रहा है, उस परिप्रेक्ष्य में प्रधानमंत्री अटलबिहारी वाजपेयी सरकार के कार्यकाल में (1999) तबके रक्षामंत्री जार्ज फर्नांडीज द्वारा कहे गए वे शब्द एक दम सटीक बैठते हैं कि 'भारत को सबसे बड़ा खतरा चीन से है और चीन भारत का पहले दर्जे का शत्रु है।' भारत के पड़ोसी देशों में घुसपैठ कर चीन एक ओर तो इन देशों में अपनी सामरिक शक्ति को मजबूती देने में लगा है, वहीं इन्हें भारत के खिलाफ भड़का कर भारत विरोध लॉबी तैयार करने में लगा है। नेपाल के माओवादी नेताओं पर भी चीन की अच्छी पकड़ है। ये नेता अब नेपाल से भारत और चीन के संबंधों का मूल्यांकन भी आर्थिक इमदाद के आधार पर करने लगे हैं। भारत ने नेपाल के तराई क्षेत्र में सड़कों के निर्माण के लिए 750 करोड़ रुपये की मदद की है, लेकिन यह मदद चीन द्वारा नेपाल में सड़कों का जाल बिछाने और विद्युत संयंत्र लगाने की तुलना में नाकाफी है। इस कारण भारत और नेपाल के पुराने रिश्तों में हिन्दुत्व और हिन्दी के कारण जो भावनात्मक तासीर थी, उसका गाढ़ापन ढीला होता जा रहा है। नतीजतन, नेपाल में चीन का प्रभुत्व लगातार बढ़ रहा है।

चीन की ताजा कोशिश है कि वह भारत की सीमा तक आसान पहुंच बनाने के लिए तिब्बत से नेपाल तक रेलमार्ग बिछा दे, क्योंकि नेपाल भारत और चीन के बीच फिलहाल बफर स्टेट का काम कर रहा है। चीन की मंशा है कि नेपाल में जो बीस हजार तिब्बती शरणार्थी के रूप में जीवन यापन कर रहे हैं, यदि वे कहीं चीन के विरुद्ध भूमिगत गतिविधियों में संलग्न हैं तो नेपाली माओवादियों के मार्फत उन्हें काबू में ले लिया जाए। चीन के प्रभावी दखल के चलते ही नेपाल में माओवादी सत्ता में बने रह सकते हैं। यदि चीन की नेपाल में व्यापारिक विस्तार के बहाने यह सक्रियता निरंतर रही तो तय है कि कुछ ही दशकों में चीन नेपाल की धार्मिक और सांस्कृतिक पहचान को तो तिब्बत की तरह लील ही लेगा, वहां की भौगोलिक संप्रभुता के लिए भी घातक सिद्ध होगा। दरअसल, चीन के लोकतांत्रिक चेहरे के पीछे साम्राज्यवादी तंत्र के विस्तार की मंशा छिपी है, जिसके असर को ताइवान में आरोपित कर चीन ने पहले तो इसे बरबाद किया, फिर अधिपति बन बैठा। तिब्बत के साथ भी चीन ने यही चाल चली। तिब्बत में बड़ी संख्या में चीनी सैनिकों को घुसपैठ सांस्कृतिक पहचान, भाषाई तेवर और धार्मिक संस्कारों में पर्याप्त दखलंदाजी कर दुनिया की छत पर कब्जा कर लिया अब तो चीन तिब्बती मानव नस्ल को ही बदलने में लगा है।

भारत विरोधी मंशा के चलते ही चीन ने पाक अधिकृत कश्मीर में दिलचस्पी लेनी शुरू की है। इस नाते हाल ही में चीन ने इस क्षेत्र में 80 अरब डॉलर का पूंजी निवेश किया। चीन की पाक अधिकृत कश्मीर में शुरू हुई गतिविधियां सामरिक दृष्टि से बेहद महत्वपूर्ण हैं। यहां से वह अरब सागर तक पहुंचने की तजवीज जुटाने में लग गया है। इसी क्षेत्र में चीन ने सीधे इस्लामाबाद पहुंचने के लिए काराकोरम सड़क मार्ग भी तैयार कर लिया है। इस दखल के बाद चीन ने पीओके क्षेत्र को पाकिस्तान का हिस्सा मानने के बयान भी देने शुरू कर दिए हैं। चीनी दस्तावेजों में अब इस इलाके को उत्तरी पाकिस्तान दर्शाया जाने लगा है। चीन ने पाक अधिकृत कश्मीरी नागरिकों को स्टेपल (नत्थी) बीजा देने का भी ऐलान भी किया हुआ है। यही नहीं, चीन ने भारत की सीमा तक हाइवे बनाने की राह में आखिरी बाधा भी पार कर ली है। चीन ने समुद्र तल से 3750 मीटर की ऊंचाई पर बर्फ से ढके गैलोंग्ला पर्वत पर 3.3 किलोमीटर लंबी सुरंग बनाकर इस बाधा को दूर किया है। इसके निर्माण में दो साल का वक्त लगा। यह सड़क सामरिक दृष्टि से बेहद अहम है, क्योंकि तिब्बत में मोशुओ काउंटी भारत के अरुणाचल प्रदेश का अंतिम छोर है। अभी तक यहां कोई सड़क मार्ग नहीं था। अरुणाचल प्रदेश में भी चीनी हस्तक्षेप मुखर हो रहा है। हाल ही में गूगल अर्थ से

होड़ बरतते हुए चीन ने एक ऑनलाइन मानचित्र सेवा शुरू की है, जिसमें उसने भारतीय भू-भाग अरुणाचल प्रदेश और अक्साई चीन को अपने देश का हिस्सा बताया है। इससे जाहिर होता है कि चीन के मंसूबे भारत को घेरने के हैं।

पहले भी चीन ने 1962 में भारत पर आक्रमण किया और भारत की पूर्वोत्तर सीमा में 40 हजार वर्ग किलोमीटर जमीन और अक्साईस चीन को हड़प लिया। कैलाश मानसरोवर जो भगवान शिव के आवास स्थलस के नाम से हमारे ग्रंथों में जाना जाता है, उसे भी चीन ने हमसे पहले ही छीन लिया। साम्यवादी देशों की हड़प नीति के चलते ही छोटा-सा देश चेकोस्लोवाकिया बर्बाद हुआ। हालांकि 1967 में सिक्किम में नाथूला विवाद के बाद चीन कमोबेश शांत ही रहा है, लेकिन चीन भारत के सीमांत प्रदेशों और तिब्बत में सैन्य सुविधाओं का जखीरा खड़ा कर रहा है, उसे देखते हुए अरुणाचल से लेकर लद्दाख तक की सीमा खतरे में दिखाई देती है।

हकीकत तो यह है कि हम चीन की हड़प नीतियों और मंसूबे के विरुद्ध न तो कभी दृढ़ता से खड़े हो पाए और न ही कड़ा रुख अपनाकर विश्व मंच पर अपना विरोध दर्ज करा पाए। हालांकि चीनी प्रधानमंत्री ने भारत में आने के साथ यह कहकर विश्वास पैदा करने की कोशिश की कि सर्वाधिक तेजी से उभरती अर्थव्यवस्था वाले देश भारत और चीन प्रतिस्पर्धी देश नहीं हैं, बल्कि व्यापारिक असंतुलन को कम करते हुए चीन की कोशिश रहेगी कि वह अपने देश का बाजार भारतीय कंपनियों के लिए भी खोल दे। फिलहाल चीनी कंपनियों ने भारत में 16 अरब डॉलर का पूंजी निवेश करने की तैयारी कर ली हैं और चीन की मंशा है कि चीन भारत को सबसे बड़ा व्यापारिक साझेदार बनाकर इस व्यापार को 60 अरब डॉलर तक ले जाए, लेकिन भारत को इन समझौतों के साथ यह ख्याल रखने की जरूरत है कि वह विवादित मुद्दों को सुलझाने और भारत के पड़ोसी देशों व सीमांत प्रदेशों में चीन के बढ़ते सामरिक दखल को रोकने के लिए भी चीन पर पर्याप्त दबाव बनाए।

अध्याय–7

विदेश नीति

1. भारतीय विदेश नीति के प्रमुख तत्व

भारतीय विदेश नीति की पृष्ठभूमि के अध्ययन के पश्चात् अब हम भारतीय विदेश नीति के प्रमुख तत्वों का अध्ययन करेंगे। अन्य देशों की विदेश नीतियों के समान भारत की विदेश नीति भी अनेक तत्वों के आधार पर निर्धारित की गई है। हमें भारतीय विदेश नीति का अध्ययन करते समय इन बातों का सदैव ध्यान रखना होगा कि अन्य देशों के समान भारत ने भी अपनी विदेश नीति भावनावश निर्धारित नहीं की है। विदेश नीति के निर्धारण में कोई-न-कोई तत्व अवश्य होता है। एस.एन.धर के अनुसार, "अन्य देशों के समान भारत की विदेश नीति भी राष्ट्रीय हित, देश की सुरक्षात्मक भावना, जनता की आर्थिक आवश्यकताओं तथा कुछ सांस्कृतिक भावात्मक तत्वों को ध्यान में रखकर निर्धारित की गई है।

इस प्रकार हम कह सकते हैं कि भारत ने अपनी विदेश नीति निर्धारित करते समय अनेक तत्वों का ध्यान रखा है। प्रमुख रूप से जो तत्व भारत की विदेश नीति को प्रभावित करते हैं वे इस प्रकार हैं–

1. भौगोलिक तत्व–अन्य देशों के समान भारत की विदेश नीति पर भी भौगोलिक तत्व अपना प्रभाव डालते हैं। एक लम्बे समय से भारत असंलग्नता की नीति इसी कारण अपनाता रहा है, क्योंकि भौगोलिक परिस्थितियाँ ऐसा करने पर विवश करती रहीं। भारत का उत्तरी रूस और चीन जैसे साम्यवादी देशों के समीप होने के कारण भारत किसी भी पश्चिमी गुट में सम्मिलित होकर अपने इस भाग को संकट में डालने का साहस नहीं कर सकता। दूसरी ओर भारत दक्षिण-पूर्व और दक्षिण-पश्चिम में समुद्रों से घिरा हुआ है। इसके अतिरिक्त बांग्लादेश के उदय से पूर्व भारत के दोनों ओर भारत का लम्बे समय तक शत्रु रहा, पाकिस्तान फैला हुआ था। इन सब तथ्यों को ध्यान में रखकर ही भारत की विदेश नीति निर्धारित की

जा रही है। **वाल्टर लिपमेन** के अनुसार "भारत की विदेश नीति प्राकृतिक साधनों पर आधारित है जो नए राज्य के लिए अत्यन्त आवश्यक है।" **के. एन. पणिक्कर** के शब्दों में "किसी भी देश की विदेश नीति उसकी भौगोलिक परिस्थितियों की उपज होती है जब नीतियों का लक्ष्य प्रादेशिक सुरक्षा होता है तो उसका निर्धारण प्रमुख रूप से भौगोलिक तत्वों के आधार पर होता है।

स्वतन्त्रता के पश्चात् भारत ने राष्ट्रमण्डल में बने रहने का निर्णय भी भौगोलिक परिस्थितियों के कारण लिया था। अपनी समुद्री सीमाओं की रक्षा के लिए भारत को प्रबल नौसेना की आवश्यकता थी, जो उसके पास नहीं थी, और इस सम्बन्ध में वह ब्रिटेन पर निर्भर था। भारत का अधिकांश व्यापार भी समुद्री मार्ग से होता है। इसलिए यदि भारतीय समुद्री सीमाओं की ओर किसी प्रबल विरोधी का आधिपत्य या प्रभाव स्थापित हो जाता है तो भारत की आर्थिक दशा का गम्भीर आधिपत्य या प्रभाव पड़ सकता था। यही कारण है कि भारत हिन्द महासागर को शान्ति का क्षेत्र बनाए रखने का प्रबल इच्छुक है।

भारत की स्थानीय सीमाएँ अनेक देशों से मिली हुई हैं। पाकिस्तान, बांग्लादेश नेपाल, चीन, बर्मा, अफगानिस्तान जैसे देश भारत की स्थानीय सीमा से लगे हैं। इसके अतिरिक्त उत्तरी कश्मीर अफगानिस्तान से जुड़ा हुआ है तथा संघ की सीमाओं से बिलकुल ही समीप है। आज भारत की रक्षा हिमालय पर्वत से नहीं की जा सकती क्योंकि वैज्ञानिक साधनों ने हिमालय के महत्व को कम कर दिया है। ऐसी परिस्थितियों में यह आवश्यक हो जाता है कि देश की प्रगति के लिए और सुरक्षा के लिए इन पड़ोसी देशों से मित्रतापूर्ण सम्बन्ध स्थापित किए जाएँ। **जे.सी. कुन्द्रा** ने भी कहा है कि भारत को अपनी भौगोलिक परिस्थितियों के कारण जहाँ इस ओर चीन से सामान्य सम्बन्ध बनाए रखने होंगे, वहीं भारत को इस बात का भी ध्यान रखना होगा कि हिन्द महासागर तथा संसार के अन्य महत्वपूर्ण समुद्रों पर पश्चिमी शक्तियों का प्रभुत्व स्थापित न हो।" (जे.सी. कुन्द्रा, इंडियन फॉरन पॉलिसी, पृष्ठ 79)। मार्च, 1956 में इस सम्बन्ध में पंडित जवाहरलाल नेहरू ने कहा था–"हम एशिया के सामरिक दृष्टि से अत्यन्त महत्वपूर्ण भाग हिन्द महासागर के मध्य में है। अतीत तथा वर्तमान में हमारे सम्बन्ध पश्चिमी एशिया, दक्षिण-पूर्व एशिया और सुदूर पूर्व एशिया के साथ हैं और हम चाहें तो भी इस तथ्य की उपेक्षा नहीं की जा सकती।" इस प्रकार कहा जा सकता है कि भारत की विदेश नीति पर भौगोलिक तत्व विशेष प्रभाव डालते हैं।

(2) सैनिक तत्व–सैनिक तत्व भी विदेश नीति को प्रभावित करते हैं। भारत

ने प्रारम्भ में सैनिक प्रगति की ओर विशेष ध्यान नहीं दिया था। इसका कारण यह था कि भारत अपनी शान्तिप्रिय तथा युद्ध-विरोधी और मैत्रीपूर्ण नीतियों से पूर्णरूप से आश्वस्त था, परन्तु जब 1962 में चीन ने भारत पर आक्रमण किया तो भारत एकदम कल्पना लोक से निकलकर यथार्थ भूमि पर आ गया और भारत ने सैनिक तैयारियों की ओर ध्यान देना आरम्भ किया। भारतीय सैनिक तैयारियों का परिणाम हमने 1965 और 1971 में हुए पाकिस्तान के साथ युद्धों में देखा। भारत इस बात को भी भली प्रकार समझ चुका है कि शान्ति स्थापित रखने और सहयोग को बनाए रखने हेतु भी एक शक्ति-सम्पन्न देश होना आवश्यक है। अप्रैल 1974 में अणु विस्फोट करके भारत ने यह दिखा दिया है कि आवश्यकता पड़ने पर किसी भी क्षण भारत अणु बम का निर्माण कर सकता है। फिर भी भारत ने स्पष्ट रूप से यह कहा है कि वह शान्तिपूर्ण कार्य हेतु ही अणु शक्ति का प्रयोग करेगा। इतना होने पर भी भारत अभी पूर्णरूप से सैनिक मामलों में आत्मनिर्भर नहीं है और शस्त्रों के सम्बन्ध में उसे रूस और अमेरिका जैसे देशों पर निर्भर रहना पड़ रहा है। ऐसी दिशा में भारत की विदेश नीति प्रभावित हुए बिना नहीं रहती। इसी प्रकार हम कह सकते हैं कि सैनिक तत्व भी विदेश नीति पर प्रभाव डालते हैं।

(3) ऐतिहासिक तत्व—ऐतिहासिक तत्व भी विदेश नीति पर अपना प्रभाव डालते हैं। सहिष्णुता, उदारता, युद्ध-विरोधी भावना इत्यादि बातों को भारत संसार में इसलिए प्रसारित करना चाहता है क्योंकि भारत को यह सब कुछ ऐतिहासिक परम्पराओं से प्राप्त हुआ है। भगवान बुद्ध की इन भावनाओं ने भारत को अनेक वर्षों से प्रभावित रखा है और भारत इन भावनाओं को संसार में प्रसारित करना चाहता है। इसके अतिरिक्त भारत को ब्रिटिश शासन के अन्तर्गत रहते हुए दासता, साम्राज्यवादी भावना तथा उपनिवेशवाद इत्यादि बुराइयों के अनेक खट्टे-मीठे अनुभव होते रहते हैं, इसलिए भारत इन सभी बातों का पूर्णरूप से विरोधी है। पाकिस्तान का निर्माण ऐतिहासिक रूप से घृणा की नींव पर हुआ था। यही कारण है कि अभी तक भारत और पाकिस्तान के सम्बन्ध सामान्य नहीं हो पाए हैं। भारत राष्ट्र संघ में उपनिवेशों की स्वतन्त्रता के समर्थक के रूप में इसी कारण प्रयत्नशील रहता है क्योंकि वह स्वयं इस प्रकार की दासता का अनुभव कर चुका है।

बर्मा, सीरिया, मलाया, कम्बोडिया तथा लंका बौद्ध धर्मालम्बी देश हैं। भारत के साथ इनके प्राचीन सम्बन्ध हैं, इसका एक प्रमुख कारण भारत का बौद्ध धर्म की जन्मभूमि होना भी है। भारत भी इन देशों के साथ सहानुभूति रखता है। भारत और चीन के मध्य भी पंडित जवाहरलाल नेहरू इसी कारण उचित और मैत्री पूर्ण

सम्बन्ध बनाए रखना चाहते थे, क्योंकि अतीत में भारत और चीन के सांस्कृतिक सम्बन्ध रह चुके थे। यद्यपि भारतीय नेताओं ने अनेक बार कहा था कि भारत स्वतन्त्रता के पश्चात् राष्ट्रमंडल से भी पृथक हो जाएगा, परन्तु स्वतन्त्रता के पश्चात् भारत ऐसा नहीं कर सका। इसका कारण यह था कि लम्बे समय से भारत और ब्रिटेन के सम्बन्ध चले आ रहे थे और भारत इन्हें एकदम समाप्त नहीं करना चाहता था। भारतीय राष्ट्रीय आन्दोलन के समय कांग्रेस ने अनेक बार उपनिवेशवाद और साम्राज्यवाद का प्रबल विरोध किया था। इस ऐतिहासिक परम्परा को बनाए रखने के लिए भारत आज भी इन बुराइयों का विरोध करता है। इस प्रकार हम कह सकते हैं कि भारत की विदेश नीति पर ऐतिहासिक तत्वों का भी पूर्ण रूप से प्रभाव परिलक्षित होता है।

(4) आर्थिक तत्व—आर्थिक तत्व भी किसी देश की विदेश नीति पर अपना पूर्ण प्रभाव डालते हैं। भारत भी इसका अपवाद नहीं है। भारत जिस समय स्वतन्त्र हुआ, उस समय उसकी आर्थिक दशा अत्यन्त शोचनीय थी। स्वतन्त्रता के पश्चात भी निर्धनता, जनसंख्या की वृद्धि तथा उद्योग-धन्धों में पिछड़ापन इत्यादि के कारण भारत की आर्थिक दशा सुधर नहीं पाई। अपनी आर्थिक नीति को उन्नत करने के लिए दृष्टिकोण के आधार पर ही भारत को अपनी विदेश नीति निर्धारण करनी पड़ी। भारत को खाद्यान्न की विशेष रूप से आवश्यकता पड़ी और इसके लिए उसे अमेरिका तथा आस्ट्रेलिया से सहायता प्राप्त करनी पड़ी। आज अनेक प्रयत्नों के पश्चात् भारत खाद्यान्न के मामलों मे आत्मनिर्भर हो पाया है। भारत अमेरिका से सम्बन्ध बिगाड़ना नहीं चाहता। पिछले समय में भारत और अमेरिका के सम्बन्धों में कुछ कटुता रही है, परन्तु फिर भी भारत अमेरिका से उचित सम्बन्ध बनाए रखने का इच्छुक है।

भारत को अपने आर्थिक तथा औद्योगिक विकास हेतु विदेशी मुद्रा के साथ-साथ विदेशी तकनीकी सहायता की भी प्रारम्भ से आवश्यकता रही है। इस प्रकार की सहायता भारत विभिन्न क्षेत्रों में विभिन्न देशों से लेता रहा है। अमेरिका, ब्रिटेन, रूस, जापान तथा जर्मनी इत्यादि ऐसे देश हैं जिन्होंने इस प्रकार की सहायता दी है। ये सभी देश ऐसे हैं, जिनके राजनैतिक सिद्धान्तों ने इन्हें विभिन्न गुटों में विभाजित कर रखा है। भारत को अपनी आर्थिक तथा औद्योगिक प्रगति के लिए इन सभी देशों से सहायता प्राप्त करनी थी, अतः भारत ने इनके परस्पर विवादों से पृथक रहना ही उचित समझा, जिससे सब ओर से सहायता प्राप्त होती रहे। इसी का परिणाम यह हुआ कि भारत ने असंलग्नता की नीति पर प्रारम्भ से ही विशेष जोर डाला।

भारत की युद्ध विरोधी और शान्तिप्रिय नीति का भी एक कारण आर्थिक तत्व है। यदि दो गुट परस्पर युद्ध में लीन हो जाते हैं तो भारत को दोनों ओर से सहायता प्राप्त होना बन्द हो जाती, जिसकी भारत को स्वतन्त्रता से तत्काल पश्चात् अत्यन्त आवश्यकता थी। इसके अतिरिक्त युद्ध का भी प्रभाव भारत की आर्थिक तथा औद्योगिक दशा पर पर्याप्त बुरा पड़ता है। 1956 में अरब-इजराइल युद्ध के समय स्वेज नहर बन्द होने पर भारत की आर्थिक दशा पर बुरा प्रभाव पड़ा। माल की ढुलाई में पैसा तो अधिक लगा ही, समय भी अधिक लगा, इसका परिणाम यह हुआ कि पंचवर्षीय योजना पर व्यय अधिक हुआ और समय भी अधिक लगा। भारत को चीन और पाकिस्तान से जो युद्ध करने पड़े, उसके परिणामस्वरूप भारत को रक्षा व्यय पर व आर्थिक विकास के स्थान पर अधिक खर्चा करना पड़ा। इन सब संकटों से बचने के लिए भार युद्ध-विरोधी तथा शान्तिप्रिय नीति अपनाना चाहता है। यही कारण है कि भारत पाकिस्तान से उचित सम्बन्ध बनाए रखने का भरसक प्रयत्न कर रहा है, जिससे सम्भावित आक्रमणों के भय को समाप्त किया जा सके।

इस प्रकार हम कह सकते हैं कि भारतीय विदश नीति पर आर्थिक तत्व पर्याप्त प्रभाव डालते हैं। भारत ने बांग्लादेश का समर्थन भी आर्थिक परिस्थितियों के कारण किया। अनेक बंगाली शरणार्थी भारत की आर्थिक दशा पर प्रभाव डाल रहे थे, इन्हें वापिस करने के लिए तथा पाकिस्तानी आक्रमण को सदैव के लिए समाप्त करने के उद्‌देश्य से भारत ने बांग्लादेश का समर्थन किया। अब भारत अपने आर्थिक निर्माण से पहले से अधिक ध्यान दे सकेगा। **एस.एन.** धर के शब्दों में, "भारतीय आर्थिक विकास बहुत कुछ विदेशी सहायता पर निर्भर है। इसी कारण शान्ति की अत्यन्त आवश्यकता है।"

के. रमन पिल्लई के शब्दों में, "नवीन भारत के निर्माण हेतु नेहरू जी शान्ति के समर्थक थे। वह सोचा करते थे कि संसार में होने वाली किसी भी संघर्ष से भारतीय आर्थिक ढाँचा संकट ग्रस्त हो सकता है।"

(5) राष्ट्रीय हित सम्बन्धी तत्व—कोई भी देश अपनी विदेश नीति निर्धारित करते समय राष्ट्रीय हितों का प्रमुख ध्यान रखता है। प्रत्येक देश का प्रमुख उद्‌देश्य ही यह होता है कि वह इस प्रकार की नीति निर्धारित करें, जिससे उसके हितों को लाभ पहुँचे। यद्यपि पंडित जवाहरलाल नेहरू ने स्पष्ट रूप से यह नहीं कहा था कि भारत की विदेश नीति का एक उद्‌देश्य राष्टीय हित भी है। परन्तु इस सम्बन्ध में उन्होंने संकेत अवश्य दिए थे। एक बार विदेश नीति के सम्बन्ध

में बोलते हुए पंडित जी ने स्पष्ट किया था कि "किसी देश में चाहे साम्राज्यवादी, अथवा साम्यवादी सरकार हो वहाँ के विदेश मन्त्री को प्रमुख रूप से अपने देश के हितों के सम्बन्ध में विचार करना होता है।"

इस सम्बन्ध में 1949 में अमेरिकन कांग्रेस में पंडित नेहरू ने बोलते हुए कहा, "यदि हमारी स्वतन्त्रता को कोई संकट उत्पन्न हुआ या हम पर किसी प्रकार की आक्रामक कार्यवाही करने का प्रयत्न किया गया, तो हम न तटस्थ रह सकते हैं और न रहेंगे।"

अमेरिका के विदेश मन्त्री **इवान्स** ने भी कहा था कि "विदेश नीतियों के निर्माण में सूक्ष्म सिद्धान्त को आधार न मानकर राष्ट्रीय हितों के परिणामों पर विचार किया जाता है।"

भारत के राष्ट्रीय हित उसकी आर्थिक प्रगति, उद्योग-धन्धों का विकास तथा सीमा सुरक्षा में है। इन्हीं की पूर्ति भारत अपनी विदेश नीति निर्धारित करता है। हमें वहाँ यह भी विचार करने की आवश्यकता है कि राष्ट्रीय हित सम्बन्धी तत्व के आगे अनेक सिद्धान्तों को त्यागना पड़ता है। भारत सदैव से ही आक्रामक नीति का विरोधी रहा है। परन्तु गोवा की स्वतन्त्रता के समय उसने अपने इस सिद्धान्त की उपेक्षा का और विश्व की अनेक आलोचनाओं के पश्चात् भी गोवा में अपनी कार्यवाही की। इस प्रकार बांग्लादेश को स्वतन्त्र कराते समय अनेक सिद्धान्त त्याग दिए गए। रूस से न चाहते हुए भी समझौता करना पड़ा। इन सब कार्यों के पीछे राष्ट्रीय हित की भावना कार्य कर रही है।

(6) राजनैतिक तत्व—राजनैतिक तत्व भी किसी देश की विदेश नीति को प्रभावित करते हैं। स्वतन्त्रता से पूर्व भारतीय राष्ट्रीय कांग्रेस ने अंग्रेजों के उन अनेक कार्यों की आलोचना की, थी जो भारत के हितों को ध्यान में रखकर नहीं किए गए थे। कांग्रेस द्वारा अंग्रेजी शासन के उन कार्यों की भी आलोचना की गई थी जो भारतीयों की इच्छा के विरुद्ध किए गए थे। कांग्रेस सर्वदा ही अंग्रेजी साम्राज्यवाद और उपनिवेशवाद इत्यादि कार्यों का विरोध करती रही। जब भारत स्वतन्त्र हुआ, तो शासन कांग्रेस ने ही सँभाला और कांग्रेस उन कार्यों को करने की इच्छुक हुई, जो वह अंग्रेजों से कराना चाहती थी।

(7) वैयक्तिक तत्व—विदेशी नीति पर इस तत्व का भी विशेष प्रभाव पड़ता है। पंडित जवाहरलाल नेहरू की मृत्यु के समय तक भारतीय विदेश नीति उन्हीं के प्रभाव से पूर्णरूप प्रभावित थी। विदेश नीति के सम्बन्ध में पंडित जवाहरलाल नेहरू जिस प्रकार की नीति निर्धारित करना चाहते थे, कांग्रेस आँख बन्द कर

उसका समर्थन करती थी। इसका कारण यह था कि पंडित जवाहरलाल नेहरू अन्तर्राष्ट्रीय ख्याति प्राप्त व्यक्ति और प्रभावशाली व्यक्ति थे। चाहे चीन-जापान युद्ध हो या हिन्द-चीन की समस्या का प्रश्न, पंडित जी ने जो कुछ कहा उसी आधार पर भारत की विदेश नीति निर्धारित की गई। पंडित जवाहरलाल नेहरू ने स्वयं लम्बे समय तक विदेश विभाग अपने पास रखा। पंडित जवाहरलाल नेहरू का विदेश नीति पर इतना प्रभाव था कि अनेक अंशों में आज भी भारतीय विदेश नीति उन्हीं से प्रभावित है।

महात्मा गांधी की विचारधारा भी 1962 से पूर्व तक भारतीय विदेश नीति को आंशिक रूप से प्रभावित करती रही, परन्तु चीनी आक्रमण से परिवर्तित हो गई। शास्त्री जी के समय में उनसे विदेश नीति प्रभावित रही। श्रीमति इन्दिरा गांधी के शासनकाल में विदेश नीति पर उनकी स्पष्ट छाप थी। मोरारजी देसाई की व्यक्तिगत विचारधारा सत्य, अहिंसा और शान्ति का प्रभाव भारतीय विदेश नीति पर स्पष्ट थी। इसी विचारधारा के अन्तर्गत उन्होंने स्पष्ट घोषणा की थी कि 'चाहे जो भी हो भारत परमाणु शस्त्र नहीं बनाएगा।'

(8) विचारधारा सम्बन्धी तत्व—भारतीय विदेश नीति पर विचारधाराओं के प्रभाव को भी अस्वीकार नहीं किया जा सकता। भारत ने शान्ति और अहिंसा की नीति इसी कारण अपनाई है क्योंकि भारतीय दार्शनिक शान्ति और अहिंसा को प्रमुख स्थान देते रहे हैं। बुद्ध और महावीर स्वामी तथा महात्मा गांधी इत्यादि विचारकों ने सत्य और अहिंसा की नीति को प्रमुख स्थान दिया है। इस प्रकार की विचारधाराओं का प्रभाव भारतीय विदेश नीति पर पड़ा है और भारत ने विदेश नीति के सम्बन्ध में शान्ति तथा अहिंसा को प्रमुख स्थान दिया है, स्वतन्त्रता से पूर्व भारत के अनेक कांग्रेसी नेता अपने भाषणों तथा लेखों द्वारा विश्व शान्ति और सहयोग पर बल प्रदान किया करते थे। स्वतन्त्रता के पश्चात् कांग्रेस ने जो विदेशी नीति निर्धारित की, उसमें इन नेताओं के विचारों को प्रमुख स्थान प्रदान किया। उपनिवेशवाद का विरोध भी भारतीय विदेश नीति का एक अंग इस कारण बना क्योंकि भारतीय नेताओं ने स्वतन्त्रता से पूर्व अनेक बार ऐसे विचार प्रकट किए थे।

परन्तु हमें यहाँ एक बात का विशेष ध्यान रखना होगा। कुछ लेखकों और विचारकों ने इस बात पर आवश्यकता से अधिक बल प्रदान किया है कि भारतीय विदेश नीति पर गांधीवाद का पूर्णरूप से प्रभाव है। इस प्रकार के लेखक वैदेशिक मामलों में शान्ति तथा अहिंसा को गांधी जी की देन मानते हैं। कुछ व्यक्ति तो यहाँ तक कहते देखे गए हैं कि सम्पूर्ण विदेश नीति पर केवल गांधीवादी विचारधारा

का ही प्रभाव है। जे.के. कुन्द्रा, के.पी. करुणाकरण और विशेष रूप से गांधीवादी विचारधारा से प्रभावित डॉ. श्री रामशर्मा इसी प्रकार की विचारधारा का प्रतिनिधित्व करते हैं। डॉ. श्री राम शर्मा के शोध ग्रन्थ 'भारतीय विदेश नीति' में तो गांधी जी के अतिरिक्त कुछ हैं ही नहीं, परन्तु भारतीय विदेश नीति पर गांधी जी का उतना प्रभाव नहीं है, जितना कि बताने का प्रयास किया जाता है। गांधी जी की विचारधारा की विदेश नीति तो यथार्थ में इस संसार में लागू ही नहीं की जा सकती। पंडित जवाहरलाल नेहरू ने स्वयं एक बार कहा था कि "मेरी स्वयं इच्छा थी कि मैं गांधी जी की इच्छाओं का परिपालन करता रहूँ, परन्तु मैं ऐसा नहीं कर सका।"

4 दिसम्बर सन् 1947 को भारतीय संविधान परिषद् को सम्बोधित करते हुए पंडित जी ने कहा था कि "विदेश नीति देश की आवश्यकताओं और सुविधाओं को दृष्टि में रखकर निर्धारित की जाती है।" इस प्रकार हम कह सकते हैं कि विदेश नीति पूर्णरूप से गांधीवादी विचारधारा से प्रभावित नहीं है। करुणाकरण के शब्दों में "यह बात सन्देह से परिपूर्ण है कि सत्य और अहिंसा के गांधीवादी सिद्धान्तों का भारत की गृह अथवा विदेश नीति पर किसी बड़ी सीमा तक प्रभाव पड़ा है।"

कुछ एक नए लेखकों का यह विचार भी है कि पंडित जवाहरलाल नेहरू पर हेरोल्ड लास्की का प्रभाव था और उस प्रभाव के आधार पर ही भारत की विदेश नीति निर्धारित की गई। परन्तु ऐसे लेखक कदाचित पंडित जवाहरलाल नेहरू का अध्ययन नहीं कर पाए हैं। पंडित जवाहरलाल नेहरू ने किसी विचारधारा से प्रभावित होकर नहीं, अपितु आवश्यकतानुसार देश की विदेश नीति निर्धारित की थी। परन्तु हम इतना अवश्य कह सकते हैं कि महात्मा गांधी का न्यूनाधिक मात्रा में देश की विदेश नीति पर प्रभाव पड़ा। इसके अतिरिक्त भारतीय विदेश नीति मार्क्सवाद से प्रभावित रही है। समाजवाद गुट की ओर भारत की सहानुभूति निश्चय ही मार्क्सवाद के प्रभाव के कारण है।

(9) उपनिवेशवाद विरोधी तत्व—ब्रिटेन का एक उपनिवेश रहते हुए भारत को अनेक संकटों का सामना करना पड़ा है। इस कारण भारत ने सदैव ही उपनिवेशवाद का तीव्र विरोध किया है। इसके अतिरिक्त **स्वतन्त्रता से पूर्व भारतीय कांग्रेस न उपनिवेशवाद का पूर्ण विरोधी** रहा है। सीएटो तथा सेंटों समान संगठनों को पंडित जवाहरलाल नेहरू ने इसी कारण अस्वीकृत कर दिया क्योंकि उससे असंलग्नता की नीति की हानि के साथ-साथ पंडित जी को उपनिवेशवाद की गन्ध आ रही थी। एस.एन. धर के शब्दों में, "पंडित जी ने इनसे

(सीटो सेंटों में) उपनिवेश के बीच देखे।

परन्तु यहाँ भी हमें इस तथ्य की ओर ध्यान रखना होगा कि भारतीय विदेश नीति का प्रमुख उद्देश्य अन्य देशों के समान राष्ट्रीय हित है और इस हित के समक्ष अन्य सारे सिद्धान्त गौण हो जाते हैं। अल्जीरिया के राष्ट्रवादियों ने जब अन्तरिम अल्जीरिया सरकार की स्थापना कर फ्रांस के विरुद्ध आन्दोलन चलाया तो मिश्र और चीन ने तो अल्जीरिया सरकार को मान्यता प्रदान कर दी, परन्तु भारत फ्रांस को रुष्ट नहीं करना चाहता था, अतः उसने मान्यता नहीं दी। भारत की इस उपेक्षा से अल्जीरिया के राष्ट्रवादियों में घोर निराशा उत्पन्न हुई। इस घटना ने अफ्रीका में भारत लोकप्रियता को क्षति पहुँचाई। इसी प्रकार 1961 में तटस्थ राष्ट्रों के सम्मेलन में श्री जवाहरलाल नेहरू ने उपनिवेशवाद के विरोध में कोई उत्साह नहीं दिखाया। इंडोनेशिया के राष्ट्रपति डॉ. सुकर्णो ने उपनिवेशवाद का कठोर विरोध किया, परन्तु पंडित जी ने शान्ति की रट लगाई। पंडित जी ने कहा, "साम्राज्यवाद उपनिवेशवाद प्रजातीय विभेदवाद तथा अन्य समस्याएँ राष्ट्रीय संकट के सामने तुच्छ हैं। यदि युद्ध होता है तो सब व्यर्थ की बातें हो जाती हैं।" परन्तु आज भी भारतीय विदेश नीति में उपनिवेशवाद विरोधी तत्व को स्वीकार किया जाता है और यदि कहीं कोई उपनिवेश स्वतन्त्र होने का प्रयत्न करता है तो भारतीय सरकार की ओर से सहानुभूति प्राप्त होती है। **स्वनसिर** ने भारत की उपनिवेशवाद विरोधी नीति की प्रशंसा करते हुए कहा था कि "पैलेस्टालीबिया, ट्यूनिशिया तथा मोरक्को की घटनाएँ इस बात को स्पष्ट करती हैं कि भारत तथा उपनिवेशवाद के विरोध में कितना योगदान दिया गया है।"

इस प्रकार हम कह सकते हैं कि उपनिवेशवाद विरोधी तत्व भी भारतीय विदेश नीति का एक अंग रहा है।

(10) तत्कालीन परिस्थिति सम्बन्धी तत्व—अन्त में हम कह सकते हैं कि भारतीय विदेश नीति तत्कालीन परिस्थितियों में पूर्णरूपेण प्रभावित रही है। स्वतन्त्रता के साथ-साथ भारत को अपने एक अंग का त्याग करना पड़ा है। विभाजन से सम्बन्धित अनेक कठिनाइयों से भारत को उलझना पड़ा है। इन कठिनाइयों ने भारत की आर्थिक दशा पर तो प्रभाव डाला ही, साथ ही देश की आन्तरिक परिस्थितियों ने भी भारत की आर्थिक दशा शोचनीय कर दी। साम्यवादी प्रभाव, श्रमिकों की हड़ताल तथा भारत पुर्तगाल तथा फ्रांसीसी उपनिवेशों ने भारत की विदेश नीति को प्रभावित किया। भारत ने एक ओर तो गुटों से पृथक रहकर शान्तिपूर्ण नीति अपनाई, दूसरी ओर भारत से विदेशी उपनिवेशों की समाप्ति

प्रारम्भ कर दी। गोवा को स्वतन्त्र कराने के लिए यह आवश्यक था कि मिस्र से मित्रता की जाए, जिससे यह पुर्तगाली सेना को स्वेज से न निकलने दे। पंडित जवाहरलाल नेहरू ने ऐसा ही किया, परिणाम अनुकूल निकला, गोवा में की गई कार्यवाही के समय मिस्र ने स्वेज में से पुर्तगाल सेनाओं को नहीं गुजरने दिया।

बांगलादेश के सम्बन्ध में भी ऐसी घटना हुई। भारत अपनी असंलग्नता की नीति को आँच नहीं आने देना चाहता था, अतः भारत किसी गुट के साथ सन्धि करने का इच्छुक नहीं था। यद्यपि रूस की ओर से अनेक बार प्रस्ताव रखे गए परन्तु भारत, रूस के साथ सन्धि की उपेक्षा करता रहा। किन्तु बंगाली-शरणार्थी समस्या का पाकिस्तान की गतिविधियों के कारण भारत को रूस के साथ सन्धि करनी पड़ी। इस प्रकार कहा जा सकता है कि तत्कालीन परिस्थितियों से सम्बन्धित तत्व भी भारत की विदेश नीति पर प्रभाव डालते हैं।

2. भारतीय विदेश नीति के प्रमुख सिद्धान्त

भारतीय विदेश नीति के तत्वों का अध्ययन करने के पश्चात् अब हम भारतीय विदेश नीति के प्रमुख सिद्धान्तों का अध्ययन करेंगे। कुछ व्यक्तियों द्वारा इन सिद्धान्तों को भारतीय विदेश नीति की विशेषताएँ कहकर भी स्मरण किया गया है। स्वतन्त्रता के पूर्व से तथा स्वतन्त्रता के पश्चात् भारतीय विदेश नीति के कुछ सिद्धान्त निश्चित किए हैं। 26 दिसम्बर 1946 को पंडित जवाहरलाल नेहरू ने एक प्रेस कांफ्रेंस में बोलते हुए स्पष्ट किया कि "स्वतन्त्र भारत अन्तर्राष्ट्रीय क्षेत्र में अपनी स्वतन्त्र विदेश नीति निर्धारित करेगा। भारत अपने आपको इन गुटों से भी अलग रखेगा जो एक दूसरे के विरुद्ध संलग्न हो चुके हैं। भारत स्वतन्त्रता के लिए संघर्ष कर रहे राष्ट्रों का समर्थन करेगा तथा प्रजातीय भेदभाव की भावना का विरोध करेगा।" (स्वतन्त्र भारत ने जो विदेश नीति निर्धारित की, वह पंडित जवाहरलाल नेहरू के इसी भाषण के आधार पर हुई) हम यहाँ पर भारतीय विदेश नीति के प्रमुख सिद्धान्तों का अध्ययन करेंगे—

(1) असंलग्नता की नीति—भारत ने अपनी विदेश नीति का प्रमुख सिद्धान्त यह बनाया कि भारत अन्तर्राष्ट्रीय क्षेत्र में असंलग्नता की नीति अपनाएगा, भारत ने इस नीति का पालन एक लम्बे समय तक किया। इस नीति के कारण भारत को संसार में अभूतपूर्व ख्याति प्राप्त हुई और भारत अनेक संकटों के पश्चात् भी स्वतन्त्रता के पश्चात् असंलग्नता अपनाए रहने का प्रयत्न करता रहा। इस सिद्धान्त पर चलते हुए भारत ने दोनो गुटों से पृथक रहने का प्रयास किया। (असंलग्नता सम्बन्धी विस्तृत अध्ययन हम अगले अध्याय में करेंगे)।

(2) राज्यों के पारस्परिक झगड़ों को परस्पर वार्ता द्वारा शान्तिपूर्ण ढंग से निपटाना—भारत इस सिद्धान्त में भी विश्वास रखता है कि यथासम्भव राज्यों को अपने झगड़े पारस्परिक वार्ता द्वारा शान्तिपूर्ण तरीके से निपटा लेने चाहिए। इस सम्बन्ध में भारत प्रारम्भ से ही प्रयत्नशील रहा है और अत्यन्त विवशता की दशा में ही उसने बाह्य हस्तक्षेप स्वीकार किया है। भारत चीन विवाद को भी भारत परस्पर वार्ता द्वारा निपटा लेना चाहता था और इस सम्बन्ध में चीनी प्रधानमन्त्री चाउ-एन-लाई को भारत आने हेतु आमन्त्रित किया गया। दुर्भाग्य से परस्पर वार्ता सफल नहीं हुई थी। 1971 के भारत-पाक युद्ध के पश्चात् परस्पर वार्ता द्वारा ही भारत पाकिस्तान के मध्य अनेक विवादों को निपटा लिया गया है तथा अन्य विवाद भी इसी प्रकार निपटाने का प्रयत्न जारी है, शिमला तथा दिल्ली समझौते इस सफलता के प्रमुख उदाहरण हैं।

(3) मित्रता तथा विश्व शान्ति में विश्वास—भारतीय विदेश नीति का एक सिद्धान्त यह है कि संसार के सभी देशों से मित्रता रखते हुए विश्व शान्ति हेतु प्रयत्न किया जाए। विश्व में होने वाले संघर्ष का चाहे वह किसी भी स्थान पर हो, विश्व के प्रमुख देशों पर प्रभाव पड़ता है और भारत नहीं चाहता कि संसार में होने वाले संघर्ष का प्रभाव उस पर पड़े। देश की आर्थिक उन्नति तथा औद्योगिक विकास के लिए यह आवश्यक है कि संसार में प्रत्येक स्थान पर शान्ति स्थापित रहे। भारत इसीलिए शान्ति का पूर्ण समर्थक है और स्वयं भी किसी झगड़े में नहीं फँसना चाहता। इस कारण वह प्रत्येक देश से मित्रता का भी इच्छुक है। भारत को जो युद्ध करने पड़े हैं, वे अत्यन्त विवशतापूर्ण परिस्थितियों में हुए हैं तथा उनके प्रभाव से भारत को अत्यन्त गम्भीर हानियाँ हुई हैं, यही कारण है कि भारतीय विदेश नीति का एक सिद्धान्त यह भी है कि संसार के प्रत्येक देश के साथ यथासम्भव मित्रता स्थापित की जाए और संसार में शान्ति स्थापित करने का भरपूर प्रयत्न किया जाए। **के.एम. पाणिक्कर** के अनुसर "भारत को इस बात की सदैव चिन्ता रहती है कि उसकी प्रगति को तथा सामान्य रूप से मानव जाति की उन्नति को संकट में डालने वाला कोई युद्ध न हो जाए। 1956 का स्वेज संकट, 1962 का भारत चीन युद्ध, 1965 का भारत पाक युद्ध, 1967 का अरब इजराइल युद्ध, 1971 का भारत-पाक युद्ध तथा 1973 का अरब इजराइल युद्ध इत्यादि ऐसी घटनाएँ हुईं जिनका प्रत्यक्ष प्रभाव भारत की अर्थव्यवस्था पर पड़ा, 1971 के भारत-पाक युद्ध में और 1973 के अरब इजराइल युद्ध ने तो भारतीय अर्थव्यवस्था पर गम्भीर प्रभाव डाला है यही कारण है कि भारतीय विदेश नीति का एक प्रमुख सिद्धान्त यह है कि विश्व शान्ति बनी रहे। इस सम्बन्ध में 12 जून 1945 को ही

पंडित नेहरू ने कहा था कि “हमारी प्रथम नीति तो भीषण आपत्तियों को रोकने की होनी चाहिए यदि युद्ध छिड़ जाए तो उसे रोका जा सके, मेरे विचार में एशिया में इस प्रकार का संगठन हो, जो यह विचार करे कि प्रत्येक दशा में युद्ध में सम्मिलित नहीं हुआ जाएगा।”

ऐसी विचारधारा के कारण ही भारतीय नीति को शान्ति की नीति भी कहा गया है। कोरिया में शान्ति हेतु किए गए भारतीय प्रयासों की प्रशंसा संसार के प्रमुख देशों ने की, भारत ने वियतनाम में सदैव ही शान्ति की स्थापना हेतु आवाज उठाई। अरब इजराइल के सम्बन्ध में अरबों का समर्थन भी इसी उद्देश्य से किया कि अरबों को अपने अधिकार प्राप्त होने से शान्ति की सम्भावना बढ़ जाएगी।

1955 में एक अन्तर्राष्ट्रीय सम्मेलन संयुक्त राष्ट्रसंघ की अध्यक्षता में अणु शक्ति के शान्तिपूर्ण उपयोग की सम्भावना के परीक्षण हेतु जेनेवा में आमन्त्रित किया गया। इस सम्मेलन की अध्यक्षता भारतीय वैज्ञानिक डॉ. होमी जे. भाभा ने की थी। इस सम्मेलन में अणु शक्ति के शान्तिपूर्ण उपयोग की सम्भावनाओं को बल प्राप्त हुआ था। मई 1974 में भारत ने अणु विस्फोट किया। उसके सम्बन्ध में भी भारतीय नेताओं ने इस बात को स्पष्ट किया है कि भारत ने शान्तिपूर्ण तथा रचनात्मक कार्यों में प्रयोग हेतु अणु विस्फोट किया है तथा भारत अणु बम बनाने का बिल्कुल भी इच्छुक नहीं है। वी.के. मेनन के शब्दों में “विश्व शान्ति में हम भी समाधान एवं समझौते की नीति द्वारा सहयोग कर सकते हैं।” (एस.एस. राजन इंडिया एंड वर्ल्ड एफ्यर्स)।

भारत ने विश्व मैत्री एवं शान्ति हेतु अनेक अन्तर्राष्ट्रीय समझौते किए हैं, जिनमें से प्रमुख इस प्रकार हैं। भारत स्विट्जरलैंड मैत्री सन्धि, भारत-पाकिस्तान शान्ति सन्धि, भारत नेपाल मैत्री सन्धि, भारत-ईराक मैत्री सन्धि, भारत मिस्र मैत्री सन्धि तथा भारत और बंगलादेश मैत्री सन्धि आदि। इस प्रकार भारत ने मित्रता और शान्ति सन्धि को विशेष नीति का एक सिद्धान्त बनाया हुआ है।

(4) उपनिवेशवाद तथा प्रजातीय विभेद का विरोध—उपनिवेशवाद तथा प्रजातीय-विभेद का विरोध भी भारतीय राजनीति का एक सिद्धान्त अथवा विशेषता है। भारत स्वयं उपनिवेशवाद का शिकार रहा है और भारत मूल के अनेक व्यक्ति संसार में फैले हुए हैं, जिनके साथ अफ्रीका इत्यादि स्थानों पर अमानवीय व्यवहार किया जाता है। इसी कारण भारत उपनिवेशवाद और प्रजातीय विभेद का विरोध करता है।

(5) शान्तिपूर्ण संगठनों का समर्थन—भारत सदैव ही ऐसे संगठनों का समर्थक रहा है, जो शान्तिपूर्ण ढंग से तथा विश्व को युद्ध से बचाने के प्रयास हेतु, कार्य करता हैं। राष्ट्र संघ का सदस्य भारत स्वतन्त्रता से पूर्व ही बन गया था। संयुक्त राष्ट्र संघ तथा उनकी सम्बन्धित अन्य संस्थाओं का भारत सदस्य है और उनके शान्तिपूर्ण कार्यों में सदैव सहयोग करता रहता है। भारत ने सदैव से ही इस प्रकार के प्रोत्साहन को समर्थन प्रदान किया है और आवश्यकता पड़ने पर सहयोग भी प्रदान किया है। इसका अध्ययन संयुक्त राष्ट्र संघ और भारत वाले अध्याय में किया जाएगा। यहाँ इतना ही कहना पर्याप्त है कि भारत ने संयुक्त राष्ट्र संघ का समर्थन हर सम्भव प्रयत्नों से किया है।

(6) अफ्रे-एशियाई देशों के संगठन में रुचि—भारतीय विदेश नीति की एक विशेषता यह है कि भारत अफ्रे-एशियाई देशों के संगठन में पूर्ण रुचि लेता रहा है। मार्च 1947 में एशिया के लगभग सभी राष्ट्रवादी नेताओं ने दिल्ली में होने वाले एशियाई सम्मेलन में भाग लिया था। सम्मेलन में उपनिवेशवाद तथा प्रजातीय विभेद की निन्दा के साथ-साथ सारे एशिया के जागृत होने की बात कही गई थी। साम्राज्यवाद के विरोध का भी बीड़ा उठाया गया था। 1948 में जब डच सरकार ने इंडोनेशिया को फिर से उप-निवेश बनाने का प्रयास किया तो सारा एशिया इसके विरुद्ध होता दिखाई दिया। बर्मा सरकार ने पंडित जवाहरलाल नेहरू से निवेदन किया कि शीघ्र ही नया एशियाई सम्मेलन बुलाया जाए। जनवरी 1949 भारत में फिर एशियाई सम्मेलन हुआ और इसका प्रभाव यह हुआ कि डच सरकार इंडोनेशिया को उपनिवेश नहीं बना सकी।

3. भारत की गुटनिरपेक्षता व असंलग्नता की नीति

गुटनिरपेक्षता अथवा असंलग्नता का अर्थ

इसके पूर्व कि हम भारतीय असंलग्नता की नीति का अध्ययन करें, हमें संक्षेप में असलंग्नता का अर्थ समझ लेना चाहिए। इससे हमें भारत की असंलग्नता की नीति समझने में सुविधा रहेगी।

असंलग्नता के अर्थ को समझने से पूर्व हमें इस बात का ध्यान रखना होगा कि असंलग्नता अथवा गुटनिरपेक्षता तथा तटस्थता अलग-अलग वस्तु है। गुटनिरपेक्ष देश किसी गुट में सम्मिलित हुए बिना भी संसार की राजनीति में रुचि रखते हैं तथा युद्ध की परिस्थिति में किसी एक पक्ष के प्रति सहानुभूति रख सकते हैं और

चाहें तो किसी एक पक्ष की सहायता भी आर्थिक अथवा सैनिक सामग्री से कर सकते हैं, परन्तु तटस्थ देश ऐसा नहीं करते उन्हें अपने तटस्थता की घोषणा करनी होती है। अनेक देश तटस्थता की गारंटी देते हैं और संसार के युद्धों से तटस्थ देशों को कोई रुचि नहीं होती है। स्विट्जरलैंड एक तटस्थ देश है जबकि भारत एक गुटनिरपेक्ष देश रहा है स्वाजनवर्ग के अनुसार, "गुटनिरपेक्षता सन्धियों से अलग रहने की नीति को कहते हैं।"

गुटनिरेक्षता देश सैनिक सन्धियों के पूर्ण विरोधी होते हैं। 9 दिसम्बर 1958 को पंडित जवाहरलाल नेहरू ने कहा था, "जब जब हम यह कहते हैं कि हमारी नीति गुटनिरपेक्षता की है, तो इसका स्पष्ट अर्थ सैनिक गुटों से अलग रहने का होता है।"

गुटनिरपेक्षता के प्रमुख उद्देश्य विचारों की स्वतन्त्रता को स्थापित रखना, प्रादेशिक अखंडता की रक्षा, अन्तर्राष्ट्रीय शान्ति बनाए रखने का प्रयत्न करना तथा तृतीय विश्वयुद्ध की सम्भावना को रोकना है। पंडित जवाहरलाल नेहरू ने कहा था "तृतीय विश्वयुद्ध को रोकना गुटनिरपेक्षता का केवल लक्ष्य ही नहीं बल्कि यह उसके अस्तित्व की आवश्यक शर्त भी है।"

डॉ. प्रभुदत्त शर्मा के अनुसर, "गुटनिरपेक्ष नीति का अर्थ ही विश्वशान्ति की नीति का अस्तित्व है।" (अन्तर्राष्ट्रीय राजनीति की विचार भूमि)।

4. भारत द्वारा असंलग्नता की नीति अपनाने के कारण

जैसा कि हम पहले भी कह चुके हैं कि किसी भी देश की विदेश नीति केवल भावनामय आधारों पर निश्चित नहीं की जाती है। विदेश-नीति निर्धारित करते समय अनेक परिस्थितियों को ध्यान में रखना होता है और इन सबमें राष्ट्र का हित प्रमुख होता है।

भारत द्वारा असंलग्नता अथवा गुटनिरपेक्षता की नीति अपनाने के भी कुछ विशेष कारण थे। ये निम्न हैं–

(1) आर्थिक परिस्थितियाँ–जिस समय भारत स्वतन्त्र हुआ था, उस समय वर्षों से शोषित होने के कारण भारत की अर्थव्यवस्था प्रायः पूर्णरूप से नष्ट हो गई थी। प्रत्येक क्षेत्र में शोचनीय अवस्था थी। भारत का प्रमुख उद्देश्य अपनी आर्थिक स्थिति को सुदृढ़ करना था। ऐसी उसी स्थिति में हो सकता था जब भारत शान्तिपूर्ण ढंग से केवल निर्माण कार्य में लग जाए। भारत को प्रत्येक क्षेत्र में

निर्माण कार्य की आवश्यकता थी। 1962 में चीनी आक्रमण होने पर भारत इसी कारण चीन का मुकाबला नहीं कर पाया। क्योंकि उस समय भारत निर्माण कार्यों को प्रमुखता देते हुए कार्य कर रहा था। इसी कारण भारत ने असंलग्न रहना उचित समझा था, जिससे बिना किसी झंझट में पड़ वह अपनी आर्थिक उन्नति कर सके।

(2) किसी देश का मोहरा न बनना—स्वतन्त्रता से पूर्व ही भारतीय नेताओं ने अपनी इसी नीति को स्पष्ट कर दिया था कि भारत स्वतन्त्रता के पश्चात् अपनी स्वयं की स्वतन्त्र विदेश-नीति अपनाएगा और किसी भी शक्ति पर भरोसा करके इसके इशारों पर नाचते हुए उसका मोहरा नहीं बनेगा। स्वतन्त्रता के पश्चात् भारत ने अपनी स्वतन्त्र विदेश नीति निर्धारित की और किसी भी गुट में इसी कारण सम्मिलित नहीं हुआ, क्योंकि ऐसा करके उसे उस गुट का मोहरा बनना पड़ता और उसी के संकेतों पर कार्य करने होते हैं।

(3) अमेरिका से प्रेरणा—अमेरिका ने जब ब्रिटिश दासता से स्वतन्त्रता प्राप्त की तो उस समय उसकी दशा अच्छी नहीं थी। ऐसी स्थिति में अमेरिका ने पार्थक्यवाद की नीति अपनाई। इस नीति को अपनाकर अमेरिका प्रत्येक क्षेत्र में विकास करना चाहता था। अमेरिका ने निश्चय ही अभूतपूर्व सफलता अपने उद्देश्य में प्राप्त की। उसने विश्व घटनाओं में उस समय तक हस्तक्षेप की आवश्यकता नहीं समझी, जब तक उसके स्वार्थों की कोई हानि नहीं पहुँची। भारत स्वतन्त्रता के समय की स्थिति भी लगभग अमेरिका के समान स्थिति थी और भारत भी अमेरिका के समान ही प्रगति करना चाहता था। अमेरिका का पार्थक्यवाद लगभग असंलग्नता के समान ही था। अमेरिका की परिस्थितियों से प्रेरणा लेकर भारत ने असंलग्नता की नीति अपनाई। 17 मार्च, 1950 को लोकसभा में बोलते हुए पंडित जवाहरलाल नेहरू ने कहा था—"नई स्वतन्त्रता प्राप्त करने वाले देश के लिए नीति अपनाना उचित तथा स्वाभाविक है।"

(4) स्वतन्त्र निर्णय प्रकट करने हेतु—स्वतन्त्रता से पूर्व ही यह स्पष्ट निश्चय कर लिया गया था कि भारत विश्व राजनीति में अपने स्वतन्त्र निर्णय लेगा। भारत ने निश्चय ही अनेक मामलों में अपने स्वतन्त्र निर्णय लिए हैं, भले ही संसार के अन्य देशों ने उन्हें स्वीकार किया हो, अथवा नहीं किया हो। भारत ऐसा इसीलिए कर सका है क्योंकि भारत ने असंलग्नता की नीति अपनाई थी। यदि भारत प्रारम्भ में ही किसी गुट के साथ संलग्न हो जाता तो उसे उस गुट के संकेतों के आधार पर ही निर्णय निर्धारित करने होते। गुट उस देश को आर्थिक

तथा अन्य सहायता इसी आधार पर देते हैं कि वह उनके संकेतों पर कार्य करता हुआ अपनी विदेश नीति निर्धारित करें। इसके अतिरिक्त संलग्न देश को सम्बन्धित गुट को इच्छानुसार ही देश की राजनीति में परिवर्तन लाना होता है। परन्तु भारत की विदेश नीति आरम्भ से ही किसी चाल में न आने की थी। इसीलिए उसने किसी गुट में सम्मिलित न होकर गुटनिरपेक्षता की नीति अपनाई। संसद के किसी सदस्य के यह परामर्श प्रदान किए जाने पर कि भारत को असंलग्नता की नीति त्यागकर किसी भी गुट में सम्मिलित हो जाना चाहिए' तो उसका उत्तर देते हुए पंडित जवाहरलाल नेहरू ने कहा—"किसी गुट में सम्मिलित होने का अर्थ क्या है? इसका केवल एक ही अर्थ है, वह यह कि किसी एक विशेष प्रश्न पर आप अपने विचारों को छोड़कर, किसी दूसरे को प्रसन्न करने हेतु अथवा उसकी सहानुभूति प्राप्त करने हेतु आप उसके विचारों को स्वीकार कर ले।"

(5) भौगोलिक स्थिति—भौगोलिक स्थिति ने भी भारत को असंलग्नता की नीति स्वीकार करने के लिए बाध्य किया था। यद्यपि स्वतन्त्रता से पूर्व भारत के पश्चिमी देशों से सम्बन्ध रहे थे और स्वतन्त्रता के पश्चात् भी भारतीय जनजीवन पर पश्चिमी प्रभाव था तथा पश्चिमी आधार पर ही भारत का शासन निर्धारित किया गया। परन्तु इतना होने पर भी भारत पश्चिमी गुट में सम्मिलित नहीं हो सकता था, क्योंकि रूस और चीन जैसे दो प्रमुख पश्चिम विरोधी देशों की सीमाएँ भारत के निकट थीं।

(6) विश्व का आदर प्राप्त करने हेतु—भारत चाहता था कि उसे विश्व में विशेष आदर प्राप्त हो। विशेष आदर प्राप्त करने के लिए भारत एक मध्यस्थ की भूमिका अदा करना चाहता था। भारत का विश्वास था कि जब दो शक्तिशाली गुटों में भयंकर मतभेद उत्पन्न होंगे तो यह मध्यस्थता के माध्यम से निरपेक्ष कार्य करके दोनों पक्षों की सहानुभूति प्राप्त कर विश्व का आदर पाएगा। भारत ने समय-समय पर ऐसी भूमिका अदा की और अनेक बार भारत संसार में आदर की दृष्टि से देखा गया।

(7) विदेशी सहयोग तथा सहायता प्राप्ति हेतु—स्वतन्त्रता के समय भारत को अपार विदेशी पूँजी, सहयोग और सहायता की आवश्यकता थी। भारत को अपनी प्रगति तथा विकास और योजनाओं की सफलता हेतु विदेशी सहायता चाहिए थी। यदि भारत किसी एक गुट में सम्मिलित हो जाता तो उसे केवल एक ही ओर से वह भी निश्चित मात्रा में सहायता प्राप्त होती। वह भी इस दशा में कि भारत सम्बन्धित गुट की आज्ञाओं का पालन करते हुए कार्य करे। परन्तु भारत

को तो अपार मात्रा में सहयोग की आवश्यकता थी और ऐसी सहायता की आवश्यकता थी जो दोनों ओर से ही प्राप्त हो सके। आर्थिक क्षेत्र में पश्चिमी गुट महत्वपूर्ण भूमिका अदा कर सकते थे, तो तकनीकी क्षेत्र में रूस की सहायता की आवश्यकता थी। कुछ लोगों का विचार था कि किसी गुट से संलग्न होने से अधिक सहायता प्राप्त हो सकेगी, परन्तु समय ने बताया कि भारत ने असंलग्न होकर पाकिस्तान से भी अधिक सहायता प्राप्त की, जो पश्चिमी गुटों के साथ संलग्न था।

इस प्रकार भारत ने अपनी स्वतन्त्र विदेश नीति रखते हुए भी अपार सहायता प्राप्त की। दोनों गुटों से सहायता प्राप्त कर भारत अपना आर्थिक विकास प्रारम्भ किया।

(8) बिना शर्त सहायता प्राप्त करना—यद्यपि भारत दोनों गुटों से सहायता चाहता था, परन्तु उसका प्रमुख उद्देश्य था वह बिना शर्त प्राप्त हो। यदि भारत किसी गुट में सम्मिलित हो जाता तो उसे जो सहायता प्राप्त होती वह सशर्त होती, परन्तु भारत ऐसी सहायता लेने को तैयार नहीं था। भारत की जितनी भी सहायता प्राप्त हुई, सब बिना शर्त हुईं। भारत ने अपनी नीति प्रारम्भ में ही स्पष्ट कर दी कि भारत जो भी सहायता विदेशों से प्राप्त करेगा वह बिना शर्त ही लेगा।

(9) विश्व में शान्ति बनाए रखने के उद्देश्य से—भारत ने असंलग्नता की नीति इस कारण भी स्वीकार की थी क्योंकि उसे ऐसा विश्वास था कि कदाचित वह ऐसा करके विश्व में शान्ति बनाए रखने के उद्देश्य में सक्रिय कार्य कर सकेगा। इसके अतिरिक्त नवीन भारत के लिए विश्व शान्ति आवश्यक भी थी। यदि विश्व में कहीं पर भी युद्ध होता है तो उसका प्रभाव प्रत्येक स्थान पर पड़ता है। भारत नहीं चाहता था कि भारत पर विश्व अशान्ति का प्रभाव पड़े। गुटों में सम्मिलित होने से शान्ति कभी भी स्थापित नहीं होती। विश्व शान्ति के उद्देश्य से ही भारत में असंलग्नता की नीति अपनाई थी जो भारत के हित में भी थी।

(10) तृतीय विश्वयुद्ध को रोकने हेतु—संसार दो भयानक विश्वयुद्धों का अनुभव कर चुका है। मात्र दो देशों के युद्धों का प्रभाव संसार के प्रमुख देशों पर पड़ जाता है, विश्वयुद्ध का प्रभाव तो अवश्यम्भावी है ही। भारत नहीं चाहता था कि ऐसा कोई तृतीय विश्वयुद्ध हो जाए, जिसका प्रभाव भारत पर पड़े और भारत की आर्थिक तथा सांस्कृतिक हानि हो। स्वर्गीय बर्टेन्ड रसेल ने कहा था कि "यदि तृतीय विश्वयुद्ध हुआ तो चौथा विश्व युद्ध पत्थरों और लाठियों से लड़ा जाएगा।"

बर्टेन्ड रसेल के इस कथन से स्पष्ट हो जाता है कि तृतीय विश्व युद्ध से

मानव सभ्यता को कितनी भयानक हानि होने की सम्भावना है। भारत नहीं चाहता था कि संसार किसी ऐसी भयानक अवस्था से निकले। इसके लिए भारत ने असंलग्नता की नीति अपनाई। भारत का विचार था कि इस प्रकार की नीति दूसरे देशों को भी प्रेरित करेगी और वे भी असंलग्न होकर शान्ति की दिशा में कार्य करेंगे।

पंडित जहवाहरलाल नेहरू के अनुसार, "मेरे विचार में भारत युद्ध को रोकने के लिए महत्वपूर्ण तथा प्रभावशाली अभिनय कर सकता है।"

(11) विचार प्रकट करने की स्वतन्त्रता बनाए रखना—भारत ने अपने स्वतन्त्र विचार प्रकट करने की नीति के कारण भी असंलग्नता की नीति अपनाई थी। भारत किसी भी गुट में इसलिए सम्मिलित होने के पक्ष में नहीं था क्योंकि ऐसा करके भारत अपने विचारों को स्वतन्त्र रूप से नहीं रख सकता था। संलग्न राष्ट्र चाहते हुए भी उस गुट के विरुद्ध कुछ कहने का साहस नहीं कर सकते, जिस गुट के साथ वे संलग्न होते हैं। परन्तु भारत अपने विचार स्वतन्त्र रूप से प्रकट करने का इच्छुक था। इस कारण भारत ने किसी गुट के साथ संलग्न होना उचित नहीं समझा। एक ओर तो भारत ने रूस का चेकोस्लोवाकिया में हस्तक्षेप उचित नहीं बताया तो दूसरी ओर पश्चिमी देशों की साम्राज्यवाद तथा उपनिवेश नीति का भारत ने विरोध किया। ऐसा इसलिए सम्भव हो सका क्योंकि भारत ने असंलग्नता की नीति अपनाई थी।

(12) पाकिस्तान का पश्चिमी गुटों में सम्मिलित होना—भारतीय असंलग्नता की नीति का एक कारण यह भी था कि पाकिस्तान गुटों में सम्मिलित हो गया था। पाकिस्तान प्रारम्भ से ही भारत के प्रति शत्रुतापूर्ण रवैया अपनाता रहा था। अतः ऐसे गुट में सम्मिलित होकर कार्य नहीं कर सकता था, क्योंकि पाकिस्तान अंड़गे की नीति अपनाता। दूसरी ओर यदि भारत साम्यवादी गुट में सम्मिलित हो जाता, तो भारत और पाकिस्तान के मध्य तथा इसी आधार पर पूर्व और पश्चिम के गुटों में भयानक रूप से शीत युद्ध प्रारम्भ हो जाता जो भारत नहीं चाहता।

(13) शक्ति सन्तुलन बनाए रखने हेतु—भारत का यह भी विचार था कि यदि विश्व में शक्ति सन्तुलन बनाया रखा जाए तो इससे युद्धों की सम्भवनाओं पर रोक लग सकती थी। अतः भारत ने स्वयं तो गुटनिरेपक्ष की नीति अपनाई ही, दूसरे अन्य देशों को भी असंलग्नता नीति अपनाने को प्रेरित किया, जिससे महान् शक्तियों के मध्य शक्ति सन्तुलन बनाए रखने हेतु कार्य किया जा सके। बर्मा, इंडोनेशिया, तथा अफ्रीका इत्यादि ने भारत के प्रोत्साहन से इस ओर कार्य किया।

भारत ने एक प्रमुख गुटनिरपेक्ष देश होने के कारण इनका मार्गदर्शन किया। इस प्रकार गुटनिरपेक्ष देशों ने शक्ति सन्तुलन को प्रभावित किया।

(14) अन्तर्राष्ट्रीय प्रतिष्ठा पाना—भारत को अपनी स्वतन्त्रता के समय अन्तर्राष्ट्रीय प्रतिष्ठा प्राप्त करने की भी आवश्यकता थी। यदि भारत किसी गुट में सम्मिलित हो जाता तो कदाचित् भारत को उतनी अन्तर्राष्ट्रीय प्रतिष्ठा प्राप्त न होती, जितनी असंलग्न होने से हुई। भारत ने स्वतन्त्र रूप से विश्व की समस्याओं पर अपने विचार प्रकट किए तथा उन्हें सुलझाने में सहयोग दिया। इससे अन्तर्राष्ट्रीय क्षेत्र में भारत की प्रतिष्ठा में वृद्धि हुई।

भारत की गुटनिरपेक्ष नीति के प्रयोग

गुटनिरपेक्ष अथवा असंलग्नता की नीति को समझ लेने के पश्चात् अब हमें भारतीय गुटनिरपेक्ष नीति के प्रयोग को प्रारम्भ से अब तक समझ लेना चाहिए। समय-समय पर गुटनिरपेक्षता की नीति के प्रयोग का अध्ययन हम काल विभाजन के आधार पर करेंगे।

5. 1962 का चीनी आक्रमण और असंलग्नता की नीति

अब हम 1962 में हुए चीनी आक्रमण तथा उसके पश्चात् की असंलग्नता की नीति का अध्ययन करेंगे। अभी तक भारत अपने राष्ट्रीय हितों के आधार पर कभी पश्चिमी और कभी रूसी पक्ष का समर्थन कर रहा था, परन्तु फिर भी असंलग्न था और किसी गुट में नहीं मिला था। 1962 में चीनी आक्रमण के समय भारत की असंलग्नता की कड़ी परीक्षा हुई और कूटनीति के क्षेत्रों में कहीं-कहीं यह विश्वास व्यक्त किया जाने लगा कि कदाचित् भारत अब किसी-न-किसी गुट के साथ संलग्न हो जाएगा। हम 1962 में भारत पर हुए चीनी आक्रमण के सन्दर्भ नीति अर्थात् असंलग्नता की नीति का अध्ययन करेंगे।

चीन ने जब सुनियोजित ढंग से विशाल पैमाने पर भारत पर आक्रमण किया तो अनेक क्षेत्रों में यह कहा जाने लगा कि भारत का असंलग्नता की नीति असफल हो चुकी है और भारत को उसका त्याग कर किसी गुट में सम्मिलित हो जाना चाहिए। तत्कालीन जनसंघ तथा स्वतन्त्र पार्टी और अनेक व्यक्तियों ने तीव्र माँग की कि भारत को असंलग्नता से कुछ नहीं मिला है। अतः भारत द्वारा इस नीति का परित्याग कर देना चाहिए। इसके अतिरिक्त कुछ क्षेत्रों में यह विश्वास किया जाने लगा था कि भारत ने चीनी आक्रमण से भयभीत होकर असंलग्नता की

नीति का परित्याग ही कर दिया है। इसका कारण यह था कि पंडित जवाहरलाल नेहरू ने चीनी आक्रमण के समय 25 अक्टूबर 1962 को कहा था कि "हमारी आँखें चीनी आक्रमण ने एकदम खोल दी है। अभी तक भारत ने वास्तविक तथ्य की ओर नहीं देखा था। हम अपने आप निर्मित कृत्रिम वातावरण में निवास कर रहे थे।" पंडित जी के इस भाषण का अर्थ राजनीति के क्षेत्र में यह लगाया गया कि कदाचित् चीनी आक्रमण के द्वारा पंडित जी का विश्वास असंलग्नता पर से उठ गया है। ऐसा विचार करने का एक अन्य कारण यह था कि भारत को अन्य असंलग्नत राष्ट्रों तथा लंका घाना इत्यादि से आशा से अनुरूप सहायता प्राप्त नहीं हुई थी। ऐसी परिस्थितियों में यह विचार किया जाने लगा कि स्वयं पंडित जी ने असंलग्नता की नीति को असफल मान लिया है। जब चीनी गतिविधियाँ तीव्र होने लगीं तो भारत को अमेरिका तथा ब्रिटेन से सहायता प्राप्त करनी पड़ी और इन देशों ने आशा के अनुरूप सहायता प्रदान भी की। ऐसी परिस्थिति में सरकार विरोधी क्षेत्रों तथा अन्य आलोचकों द्वारा कहा गया कि सरकार से असंलग्नता की नीति त्याग दी है और इस सम्बन्ध में सरकार को स्पष्ट घोषणा कर देनी चाहिए। 21 नवम्बर 1962 के "दैनिक हिन्दुस्तान" में छपे एक लेखा में आचार्य कृपलानी ने शासन से प्रश्न किया—"क्या सरकार अब भी असंलग्नता का दावा कर सकती है?"

इस प्रकार पंडित जवाहरलाल नेहरू पर दोहरा दबाव पड़ने लगा "एक ओर तो कहा गया कि ऐसे समय में जबकि राष्ट्र संकट की अवस्था में से गुजर रहा है और असंलग्नता से कोई लाभ नहीं हुआ है, तो भारत को असंलग्नता की नीति तुरन्त त्याग देनी चाहिए।"

दूसरी ओर कहा जा रहा था कि रक्षा के लिए जब विदेशों से भारी मात्रा में सहायता प्राप्त हो रही है तो एक प्रकार से भारत की असंलग्नता की नीति समाप्त हो जाती है। इससे तो अच्छा यही है कि भारत स्पष्ट रूप से असंलग्नता की नीति का त्याग करने की घोषणा कर दे। परन्तु आलोचकों ने पंडित जवाहरलाल नेहरू की कूटनीति का अध्ययन नहीं किया था। पंडित जी ने अपनी चतुराई से जहाँ पश्चिमी गुट से युद्ध सामग्री प्राप्त की थी, वहीं उन्होंने रूस से भी युद्ध सामग्री प्राप्त करने में सफलता प्राप्त की थी। यह एक बहुत बड़ी सफलता थी, क्योंकि रूस ने अपनी साम्यवादी भाई चीन के विरुद्ध एक गुटनिरपेक्ष मित्र को सहायता प्रदान की थी।

यद्यपि पंडित जवाहरलाल नेहरू को चीनी आक्रमण से गम्भीर आघात पहुँचा था, परन्तु फिर भी पंडित जी ने विरोधियों और आलोचकों की आलोचना को अपने

तर्कों से व्यर्थ सिद्ध किया और असंलग्नता की नीति पर चलते रहे। पंडित जवाहरलाल नेहरू ने कहा कि भारत ने जो भी सहायता प्राप्त की है, वह बिना शर्त प्राप्त की है। पंडित नेहरू ने विरोधियों के इस तर्क को मानना भी अस्वीकार कर दिया कि असंलग्नता की नीति खोखली है। पराजय के पश्चात् भी पंडित जवाहरलाल नेहरू कहते रहे कि असंलग्नता की नीति देश और संसार के हित में है। नेहरू के समर्थकों द्वारा यह तर्क प्रस्तुत किया गया कि अमेरिका के साथ संलग्न होने पर न तो कोरिया और जर्मनी का एकीकरण सफल हो सका है और न पाकिस्तान को कश्मीर ही प्राप्त हुआ है।

नेहरू के विख्यात एवं असंलग्नता की कड़ी परीक्षा उस समय हुई जब नेहरू जी ने चीनी आक्रमण के समय अमेरिका से सहायता माँगी जो अमेरिका ने तुरन्त अपनी वायु सेना द्वारा 90 घण्टे के अन्दर 1000 टन युद्ध सामग्री पहुँचाई। ऐसी परिस्थिति में अमेरिका को विश्वास हो गया था कि भारत अब संयुक्त राष्ट्र संघ में चीन के प्रवेश का समर्थन नहीं करेगा, परन्तु शीघ्र ही जब संयुक्त राष्ट्र संघ में चीन के प्रवेश का प्रश्न आया तो भारत ने अपनी असंलग्नता की नीति का परिचय देते हुए चीन के संयुक्त राष्ट्र संघ में प्रवेश का समर्थन किया। इस प्रकार 1962 के चीनी आक्रमण के समय भारत की असंलग्नता नीति की कड़ी परीक्षा हुई, जिसमें भारत सब कुछ रोकने के बाद भी अपने आदर्शों और सिद्धान्तों से नहीं डिगा। इसलिए भारत एक विश्वसनीय देश के रूप में जाना जाता है और चीन को आक्रामक दृष्टि से देखा जाता है। असंलग्न देश को अधिक लाभ हुआ और भारत की असंलग्नता की नीति एक बार फिर खरी उतरी।

6. श्रीमती इन्दिरा गांधी के काल में गुटनिरपेक्षता की नीति

श्री लाल बहादुर शास्त्री के आकस्मिक निधन के पश्चात् श्रीमती इन्दिरा गांधी भारत की प्रधानमन्त्री बनीं। उनके नेतृत्व में भी भारत गुटनिरेपक्षता की नीति पर दक्षतापूर्वक आगे बढ़ा। विभिन्न दबावों के बावजूद देश की विदेश नीति किसी भी महाशक्ति अथवा गुट-विशेष के प्रभाव से अप्रभावित रही। उन्होंने आवश्यकतानुसार पश्चिमी राष्ट्रों की भी आलोचना की और रूस की भी। अमेरिका की अप्रसन्नता के बावजूद वियतनाम के प्रति भारत ने अपनी पूर्ववर्ती नीति बनाए रखी तो चैकोस्लोवाकिया की घटना पर भारत पर भी रूसी कार्यवाही के विरुद्ध अपना गहरा क्षोभ प्रकट करने से नहीं चूका।

अमेरिका ने प्रारम्भ से भारत के प्रति दबाव की नीति अपनाई, लेकिन अपनी धमकियों का कोई लाभ नहीं उठा सका। बांग्लादेश के सन्दर्भ में उसे लज्जाजनक

कूटनीतिक पराजय का मुख देखना पड़ा, जबकि रूस के मैत्रीपूर्ण रुख का स्वागत किया गया। भारत ने रूस के साथ 9 अगस्त, 1971 को 20 वर्षीय मैत्री-सन्धि की, लेकिन इस सन्धि से गुटनिरपेक्षता और स्वतन्त्र निर्णय-शक्ति पर कोई आँच नहीं आई। इस सन्धि की धारा 4 में यह स्पष्ट उल्लेख है कि सोवियत संघ भारत की गुटनिरपेक्ष नीति को स्वीकार करता है और उसे विश्व शान्ति के लिए उपयोगी मानता है। सन्धि के सभी अनुच्छेदों की शब्दावली शक्तिपूर्ण सह-अस्तित्व की विचारधारा को पुष्ट करने वाली, सैनिक गठबन्धनों का विरोध करने वाली तथा विवादों को 'पारस्परिक-सम्मान और सूझ-बूझ द्वारा द्वि-पक्षीय ढंग से' निपटाने की समर्थक है। दिसम्बर, 1971 में बंगलादेश के प्रश्न पर हुए युद्ध ने गुटनिरपेक्षता की नीति पुनः उचित सिद्ध किया। पाकिस्तान के सहायक केवल गीदड़ भभकी दिखाकर रह गए।

सन्धि का महत्व

1950 में भारत और सिक्किम के मध्य जो संधि हुई वह बहुत ही महत्वपूर्ण थी। अब सिक्किम सन्धि द्वारा पूर्णरूप से भारत के संरक्षण में आ गया था। केवल भारत की इच्छा से ही वह अन्य देशों से वैदेशिक सम्बन्ध रख सकता था, और सहायता प्राप्त कर सकता था। इतना ही नहीं सिक्किम अपनी आन्तरिक व्यवस्था के लिए भी स्वतन्त्र नहीं था। यद्यपि भारत ने अपनी उदार नीति के कारण सिक्किम को आन्तरिक व्यवस्था में स्वतन्त्रता प्रदान की थी, परन्तु फिर भी भारत जब भी चाहता सिक्किम सरकार को परामर्श देने का अधिकार रखता था, उसे राज्य परिषद् की अध्यक्षता करने का भी अधिकार प्राप्त था। भारत की स्वतन्त्रता के पश्चात् भारत पर अंग्रेजों का उत्तराधिकारी होने के कारण वे सभी उत्तरदायित्व आ गए, जो ब्रिटिश भारत के पास थे।

भारत तथा सिक्किम के मध्य मतभेद

इतना सब होने के पश्चात् भी 1970 तक भारत और सिक्किम के मध्य कुछ मतभेद से उत्पन्न हो गए थे। सिक्किम में एक माँग जोर पकड़ने लगी थी कि सिक्किम को नेपाल के समान एक स्टेट का दर्जा दिया जाना चाहिए तथा भारत का संरक्षण सिक्किम पर से समाप्त कर दिया जाना चाहिए। सिक्किम की जनता तथा राजनैतिक दलों की ओर से माँग उठी थी तथा काजी लैण्डुप दौरजी के दल का मत था कि सिक्किम पर भारत सरकार का आवश्यकता से अधिक नियन्त्रण है, इस नियन्त्रण में कमी की जानी चाहिए। एस्टेब्लिशमेंट नामक एक समाचार

पत्र द्वारा भारत सिक्किम सन्धि के नवीनीकरण का प्रस्ताव भी रखा था यद्यपि भारत और सिक्किम के मध्य नवीनीकरण सन्धि के सम्बन्ध में कोई भी प्रश्न नहीं उठा परन्तु भारत की सहायतापूर्ण नीति के कारण सिक्किम के शासक और भारत के शासक और भारत के मध्य विशेष तनाव की स्थिति नहीं आई। कभी-कभी सिक्किम में ऐसी अफवाहें उड़ने लगती थीं कि भारत सिक्किम शासन के विरुद्ध षड्यन्त्र कराने का प्रयत्न करता रहा है। इन अफवाहों का प्रमुख आधार यह रहा कि सिक्किम में भी राजतन्त्र के विरुद्ध उपद्रव तथा आन्दोलन होते रहे हैं और भारत भी एक प्रकार से यह चाहता रहा है कि यहाँ पर प्रजातान्त्रिक प्रणाली की कोई सरकार बन जाए, तो भारत सरकार से तालमेल हो जाएगा क्योंकि भारत में भी प्रजातान्त्रिक प्रणाली है। इस कारण भारत का ऐसा सोचना स्वाभाविक था। 1973 मे सिक्किम में जो राजनैतिक उपद्रव हुआ था, उसके सम्बन्ध में भी सिक्किम के कुछ क्षेत्र में ऐसा विचार रहा है कि उसके पीछे भारत का हाथ था। स्वयं सिक्किम के चोग्याल (शासक) की बड़ी बहिन ने हाँगकाँग में भारत पर यह आरोप लगाया था कि भारत ने हस्तक्षेप करने के बहाने सिक्किम में इस षड्यन्त्र का आयोजन किया था। यद्यपि चोग्याल ने इस आरोप का खंडन कर दिया था परन्तु सिक्किम में इस विचारधारा ने जोर पकड़ लिया। एन.सी. मेनन के अनुसार, "शिक्षित वर्ग में यह विश्वास घर कर गया कि 1973 के उपद्रव की योजना भारत द्वारा बनाई गई थी।

7. 1973 का सिक्किम का चुनाव तथा प्रतिक्रिया

सिक्किम में राज्य परिषद् के माध्यम से शासन चलता था। इस परिषद् में 18 सदस्य निर्वाचित होते थे तथा शेष 6 सिक्किम के चोग्याल द्वारा मनोनीत किए जाते थे। 18 सदस्य यद्यपि जनता द्वारा चुने जाते थे, परन्तु मताधिकार सीमित होने से जनता के अधिकांश व्यक्ति इस चुनाव में भाग नहीं ले सकते थे। 1973 में जो चुनाव हुए थे, उससे जनता प्रसन्न नहीं हुई और वहाँ के दो प्रमुख **दलों, राष्ट्रीय कांग्रेस तथा घोषणा की।** हिन्द महासागर के विसैन्यीकरण के विषय में श्री कार्टर ने सोवियत संघ के सम्मुख प्रस्ताव रखा है कि रूस के इस क्षेत्र से हटने पर अमेरिका भी हट जाएगा।

23 जुलाई, 1977 को अमेरिका के विदेश एवं सचिव श्री वारेन क्रिस्टोफट ने भारत यात्रा की। श्री क्रिस्टोफट ने बताया कि अमेरिका यह चाहता है कि भारत दक्षिण एशिया का नेतृत्व करे। अमेरिका को विश्वास है कि इस उपमहाद्वीप पर भारत का अच्छा असर रहेगा।

1 जनवरी, 1978 को अमेरिका के राष्ट्रपति श्री जिम्मी-कार्टर ने भारत की यात्रा की। इन दोनों देशों के बीच सद्‌भाव बढ़ा। इस यात्रा के परिणामस्वरूप भारत को तारापुर परमाणु संयन्त्र में लिए संशोधित यूरेनियम देने की बात भी श्री कार्टर ने कहीं। इस ईंधन की एक खेप भारत को मिली भी, लेकिन बाद में इसमें अड़चन डाल दी गई। 29 नवम्बर, 1978 को अमेरिका की वाणिज्य मन्त्री श्रीमति हवा नोटा क्रेप्स ने भारत की यात्रा की। उन्होंने कहा कि अमेरिकी राष्ट्रपति श्री कार्टर की भारत के साथ सहयोग करने की प्रबल इच्छा है, क्योंकि भारत विश्व का सबसे बड़ा प्रजातन्त्र है।

आजकल भारत और अमेरिका के सम्बन्ध लगभग सामान्य हैं। अमेरिका ने पाकिस्तान द्वारा परमाणु बम बनाए जाने के कारण आर्थिक सहायता बन्द कर दी है। आशा है इससे भारत अमेरिकी सहयोग और बढ़ेगा।

8. अमेरिका की एशियाई विदेश नीति

अमेरिका पूरी दुनिया पर शासन करता है। मानवधिकार एवं लोकतन्त्र के नाम पर दुनिया भर के देश उसके नव साम्राज्यवादी ढांचे के कल-पुर्जे बनकर रह गये हैं। विश्व के सभी महादेशों एवं महाद्वीपों में उसने अथवा उसके सहयोगियों ने अपने फौजी मुद्दे कायम कर रखे हैं। उसके फौजी मुद्दे भी लोकतंत्र एवं मानवाधिकार के नाम पर ही टिके हुए हैं तथा अमेरिका के नाम को रौशन कर रहे हैं। इसके तहत अमेरिका ने सभी राष्ट्रों के साथ कूटनीतिक, रणनीतिक एवं राजनायिक सम्बन्ध जोड़ रखे है।

जापान अमेरिका के लिए कर्जदाता है। जापान विश्व की तीसरी सबसे बड़ी अर्थव्यवस्था वाला देश है। जापान विश्व का पांचवां सबसे बड़ा ग्रीन हाउस उत्सर्जक देश है। अमेरिका इसलिए भी किसी सहमति की तलाश में था। जापान स्थित अमेरिकी फौजी अड्डे बन्द करना चाहते हैं। जापानी जनमत इस फौजी अड्डे के खिलाफ है। दरअसल जापान एक राष्ट्रीय सेना कायम करना चाहता है। जापानी अब पश्चिम की अपेक्षा पूरब के पड़ोसियों से अपने रिश्ते प्रगाढ़ करना चाहते हैं, खासकर चीन के साथ, हालांकि चीन के साथ जापान के सम्बन्ध उतने मधुर नहीं है। चीनी जापानियों को हमलावर साम्राज्यवादी मुल्क मानते हैं, जबकि चीन विश्व के बड़े बाजारों में है। जापान और अमेरिका को लेकर अमेरिका और जापान दोनों को चिन्ताएं समान हैं, खासकर उसके परमाणु कार्यक्रम को लेकर। अमेरिका की पूर्व विदेश मन्त्री कोण्डालीजा राइस ने 10 जुलाई 2005 को बीजिंग

में चीनी प्रधान मन्त्री वेन जियाबाओ के साथ बातचीत में चीन की बेतहाशा बढ़ती सैनिक ताकत से पूर्वी एशिया के लिए पैदा खतरों के प्रति अपनी चिन्ताओं से अवगत कराया था।

जापानियों की युवा पीढ़ी में अमेरिकियों के प्रति बदगुमानी पायी जाती है। जापान के ओकोनवा द्वीप में तैनात 50 हजार अमेरिकी फौजों को वे देखते, क्योंकि जापानी युवतियों के साथ वे छेड़खानी करते हैं और बत्तमीजी से पेश आते है। जापानी युवा पीढ़ी इसे अर्द्धगुलामी का प्रतीक मानती है। जापानी चाहते हैं कि जापान की अपनी एक राष्ट्रीय सेना हो। आखिर अमेरिकी सेना उनके हितों की रक्षा क्यों करे? जापानी द्वीप ओकीनावा पर अमेरिकी फौजी अड्डा जापान के राष्ट्रीय पराभव का प्रतीक है। जापान का नया नेतृत्व जहां जापानी नौजवानों एवं छात्रों को पढ़ने-लिखने तथा प्रशिक्षण के लिए मोटे वजीफा की पेशकश कर रहा है, वहीं अमेरिकी भी जापानी युवा पीढ़ी के भीतर पल रहे आक्रोश को आंकते एवं समझते हैं। इसकी भरपाई अमेरिकी जापान को सिक्यूरिटी कौंसिलकी स्थायी सीट देकर करना चाहते हैं, जिसका चीन विरोध करता है।

अमेरिकी राष्ट्रपति ओबामा के एशियाई दौरे में जापान के बाद चीन का महत्व खुलकर सामने आया दरअसल कई कारणों से अमेरिका के लिए चीन का महत्व काफी बढ़ गया है। सबसे बड़ी बात यह कि चीन विश्व का सबसे बड़ा बाजार है। अमेरिका और चीन के बीच 184 अरब डालर का व्यापार होता है। अमेरिका चीन का कर्जखोर मुल्क बन चुका है। अमेरिका और चीन विश्व के दो बड़े कार्बन उत्सर्जक देशों में से है। इसीलिए अमेरिका चीन के साथ जलवायु परिवर्तन सन्दर्भ में व्यापक सहमति की तलाश में है। चीनियों ने अमेरिकी बैंकों में पैसे लगा रखे हैं अमेरिका की परेशानी उत्तर कोरिया को लेकर भी है, हालांकि उत्तर कोरिया से निबटने की चाबी चीन के पास है।

अमेरिकी राष्ट्रपति बराक ओबामा की दक्षिण कोरिया के राष्ट्रपति लीम्युंग बाक से भी बातें हुई तथा दोनों ने संयुक्त संवाददाता सम्मेलन को सम्बोधित किया। दोनों के बीच इस समझ पर सहमति पायी गयी कि उत्तर कोरिया पहले उकसाने का काम करता है, साथ ही साथ रियायतों की मांग भी। दक्षिण कोरियाई राष्ट्रपति ली म्युंग बाक का इस सन्दर्भ में यह कहना था कि अगर उत्तर कोरिया अपने महत्वाकांक्षी परमाणु कार्यक्रम पर विराम लगा देता है अथवा परित्याग कर लेता है, तो वह हमारी तरफ से बड़े पैमाने पर आर्थिक पैकेज का हकदार हो

सकता है। इससे उत्तर कोरिया के आवाम के जीवन स्तर में उल्लेखनीय सुधार की सम्भावनाएं पैदा होंगी। अपने कार्यकल में ही अमेरिकी राष्ट्रपति बराक ओबामा अफगान युद्ध समाप्त होते देखना चाहते थे। ओबामा ने स्पष्ट कहा कि अफगानिस्तान में वर्षो तक सेना की मौजूदगी से अमेरिका का भला नहीं होगा। ओबामा ने कहा कि वह अपने बाद आने वाले राष्ट्रपति के लिए कोई काम अधूरा छोड़ना नहीं चाहते, साथ ही इन्होंने दुनिया को आश्वासन दिया कि अगले साल तक गवांतों नामों जेल बन्द हो जायेगा। ईरान के लिए उनका सन्देश है कि हमारा प्रस्ताव स्वीकार करो, अथवा प्रतिबन्धों को झेलो एवं उनका सामना करो।

अमेरिका की विदेश नीति सन् 1965 से ही पाकिस्तान के पक्ष में रही है। इसी दृष्टिकोण के चलते वह पाकिस्तान को धन और हथियार दोनों दे रहा है। चीन और अमेरिका को दक्षिण एशिया के किसी ऐसे देश की जरूरत है, जो भारत को युद्ध या युद्ध जैसी स्थिति में बराबर उलझाये रखे, ताकि भारत विश्व की महाशक्ति न बन सके। इसके लिये उन्हें पाकिस्तान से अच्छा और कोई दूसरा देश नहीं मिल सकता है। इसलिए चीन और अमेरिका दोनों पाकिस्तान की सहायता करते रहेंगे।

आतंकवाद से भारत जूझ रहा है, पाकिस्तान नहीं। पाकिस्तान और तालिबान एक ही हैं, कभी भी एक हो सकते हैं, इसलिए जो भी सहायता करनी हो भारत की करें।

चीन विश्व की महाशक्तियों में एक है। दक्षिण एशिया में उसका वर्चस्व भी है। भारत को हर क्षण सावधानी बरतनी होगी अन्यथा ठीक उसी प्रकार काश्मीर को भारत के हाथ से निकालने की कोशिश होगी। काश्मीर रात दिन दहकता अंगारा हो रहा है, प्रदर्शन, गोलाबारी, कर्फ्यू और धर पकड़, यही वहाँ का जीवन है। भारत की सेनाओं के लिए सिरदर्द तैयार करना ही अमेरिका और चीन का काम है।

भारत सरकार अपना संपूर्ण खजाना कश्मीर में लूटा दे तब भी वहाँ प्रदर्शन, विरोधी हरकतें रूकने वाली नहीं हैं।

यह नपी तुली बात है कि चीन के विरूद्ध भारत का साथ अमेरिका दे सकता है, किन्तु पाकिस्तान के विरूद्ध नहीं। अमेरिका को पता है कि भारत और रूस मित्र रहे हैं अस्तु उन्हें विवश बनाकर रखना ही उचित है अन्यथा कभी भी चीन, भारत और रूस एक मंच पर आए तो अमेरिका के लिए खतरा पैदा कर सकते हैं। ऐसे में यदि भविष्य में अमेरिका पाकिस्तान की सहायता करता है तो मान लिया जायेगा कि अमेरिका उसका पोषण कर रहा है।

पूर्ववती अमेरिकी राष्ट्रपति जार्ज बुश और वर्तमान राष्ट्रपति ओबामा की अमेरिकी विदेशी नीति में स्पष्ट बदलाव के संकेत है। ओबामा की विदेश नीति संघर्ष की जगह सहयोग पर आधारित है, जिसके कई स्तम्भ है। एशिया में छुट भैंयों की चाबी बड़ भैयों के हाथ में थमा रखी है। ईरान को साधने के लिए जहां उसने रूस को उपयुक्त समझने के लिए उसने आसियान को लगा रखा है तो चीन के लिए हिन्दुस्तान और जापान को चुना है। आस्ट्रेलिया तो पश्चिमी राष्ट्रों का खासम-खास है ही, जिसने अफगानिस्तान की लगाम थाम रखी है। इस प्रकार अमेरिका की एशियाई विदेश नीति कई खम्भों एवं मेहराबों पर खड़ी है। जहां तक भारत का सवाल है, उसने अपने हिन्दुस्तानी शागिर्दो को भी मायूस नहीं किया। भारत अमेरिका एटमी करार शीघ्र लागू करने पर सहमत हो गये। प्रधान मन्त्री मनमोहन सिंह और अमेरिकी राष्ट्रपति बराक ओबामा ने एक संयुक्त संवाददाता सम्मेलन को सम्बोधित किया, जिसमें ओबामा ने कहा कि भारत एक उभरती हुई विश्व शक्ति है, जिसकी अनदेखी नामुमकिन है। अमेरिका भारत और पाकिस्तान के बीच हस्तक्षेप करने का कोई इरादा नहीं रखता। तथ्यों के आधार पर स्पष्ट है कि चीन अपनी हरकतों से कभी बाज आ नहीं सकता। यह अलग बात है कि भारत आज तक उसकी चालों को न तो समझ सका है और न समझने की चेष्टा करता ही नजर आता है। अभी हाल में छपी खबरों के अनुसार चीन ने ब्रह्मपुत्र नदी पर दुनिया का सबसे ऊंचा बांध बनाने की परियोजना पर काम करना आरम्भ कर दिया है। हमारे विशेषज्ञों एवं अन्य बुद्धिजीवियों का मानना है कि इस बांध के बन जाने से भारत एवं बंग्लादेश के लिए युद्ध से भी खतरनाक हालात पैदा हो जायेंगे। जल के भण्डारण के कारण गर्मियों में चीन पानी का बहाव रोक देगा, यहां के लोगों को प्यासा मरने पर मजबूर कर देगा और बरसात के दिनों में वह पानी छोड़ेगा, जिससे यहां दोनों ही देशों में बाढ़ की हालत पैदा हो जायेगी। यानी जो काम वह युद्ध के माध्यम से नहीं कर पायेगा, वह काम वह इस कूटनीति से कर देगा। भारत के मन्त्री श्री कृष्णा का कहना है कि उन्हें इस बारे में पूरी जानकारी है, लेकिन चीन द्वारा बनाये जाने वाले इस प्रस्तावित बांध से भारत को कोई खतरा नहीं है। कमाल है! एक आम आदमी को भी वह खतरा भांपने में देर नहीं लगी, लेकिन एक हमारे मन्त्री जी है और हमारी सरकार है कि उन्हें खतरों का आभास मीलों तक नहीं है। शायद जब कुछ हो जायेगा तब ये कहेंगे-हां, हमारे आकलन में गलती थी तथा हमसे भूल हुई, लेकिन तब तक तो पानी सिर के ऊपर से गुजर चुका होगा।

9. विश्व की राजनीति में भारत की भूमिका

आज की दुनिया में भारत खुद में एक महाशक्ति बन चुका है। हालांकि पूरी दुनिया इसे स्वीकार करने लगी है लेकिन भारत के नीति नियामक अभी भी अपने बढ़ते रुतबे के सच को स्वीकार नहीं पाए है। इसलिए जब वे महाशक्तियों से रूबरू होते हैं तो भारतीय मानसिकता की कमजोरियां उजागर होने लगती है।

इसीलिए भारत-चीन रिश्तों की 60वीं वर्षगाठ पर जब भारत के विदेश मंत्री बीजिंग गए तो उन्होंने संयुक्त राष्ट्र सुरक्षा परिषद में स्थाई सीट के लिए भारत को समर्थन देने की बात शुरू कर दी। दुनिया की एक उभरती हुई ताकत को यह शोभा नहीं देता कि ठुकराए जाने के बाद भी वह बार बार एक ही चीज के लिए समर्थन मागता रहे। इससे भी बड़ी दिक्कत यह है कि जब **दुनिया के देशों को फेहरिस्त में भारत की बढ़ती से भारत ने खुद** अपनी कमजोरी जाहिर कर दी है।

चीन सुरक्षा परिषद में भारत की उम्मीदवारी का समर्थन नहीं करने वाला, कम से कम निकट भविष्य में तो नहीं। जो लोग इतनी छोटी सी बात नहीं समझ सकते हैं, उन्हें देश की विदेश नीति चलाने का कोई अधिकार नहीं। और अगर वह बात बार-बार पूछने से किसी के मन को शान्ति मिलती है तो कम से कम यह बात ऐसी जगह पूछी जा सकती थी जिससे वह सार्वजनिक रूप से प्रकाश में न आ सके। इससे ऐसा तो नहीं लगता कि भारत का अपमान हो रहा है। हर बार जब भारत चीन से समर्थन मांगता है और चीन मना कर देता है तो ऐसा लगता है जैसे वह चीन की उस हैसियत पर मुहर लगा रहा हो जिसमें भारत के सुरक्षा परिषद में जाने का रास्ता चीन की रजामंदी से ही निकलता हो।

सवाल यह भी पूछा जाना चाहिए कि भारत अपनी राजनायिक ताकत एक ऐसे मसले पर क्यों व्यर्थ कर रहा है, जो किसी भी तरह से हाल फिलहाल में नहीं निपटने वाला है। भारत को इसकी इतनी ज्यादा परवाह क्यों करनी चाहिए। खासतौर पर जब संयुक्त राष्ट्र की नाकामी लगातार उजागर हो रही है। भारत का राजनैतिक वर्ग इसे अभी भी विश्व रंगमंच के एक महत्वपूर्ण खिलाड़ी के रूप में देखता है, और उसे लगता है कि इसमें निवेश किया जाना चाहिए। ऐसी संस्था में महत्वपूर्ण भूमिका का यह मोह उस समय महत्वपूर्ण हो सकता था जब भारत विश्व राजनीति के केन्द्र से दूर था। आज यह स्थिति नहीं है इसलिए भारत को उस पुरानी विश्वदृष्टि से बाहर निकलना ही होगा। और देखा जाए तो भारत का

संयुक्त राष्ट्र के साथ अनुभव कोई खास अच्छा भी नहीं रहा। भारत ने जब भी संयुक्त राष्ट्र के समर्थन की उम्मीद की, भारत का नुकसान ही हुआ। क्योंकि भारत की इच्छा हमेशा से विश्व राजनीति का एक जिम्मेदार देश कहलाने की रही है। इसलिए भारतीय विदेश नीति में संयुक्त राष्ट्र की एक महत्वपूर्ण जगह रही है। लेकिन अब इस सोच से मुक्ति पाने का समय आ गया हे कि भारत जल्द ही सुरक्षा परिषद का सदस्य बन सकता है और वह भी चीन के समर्थन से। इसके बजाए भारत के नीति नियामकों को उस स्थिति की तैयारी शुरू कर देनी चाहिए जब विश्व राजनीति में भारत की भूमिका की वजह से उसे सुरक्षा परिषद का सदस्य बनने के लिए आमंत्रित किया जाए।

इस तरह की समस्या सिर्फ चीन के मामले में ही नहीं अमेरिका के मामले में भी है। निसंदेह भारतीय प्रधानमंत्री के स्वागत में वाशिंगटन में जो समारोह हुआ उसमें काफी गर्मजोशी थी। सभी अच्छी बातें कहीं गई और इसे ऐसे पेश किया गया कि राष्ट्रपति ओबामा को भारत की सभी चिंताओं का पूरा ख्याल है। देश को यह बताया गया कि राष्ट्रपति ओबामा लश्करे तैयबा, पाकिस्तान व अफगानिस्तान के बाकी आतंकवादी गुटों के बारे में भारत की चिंताओं को अच्छी तरह समझते हैं और जल्द ही इस बारे में इस्लामाबाद से बात करेंगे। इससे कोई विरोध नहीं है भारतीय राजनय का यह स्थाई भाव है कि वह अमेरिका पर अपने क्षेत्रीज सुरक्षा हितों को लेकर दबाव बनाता रहे। लेकिन जिस तेजी से भारत ने अपनी विदेश नीति का जिम्मा अमेरिका के हवाले कर दिया है वह चौंकाने वाला है। नई दिल्ली की भूमिका अब इतनी ही रह गई है कि वह अफगानिस्तान, कश्मीर व अन्य जगहों पर भारत के खिलाफ की जा रही कार्रवाई में पाकिस्तान पर लगाम लगाने के लिए अमेरिका से अनुरोध करे।

वह सच है कि इस क्षेत्र में भारत और अमेरिका के लक्ष्य एक ही हैं। अमेरिका भी अब इस्लामाबाद को समाधान के बजाए समस्या की जड़ मानने लगा है। लेकिन यह भी सच है कि अमेरिका और भारत के बीच कई मतभेद भी दिखाई दिए हैं। भारत की क्षेत्रीय नीति अपने राष्ट्रीय हितों पर ही आधारित हो सकती है, इस उम्मीद पर नहीं कि अमेरिका इस आग से निकलने का कोई रास्ता तैयार करेगा। जब से अमेरिका की फौज अफगानिस्तान में घुसी है भारत अफगान-पाकिस्तान समस्या की अपनी कोई व्याख्या नहीं दे सका है। इसकी वजह से भारत की नीति पर अमेरिका सोच हावी हो गई है। इससे एक क्षेत्रीय ताकत के रूप में भारत की विश्वसनीयता को भी धक्का लगा है।

10. विदेश नीति की समीक्षा

हर व्यक्ति समाज और देश को यह चाह होती है कि विगत वर्षों में जो उपलब्धियां उससे अछूती रही हैं, अबकी वह उसे अवश्य प्राप्त हों। एक राष्ट्र की दृष्टि से यदि हम अंतर्राष्ट्रीय पटलपर भारत की आकांक्षा की बात करें तो आज हर भारतवासी यही चाह रहा है कि उसकी विदेश नीति में वह धार आये, जिससे उसके राष्ट्रीय हितों की पूर्ति हो सके।

स्वतन्त्रता प्राप्ति के पश्चात से लेकर अब तक की भारत की विदेश नीति की यदि हम चर्चा करें तो निःसन्देह उपलब्धियां कम नहीं हैं पर इस तथ्य से शायद कोई इनकार नहीं कर सकता है कि नाकामयाबियों की फेरहिस्त भी कम लम्बी नहीं है। एक नहीं, अनेक ऐसे मौके आये, जब भारत की विदेश नीति अपने राष्ट्रीय हित को साथ रखने में कामयाब नहीं हो सकी, जबकि विदेश नीति का सर्वप्रमुख उद्देश्य यही होता है कि नीति-निर्धारण करने वाला देश अपने हित के अनुसार अन्य देशों के व्यवहार में परिवर्तन करा सके। भारत के प्रथम प्रधान मन्त्री पण्डित जवाहरलाल नेहरू ने संविधान सभा में कहा था कि चाहे हम कोई भी नीति अपनायें, विदेश नीति के संचालन की कला इस बात में है कि हम यह मालूम कर सकें कि देश के लिए सबसे अधिक लाभदायक क्या होगा? चाहे कोई देश साम्राज्यवादी हो या समाजवादी या साम्यवादी, उसके विदेश मन्त्री को यही सोचना पड़ता है कि देश के हितों में क्या ठीक होगा?

वर्ष 2010 में भारत आये संयुक्त राष्ट्र सुरक्षा परिषद के पांचों स्थायी सदस्यों में शामिल संयुक्त राज्य अमेरिका के राष्ट्रपति बराक ओबामा, फ्रांस के राष्ट्रपति निकोलस सरकोजी, ब्रिटेन के प्रधान मन्त्री डेविड कैमरून, रूस के राष्ट्रपति दमित्री मेदवेदेव एवं चीन के प्रधान मंत्री वेन जियाबाओ की बात करें तो यह तो आईने की तरह साफ है कि ये पांचों राष्ट्राध्यक्ष एवं शासनाध्यक्ष अपने-अपने राष्ट्रीय हितों को पूरा करने के लिए आये थे। पर भारत को इसमें कितनी सफलता हाथ लगी, यह गौर करने वाला विषय है। ओबामा की बहुप्रचारित भारत-यात्रा का ही यदि हम उदाहरण लें तो यह स्पष्ट हो जाता है कि उसकी नजर में भारत की क्या हैसियत है? ओबामा ने भारत की उड़ान भरने के पूर्व ही अमेरिका में साफ-साफ कह दिया था कि वह वहां अमेरिकियों के लिए रोजगार के अवसर ढूंढ़ने के लिए जा रहे हैं। निःसन्देह भारत को इतने सामानों का निर्यात करने के सामझौते करके वे वापस गये, जिससे बड़ी संख्या में अमेरिकी लोगों के खाने-कमाने की व्यवस्था हो गयी। वहीं हम भारतीय थे, जो संसद में ओबामा के सिर्फ धन्यवाद और जय हिन्द हिन्दी में बोल देने से इतने उत्साहित और प्रफुल्लित हो गये कि

ताली बजाते-बजाते अपनी हथेली ही लाल कर बैठे। इसके साथ ही वह एक और लालीपाप दे गये संयुक्त राष्ट्र सुरक्षा परिषद में भारत को स्थायी सदस्यता का। ध्यान रहे यह वही अमेरिका है, जिसने अेनकानेक मौकों पर भारत की लुटिया डुबोने का प्रयास किया। एक हम हैं जो उनके आगमन में पलक पांवड़े बिछाये बैठे थे। इस यात्रा से जितना भारत को मिला, उसका कई गुना अमेरिका की झोली में नाना प्रकार से गया।

आज हमारा देश चीनी उत्पादों से भरा पड़ा इसका देश में आर्थिक विकास की प्रक्रिया निरंतर चलता रहा इसके लिए भारतीय व्यवसायियों की ओर सरकार को विशेष तौर पर ध्यान देना चाहिए। छोटे-छोटे उद्योगों को बढ़ावा देने के लिए गांवों में जाकर ग्रामीणों को प्रशिक्षित करने की व्यवस्था करनी चाहिए। भारतीयों में प्रतिभा की कमी नहीं है। प्रतिभा को निखार और प्रोत्साहन की जरूरत होती है। अगर देशी व्यवसायों को सही ढंग से प्रोत्साहित किया जाए, तो आर्थिक क्षेत्र में हम और तेजी से आगे बढ़कर आत्मनिर्भर हो सकते हैं। खामियाजा हमारे घरेलू उद्योग भोग रहे हैं और दूसरी तरफ हमारे नीति-निर्माता कहते हैं कि आर्थिक मसले अलग हैं और राजनीतिक मसले अलग। यही कारण है कि अनेक देशों के साथ हमारे राजनीतिक विवाद ज्यों के त्यों बने हुए हैं, पर वे देश हमारे विशाल बाजार का खूब दोहन अपने पक्ष में कर रहे हैं। चीन इसका साक्षात् प्रमाण है। वह हमारी हजारों वर्ग मील भूमि पर कब्जा किये बैठा है। हमारे खिलाफ पाकिस्तान को तरह-तरह से शह देता रहता है। नत्थी वीजा का प्रकरण हो या भारत की अन्य राज्यों की भूमि पर उसकी गिद्ध दृष्टि का प्रश्न यह साबित करता है कि उसके इरादे नेक नहीं हैं। आखिर अपने विशाल बाजार और आर्थिक हैसियत की सहायता हम इन देशों के साथ अपने राजनीतिक विवादों के निबटारे में क्यों नहीं लेते? यह हमारी कमजोर नीतियों एवं शासकों की अदूरदर्शिता का ही परिणाम है कि कश्मीर समस्या आज हमारे लिए नासूर बन चुकी है। एक नहीं, अनेक बार पाकिस्तान प्रायोजित आतंकवाद का दंश झेलने के बावजूद हम विश्व जनमानस को न तो पाकिस्तान के खिलाफ खड़ा कर पाये और न ही सभी संसाधनों से युक्त होने पर भी पाकिस्तान को उसकी औकात बता पाये। हर आतंकवादी घटना के बाद हमारे शासक जबानी जमा खर्च कर ही अपने कर्तव्यों की इतिश्री समझ लेते हैं।

प्रश्न चाहे कश्मीर समस्या का हो या फिर चीन से युद्ध में हार का, चाहे तमाम अनुनय-विनय के बावजूद अमेरिका द्वारा पाकिस्तान का कान न उमेठा जाना हो या फिर तमाम छोटे-छोटे पड़ोसियों तथा बंग्लादेश, श्रीलंका, नेपाल, भूटान आदि का समय-समय पर हमें आंख तरेरा जाना हो या फिर आतंकवादियों को

बाइज्जत रिहा करना, भोपाल गैस काण्ड में हमारी नाकामयाबी का सवाल हो या फिर विदेशों में भारतीय मन्त्रियों, अभिनेताओं एवं राजनयिकों के अनेकानेक अपमान की घटनाओं पर हमारा लिजलिजापन वाला रवैया रहा हो, यह साबित करने के लिए पर्याप्त है कि कमजोरी हमारी ही है।

या तो हमारे शासकों में दृढ़ इच्छा शक्ति की कमी है या फिर वे भारत की क्षमता को कम करके आंकते हैं। यदि ऐसा नहीं होता तो ऐसे मौकों पर जब हमारा राष्ट्रीय हित खतरे में रहता है और कठोर तथा निर्णायक कदम उठाने की त्वरित आवश्यकता रहती हो, वे दूसरे देशों के साथ नरमी के साथ पेश आकर नतमस्तक न होते। आखिर क्या कारण है कि हर आतंकवादी घटना के बाद हम अमेरिका और अन्य देशों से यह गुहार लगाते हैं कि वह पाकिस्तान को समझाये? हम क्यों निर्णायक कदम खुद नहीं उठाते? सिवाय नेताओं की इच्छा शक्ति की कमी के हमारे देश के सामने किसी अन्य चीज की कमी नहीं है।

आज जरूरत इस बात की है कि हमारे नीति-निर्माता ऐसी सुदृढ़ विदेश नीति न सिर्फ बनायें अपितु उस पर अमल भी करें ताकि भारत वास्तव में विश्व राजनीति में वह स्थान प्राप्त कर सके, जिसका वह सही में हकदार है। कूटनीति मोर्चे पर विशेष प्रयास करने होंगे। विदेश नीति को कुछ आक्रामक धार देना समय की मांग है ताकि भारत की नरम राज्य की छवि बदल सके, क्योंकि इस छवि से इस देश का बहुत नुसान हो चुका है। वर्ष 2011 से ही यह बदलाव हो तो भी हम कह सकते हैं कि जब जागो तभी सबेरा।

भले ही भारत विश्व का तीसरा सबसे शक्तिशाली देश बन गया है, पर सच्चे अर्थों में वह तभी एक सशक्त देश बन सकता है, जब अमीरी और गरीबी के बीच की गहरी खाई को पाटा जा सके। देश में अमीरी बढ़ी है पर गरीबी दूर करने के कोई सार्थक नतीजे सामने नहीं आ सके हैं। भारत की एक बड़ी आबादी गरीबी से घोर संघर्ष कर रही है। अंतर्राष्ट्रीय खाद्य नीति शोध संस्थान के वैश्विक भुखमरी सूचकांक के अनुसार भारत चौरासी देशों में बासठवें स्थान पर है। इसका सीधा अर्थ है कि भूख मिटाने की जद्दोजहद में हम अपने से छोटे और गरीब राष्ट्रों से भी पीछे हैं।

विदेशी मंत्री एसएम कृष्णा ने कहा है कि पड़ोसी पाकिस्तान और चीन के साथ भारत के संबंध काफी पेचीदे हैं और इसे सुधारने के लिये काफी धैर्य की जरूरत है। आज अपने निवास पर आयोजित एक कार्यक्रम में संवाददाताओं से बातचीत में विदेश मंत्री एसएम कृष्णा ने कहा कि दोनों पड़ोसी देशों के साथ

संबंधों को सुधारने में हमें काफी धैर्य का परिचय देना होगा। पिछले दिनों चीन के प्रधानमंत्री वेन जियाबाओ की यात्रा के संबंध में पूछे गये सवालों के जवाब में विदेश मंत्री ने बताया कि भारत ने हिमालय क्षेत्र की नदियों पर चीन की तरफ से बनाये जा रहे बांधों को लेकर अपना पक्ष रखा था। उन्होंने बताया कि चीन से साफ-साफ कह दिया गया है कि अगर बांध की वजह से कोई बड़ी दुर्घटना हुई तो इसकी जिम्मेदारी चीन की होगी। चीन ने भारत की चिंताओं के जवाब में कहा था कि बांध का निर्माण पूरी तरह वैज्ञानिक तरीके से किया जा रहा है और उसने नदी-जल से संबंधित समस्त आंकड़ों को मुहैया कराने का भी वादा किया। उल्लेखनीय है कि भारत के पड़ोस में चीन और पाकिस्तान को छोड़कर अन्य देशों के साथ संबंध ठीकठाक हैं। जहां पाकिस्तान के साथ सीमा विवाद विशेषकर जम्मू कश्मीर की समस्या और आतंकवाद जैसे गंभीर मसले संबंधों में सुधार की दिशा में अभी भी बड़ी बाधा बने हुए हैं, वहीं चीन के साथ भी सीमा का विवाद है। इतना ही नहीं जम्मू कश्मीर के लोगों को नत्थी वीजा देने और पाक अधिकृत कश्मीर में चीन की गतिविधियों पर भी भारत की चिंताएं बढ़ी हुई है। चीन के साथ जहां भारत ने सैन्य सहयोग को पूरी तरह बंद कर रखा है, वहीं मुंबई हमले के बाद पाकिस्तान के साथ भी समग्र वार्ता प्रक्रिया को रोक दिया है।

यह देश की शासन व्यवस्था की विद्रूपता ही कही जाएगी कि जनता के द्वारा जनता के लिए बना शासन ही जनता के पक्ष में खड़ा नहीं दिखता है। जनप्रतिनिधि स्वयं को जनता का शासक समझकर कार्य करने लगते हैं। विश्व के कई देशों में नागरिक स्वतंत्रता के रूप में सूचनाधिकार का आना भारत के नागरिकों के लिए भी संजीवनी की तरह सिद्ध हुआ।

हाल में संसद के सेण्ट्रल हाल में भारतीय मूल के जगप्रसिद्ध अर्थशास्त्री प्रोफेसर जगदीश भगवती ने सांसदों, पूर्व सांसदों और विशिष्ट अतिथियों को सम्बोधित करते हुए कहा कि भारत की प्रतिष्ठा संसार में इसलिए है कि यहां का लोकतंत्र बहुत मजबूत है। यहाँ नीतिश कुमार जैसा व्यक्ति विकास के कारण भारी बहुमत से जीत जाता है। पिछले 60 वर्षों में केन्द्र और राज्यों में विभिन्न पार्टियों की सरकारें आती रही हैं और सत्ता से हटती रही हैं। भारत की प्रतिष्ठा इसलिए भी है कि यहां न्यायालय स्वतंत्र और निष्पक्ष है और वह बिना किसी की परवाह किये हुए ऐसे निर्णय लेती है, जो जनता के हित में हों। इसके अलावा एक बड़ी बात यह है कि भारत में मीडिया, खासकर प्रिण्ट मीडिया पूरी तरह निष्पक्ष है और सरकार को रास्ते पर लाने के लिए वह बेहिचक कटु सत्य को उजागर करती है।

अध्याय–8
अन्तर्राष्ट्रीय राजनीति

1. एशियाई उत्कर्ष के दो दशक

द्वितीय विश्वयुद्ध के बाद के काल में जर्मन दीवार का गिरना सबसे महत्त्वपूर्ण घटना है। गत नौ नवंबर को इस घटना के बीस वर्ष पूरे हो गए। शीतयुद्ध के समापन की प्रक्रिया तेज करने और सोवियत संघ के विघटन के साथ इस घटना ने अंतर्राष्ट्रीय संबंधों में एशिया के कद को ऊंचा किया है। इससे दो विशाल जनसांख्यिकीय देश-चीन और भारत प्रमुख रूप से लाभान्वित हुए है, किन्तु अलग-अलग तरह से। वैश्विक रूप से कुछ देशों का अस्तित्व समाप्त हो गया, किन्तु अन्य बहुत से देशों को इससे फायदा पहुंचा। बर्लिन की दीवार के गिरने से ऐसी घटनाएं घटी, जिन्होंने यूरोप का राजनैतिक और सैन्य परिदृश्य ही बदल डाला।

एक ऐसे समय जब शक्तियों की स्थिति में परिवर्तन कूटनीतिक स्थिरता को चुनौती पेश कर रहा है तब एशिया विश्व के प्रमुख ऋणदाता और आर्थिक इंजन के रूप में उभर रहा है। विश्व में सबसे तेजी से बढ़ते बाजार और सैन्य शक्ति के साथ उभरते एशिया के पास ही भविष्य के शक्ति संतुलन की कुंजी है। एशियाई अर्थव्यवस्था का पुनर्जागरण एशिया की संस्कृति को भी अंतर्राष्ट्रीय पहचान दिला रहा है। 1989 के बाद एक महत्वपूर्ण बदलाव यह हुआ कि अंतर्राष्ट्रीय संरचना में सैन्य शक्ति की प्रमुखता कम हो गई और आर्थिक शक्ति की अहमियत बढ़ गई। इससे न केवल एशिया की अर्थव्यवस्था में जबरदस्त तेजी आई, बल्कि वैश्विक शक्ति और प्रभाव का झुकाव भी पूरब की ओर झुका और विश्व मंच पर एशिया महत्वपूर्ण खिलाड़ी के रूप में उभरा।

एशिया के उत्कर्ष के प्रतीक वैश्विक शक्ति स्थानांतरण की प्रक्रिया को सैन्य विजय अथवा देशों के गठबंधन से नहीं, बल्कि तीव्र आर्थिक विकास से बल मिला है। औद्योगिक क्रांति और द्वितीय विश्व युद्ध के पश्चात भी तीव्र आर्थिक संवृद्धि देखने को मिली थी, किंतु शीत युद्ध के बाद के काल में आर्थिक विकास ने स्वयं शक्ति समीकरण में गुणात्मक परिवर्तन किए। इसलिए अब आर्थिक शक्ति परंपरागत शक्ति परिवर्तन में अनोखी भूमिका निभा रही है। यहां तक कि संयुक्त राष्ट्र परिषद की स्थायी सदस्यता के ढांचे में भी सैन्य शक्ति का अवमूल्यन नजर आ रहा है।

1989 में एक और महत्वपूर्ण घटना हुई थी। बीजिंग में टिनामीन चौक पर लोकतंत्र समर्थकों का नरसंहार हुआ था, किन्तु शीत युद्ध की समाप्ति के कारण पश्चिमी देश चीन के खिलाफ कोई कार्रवाई नहीं कर सके। उन्होंने चीन के खिलाफ व्यापार प्रतिबंध नहीं लगाए और उसे उदारीकरण के माध्यम से वैश्विक संस्थानों के साथ एकीकरण का मौका प्रदान किया। अगर अमेरिका और उसके मित्र देश विपरीत रूख अपनाते और दंडात्मक प्रतिबंध थोपते, तो वहां इतनी-संपन्नता, खुलापन और स्थिरता न होती। आज चीन विश्व की प्रमुख आर्थिक शक्तियों में से एक है। उसके पास सबसे बड़ा विदेशी मुद्रा भंडार है और यह विदेशी व्यापार से सबसे अधिक लाभ कमाने वाला देश है। साथ ही चीन विश्व का सबसे बड़ा स्टील उत्पादक भी है। अमेरिका-चीन व्यापार और वित्तीय संबंधों में विस्तार के बिना चीन को समृद्ध काफी मुश्किल होती। जर्मनी को पछाड़कर चीन विश्व का सबसे बड़ा निर्यातक देश बन गया है और जल्द ही वह जापान को पीछे धकेलकर विश्व की दूसरी सबसे बड़ी अर्थव्यवस्था बनने जा रहा है।

आर्थिक शक्ति के रूप में भारत के उभरने का संबंध भी 1989 के बाद की घटनाओं से है। भारत विदेशी व्यापार में सोवियत संघ और उसके पूर्वी यूरोप के सहयोगी देशों पर निर्भर था। उनकी हालत खस्ता होने के बाद भारत को निर्यात आवश्यकताओं की पूर्ति के लिए नगदी की जरूरत पड़ी। परिणामस्वरूप तेजी से उसका विदेशी मुद्रा भंडार खत्म होने लगा और 1991 में हमारे सामने भुगतान का संकट खड़ा हो गया। वित्तीय संकट ने भारत को आर्थिक उदारीकरण के लिए मजबूर किया, जिस पर भारत की आर्थिक उदय की बुनियाद रखी गई। इसके अलावा, 1989 में मार्क्सवाद की प्रतीकात्मक पराजय ने एशियाई देशों, खासतौर से चीन और भारत के लिए पूंजीवादी नीतियां अपनाने का रास्ता तैयार किया। हालांकि इससे पहले ही देंग जिया ओपिंग के नेतृत्व में चीन में आर्थिक आधुनिकीकरण

कार्यक्रम शुरू हो चुका था, किंतु 1989 के बाद ही वह खुलेआम अपनी विचारधारा को संपदा निर्माण के नीचे कर पाया।

1989 के बाद से ही पश्चिम के हाथ से लाभ की स्थिति फिसलने लगी। चीन के लिए सोवियत संघ का अचानक ढहना एक बड़े सामरिक वरदान के रूप में सामने आया। एक बड़े साम्राज्य के सिमटने से खाली हुए स्थान को उसने तेजी से भरा। 1990 में रूस की गिरावट चीन की प्राप्ति बन गई। शीत युद्ध की समाप्ति के साथ सबसे भरोसेमंद दोस्त सोवियत संघ का पतन होने से भारत की विदेश नीति संकट में पड़ गई, किंतु आर्थिक क्षेत्र में यह संकट सकारात्मक नतीजे लाया। इसी के सहारे बाद में विदेश नीति ने भी नई दिशा पकड़ ली। शीत युद्ध के पश्चात भारत ने विश्व की प्रमुख शक्तियों से पारस्परिक हितों से जुड़ी नई सामरिक साझेदारियां की। भारत अमेरिका वैश्विक सामरिक साझेदारी इस दशक की महत्वपूर्ण घटना है। यह साझेदारी 1989 के पश्चात भारत की सोच में आए बदलाव के कारण संभव हो पाई। भारत ने जवाहरलाल नेहरू की गुटनिरपेक्ष नीति त्यागकर समसामयिक वैश्विक व्यवहारिकता को अपना लिया। भारत ने बहुपक्षीय नीति का दामन थामा, जिसका पलड़ा हल्का-सा पश्चिम की ओर झुका हुआ है।

निश्चित रूप से 1989 के पश्चात का घटनाक्रम पूरी तरह सकारात्मक नहीं था। उदाहरण के लिए असफल राष्ट्रों की अवधारणा, जो एशिया की सुरक्षा को प्रभावित कर रही है, शीत युद्ध की समाप्ति की ही देन है। शीत युद्ध काल में कमजोर राष्ट्र एक या दूसरे गुट के साथ लग जाते थे, किन्तु सोवियत संघ के पतन के बाद अमेरिका अपनी मर्जी चलाने लगा। शीत युद्ध काल के बाद अंतर्राष्ट्रीय आतंकवाद के सिर उठाने से सबसे अधिक नुकसान एशिया को ही हुआ है। 1988 से 1990 के बीच शीत युद्ध समाप्ति की ओर अग्रसर था। इस दौरान विश्व के अनेक भागों में लोकतंत्र समर्थक प्रदशनों की बाढ़ आ गई थी। इन प्रदशनों के कारण पूर्वी यूरोप देशों में राजनैतिक स्वतंत्रता के द्वार खुले और अनेक तानाशाही सत्ताओं को पलट दिया गया, इनमें इंडोनेशिया, दक्षिण कोरिया, ताइवान व चिली शामिल थे। सोवियत संघ के विघटन के बाद रूस भी लोकतांत्रिक सुधारों का महत्वपूर्ण दावेदार बन गया।

बर्लिन की दीवार ढहने के दो दशक बाद लोकतंत्र के विस्तार में ठहराव आ गया है। रूस के लोकतंत्र के हटने का डर सता रहा है। विश्व की सबसे पुरानी और बड़ी अधिनायकवादी सत्ता चीन यह प्रदर्शित कर रहा है कि जब अधिनायकत्व गहरी खोह में छिपा हो तो वस्तुओं और सेवाओं का बाजार राजनैतिक विचारों में

बाधा बन जाता है। एक नया मॉडल अर्थात तानाशाही वाला पूंजीवाद अब कुछ एशियाई देशों में अच्छी तरह स्थापित हो चुका है। चीन के अलावा सिंगापुर, मलेशिया और कजाकिस्तान इनमें शामिल है। ये देश लोकतांत्रिक मूल्यों के अंतर्राष्ट्रीय विस्तार के लिए सबसे बड़ी चुनौती बन गए हैं।

2. भारत के लिए हिन्द-चीन का महत्व

पंडित जवाहर लाल नेहरू ने सपना देखा था कि एशियाई देशों से भारत के संबंध प्रगाढ़ हो। इसी सिलसिले में उन्होंने चीन से दोस्ती बढ़ाई। यह अलग बात है कि चीन ने उन्हें धोखा दिया। इंडोनेशिया में आयोजित 'बाडुंग सम्मेलन' में एशियाई देशों को एकजुट होने का आह्वान किया गया। दुर्भाग्यवश बाद में भारत कश्मीर के मामले में बुरी तरह उलझ गया और उसकी विदेश नीति अमेरिका तथा ब्रिटेन पर केंद्रित हो गई। भारत एशियाई देशों से कट-सा गया। शीतयुद्ध के दौरान विश्व अमेरिका और सोवियत संघ के दो खेमों में बंट गया। जब सुरक्षा परिषद में अमेरिका और ब्रिटेन ने भारत को तंग करना शुरू कर दिया, तब लाचार होकर भारत की सोवियत रूस का पिछलग्गू हो गया। 80 के दशक के अंत में सोवियत रूस के पतन के बाद भारत ने एशिया में नए मित्रों की तलाश शुरू की। उसकी नजर हिंद-चीन देशों लाओस, कंबोडिया और वियतनाम पर पड़ी। पंडित नेहरू ने प्रसिद्ध पुस्तक 'ग्लिमप्सेज आफ वर्ल्ड हिस्टरी' में लिखा है कि सैकड़ों वर्षो के दौरान 'हिन्द-चीन' के इन तीनों देशों में भारत और चीन से लाखों लोग गए। धर्म और संस्कृति तो भारत से ही वहां पहुंची।

भारत कम्बोडिया सांस्कृतिक संबंध के दौरान मैंने वियतनाम का भी व्यापक भ्रमण किया। मुझे यह देखकर घोर आश्चर्य हुआ कि भारत में लोग 'हिन्द-चीन' देशों के बारे बहुत कम जानते हैं। इन तीनों देशों के चप्पे-चप्पे पर भारत की छाप है। करीब ढाई हजार वर्ष पहले बौद्ध धर्म के प्रचार के लिए भिक्षु 'बुद्धम शरणम गच्छामि' का मंत्रोच्चारण करते हुए बर्मा और थाईलैंड से होते हुए लाओस गए थे। उन दिनों थाईलैंड का नाम सियाम था। जब वे लाओस जाने के लिए मेंकांग नदी के किनारे पहुंचे तो आश्चर्य से उनकी आंखे खुली रह गई।

मेकांग बिलकुल गंगा नदी की तरह है। उसके पवित्र जल को अपने सिर पर छिड़कते हुए बौद्ध भिक्षुओं ने इसी नदी का नाम 'मां गंग' रखा। बाद में जब हिंद-चीन के तीनों देश फ्रांस के उप निवेश बन गए तब फ्रांसीसियों ने इस नदी का नाम 'मैकांग' रख दिया। तिब्बत के ग्लेशियर से निकलने वाली यह नदी

लाओस, थाईलैंड, कंबीडिया और वियतनाम होते हुए समुद्र में गिरती है। कहीं-कहीं तो इस नदी का पाट समुद्र जैसा दिखता है। हिंद-चीन के देशों की अर्थव्यवस्था पूरी तरह मेकांग नदी पर आश्रित है। भिक्षुओं ने इन तीनों देशों में बौद्ध धर्म का प्रचार किया। भारत में तो बौद्ध धर्म नाममात्र का रह गया है परन्तु हिन्द-चीन के इन देशों में लोगों की आस्था का केन्द्र बौद्ध धर्म ही है। वियतनाम के साम्यवादी हो जाने के कारण वहां बौद्ध धर्म का प्रभाव जरूर कम हुआ है, परन्तु लाओस और कंबोडिया में अभी भी वह 'राजधर्म' है। भारत में बहुत कम लोगों को इसकी जानकारी है कि लाओस की सरकारी भाषा अभी भी पाली है। जबकि भारत में संस्कृत और पाली का प्रभाव अब बहुत कम है। लाओस और कंबोडिया के लोगों को शिकायत है कि अंग्रेजों के जमाने में तो भारत ने इन देशों की तरफ देखा भी नहीं। अंग्रेजों के जाने के बाद भी भारत ने इन देशों की सुध नहीं ली। वियतनाम में मंगोल मूल के लोग अधिक है, जबकि लाओस तथा कंबोडिया में तीखी नाक-नक्श के लोग हैं। यह साफ दर्शाता है कि इनके पूर्वज भारत से ही आए थे। आज भी लाओस में लोगों के नाम भारतीय नामों से मिलते-जुलते है। उदाहरण के लिए लड़कियों का नाम सुजाता, उषा, राधा, कल्याणी आदि आदर की दृष्टि से देखा जाता है। यदि कोई भारतीय उन्हें मिलता है तो उन्हें हार्दिक प्रसन्नता होती है।

लाओस में जब फ्रांस का आधिपत्य समाप्त हो गया और गुरिल्ला युद्ध के बाद वहां साम्यवादियों का आधिपत्य हो गया, तो सरकार ने बौद्ध धर्म समाप्त करने की भरपूर कोशिश की, परंतु लाओस की जनता उठ खड़ी हुई। लाचार होकर सरकार को फिर से बौद्ध धर्म को 'राजधर्म' बनाना पड़ा। लाओस में यदि कोई राजकीय समारोह होता है, तो सबसे ऊंचे आसन पर प्रमुख बौद्ध भिक्षु को बैठाया जाता है। इसी तरह कंबोडिया में सरकारी समारोह में बौद्ध भिक्षुओं के प्रधान को सबसे ऊचे आसन पर बैठाया जाता है। संसार का सबसे बड़ा और प्राचीन हिन्दू मंदिर कंबोडिया के 'अंकोरवाट' में है। इस मंदिर को सैकड़ों वर्ष पहले दक्षिण भारत के लोगों ने स्थानीय लोगों की मदद से बनाया था। सैंकड़ों मील के दायरे में बना यह मंदिर समूह अद्भुत है। एक समय कंबोडिया दक्षिण-पूर्व एशिया के देशों पर राज्य करता था। तब मेकांग नदी 'अंबोरवाट' के बगल से बहती थी। परन्तु कालांतर में उसने अपनी धारा बदल ली। इस कारण अंकोरवाट के पास की जमीन दलदली हो गई तथा सैकड़ों वर्षो तक कोई उस मंदिर के पास नहीं फटका। वहां घना जंगल हो गया। बाद में एक फ्रांसीसी पर्यटक ने इस मंदिर को खोज निकाला। आज भी अंकोरवाट का मंदिर दुनिया के सातों आश्चर्यो में से एक है।

वियतनाम की लड़ाई में भारत ने वियतनाम का साथ दिया था। यह बात वियतनाम की जनता आज तक नहीं भूली है और आज भी वहां भारतीयों का भरपूर सत्कार होता है। हिंद-चीन के इन तीनों देशों से हमारे सांस्कृतिक संबंध अत्यंत पुराने हैं। वैश्वीकरण के इस दौर में यदि भारत इन तीनों देशों में निवेश करे तो ये देश न केवल आर्थिक दृष्टि से संपन्न हो जाएंगे, बल्कि भारतीय निवेशकों को भी भरपूर लाभ होगा। आवश्यकता इस बात है कि 21वीं सदी से हम अपनी 'लुक ईस्ट' विदेश नीति को सही अर्थ में साकार करें। हिंद-चीन के ये तीनों देश सैकड़ों वर्षो से हमारे अपने रहे हैं।

3. सार्क सम्मेलन का संदेश

दिल्ली में 3-5 अप्रैल के बीच हुए 14वें सार्क शिखर सम्मेलन के संदर्भ में वैसी ही आलोचनात्मक टिप्पणियां सामने आई, जो इस संगठन के पूर्व सम्मेलनों में सुनने को मिली थी। आम नजरिया यह है कि इस संगठन में बातें ज्यादा और काम कम होता है। वैसे गत सम्मेलन में नेताओं ने अपने भाषणों में कार्रवाई की वकालत की। 14वां शिखर सम्मेलन हालांकि संख्या बल के लिहाजा से कुछ अलग अवश्य रहा। मसलन अपने गठन के 22 वर्ष बाद इसकी सदस्य संख्या सात से बढ़कर आठ हो गई। दूसरे, सार्क ने छह प्रेक्षकों-चीन, जापान, दक्षिण कोरिया, यूरोपीय संघ, अमेरिका और ईरान को भी अपने बीच शामिल करने का फैसला किया। सार्क दुनिया के अन्य क्षेत्रीय आर्थिक समूहों-यूरोपीय संघ और आसियान से मौलिक रूप से भिन्न रहा है। यूरोपीय संघ और आसियान का गठन अंतर्राष्ट्रीय साम्यवाद के रूप में एक साझा खतरे के कारण सुरक्षा समूहों के तौर पर हुआ। आठ देशों का यूरोपीय बाजार, 15 देशों का यूरोपीय समुदाय तथा वर्तमान में 27 देशों का यूरोपीय संघ इसी का परिणाम है। इसी तरह आसियान पश्चिम समर्थित मलेशिया व सिंगापुर तथा वामपंथी झुकाव वाले सुकर्णो शासित इंडोनेशिया के बीच टकराव के अंत पर सामने आया। आसियान के गठन का मार्ग तब प्रशस्त हुआ जब इंडोनेशिया ने सुकर्णो के शासन को उखाड़ फेंका। यूरोपीय समुदाय की तुलना में आसियान में आर्थिक सहयोग की प्रक्रिया बहुत धीमी रफ्तार से आगे बढ़ीं।

दक्षिण एशिया में स्थितियां अलग हैं। सार्क के सदस्य देशों में कोई साझा सुरक्षा चिंता नहीं है। सार्क का गठन यद्यपि 1985 में हो गया था, लेकिन 14 वर्ष बाद इसके एक सदस्य पाकिस्तान ने दूसरे सदस्य भारत के क्षेत्र में धावा बोला और कारगिल युद्ध लड़ा। पाकिस्तान का दावा है कि उसके नाभिकीय हथियार

भारत केन्द्रित है, जबकि भारत कहता है कि उसके हथियार अपनी सामान्य रक्षा के लिए हैं। भारतीय संसद पर आतंकवादी हमला होने के बाद भारत और पाकिस्तान एक बड़े सैन्य टकराव के लिए आमने-सामने आ गए थे, क्योंकि भारत का यह विश्वास था कि यह हमला पाकिस्तान स्थित आतंकवादी संगठनों का कारनामा था। पाकिस्तान जहां भारत को अपने लिए मुख्य सुरक्षा चिंता के रूप में देखता है वहीं भारत पाकिस्तान को आतंकवाद का केन्द्र बिन्दु मानता है। इन हालात में यह आश्चर्यजनक नहीं है कि सार्क क्षेत्रीय सहयोग और आर्थिक एकीकरण की दिशा में कोई उल्लेखनीय प्रगति नहीं कर सका है। आश्चर्यजनक तो यह है कि इन हालात में सार्क का अस्तित्व 22 वर्षों से बचा हुआ है और इसके 14 शिखर सम्मेलन हो चुके है।

एक समय था जब शिमला समझौते के बाद जुल्फिकार अली भुट्टो ने पाकिस्तान को दक्षिण एशिया से बाहर निकलकर इस्लामिक पश्चिम एशिया से जुड़ने का राग छेड़ा था। आज पाकिस्तान प्रधानमंत्री शौकत अजीज अविश्वास की बात तो कहते है, लेकिन दक्षिण एशिया से निकलने जैसी चर्चा नहीं करते। 1982 में जब बांग्लादेश के जनरल जिया उर रहमान ने सार्क का विचार सामने रखा था, तब पाकिस्तान इस प्रस्ताव को खारिज नहीं कर पाया था तब काबुल में सोवियत संघ समर्थित कम्युनिस्ट सरकार के साथ अमेरिका-पाकिस्तान गठजोड़ का संघर्ष चल रहा था और शिया ईरान तथा अरब-सुन्नी इराक के बीच युद्ध जारी था। इन हालात में पाकिस्तान पश्चिम एशिया से जुड़ने के बारे में नहीं सोच सका। पाकिस्तान ने सोचा कि सार्क के माध्यम से उसे इस क्षेत्र में प्रभुत्वशाली भारत के खिलाफ उसके सभी पड़ोसियों को एकजुट करना आसान होगा। उस समय भारत के समक्ष अमेरिका-चीन धुरी के रूप में एक बड़ा अंतरराष्ट्रीय सुरक्षा खतरा भी उपस्थित था।

जिया उर रहमान का विचार कुछ भी रहा हो, लेकिन पाकिस्तान और शायद एक या दो अन्य पड़ोसियों ने सार्क के प्रस्ताव को इसलिए स्वीकार कर लिया कि उन्हें इसके माध्यम ये भारत पर लगाम लगाने का मौका मिलेगा। भारत भी यही सोचकर इस प्रस्ताव को अस्वीकार नहीं कर पाया कि यदि वह इसमें शामिल नहीं होगा तो इस संगठन के रूप में उसके पड़ोसियों का उसके खिलाफ ध्रुवीकरण हो जाएगा। पिछले 22 वर्षो में सार्क का यही इतिहास रहा है, लेकिन अब स्थिति बदल रही है। शीत युद्ध कब का समाप्त हो चुका। आज भारत अमेरिका, यूरोपीय संघ और रूस का सामरिक सहयोगी है और चीन तथा जापान के साथ उसका

सामरिक वार्तालाप है। भारत के नाभिकीय दर्जे की अब पूरी दुनिया में स्वीकार्यता बढ़ रही है। नेपाल पूर्ण स्वतंत्र बन रहा है। बांग्लादेश में जेहाद के खिलाफ समर्थन बढ़ रहा है। जेहादियों और तालिबान का गढ़ रहा अफगानिस्तान सार्क में शामिल हो चुका है। श्रीलंका और भूटान हमेशा से आर्थिक सहयोग के समर्थक रहे हैं। पाकिस्तान भी यह महसूस कर रहा है कि कश्मीर पर अपना सारा ध्यान लगाने की उसकी कोशिश ने उसे ही नुकसान पहुंचाया। आज पूरे विश्व में यह महसूस किया जा रहा है कि विकास और संपन्नता के लिए देशों के बीच आर्थिक एकीकरण महत्वपूर्ण है।

प्रधानमंत्री मनमोहन सिंह ने देशों के बीच सहयोग की अहमियत को समझा और स्वीकार किया है। इसी कारण उन्होंने सार्क के अविकसित देशों के साथ व्यापार में एकतरफा छूट की घोषणा की है। इससे पाकिस्तान को छोड़कर अन्य पड़ोसी देशों को लाभ होगा, जिसने भारत को सर्वाधिक तरजीही राष्ट्र का दर्जा देने से इनकार किया है। जाहिर है कि सार्क के भविष्य का आकलन उसके अतीत के आधार पर नहीं किया जा सकता। सार्क में बदलाव उसके आंतरिक तंत्र के कारण नहीं, बल्कि वैश्विक तंत्र के चलते आ रहे हैं। लिहाजा हमें सार्क की भविष्य की प्रगति के संदर्भ में पाकिस्तान के अवरोधक हथकंडों को लेकर व्यवहारिक दृष्टिकोण अपनाना होगा।

4. भारत-चीन और रूस के बीच त्रिकोणीय संभावना

एक संदिग्ध वार्ता के कारण अंतर्राष्ट्रीय बिरदारी में उभरने वाले भारत-चीन रूस के नए त्रिकोण पर कई देशों की भृकुटियां तन गई है। वैसे ये तीनों देश ऐसी किसी संभावना का खंडन कर चुके है, फिर भी इस मामले में सच्चाई का कुछ न कुछ पुट जरूर नजर आता है। अगर वास्तव में ऐसा है तो इससे प्रशांत-एशिया में भूगर्भीय-राजनैतिक-सामरिक समीकरण और रिश्ते बदल जाएंगे। प्रशांत-एशिया के साथ सामरिक रिश्ते विदेश नीति के निर्धारण में पश्चिमी देशों और अमेरिका की नींद हराम हो जाएगी। पिछले कुछ सालों के दौरान भारत-चीन रिश्ते फिर से पटरी पर आ गए हैं। 1962 के युद्ध की कड़वी यादें अब भी जेहन में ताजा हैं, फिर भी राजीव गांधी के दौरे की गर्मजोशी से कड़वाहट की बर्फ पिघलनी शुरू हो गई थी।

राजग के कार्यकाल में अटल बिहारी वाजपेयी की चीनी यात्रा से रिश्तों में और गर्माहट आई। दोनों देशों के बीच होने वाले व्यापार के आकड़ों से यह बात साफ हो जाती है। 2004 में भारत-चीन के बीच 13.6 बिलियन डालर का व्यापार

हुआ, जिसमें भारत का हिस्सा 1.75 बिलियन डालर अधिक रहा। 2003 की तुलनामें यह आंकड़ा 79 फीसदी अधिक है। इतना फायदेमंद होने के कारण यह स्वाभाविक ही है कि दोनों देश रिश्तों की डोर और मजबूत करने के लिए बहुआयामी फलक पर आगे बढ़ रहे हैं। 2004 में दिल्ली में सत्ता परिवर्तन होने के बाद नई संप्रग सरकार ने चीन के साथ संबंधों के विस्तार पर विशेष ध्यान दिया। हाल ही में दोनों देशों के बीच हुए रक्षा समझौते से यह साफ हो जाता है। रक्षा मंत्री प्रणव मुखर्जी ने चीन में इस ऐतिहासिक समझौते पर हस्ताक्षर किए तो अंतर्राष्ट्रीय हलकों में इसके उद्‌देश्य और लक्ष्यों के मद्‌देनजर अनेक देशों की भृकुटियां तन गई। यह समझौता किसी अन्य देश को इंगित कर किया गया था, या नहीं, यह नहीं कहा जा सकता, पर दोनों ही देशों ने इसे अफवाह बताकर दरकिनार कर दिया।

चीन के विदेश मंत्रालय के प्रवक्ता लिऊ जिनचाओ के अनुसार सहमति पत्र हस्ताक्षर से भारत-चीन दोनों के सामरिक रिश्ते मजबूत होंगे। कोई अन्य देश इसका निशाना नहीं है। समझौता दोनों देशों के बीच पिछले कुछ वर्षो से हो रहे सैन्य अभ्यास को औपचारिक जामा पहनाता है। 2006 दोनों देशों के बीच दोस्ती का साल था। इसमें चीन ने सामरिक और व्यापारिक संबंधों में मजबूती की वचनबद्धता प्रकट की। भारत-चीन संबंधों की घनिष्ठता में कांटा है सीमा विवाद, जिसका अभी तक हल नहीं निकल पाया है। हालांकि दोनों देश इस बात पर तैयार हो गए है कि इसके समाधान में सभी पक्षों की भावनाओं का ध्यान रखा जाएगा। इसी बीच चीन यात्रा के दौरान संप्रग अध्यक्ष सोनिया गांधी का जिस गर्मजोशी से स्वागत किया गया उससे सकारात्मक संकेत निकलते हैं। मजबूत आधार पर टिके भारत-रूस के बीच ऐतिहासिक संबंधों के सूत्रपात को एक युग बीत चुका है। ऐसे में चीन के साथ बेहतर संबंधों की शुरुआत इस क्षेत्र के लिए विशेष महत्व रखती है। रूस और चीन लंबे समय से चले आ रहे सीमा विवाद का पहले ही सौहार्द्रपूर्ण तरीके से हल निकाल चुके हैं। इसमें दोनों ने एक-दूसरे के मान और विश्वास का पूरा ध्यान रखा। चीन-रूस के बीच अच्छा-खासा व्यापार भी हो रहा है और यह बहुत तेज गति से बढ़ रहा है। 2003-04 में दोनों देशों के बीच कुल पांच बिलियन डालर का व्यापार हुआ। नाटों के पूर्वी यूरोप में दखल को रोकने में रूस की असमर्थता और नाटों की कोसोवों के खिलाफ एकतरफा कार्रवाई से मास्को भारत और चीन के साथ बेहतर सामरिक समझ विकसित करने को मजबूर हुआ। यह वास्तविकता है कि तीनों में से प्रत्येक देश की एक-सी हालत है। तीनों देश एक दूसरे से संबंध प्रगाढ़ कर रहे हैं, साथ ही अमेरिका के साथ भी

संबंधों में विस्तार को प्रयासरत है। रणनीति के दृष्टिकोण से यह साझेदारी उनके लिए फायदेमंद है। इसका न्यूनतम लाभ यह होगा कि द्विपक्षीय और त्रिपक्षीय स्तर पर सहयोग बढ़ेगा और अधिकतम यह कि एशिया-प्रशांत में अमेरिका का प्रभाव सीमित हो सकता है।

संभावित साझेदारी आगामी शीतयुद्ध की पृष्ठभूमि तैयार कर सकती है। यह एक चेतावनी भी होगी कि अमेरिका के प्रत्येक नागरिक का जीवन इससे खासा प्रभावित हो सकता है। इसीलिए इस समझौते को लेकर अमेरिका बेचैन नजर आ रहा है। दिसंबर 2003 में राष्ट्रपति पुतिन की यात्रा के दौरान अरबों रुपए के रक्षा सौदे पर हस्ताक्षर हुए, जिसके तहत आईएल-78 विमान, विमान वाहक एडमिरल गौर्शकोव, आईएल 78 एफआरए भारत को दिए जाएंगे। रूस-भारत को मिग-29 के लड़ाकू विमान भी बेचेगा। इसके अलावा पनडुब्बियों की बिक्री और संयुक्त उत्पादन भी किया जाएगा। हाल ही में विदेश मंत्री प्रणब मुखर्जी की रूस यात्रा के दौरान अनेक मुद्दों पर चर्चा हुई। तुर्कमेनिस्तान तेल पाइप लाइन तथा भारत-अमेरिका परमाणु करार पर रूस का रूख काफी सकारात्मक रहा। रूस ने आईएईए और एनएसजी के मुद्दों पर भारत को सहयोग का आश्वासन दिया। संभावित त्रिकोण का अधिक जोर तीनों देशों को रेलवे से जोड़ने तथा मध्य एशिया, यूरोप और केस्पियन सागर से होते हुए एक तेल पाइप लाइन बिछाने पर है। परस्पर हितों से जुड़े इन मामलों पर निकट भविष्य में इन देशों के हाथ मिलाने की संभावना से इनकार नहीं किया जा सकता।

अफगानिस्तान, मध्य एशिया और पूर्व सोवियत गणतंत्र जैसे उक्रेन और जार्तिया आदि में अमेरिका की उपस्थिति से त्रिकोण के गठन की प्रक्रिया में तेजी आई है। जिस तरह मध्य एशिया में हालात करवट बदल रहे हैं, निकट भविष्य में इन देशों से हाथ मिलाने की संभावना से इनकार नहीं किया जा सकता।

अफगानिस्तान, मध्य एशिया और पूर्व सोवियत गणतंत्र जैसे उक्रेन और आदि में अमेरिका की उपस्थिति से त्रिकोण के गठन की प्रक्रिया में तेजी आई है। जिस तरह मध्य एशिया में हालात करवट बदल रहे हैं, निकट भविष्य में त्रिकोण की घोषणा संभव है। इस क्षेत्र में उदारीकरण और विश्व व्यापार संगठन डब्ल्यूटीओ पहुंचने के बाद पश्चिम यूरोप और अमेरिका का हस्तक्षेप तथा हित बढ़ गए हैं। ऐसे में बड़ी शक्तियों का गुट बनाना जरूरी हो गया है। यह पश्चिम यूरोप और अमेरिका की दबंगई पर, अंकुश लगाएगा। एशिया के समग्र विकास तथा सुरक्षा के लिए भारत-चीन रूस त्रिकोण बहुत जरूरी है।

5. संयुक्त राष्ट्र संघ और विश्व में बढ़ता आतंकवाद

संयुक्त राष्ट्र संघ महाशक्तियों की कठपुतली बनकर रह गया है। जो ये चाहते हैं, वही होता है। कमजोर और गरीब देशों का शोषण करना इनका मुख्य कार्य है। गुटनिरपेक्ष आन्दोलन के कमजोर होने तथा सोवियत संघ के खण्डित हो जाने के बाद अमेरिका इस समय सबसे शक्तिशाली देश है। ब्रिटेन, फ्रांस तथा यूरोप के अन्य देश उसकी हां में हां मिलाते रहते हैं।

दुनिया को युद्ध की विभीषिका से बचाने, शान्ति और सौहार्द बनाये रखने, गरीब और कमजोर देशों की सम्प्रभुता और स्वायत्ता की रक्षा करने, बेरोजगारी, गरीबी और असमानता को दूर करने के लिए द्वितीय विश्व युद्ध के भयावह परिणाम को देखने के बाद संयुक्त राष्ट्र संघ की स्थापना सन् 1945 में की गयी। उस समय भारत, चीन तथा दुनिया के कई अन्य देश स्वतन्त्र नहीं हुए थे। ब्रिटिश साम्राज्य का सूर्य चमक रहा था। अमेरिका ने जापान पर एटम बम गिराकर अपनी शक्ति का लोहा मनवा लिया था। सोवियत संघ और फ्रांस भी पांच विशेषाधिकार सम्पन्न वीटो पावर वाले देशों में शामिल थे। जर्मनी को अमेरिका और सोवियत रूस ने आपस में बांट लिया था।

14 अगस्त, सन् 1947 ई. को पाकिस्तान अस्तित्व में आया। 15 अगस्त, 1947 ई. को भारत स्वतन्त्र हुआ। सन् 1948 ई. में. अरबों की इच्छा के विरुद्ध फिलस्तीन क्षेत्र में यहूदी राष्ट्र ब्रिटेन और अमेरिका ने बनवाकर पश्चिमी एशिया में एक नये झगड़े की नींव रख दी। सऊदी अरब के शाह अब्दुल अजीज ने अमेरिका के राष्ट्रपति को पत्र लिखकर इसराइल का विरोध किया। सन् 1948 ई. में चीन को आजादी मिली। एशिया और अफ्रीका के कई अन्य देश भी आजाद हुए। ब्रिटेन और फ्रांस के कमजोर होने का फायदा अमेरिका और सोवियत संघ ने उठाया। दुनिया मुख्य रूप से साम्राज्यवाद और साम्यवाद में बंट गयी।

भारत के प्रथम प्रधान मंत्री पण्डित जवाहरलाल नेहरू, यूगोस्लाविया के राष्ट्रपति मार्शल टीटो, मिश्र के राष्ट्रपति जमाल अब्दुल नसिर गुटनिरपेक्ष आन्दोलन में शामिल हो गये। इक्कीस वर्ष बाद भारत के प्रयास से चीन को संयुक्त राष्ट्र संघ की सदस्यता मिल गयी। उसे वीटो पावर भी हासिल हो गया। इस तरह अमेरिका, ब्रिटेन, फ्रांस, सोवियत संघ और चीन पांच विशेषाधिकार सम्पन्न देश बन गये। चीन के बाद सर्वाधिक जनसंख्या भारत की थी और भारत दुनिया का सबसे बड़ा लोकतान्त्रिक गणराज्य था, इसलिए भारत को भी राष्ट्र संघ की सुरक्षा परिषद का स्थायी सदस्य बनाकर वीटो पावर संयुक्त राष्ट्र संघ को दे देना चाहिए था लेकिन ऐसा न करके भारत के साथ नाइंसाफी की गयी।

हथियारों के सौदागर अमेरिका, ब्रिटेन, फ्रांस अपने स्वार्थ के लिए छोटे देशों को लड़ाते रहे। समस्या का समाधान करने के बजाय वीटो लगाकर उसे उलझाये रहते हैं।

अरब देश इसराइल के विरूद्ध जब भी प्रस्ताव पेश करता है तो अमेरिका वीटो लाकर उनके प्रस्ताव को पारित होने से रोक देता है। सन् 1967 ई. में. सुरक्षा परिषद ने प्रस्ताव पारित किया था कि इसराइल अरब भूभाग से अपना अवैध कब्जा हटा ले। बयालीस वर्ष बीत जाने के बाद भी इसराइल ने आज तक बैतुल मुकद्दस सहित अरब भूभाग खाली नहीं किया। फिलस्तीन की जनता आज भी इसराइल के अत्याचार को सहने पर मजबूर है। बिल क्लिण्टन और जार्ज डब्ल्यू. बुश फिलस्तीन के लोगों को न्याय दिलाने से पूर्व ही राष्ट्रपति पद से मुक्त हो गये। वे अपना वायदा पूरा न कर सके।

राष्ट्रपति जार्ज डब्ल्यू बुश ने वर्ल्ड ट्रेड सेण्टर पर आतंकवादी हमले के बाद विश्व से आतंकवाद मिटाने के लिए अभियान शुरू किया।

आतंकवाद मिटाने के बजाय अपना आतंक कायम कर अमेरिका ने अफगानिस्तान और इराक की हजारों निर्दोष जनता को मार डाला और दोनों ही देशों में अपनी पसन्द की सरकार बनवाकर उनका आर्थिक शोषण किया। उत्तर कोरिया और ईरान के परमाणु कार्यक्रमों को रोकने के लिए एड़ी-चोटी का जोर लगाया।

राष्ट्रपति बराक हुसैन ओबामा मुस्लिम देशों के साथ सम्बन्ध सुधारना चाहते हैं, परन्तु वह भी ईरान को परमाणु सम्पन्न देश नहीं देखना चाहते।

अभी हाल में संयुक्त राष्ट्र संघ की साधारण सभा का अधिवेशन राष्ट्रपति ओबामा की अध्यक्षता में हुआ। उसमें लीबिया के राष्ट्रपति कर्नल मीअम्मर कज्जाफी ने आरोप लगाया कि संयुक्त राष्ट्रसंघ और अमेरिका दोनों ही आतंकवादी है। इनके आतंक के कारण ही विश्व के छोटे और कमजोर देश पीड़ित हैं। उन्होंने सलाह दी कि सुरक्षा परिषद में स्थायी सदस्यों की संख्या बढ़ायी जाये। संयुक्त राष्ट्र संघ को विश्व से गरीबी, बेराजगारी और असमानता दूर करने के लिए प्रयास करना चाहिए।

संयुक्त राष्ट्र संघ समस्याओं को उलझाये रखने के बजाय उसको सुलझाने पर ध्यान दे। महाशक्तियों के वीटो पावर समाप्त किये जाएें। सभी सदस्य देशों को बराबरी का अधिकार दिया जाऐ।

बहुमत के आधर पर निर्णय किया जाये। बड़े राष्ट्र छोटे राष्ट्रों को आतंकित न करें, न किसी देश के आन्तरिक मामले में हस्तक्षेप न करें। सबकी स्वायत्ता ओर स्वतन्त्रता का सम्मान करें। अफगानिस्तान और ईराक से सभी विदेशी सेना वापस बुला ली जाये। दोनों ही देशों को अपनी पसन्द की सरकार चुनने का अवसर दिया जाये। अमेरिका पाकिस्तान को सैनिक सहायता देकर उपमहाद्वीप में शक्ति-सन्तुलन बिगाड़ने का कार्य न करें।

6. चीन का नया सामरिक दांव

इन दिनों मध्य एशिया, खाड़ी और अफ्रीका के मुसलिम देशों से संबंध सुधारने में चीन को भारी कूटनीतिक सफलता मिल रही है। चीन-अरब सहयोग फोरम की मंत्री स्तरीय बैठक इसी का परिणाम है। इस फोरम का गठन वर्ष 2004 में हुआ था। पिछले दिनों शंघाई सहयोग संगठन (एससीओ) के विदेश मंत्रियों की शंघाई में हुई बैठक में 15 जून को होने वाली शिखर वार्ता के एजेंडे पर चर्चा की गई। रूस और चीन के अलवा एमसीओ के सभी सदस्य देश पूर्व सोवियत संघ के मुस्लिम गणराज्य हैं। अफ्रीका के मुसलिम देशों से भी चीन की पिछले कुछ वर्षो में नजदीकी बढ़ी है। चीन यह अच्छी तरह जानता है कि अफ्रीका, पश्चिम एशिया और मध्य एशिया के ऊर्जा संसाधनों के बल पर ही वह अपनी आर्थिक प्रगति सुनिश्चित कर सकता है।

यह दोहराने की जरूरत नहीं कि आज चीन की अर्थव्यवस्था तेजी से बढ़ रही है। चीन के शीर्ष राजनेता इस तथ्य को नहीं भूले हैं कि वैश्विक सत्ता संतुलन में तेल और गैस का महत्व आज ही है जितना पचास साल पहले था, बल्कि ऊर्जा संसाधनों के लिए पिछले दशक से आपाधापी और अधिक बढ़ी है। ऊर्जा संसाधनों की बढ़ती मांग को पूरा करने के लिए ही चीन ने अपनी नजरें इन संसाधनों से भरपूर इलाकों पर गड़ा रखी है। खाड़ी के देशों पर चीन की बढ़ती निर्भरता को निःसंदेह एक सामरिक पहलू है। चीन की पश्चिम एशिया में तेल कूटनीति का मुख्य उद्‌देश्य यह सुनिश्चित करना है कि अमेरिका के प्रभुत्व वाले इस इलाके से तेल का बहाव चीन की तरफ निर्बाध रूप से होता रहे। फिलहाल चीन के पास इतनी नौसेनिक क्षमता नहीं है कि वह फारस की खाड़ी और हिंद महासागर के इलाके में किसी आपात स्थिति में अमेरिका की नौ सेना से अपने तेल शिपमेंट को बचा सके। इसीलिए चीन खाड़ी के देशों से बेहतर द्विपक्षीय संबंध बनाने पर भी बहुत ध्यान दे रहा है। जियांग जेमिन की 1999 में सऊदी अरब की यात्रा को सामरिक तेल साझेदारी' के रूप में प्रचारित किया गया। चीन के राष्ट्रपति हू

जिनताओं ने पिछले महीने ही सऊदी अरब को यात्रा की थी। वर्तमान में चीन सऊदी अरब से ज्यादा तेल आयात कर रहा है। जहां तक चीन-अरब वार्ता का सवाल है तो इसमें कई मुद्दों पर चर्चा होने की बात कही गई है, लेकिन यह किसी से भी छिपा नहीं है कि अरब देशों के अपार ऊर्जा संसाधन ही चीन को खाड़ी देशों की ओर आकर्षित कर रहे हैं।

पिछले साल जहां एक ओर चीन ने अरब देशों से करीब पचास मिलियन टन कच्चा तेल आयात किया था, वहीं दोनों के बीच व्यापार की मात्रा पचास अरब डालर को पार कर गई। इसके साथ ही चीन ने अफ्रीकी महाद्वीप के ऊर्जा समृद्ध देशों से संबंधों में भी इजाफा किया है। अफ्रीका में चीन की कूटनीतिक उपस्थिति तो पचास और साठ के दशक में माओ के समय ही शुरू हो गई थी। माओ अफ्रीका के नए आजाद देशों के साथ मिलकर साम्राज्यवाद विरोधी मोर्चा बनाना चाहते थे, लेकिन वर्तमान में अफ्रीकी देशों में चीन के उद्देश्य शुद्ध व्यावसायिक है। चीन की आज कच्चे माल और तेल की जरूरतों को अफ्रीका के देश पूरी कर रहे है। यह मात्र संयोग ही हो सकता है कि इनमें से अधिकतर देशों की पृष्ठभूमि मुस्लिम है। चीन के राष्ट्रपति ने पिछले महीने अपनी नाइजीरिया यात्रा के दौरान यह कहा कि उनका देश अफ्रीका से 'सामरिक साझेदारी' बनाने का इच्छुक है। उन्होंने यह भी कहा कि चीन अफ्रीका की आजादी और संप्रभुता का सम्मान करता है। इस बयान को अमेरिका की दखलअंदाजी भरी लड़ाकू कूटनीति का विरोधाभासी माना जा रहा है। नाइजीरिया ने चीन को इस शर्त पर तेल खनन के लाइसेंस दिए है कि वह नाइजीरिया में बिजली उत्पादन के लिए चार अरब डॉलर का विनियोग करेगा। सूडान में भी चीन को कई महत्वपूर्ण तेल अधिकार मिले है। गौरतलब है कि सूडान के दारफुर इलाके में नरसंहार को लेकर अमेरिका सूडान से बहुत नाराज है। सूडान ने मई के तीसरे सप्ताह में चीन से अपने संबंधों को आर्थिक क्षेत्रों के साथ-साथ अहम अंतर्राष्ट्रीय मुद्दों तक ले जाने की इच्छा जताई है। सूडान के एक शीर्ष नेता ने अपनी चीन यात्रा के बाद चीन के कम्यनिस्ट पार्टी को सूडान का सच्चा मित्र बताया। चीन और मोरक्को के बीच भी व्यापारिक गतिविधियां बढ़ रही हैं।

चीन ने नाइजीरिया की रेलवे व्यवस्था को दुरुस्त करने के लिए एक बिलियन डॉलर सहायता देकर यह संकेत दिया है कि चीन अफ्रीका में अपनी कूटनीतिक उपस्थिति को और बढ़ाने का इच्छुक है। इसी साल नवंबर में बीजिंग में चीन और अफ्रीकी देशों की शिखर वार्ता से दोनों पक्ष एक-दूसरे के और नजदीक आ सकते

हैं। मध्य एशिया में तो चीन के ऊर्जा और सामरिक हितों पर पहले भी बहुत कुछ लिखा जा चुका है। चीन और तुर्कमेनिस्तान ने हाल ही में एक महत्वपूर्ण गैस करार किया है, जिसके तहत तुर्कमेनिस्तान 2009 में 2039 तक तीस सालों तक चीन को गैस आपूर्ति करेगा। इसके लिए गैस पाइपलाइन बिछाने का काम जल्द ही शुरू किया जाएगा। चीन ने पिछले चार-पांच सालों के दौरान कजाखिस्तान, उजबेकिस्तान और तुर्कमेनिस्तान से ऊर्जा संसाधन हासिल करने के लिए पाइप लाइनों का एक जाल सा बिछा दिया है। अमेरिका के कई समीक्षक तो यहां तक कयास लगा रहे हैं कि आने वाले समय में मध्य एशिया के तेल संसाधनों के लिए चीन और रूस के मध्य भी प्रतिस्पर्धा देखने को मिलेगी। इसकी संभावना हालांकि फिलहाल बहुत कम है, क्योंकि रूस और चीन शंघाई सहयोग संगठन के जरिए अमेरिका का वर्चस्व मध्य एशिया से कम करने में लगे हैं। संगठन के विदेश मंत्रियों की पिछले दिनों बैठक हुई थी। जून के मध्य में संगठन की शिखर वार्ता होगी, जिसमें ईरान के राष्ट्रपति भी हिस्सा लेंगे। इसमें चीन और रूस के अतिरिक्त मध्य एशिया के मुस्लिम देश कजाखिस्तान, किरगिस्तिान, ताजाकिस्तान और उजबेकिस्तान सदस्य हैं।

भारत, पाकिस्तान, ईरान और मंगोलिया को शंघाई सहयोग संगठन में पर्यवेक्षक का दर्जा प्राप्त है। ईरान से चीन को होने वाले तेल आयात से यह अंदाजा लगाया जा सकता है कि दोनों देशों के संबंधों में पिछले एक दशक में कितनी नजदीकी आई है? 1995 और 2000 के बीच तेल व्यापार में दस गुना बढ़ोत्तरी दर्ज की गई थी। आज ईरान की परमाणु मुद्दे पर रूस के साथ चीन का भी कूटनीतिक समर्थन मिल रहा है। ऊर्जा हितों के साथ ही चीन के पश्चिम एशिया और मध्य एशिया के मुस्लिम देशों से अच्छे संबंधों का एक कारण चीन के पश्चिमी इलाकों की मुस्लिम जनता में बढ़ती धार्मिक कट्टरता भी है। जिंग जियांग प्रांत में जातीय झगड़ों ने चीन को मुसलिम देशों से बेहतर संबंध बनाने का एक और कारण प्रदान किया है। भारत को चीन की इस कूटनीतिक सफलता से बहुत कुछ सीखना बाकी है।

चीन एक जटिल शक्ति है। एक तरफ चुंनिदा मुद्दों पर यह खुद को विकासशील देश के रूप में पेश करता है वही दूसरी ओर अन्य मामलों में स्वयं को उभरती हुई महाशक्ति बताता है। यह खुद को अमेरिका के समकक्ष रखता है और अपनी ताकत में विश्वास को खुलेआम जाहिर करता है। कोपेनेहगन जलवायु सम्मेलन में चीन विकासशील देश बन गया था। इसने जोरदारी के साथ खुद को

विकासशील विश्व का सदस्य बताया और चुपके से गरीब देशों का, खासतौर से अफ्रीकी देशों का इस्तेमाल वार्ता में बाधा पहुंचाने के लिए किया। कोई गलती न करें। विश्व में सबसे अधिक प्रदूषण फैलाने वाले चीन की कार्बन उत्सर्जन दर सबसे तेजी से बढ़ रही है। कोपेनहेगन में चीन ही निशाने पर था, किन्तु वह बड़ी चतुराई से छोटे, गरीब देशों के पीछे छिप गया और भारत तथा दो अन्य प्रमुख विकासशील देशों ब्राजील और दक्षिण अफ्रीका के साथ मिल गया।

कम से कम फिलहाल तो चीन कार्बन उत्सर्जन पर बाध्यकारी वचन बद्धता से बच निकला है, किन्तु सम्मेलन में सबसे बड़ा नुकसान भारत को हुआ, जिसे विश्व के सबसे बड़े प्रदूषणकर्ता देश चीन के पाले में रख दिया गया और जो कार्बन कटौती करने और उसकी अंतर्राष्ट्रीय निगरानी पर राजी हो गया। इस प्रक्रिया में उसने अपने पक्ष में रहे मौजूदा जलवायु परिवर्तन नियमों में बदलाव का आधार तय करने में सहायता प्रदान कर दी।

हमें स्पष्ट रूप से समझना होगा कि जलवायु परिवर्तन, व्यापार उदारीकरण और अन्य बाजार संबंधी मामलों में चीन खुद को विकासशील देश बताकर अपना बचाव करता है और जरूरत पड़ने पर गरीब देशों के साथ हाथ मिलाने को तैयार रहता है, ताकि वह अपनी मुद्रा युवान को बनावटी ढंग से कमजोर रख सके और उसके सहारे विदेश व्यापार से भारी मुनाफा कमाता रह सके। इसके अलावा ऐसा करके चीन विदेशी कंपनियों को अपनी सीमा में घुसने से एक हद तक रोकता है। यह सब करते हुए चीन हर सप्ताह कोयले से बिजली बनाने वाले दो बिजलीघरों का निर्माण करता है, किन्तु राजनैतिक और सुरक्षा के मुद्दों पर वह एशिया में अकेले ही चलाना चाहता है। चीन अमेरिका के साथ मिलकर जी-2 समूह बनाने को बहुत उत्सुक है। अगर एक अमेरिकी-चीनी वैश्विक गठबंधन की किसी क्षेत्र में जरूरत है, तो वह है बढ़ते वैश्विक तापमान में कमी लाना, किन्तु इस विषय पर जैसा कि कोपेनहेगन में सामने आया है, चीन खुद को उभरती महाशक्ति की श्रेणी में नहीं रखना चाहता है। वह गरीब देशों को आगे करके समाधान पर पहुंचने की प्रक्रिया में अड़ंगे लगाता है। इस निर्णायक सम्मेलन में राष्ट्राध्यक्षों के समक्ष चीन ने केवल उप विदेशमंत्री को आगे किया। चीन द्वारा विकासशील देशों की आड़ लेने की पाश्चात्यदेशों ने आलोचना की। इंग्लैड के प्रधानमंत्री गार्डन ब्राउन ने पहल करते हुए चीन को कोपेनहेगन का मुख्य ध्वस्तकर्ता घोषित किया।

कोपेनहेगन के पश्चात चीन पर पश्चिमी हमलों से पता चलता है कि भविष्य में बीजिंग के लिए यह संभव नहीं होगा कि अपने हितों के लिए वह जब चाहे

विकासशील देशों के पाले में घुस जाए। वैश्विक आर्थिक संकट ने चीन के आक्रामक व्यवहार की स्वीकार्यता घटाई है। इस संबंध में कोपेनहेगन एक निर्णायक मोड़ सिद्ध हुआ है। चीन में विश्व का सबसे बड़ा और सबसे अधिक समय तक रहने वाला निरंकुश शासन है, जो अब भी व्यापार, मानव संसाधन और मुद्रा पर अंतर्राष्ट्रीय मानदंडों का खुला उल्लंघन करता है। शेष विश्व, चाहे विकसित देश हो या फिर विकासशील, के साथ उसके हित मेल नहीं खाते। लगता है कि निकट भविष्य में चीन को अधिक अंतर्राष्ट्रीय दबाव का सामना करना पड़ेगा।

सर्वप्रथम यह ध्यान रहे कि भारत और चीन में बहुत कम समानता है। चीन की उत्पादन आधारित अर्थव्यवस्था के कारण प्रति व्यक्ति कार्बन उत्सर्जन में वह भारत से चार गुना आगे है। यद्यपि दोनों देशों को प्रतिस्पर्धा का लाभ मिलता लगता है, फिर भी चीन का उदय भारी निर्यात के बल पर हुआ है, जबकि भारत की अर्थव्यवस्था आयात पर निर्भर है इसीलिए भारत में प्रति व्यति कार्बन उत्सर्जन विश्व के औसत का महज 26 फीसदी ही है। दूसरे, कोपेनहेगन के दौरान भारत ने अंतर्राष्ट्रीय जलवायु परिवर्तन वार्ताओं में चीन के साथ पंचवर्षीय संयुक्त मोर्चे का गठन किया है। पर्यावरण विदेश राज्यमंत्री तो यहां तक कह गए कि भारत और चीन की सौदेबाजी की स्थिति में कोई अंतर नहीं है। दोनों देशों के बीच समान क्या है जब चीन खुलेआम भारत की प्रति व्यक्ति कार्बन उत्सर्जन और कार्बन उत्सर्जन में ऐतिहासिक योगदान के आधार पर कटौती के मापदंड बनाने की दलील को अस्वीकार करता है? चीन जिसे विश्व का कारखाना कहा जा सकता है, एक अलग फॉर्मूला चाहता है और अपने देश में अधिक कार्बन उत्सर्जन का कारण निर्यात उद्योगों को बताता है।

तीसरा सबक यह है कि चीन को बचाव का मौका देते हुए भारत खुद ही कटौती की वचनबद्धता दे बैठा। विश्व में सबसे अधिक प्रदूषण फैलाने वाले दो देशों के बीच संधि होने के बजाय अमेरिका बेसिक समूह (ब्राजील चीन, भारत और दक्षिण अफ्रीका) के साथ संधि करने को मजबूर हुआ। कार्बन उत्सर्जन या औद्योगिक विकास के संबंध में भारत ब्राजील और दक्षिण अफ्रीका के भी करीब नहीं है।

इस प्रकार भारत ने न केवल खुद को गलत समूह के साथ जोड़ लिया, बल्कि चीन के साथ गठजोड़ करके, जो कार्बन उत्सर्जन में अमेरिका के समान है, खुद को प्रमुख वैश्विक प्रदूषणकर्ता के रूप में भी पेश कर दिया। आज चीन विश्व के कुल कार्बन उत्सर्जन में 24 प्रतिशत योगदान देता है, जबकि वहां विश्व के कुल

19.8 फीसदी लोग ही रहते है। इसके विपरीत भारत की प्रदूषण में योगदान उसकी आबादी की तुलना में आधा ही है। ऐसे में खुद को अपने विरोधी पड़ोसी से अलग करने के बजाय भारत उसके साथ कंधे से कंधा मिलाकर खड़ा हो गया।

चीन को अपने समकक्ष अमेरिका के बजाय भारत के साथ खड़ा होना कितना सुहाया, यह इस बात से जाहिर हो जाता है कि कोपेनहेगन सम्मेलन के तुरन्त बाद चीन के विदेशमंत्री ने भारत के विदेशमंत्री को फोन कर आगे भी यह गठजोड़ कायम रखने की गुजारिश की, किन्तु जब मुद्दा वैश्विक या एशियाई भूराजनीतिक होता है तो चीन भारत को बराबरी का दर्जा देने में गुरेज करता है।

यह सुनिश्चित है कि भविष्य में होने वाली वार्ता में जब कटौती के मापदंड तय किए जाएंगे तो चीन भारत पर अनावश्यक दबाव डालने का प्रयास करेगा कि वह प्रति व्यक्ति उत्सर्जन और ऐतिहासिक योगदान पर जोर न दे। कोपेनहेगन में चीन के जाल में फंस चुके भारत को सुधारात्मक उपाय अपनाने चाहिए। अन्यथा वह वही गलती दोहराएगा जो उसने नेहरू काल में संयुक्त राष्ट्र की स्थायी सीट के मसले पर की थी। अमेरिका और सोवियत संघ ने 1955 में भारत को संयुक्त राष्ट्र में स्थायी सदस्यता की पेशकश की थी तो तत्कालीन प्रधानमंत्री ने इससे यह कहते हुए इनकार कर दिया था कि इस सदस्यता का असली हकदार तो चीन है। अब चीन ही भारत को स्थायी सदस्यता मिलने में सबसे बड़ी बाधा बना हुआ है।

7. बौद्धधर्म से जुड़े उच्च संस्थानों पर चीनी प्रभाव

पिछले कुछ दिनों से इस तरह के ब्योरे आए हैं कि भारत को चारों ओर से घेरने के क्रम में चीन अब अपनी रेल पटरियों को पाकिस्तान के रास्ते अरब सागर तक ले जा रहा है। म्यांमार, बांग्लादेश, नेपाल और श्रीलंका की ओर से सड़कों, हवाई अड्डों और सैनिक अड्डों के जरिये चीन भारत को पहले ही बुरी तरह घेरे हुए था। अब अरब सागर में पाकिस्तान और चीन के संयुक्त नौसैनिक अड्डे ग्वादर तक चीनी सेना की पहुँच को भारत के पूर्वी तट की सुरक्षा में सेंध की तरह देखा जा रहा है।

लेकिन इन्हीं दिनों चीन ने राज्यसभा के माध्यम से भारत की सांस्कृतिक सुरक्षा में जो सेंध लगाई, उसके बारे में मीडिया, राजनेताओं और लोगों की चुप्पी को समझना मुश्किल है। राज्यसभा ने नालंदा विश्वविद्यालय के बारे में एक प्रस्ताव पारित किया है, जिसके मुताबिक भारतीय संस्कृति के प्रतीक इस विश्वविद्यालय को एक नये सिरे से स्थापित किया जाएगा। सरसरी तौर पर यह स्वागत योग्य कदम है। पर अगर इस प्रस्ताव के पूरे मसौदे की तकनीकी शब्दावली

को बहुत आसान हिंदी में कहा जाए, तो लोकसभा में पारित होने के बाद नए नालंदा विश्वविद्यालय को चीन के मार्ग दर्शन में चलाया जाएगा।

'नालंदा यूनिवर्सिटी बिल, 2010' के बारे में पहली चौंकाने वाली बात है कि एक विशुद्ध सांस्कृतिक और शैक्षिक मुद्दा होने के बावजूद इस विधेयक को संस्कृति या शिक्षा मंत्रालय ने नहीं, बल्कि विदेश मंत्रालय ने तैयार किया है। यही नहीं, इसे विदेश मंत्रालय पर काबिज चीन समर्थक अफसरों की उस लॉबी ने तैयार किया है, जो भारतीय विदेश नीति को चीनी हितों से देखती है।

दूसरी बात यह है कि विश्वविद्यालय के बनने से पहले ही कॉमरेड अमर्त्य सेन की अध्यक्षता में चीन के एक सरकारी प्रोफेसर, सिंगापुर के चीनी मूल के विदेश मंत्री और उन जैसे घोर चीन समर्थक देशी-विदेशी कॉमरेडों से भरी हुई समिति ने इसका संचालन भी शुरू कर दिया है। दिल्ली विश्वविद्यालय में समाजशास्त्र की एक वामपंथी अध्यापिका को इस विश्वविद्यालय की उपकुलपति भी तैनात कर दिया गया है। अमर्त्य सेन भी भले अर्थशास्त्र में नोबल पुरस्कार की वजह से सम्मान योग्य हैं, पर उन्हें बौद्ध दर्शन और भारतीय संस्कृति के सर्वोच्च प्रतीक नालंदा की किस्मत तय करने वाला मानना मजाक होगा।

प्रस्तावित नालंदा विवि को लगभग पूरी तरह चीन की गोद में सौंपने की वकालत करते हुए अमर्त्य सेन कहते हैं कि यह विश्वविद्यालय चीन के साथ व्यापक तालमेल करेगा, क्योंकि चीन ही एक ऐसा देश है, जहाँ दुनिया के सबसे ज्यादा बौद्ध रहते हैं। यह मानना मुश्किल है कि अमर्त्य सेन को इस बात की जानकारी नहीं कि पिछले साठ साल में चीन के कम्युनिस्ट शासकों का धर्म, खास तौर से बौद्ध धर्म के साथ कैसा रिश्ता रहा है। उनकी नजरों से यह भी नहीं छिपा होगा कि अपने बौद्ध उपनिवेशों तिब्बत और भीतरी मंगोलिया में चीनी शासकों ने बौद्ध धर्म के विनाश के लिए जो कुछ किया, वह बख्तियार खिलजी को भी शर्मिंदा करने वाला है।

असल में कॉमरेड अमर्त्य सेन और उनके सहयोगी लाल खिलाड़ी नालंदा के माध्यम से चीन सरकार के उस नए खेल को आगे बढ़ाने का काम कर रहे हैं, जिसका लक्ष्य बौद्ध धर्म से जुड़े अंतर्राष्ट्रीय मंचों पर कब्जा जमाकर अपने भिक्षु शत्रु दलाई लामा की ताकत को कमजोर करना है। भारतीय विदेश मंत्रालय पर काबिज चीन समर्थक अफसरों की लॉबी पिछले कुछ वर्षों से दलाई लामा को अंतर्राष्ट्रीय मंचों से परे रखकर उनकी जगह बीजिंग को बिठाने में बहुत सक्रिय भूमिका निभाती आ रही है।

विदेशी एजेंटों और बौद्ध धर्म के देशी अज्ञानियों के बूते नालंदा विश्वविद्यालय को फिर से 'जीवित करने' का यह हास्यास्पद अभियान एक ऐसे देश में चलाया जा रहा है, जहाँ बौद्ध दर्शन और भारतीय संस्कृति के दर्जनों दिग्गज मौजूद हैं और इसी विषय में अंतर्राष्ट्रीय स्तर का ऐतिहासिक योगदान कर रहे लगभग एक दर्जन विश्वविद्यालय और संस्थान चल रहे हैं। विधेयक को तैयार करने वाले बाबू भूल गए कि देश में पहले से नव नालंदा महाविहार चल रहा है, जिसे नालंदा की परम्परा को आगे बढ़ाने के लिए बिहार सरकार ने वर्ष 1951 में शुरू किया था। इसकी नींव प्रथम राष्ट्रपति डॉ राजेन्द्र प्रसाद ने रखी थी और वर्ष 1956 में तत्कालीन उपराष्ट्रपति डॉ. सर्वपल्ली राधाकृष्णन ने इसे देश को समर्पित किया था। यह विवि अपने अति सीमित साधनों और सरकारी उपेक्षा के बावजूद भिक्खु जगदीश कश्यप और प्रो. सातकड़ी मुखर्जी जैसे विद्वानों के नेतृत्व में दर्जनों ग्रंथ प्रकाशित कर चुका है।

नव नालंदा महाविहार के अलावा गंगटोक, सारनाथ, धर्मशाला और लेह में भी कम से कम चार ऐसे विश्वविद्यालय चल रहे हैं, जिन्हें यूजीसी मान्यता और सहयोग देता है तथा जिन्होंने नालंदा की परम्परा पर भारतीय और बौद्ध दर्शन के अध्ययन में ऐतिहासिक योगदान दिया है। इनमें से दलाई लामा की पहल पर स्थापित सारनाथ के उच्च तिब्बती अध्ययन केन्द्र ने तो नालंदा से तिब्बत गए 100 से ज्यादा ऐसे महत्वपूर्ण भारतीय ग्रंथों को नए सिरे से संस्कृत, हिंदी और अंगरेजी में पुनर्जीवित करने का श्रेय हासिल किया है, जिनके बारे में यह मान लिया गया था कि वे हमेशा में लिए नष्ट हो चुके हैं।

एक भारतीय कम्युनिस्ट होने के नाते अमर्त्य सेन की चीन के प्रति आस्था समझी जा सकती है। पर असली सवाल तो सरकार और राज्यसभा के उन सांसदों से है, जिन्होंने देश की सांस्कृतिक पहचान से जुड़े इतने महत्वपूर्ण सवाल पर अपना ठप्पा लगा दिया। उम्मीद की जाए कि लोकसभा के सदस्य इस मामले में अपनी आत्मा की आवाज सुनेंगे।

8. आतंकवाद या माओवाद

भारत में जिस तरह जेहादी और माओवादी हमले हो रहे हैं उससे यह दुविधा सहज रूप से पैदा होती है कि दोनों में कौन ज्यादा खतरनाक है। हालांकि यह नागनाथ और सापनाथ के बीच चुनाव करने जैसा है लेकिन खतरे का मुकाबला करने के लिए उसकी तुलनात्मक ताकत का अहसास रखना जरूरी हो जाता है।

मुंबई हमले के करीब पंद्रह महीने बाद पुणे की जर्मन बेकरी में आतंकी हमले की घटना हुई है। घटना निश्चित तौर पर हमारी सुरक्षा एजेंसियों की विफलता है लेकिन इतने लंबे समय तक हमले को रोक कर रखना सुरक्षा संबंधी कामयाबी भी तो रही है। इस बीच धड़ाधड़ नक्सली हमले हुए है और उनमें मारे जाने वालों की संख्या जेहादी आतंकवादी हमले के तीन गुने से भी ज्यादा है। घटनाओं की यह आवृत्ति ही नहीं आंकड़े भी माओवादी खतरे की गंभीरता को प्रकट करते है। जनवरी 2007 से अब तक जेहादियों के हमले में 436 लोग मारे गए जबकि माओवादियों ने 1524 लोग मारे। मारे जाने वालों की संख्या के अलावा माओवादी हमले का तरीका भी कई बार जेहादियों के मुकाबले ज्यादा क्रूर रहा है। हाल की दोनों घटनाओं में माओवादियों ने अपने निशाने पर लिए लोगों को न सिर्फ गोलियों से बल्कि उन्हें चारों तरफ से आग लगाकर भी भूना। मारे जाने वालों में निहत्थे ग्रामीण आदिवासी रहे हैं या फिर हथियार रखकर खाना बनाते सुरक्षा बलों के जवान। इसके अलावा माओवादियों ने लोगों को गला रेत कर या फिर छह इंच छोटा कर मारने की भी नजीर कायम की है। इसका मतलब यह नहीं कि जेहादियों ने जिस तरह बेगुनाहों की हत्या की है, वे तरीके कहीं से कम खतरनाक और चिंताजनक नहीं हैं। पर मसला यह है कि माओवादियों के बड़े खतरे को क्यों जेहादियों से कम कर आंका जाता है? इसकी दो वजहें साफ हैं। एक वजह तो यह है कि जेहादी आतंकवाद आमतौर पर शहरी परिघटना है, जबकि माओवादी आतंकवाद ग्रामीण।

जेहादी हमला होने के तुरंत बाद इसे पाकिस्तान और दुनिया के दूसरे आतंकी समूहों से जोड़कर अंतर्राष्ट्रीय मामला बना दिया जाता है। जैसा कि मुंबई हमले में हुआ या कहीं और भी होता है तो उसे तत्काल एक देश के दूसरे देश पर हमले के रूप में देखा जाने लगता है और देश टूटने की आशंका जताई जाने लगती है। अमेरिका सहित दुनिया के तमाम देशों का जोर जेहादी आतंकवाद को खत्म करने पर है, इसलिए उसके बारे में तुरंत विश्वव्यापी सूचना तंत्र की सक्रियता और राजनायिक प्रयास तेज हो जाते हैं। लेकिन माओवादी हमले बढ़ रहे हैं और उनके हमलावरों की संख्या जेहादियों के मुकाबले कहीं ज्यादा बताई जा रही है, उसमें प्राथमिकताओं को बदलने की भी जरूरत है। अंतर्राष्ट्रीय प्रयासों का असर हो या फिर जेहादियों की थकान, यह बात अब बार-बार कही जा रही है कि जेहाद हारने लगा है। पर जेहाद के अस्त होने के साथ माओवाद का उदय भारत को परेशान कर रहा है। माओवाद से लड़ना जरूरी है और इसमें दो राय नहीं कि आरंभिक लड़ाई सामरिक ही होगी। लेकिन उसके बाद राजनैतिक, आर्थिक और सामाजिक उपाय भी करने होंगे।

9. गरीबी और नक्सलवाद

केन्द्र सरकार ने देश के सात राज्यों में नक्सली हिंसा समाप्त करने के लिए एक निर्णायक कार्य-योजना बनाई है। इस योजना को नक्सल प्रभावित राज्यों के मुख्यमंत्रियों से विचार-विमर्श के बाद कार्यान्वित किया जा रहा है। देश की आंतरिक सुरक्षा के लिए नक्सली हिंसा को रोकना इस वक्त सरकार के लिए गंभीर चिंता का विषय बन गया है। दरअसल, आजादी के साठ वर्ष बीत जाने के बावजूद देश की जनता गरीबी, भुखमरी, भ्रष्टाचार, प्रशासनिक अत्याचार और नक्सलवाद के पीछे छिपी गहरी राजनीतिक साजिश से त्रस्त है। वास्तविक स्थिति यह है कि लोगों के दुःख-दर्द से सरकारें बहुत दूर हो चुकी हैं। नक्सलवाद की चपेट में धीरे-धीरे कई राज्य आते जा रहे हैं। नक्सलियों का दावा है कि वे अतिदलितों के पैरोकार हैं, लेकिन यह दावा खोखला है। सच तो यह है कि गरीबी, पिछड़ेपन और बेरोजगारी से हताश जवानी रास्ता भटक रही है। युवा अपराध के रास्ते पर बढ़ रहे हैं। और नक्सलवाद उन्हें गुमराह करने में सफल हो रहा है।

नक्सली हिंसा को हर परिस्थिति में दबाना आवश्यक है। लेकिन यह प्रयास सामूहिक रूप में किया जाना चाहिए, क्योंकि नक्सलियों द्वारा जिन परिस्थितियों में गांव के गरीबों को भड़काया जा रहा है, यदि वे परिस्थितियां नहीं बदलीं, तो सरकार का यह अभियान विफल हो जाएगा। नक्सली हिंसा और अति गरीबी के विरूद्ध एक साथ और समान युद्ध छेड़ने की आवश्यकता है।

देश के करीब 27.5 प्रतिशत लोग आज भी गरीबी रेखा से नीचे जीवन-यापन कर रहे हैं। 12 करोड़ लोग तो केवल आठ रुपये प्रतिदिन पर गुजारा करते है। यानी एक महीने की उनकी आय लगभग 240 रुपये बनती है। सरकार का कोई भी अर्थशास्त्री आज की महंगाई में क्या 240 रुपये में एक व्यक्ति का महीने भर का बजट बना सकता है? क्या कभी किसी ने सोचा, कि फिर करोड़ों लोग क्या खाते होंगे, क्या पहनते होंगे और किस प्रकार अपने जीवन का बोझ ढोंते होंगे? नक्सली इसी बेबसी का लाभ उठा रहे हैं।

अब यह कोई छिपी हुई बात नहीं है कि देश के जिन राज्यों में नक्सलवाद और माओवाद फैल रहा है, वहां संप़न्न लोगों का जीवन भी खतरे में है। उनसे हिंसा के बल पर जबरन टैक्स वसूला जा रहा है, उनके बच्चों को फिरौती के लिए अगवा किया जाता है, उनकी हत्याएं हो रही हैं। कुछ प्रदेशों में तो सरकार के विभाग उन इलाकों में विकास का काम करने के लिए नक्सलियों को धन देते हैं।

इसलिए देश की अतिगरीबी को दूर किए बिना इस समस्या का कारगर इलाज दूर किए बिना इस समस्या का कारगर इलाज मुमकिन नहीं हो सकता।

गरीबी की समस्या पर भारत के मनीषी विचारक बहुत पहले से सोचते रहे हैं। स्वामी विवेकानंद ने दरिद्रनारायण की बात कहीं, तो महात्मा गांधी ने अंत्योदय का संदेश दिया था। यहां तक कि राष्ट्रकवि रामधारी सिंह दिनकर ने भी सामाजिक-आर्थिक विषमता का वर्णन करते हुए लिखा है—श्वानों को मिलता दूध-वस्त्र, भूखे बालक अकुलाते हैं/मां की हड्डी से चिपक-ठिठुर जाड़ों की रात बिताते है/युवती के लज्जा बसन बेच जब ब्याज चुकाए जाते हैं/पापी महलों का अहंकार तब देता मुझकों आमंत्रण...।

देश की गरीबी का वह वर्णन आज भी सही लगता है। बल्कि हालात उससे भी अधिक खराब हैं। और इसकी तसदीक करीब एक लाख 60 हजार किसानों की आत्महत्याएं करती है। कवि दिनकर ने वंचितों के भीतर खौलते आक्रोश को पहचानते हुए देश के नीति निर्यताओं को आगाह भी किया था—*शांति नहीं तब तक जब तक सुखभाग न नर का सम हो/नहीं किसी को बहुत अधिक हो नहीं किसी को कम हो।*

परंतु हुआ इससे बिलकुल विपरीत। कुछ को बहुत अधिक मिल गया और कुछ के पास बहुत कम रह गया। यह देश का दुर्भाग्य है कि स्वामी विवेकानंद से लेकर महात्मा गांधी और रामधारी सिंह दिनकर तक, तमाम भविष्य दृष्टाओं की बातें भूला दी गई। परिणामस्वरूप, देश आज चौराहे पर खड़ा है। नहीं! हिंसा के रास्ते पर चलने वाले नक्सलियों के प्रति किसी प्रकार सहानुभूति नहीं बरती जानी चाहिए। परन्तु मैं सावधान करना चाहता हूं कि उनके विरूद्ध अभियान छेड़ना ही काफी नहीं है। हमें देश से अति गरीबी भी मिटानी होगी।

ठीक है, समाज के सभी लोग बराबर नहीं हो सकते। भगवान की सृष्टि में भी सब बराबर नहीं है। परन्तु अति गरीबी तो दूर की जा सकती है। कम-से-कम लोगों की बुनियादी जरूरतें तो पूरी की ही जानी चाहिए। विश्व के बहुत से देशों ने यह करके दिखाया है, फिर भारत क्यों नहीं कर सकता? इस समय देश के लगभग 26 करोड़ अति गरीब है। देश के 83 करोड़ लोग, जो गरीबी रेखा से ऊपर हैं, इन अति गरीब लोगों की मदद क्यों नहीं कर सकते? अति गरीबी को दूर करने के लिए अति अमीरों को त्याग करना होगा।

देश में बढ़ता अपराध, नक्सलवाद और माओवाद एक बड़ी चेतावनी और चुनौती है। यदि समय रहते कुछ क्रांतिकारी निर्णय नहीं लिए जाएंगे, तो इतिहास

हमें क्षमा नहीं करेगा। केन्द्र सरकार पूरे विपक्ष को विश्वास से लेकर यह महासंकल्प ले कि अगले पांच वर्ष में देश से अति गरीबी दूर कर दी जाएगी। अत्यंत गरीबों को विशेष पहचान पत्र दिए जाऐं, जिनमें पांच वर्ष के भीतर उनकी विपन्नता दूर करने का आश्वासन हो।

इस काम के लिए अत्योदय नाम से एक नया विभाग प्रधानमंत्री के अधीन सृजित किया जाए। केन्द्र व प्रदेश सरकारों के करीब दस लाख करोड़ रुपये के प्रशासनिक व्यय में जबर्दस्त फिजूलखर्ची होती है। उसमें 20 प्रतिशत की कटौती कर यदि दो लाख करोड़ रुपये उस विभाग को दिए जाएं। साथ ही 50 लाख रुपये सालाना शुद्ध आय वाले लोगों व कंपनियों से अंत्योदय अधिभार यह लगाया जाए और उससे एकत्र धन इस विभाग को दिए जाऐं, पांच वर्षो तक विधायकों, सांसदों और सरकारी अधिकारियों के वेतन में कोई वृद्धि न की जाए तथा अगले पांच वर्ष तक केन्द्र एवं राज्य सरकारों के सभी विभागों, उपक्रमों में चतुर्थ श्रेणी के सभी पद गरीबी रेखा से नीचे के लोगों के लिए आराक्षित कर दिए जाऐं, तो आर्थिक वजहों से फैल रही अशांति पर काबू पाया जा सकता है। इस प्रकार के कार्यक्रमों से देश के अति गरीबों में एक नई आशा और विश्वास का संचार होगा और ये कार्यक्रम नक्सलवाद की कमर तोड़ देंगे।

हिंसा चाहे जिस रूप में हो, यह भारत सहित पूरी दुनिया के सामने सबसे बड़ी चुनौती बनकर खड़ी है और इससे निपटने में राज व्यवस्थाऐं अक्षम साबित हो रही है। प्रधानमंत्री मनमोहन सिंह यदि बार-बार माओवाद को देश की आंतरिक सुरक्षा के लिए सबसे बड़ी चुनौती बता रहे हैं, तो केवल इसकी हिंसक कार्यवाइयों के कारण हैं।

सरकारी आंकड़ों के मुताबिक, माओवादी हिंसा में इस वर्ष अगस्त तक मरने वालों की संख्या लगभग 550 थी। पिछले वर्ष कुल 1,591 घटनाओं में 721 लोग मारे गए और सैकड़ों घायल हुए थे। गृह मंत्री पी. चिदंबरम ने पिछले डेढ़ वर्ष में माओवादियों के साथ संघर्ष में या उनके औचक हमलों में मारे जाने वाले पुलिसकर्मियों की संख्या 481 बताई है। गौर कीजिए जम्मू-कश्मीर के अलगाववादी-आतंकवादी हिंसा में भी इतने लोग नहीं मरे और न सुरक्षा बलों के लोग ही। भारत सरकार द्वारा, दिए गए तथ्यों पर विश्वास करें, तो राज्यों के 223 जिलों के 2,000 थाना क्षेत्र माओवाद से प्रभावित हैं। ऐसे में, देश के प्रधानमंत्री की चिंता स्वाभाविक है।

कोई भी संगठन, यदि वह अपने लक्ष्य को पाने के लिए हिंसा अपनाए और हिंसक गतिविधियों को विस्तार देता रहे, तो उसके प्रति राज्य अपनी आंखें मूंदे

नहीं रह सकता, भले ही उस संगठन के असंतोष की वजहें वाजिब हो। इसलिए चाहे नवमाओवाद हो या वैश्विक जेहाद से प्रेरित आतंकवाद या फिर पूर्वोत्तर की अलगावादी हिंसा, राज्य इनके विरुद्ध हिंसक शक्ति का ही प्रयोग करता है।

पिछले कुछ दिनों से माओवादियों के साथ एक सघन युद्ध की तैयारी का संकेत हमारे गृह मंत्री दे रहे हैं। आतंकवादी संगठनों की तरह भाकपा (माओवादी) को भी काली सूची में डालकर प्रतिबंधित किया जा चुका है। हालांकि जिन तीन समूहों, पीडब्ल्यूजी, एमएसीसी एवं भाकपा (माले) को मिलाकर यह संगठन बना, वे सभी पहले से ही प्रतिबंधित हैं, लेकिन गृह मंत्री का कहना था कि कोई भ्रम न रहे, इसलिए भाकपा (माओवादी) को गैरकानूनी गतिविधियों निरोधक अधिनियम की धारा दो के तहत आतंकी संगठन की श्रेणी में डाल दिया गया है। इस प्रकार, कानून की नजर में चाहे माओवादी हों या जेहादी या फिर पूर्वोत्तर के अलगाववादी, सभी समान धरातल पर खड़े हैं। जितने भी माओवादी अब पकड़े जा रहे हैं, उन पर गैरकानूनी गतिविधि अधिनियम की वही धाराएं लगाई जा रही हैं, जो जेहादी आतंकवादी के खिलाफ लगती हैं। कुल मिलाकर, केन्द्र सरकार माओवादियों के खिलाफ करो या मरो का संकेत दे रही है। लेकिन इससे हिंसक विद्रोह का अंत नहीं हो सकता।

वास्तव में, वर्तमान व्यवस्था में राज्य अपने विरुद्ध हिंसक विद्रोहों के प्रति ऐसा ही रवैया अपनाता है। यह व्यवस्था स्वयं हिंसक शक्तियों और कानूनों से युक्त है। आप राज्य के खिलाफ किसी प्रकार का विरोध कीजिए, उसकी हिंसक प्रकृति आपके रास्ते में खड़ी दिख जाएगी। दरअसल, इस राज-व्यवस्था में हिंसा के शासन में अहिंसक रास्ते की गुंजाइश ही नहीं है। राज्य चलाने वाले चाहे-अनचाहे इसके हिंसक ढांचे के प्रति इतने समर्पित होते हैं कि इससे बाहर निकलकर कुछ करने की वे जहमत ही नहीं उठाते।

वर्तमान राज व्यवस्था जानते हुए भी इस सच की अनदेखी करती है कि हर संगठित हिंसा के पीछे ठोस विचार का आधार होता है। वे विचार भले ही दोषपूर्ण हो, किंतु वे लोगों में प्राणपत्र से लड़ने की संकल्पबद्धता पैदा करते हैं। आप हिंसक ताकत से हिंसा करने वाले को तो मिटा सकते हैं, पर उनके विचारों और कारणों का अंत नहीं कर सकते। इसलिए दुनिया के स्तर पर लगातार सत्ता के विरूद्ध हिंसा बढ़ रही है। हिंसा निजी हो या संगठित, उसके पीछे घृणा, द्वेष, ईर्ष्या, जब रन या जबरन कुछ पा लेने की इच्छा प्रबल होती है। यही हिंसक विचारधारा का मूलाधार है, और इसकी जड़ में भी मौजूदा राज्य व्यवस्था ही है।

एक लोकतांत्रिक राज्य का स्वाभाविक चरित्र यह होना चाहिए कि वह सीधे उन तक पहुंचे और उनके असंतोष के निवारण की स्वाभाविक कोशिश करें। अगर राज्यों का यह स्वभाव हो, तो फिर किसी बड़ी और संगठित हिंसा के लिए जगह ही नहीं होगी। लेकिन राज्य आम जन से इतना दूर हो चुका है कि उसे सामूहिक मनोविज्ञान की सही जानकारी तक नहीं मिलती। यह वर्तमान राजनीति की विफलता है। जब मुख्यधारा में काम करने वाली राजनीतिक शक्तियाँ जनता की समस्याओं के लिए संघर्ष करने, उन्हें न्याय दिलाने और उनके बीच से नेतृत्व विकसित करने से दूर चली जाएगी, तो फिर उसकी परिणति जन विद्रोहों में ही होगी और वह हिंसक भी हो सकती है। देश और दुनिया के स्तर पर यही हुआ है।

महात्मा गांधी सहित हमारे अग्रणी स्वतंत्रता सेनानियों को यह बात समझ में आ गई थी, इसलिए वे राज व्यवस्था में आमूल परिवर्तन के पक्ष धर थे। उन्होंने ऐसी व्यवस्था की पैरोकारी की थी, जहां शक्ति के केन्द्रीकरण की इतनी गुंजाइश ही नहीं हो कि उसके विरूद्ध हिंसक प्रतिरोध की जरूरत महसूस हो सके। स्थानीय स्तर की व्यवस्था में आम आदमी की सीधी भागीदारी होती है, उसमें लंबे समय तक और व्यापक विस्तार वाला असंतोष नहीं हो सकता। इसलिए हिंसा का निदान वर्तमान राजनीति और इसके द्वारा संचालित राज व्यवस्था के बदलाव में ही है।

10. विश्व महाशक्ति की चुनौतियाँ

वर्तमान समय में विश्व महाशक्ति का दर्जा अमेरिका को हासिल है परन्तु अमेरिकी अर्थव्यवस्था दबाव में है। कुछ विश्लेषकों का मानना है कि अमेरिका का वर्चस्व घटता जाएगा। ऐसे में विश्व की महाशक्ति बनने के दो दावेदार उभर रहे हैं—चीन एवं भारत। इन तीन दावेदारों का तुलनात्मक विश्लेषण करने से संकेत मिलते हैं कि भारत की दावेदारी पुख्ता है।

महाशक्ति बनने की पहली कसौटी तकनीकी अगुआई है। अठारहवीं सदी में इंग्लैण्ड ने स्टीम इंजन से चलने वाले जहाज बनाये और विश्व के हर कोने में अपना आधिपत्य स्थापित किया। बीसवीं सदी में अमेरिका ने एटम बम से जापान को, तथा पैट्रियट मिसाइल से इराक को परास्त किया। वर्तमान में अमेरिका की तकनीकी अगुआई जारी है परन्तु यह कमजोर पड़ रही है। नयी तकनीकों का आविष्कार अब कम ही हो रहा है। भारत को रिसर्च का काम भारी मात्रा में आउटसोर्स हो रहा है, जिसके कारण भारत का पलड़ा भारी पड़ता जा रहा है। तकनीक के मुद्दे पर चीन पीछे है। वह देश मुख्यतः दूसरों के द्वारा ईजाद की गयी

तकनीकों का उपयोग कर रहा है।

दूसरी कसौटी श्रम के मूल्य की है महाशक्ति बनने के लिए श्रम का मूल्य न्यूनतम रहना चाहिए, तब ही देश माल का सस्ता उत्पादन कर पाता है और दूसरे देशों में प्रवेश कर जाता है। चीन और भारत इस कसौटी पर अव्वल बैठते हैं, जबकि अमेरिका पिछड़ रहा है। मैन्यूफैक्चरिंग उद्योग लगभग पूर्णतया अमेरिका से पलायन कर चुका है। सर्विस उद्योग भी भारत को तेजी से पलायन कर रहा है। अमेरिका के वर्तमान आर्थिक संकट का मुख्य कारण अमेरिका में श्रम के मूल्य का ऊँचा होना है।

तीसरी कसौटी शासन के खुलेपन की है। वह देश आगे बढ़ता है, जिसके नागरिक खुले वातावरण में अपने मन्तव्यों को बढ़ाने को स्वच्छन्द होते हैं। बेड़ियों में जकड़े हुए अथवा पुलिस की तीखी नजर के साये में रिसर्च व्यापार अथवा अध्ययन कम ही पनपते हैं। भारत और अमेरिका में यह खुलापन उपलब्ध है। चीन इस कसौटी पर पीछे पड़ जाता है। वहाँ नागरिक की ऊर्जा पर कम्युनिस्ट पार्टी का दबाव रहता है।

चौथी कसौटी भ्रष्टाचार की है। सरकार भ्रष्ट हो तो जनता की ऊर्जा भटक जाती है। देश की पूँजी का रिसाव हो जाता है। भ्रष्ट अधिकारी एवं नेता धन को स्विट्जरलैण्ड भेज देते हैं। इस कसौटी पर अमेरिका आगे है। ट्रान्सपरेंसी इण्टरनेशनल द्वारा बनायी गयी रैकिंग में अमेरिका को 19वें स्थान पर रखा गया है, जबकि चीन को उन्नीसवें तथा भारत को चौरासिवें स्थान पर। तथापि भारत की स्थिति में सुधार होने के संकेत हैं। 2002 में भारत को 2.7 अंक मिले थे, जो कि 2009 में बढ़कर 3.4 अंक हो गये हैं। अंक बढ़ने का अर्थ साफ है। तुलना में चीन की स्थिति में सुधार कम हुआ है। चीन के अंक 3.5 से बढ़कर मात्र 3.6 हुए हैं।

पाँचवीं कसौटी पर असमानता की है। गरीब और अमीर के अन्तर के बढ़ने से समाज में वैमनस्य पैदा होता है। भूमिपुत्र अलगाववादी एवं नक्सलवादी आन्दोलन पनपते हैं। गरीब की ऊर्जा अमीर के साथ मिलकर देश के निर्माण में लगने के स्थान पर अमीर के विरोध में लगती है। इस कसौटी पर अमेरिका आगे और भारत एवं चीन पीछे हैं। चीन में असमानता उतनी ही व्याप्त है, जितनी भारत में परन्तु वह दृष्टिगोचर नहीं होती है, चूँकि पुलिस का अंकुश है। फलस्वरूप वह रोग अन्दर ही अन्दर बढ़ेगा जैसे कैंसर बढ़ता है। भारत की स्थिति तुलना में अच्छी है, चूँकि कम से कम समस्या को प्रकट होने का अवसर उपलब्ध है। महाशक्ति बनने की इन पाँच कसौटियों का समग्र आकलन करें, तो वर्तमान में

अमेरिका की स्थिति नम्बर एक पर दिखती है। तकनीकी अगुआई, समाज में खुलेपन, भ्रष्टाचार नियन्त्रण और समानता में वह देश आगे है। परन्तु तमाम समस्याएँ उस देश में दस्तक दे रही हैं। रिसर्च भारत को आउटसोर्स की जा रही है। भ्रष्टाचार भी शनैः, शनैः बढ़ रहा है। 2002 में ट्रान्सपरेंसी इण्टरनेशनल ने 7.6 अंक दिये थे, जो कि 2009 में 7.5 रह गये हैं। असमानता भी बढ़ रही है। तमाम नागरिक अपने घरों से बाहर निकाले जा चुके हैं और सड़क में कागज के डिब्बों में रहने को मजबूर हैं। आर्थिक संकट के गहराने के साथ-साथ यह समस्या और तेजी से बढ़ेगी। तुलना में भारत की स्थिति सुधर रही है। तकनीकी रिसर्च से हम आगे बढ़ रहे हैं जैसा कि नैनो कार बनाने से संकेत मिलते हैं। भ्रष्टाचार में भी सुधार के संकेत मिल रहे हैं। सूचना के अधिकार ने सरकारी मनमानी पर कुछ न कुछ लगाम अवश्य कसी है, परन्तु अभी बहुत आगे जाना है। असमानता भी अपने देश में कैंसर की तरह व्यापती जा रही है। गृहमन्त्री चिदम्बरम सैन्य बल से इस पर काबू पाने की कोशिश कर रहे हैं, परन्तु यह निश्चित रूप से असफल होगा, क्योंकि मूल रोग की सरकार अनदेखी कर रही है। मूल रोग है—आर्थिक नीतियाँ। बड़ी कम्पनियों को सरकार खुली छूट दे रही है। इनके लाभ उत्तरोत्तर बढ़ रहे हैं, जबकि गरीब कराह रहा है। गरीब पर छाये गये इस अत्याचार पर सरकार मनरेगा द्वारा मरहम पट्टी करने दिखावटी प्रयास कर रही है परन्तु इस योजना में भी भ्रष्टाचार तेजी से बढ़ रहा है। इसके अतिरिक्त इस योजना में समाज की ऊर्जा निकम्मेपन एवं फर्जी कार्यों की ओर खर्च हो रही है। इस प्रकार भ्रष्टाचार एवं असमानता दोनों समस्याएँ आपस में जुड़ी हुई हैं।

चीन की स्थिति भारत और अमेरिका दोनों से कमजोर दिखती है। तकनीकी आविष्कार में चीन पीछे है। चीन ने मूल रूप से अमेरिकी कम्पनियों द्वारा लायी गयी तकनीकों को अंगीकार किया है। बहुराष्ट्रीय कम्पनियाँ चीन में बड़े कारखानों में ऑटोमैटिक मशीनों से उत्पादन कर रही हैं। वे अपने साथ आधुनिक तकनीकें लाती हैं। जिन पर उनके इंजीनियरों की नजर रहती है। इन तकनीकों का सहज फैलाव चीन की तकनीकों में नहीं होता है। चीन के समाज में खुलेपन का अभाव है। लोकतन्त्र नहीं है। प्रेस पर कम्युनिस्ट पार्टी का शिकंजा रहता है। विश्व महाशक्ति बनने के लिए जरूरी है कि देश की सम्पूर्ण जनता मनोयोग से इस उद्देश्य की पूर्ति में लगे। जनता की सम्पूर्ण ऊर्जा कम्युनिस्ट पार्टी के चाबुक से नहीं प्रस्फुटित हो सकती है। चीन में भ्रष्टाचार भी व्याप्त है। ट्रान्सपरेंसी इण्टरनेशनल द्वारा बनाये गये भ्रष्टाचार सूचकांक में चीन को 74वें नम्बर पर एवं भारत को 84वें नम्बर पर रखा गया है। दोनों की स्थिति में मामूली ही अन्तर है अर्थात चीन

हमसे सुदृढ़ स्थिति में नहीं है। चीन में हमारी तरह भारी असमानता व्याप्त है। अन्दरूनी क्षेत्रों से श्रमिकों का भारी संख्या में पलायन हो रहा है। ये शहरों में कठिन परिस्थितियों में जीवन-यापन कर रहे हैं। भारत में भी असमानता व्याप्त है। नक्सलवादी आन्दोलन इसके परिचायक हैं। परन्तु चीन में इस दर्द को सैन्य बल से दबा दिया जाता है अर्थात् समाज का अन्तर्मन तनाव में है। ऐसा समाज महाशक्ति नहीं बनता। इन कारणों से चीन के महाशक्ति बनने में मुझे सन्देह है।

मेरी दृष्टि में भारत का महाशक्ति बनने का दावा गम्भीर है। तकनीकी क्षेत्र में हम आगे बढ़ रहे हैं, श्रम का मूल्य न्यून है और समाज में खुलापन है। हमारी समस्याएँ भ्रष्टाचार और असमानता की हैं। यदि इन दो समस्याओं को हम सुलझा लेते हैं तो हमें विश्व महाशक्ति बनने से कोई नहीं रोक सकेगा।

11. नयी व्यवस्था की तलाश में मानवता

वैश्विक आर्थिक मन्दी ने इस औद्योगिक शैतानी सभ्यता के सामने यह चुनौती खड़ी कर दी है कि संकटो से घिरे रहो या बुनियादी परिवर्तन अपनाओ। विगत तीन सौ सालों में पूंजीवाद पर संकट आते रहे हैं, लेकिन तरह-तरह के हथकण्डे अपनाकर रास्ता निकाल लिया गया। परन्तु वर्तमान संकट से निकलने के सब रास्ते बन्द हैं। अब बुनियादी परिवर्तन के अलावा और कोई चारा नहीं बचा है। इस सभ्यता की जड़ों में जाकर, उसका अन्त समझना होगा क्योंकि अर्थव्यवस्था उसका मात्र एक पहलू है।

अर्थशास्त्र का इतिहास परिस्थिति की समीक्षा करते हुए अवधारणा का विकास करता आया है। आज अर्थशास्त्र की अवधारणा को पुर्नव्याख्यापित करने का समय आ चुका है अर्थशास्त्र के उद्देशों में से एक जनकल्याण भी है। इसका अर्थ इजाफा होना। आज तो अधिकतर लोगों के साथ पक्षपात एवं अन्याय हो रहा है।

राष्ट्रीय आमदनी मापने का ढंग भी अन्यायकारी है। राष्ट्रीय आमदनी नापने के तीन पैमाने हैं—कृषि, उद्योग और सेवा। बाजार भाव से इनकी कीमत आंकी जाती है। बाजार में कृषि उपज की कीमत लागत दाम से कम होती है। वहीं उद्योग एवं व्यापारी लागत से कई गुना लाभ कमाते हैं। सेवा क्षेत्र में तो अति है। सेवा क्षेत्र में शिक्षा क्षेत्र भी है। जिसको आजकल मानव संसाधन विकास कहते हैं। इसी आर्थिक वर्ष में मन्दी के बावजूद छठवें वेतनआयोग की बकाया करोड़ों रुपये की रकम बांटी गयी। कृषि का राष्ट्रीय आय में योगदान घटता जा रहा है और सेवा क्षेत्र का बढ़ता जा रहा है।

परिणाम स्पष्ट है, आर्थिक विषमता बढती जा रही है। किसान खुदकुशी कर रहा है और उद्योगपति समुद्र में कई मंजिला महल खड़ा कर रहा है तथा पत्नी के जन्म दिन पर दो सौ करोड़ रुपये अधिक कीमत का हवाई जहाज भेंट किया जा रहा है। इस बढ़ती विषमता को कौन और कितने दिन सहेगा? इसलिए नक्सलवादी बन्दूक लेकर खड़े हो गये हैं। वे भारत के बीस प्रदेशों के 231 जिलों में पहुंच चुके हैं। उनके सशस्त्र आन्दोलन का दायरा निरन्तर बढ़ता जा रहा है। जवाब में सरकार की ओर से भी हिंसा हो रही है। हिंसा-प्रतिहिंसा से हिंसा ही बढ़ेगी परन्तु इससे आर्थिक विषमता का मसला हल नहीं होगा। चीन और भारत में वैश्विक आर्थिक मन्दी के कम से असर कम असर और मन्दी से उभर कर तेजी से विकास की और अग्रसर होने की बात भी गलत है। दोनों देशों में किसानों की संख्या सर्वाधिक है एवं इनकी लूट बढ़ती ही जा रही है। इस विनाश के बावजूद विकास की बात कही जा रही है। आज विकास को मानवीय चेहरा देने की जरूरत है।

हमारे सत्ताधीश बार-बार जिस दूसरी हरित क्रान्ति की बात कह रहे हैं उसका मतलब साफ होता जा रहा है। किसानों को यन्त्र की शिक्षा देने की बात कही जा रही है। बहुराष्ट्रीय कम्पनियों को किसानों की मदद के लिए आगे बढ़ने को कहा जा रहा है। मतलब साफ है। खेती में ट्रैक्टर के हिसाब से कम स्थान है। ऐसी छोटी खेतों में ट्रैक्टर चलाना सम्भव नहीं है। अतः जमीनों के टुकड़ों को इकट्ठा करना होगा इसलिए किसानों को विस्थापित करना होगा। किसान दर-दर भटकतें दिखेगें। आज तक विकास के नाम पर, बांध बनाने के कारण, चौड़ी सड़कें बनाने के कारण, उद्योग, सेज बनाने के कारण जो किसान विस्थापित हो चुके हैं, ऐसे लाखों किसान खानाबदोश होकर घूम रहे हैं।

फसल कटाई, खलिहान के काम, अनाज उफनना आदि कामों के लिए हार्वेस्टर काम में लाया जायेगा। इससे उंगलियों पर गिनने जैसे प्रशिक्षित मजदूरों की कुछ समय के लिए काम मिलेगा। अधिकतर मजदूर बेरोजगार बनेंगे। अब तक तो किसान आत्महत्या करते थे। अब मजदूर भी उस कतार में खड़े हो सकते हैं। गांव के लोगों को नगरों में जाने के लिए कहा जा रहा है। वहां भी कुछ मजदूरों को कुछ दिनों तक ही काम मिल सकता है।

दूसरी हरित क्रान्ति में कान्ट्रेक्ट फार्मिंग अपनानी होगी। बीज, खाद एवं कीटनाशक कम्पनी से आयेगा। दस साल में खेती की उपजाऊ शक्ति बड़े पैमाने पर घटने से खेती नाकारा हो जायेगी। इसके साथ ट्रैक्टर और हार्वेस्टर कम्बाइन्ड आने पर बैल बेकार हो जाएंगे। उनकी कत्लखानों में पहुंचाने का धन्धा बड़े पैमाने पर शुरू हो जाएगा।

हिन्द स्वराज्य शताब्दी के अनुगमन के रूप में कुछ लोगों को अपने क्षेत्र में दस से पन्द्रह गांवों का समूह चुनना होगा। वर्तमान सभ्यता के स्थान पर वैकल्पिक सभ्यता का निर्माण शुरू करना होगा। इस हेतु सर्वप्रथम सजीव खेती, स्वास्थ्य स्वावलम्बन को अपनाना होगा। इसी के माध्यम से कॉन्ट्रेक्ट फार्मिंग को गांव में आने से रोका जा सकता है।

दूसरा कार्यक्रम है प्रादेशिक विषमता को ललकारने का। तेलंगाना विदर्भ मराठावाड़ा, बुन्देलखण्ड, हरित उत्तर प्रदेश, सौराष्ट्र, गोरखालैण्ड, भोजपुर आदि एक दर्जन से अधिक प्रदेश आन्दोलन की दिशा में बढ़ रहे हैं। यहां के निवासियों पर होने वाले अन्याय, उपेक्षा और पक्षपात के खिलाफ होने वाले आन्दोलन को सही दिशा देने की जरूरत है। यह मुद्दा भी आर्थिक विषमता का, अवसरों को कुचलने का एवं मुट्ठी भर लोगों की धनवान बनाने के लिए विकास के नाम पर अमानवीय शोषण का है।

अर्थशास्त्र के क्षेत्र में वर्तमान व्यवस्था को बुनियादी तौर पर परिवर्तन की दिशा में मोड़ना होगा। उसमें तीन मुद्दे जोड़ना अनिवार्य है—पर्यावरण सन्तुलन बनाये रखने की नीति, नैतिकता को अपनाने का आग्रह और आर्थिक समता की दिशा में बढ़ने वाले कदम।

21वीं सदी में विश्व स्तर पर एक विश्वसनीय और बडी औद्योगिक ताकत बने रहने के लिए देश को भ्रष्टाचार से मुक्त एक स्वच्छ छवि बनाए रखना जरूरी है।

व्यवस्था में भी बुनियादी परिवर्तन लाना होगा। परन्तु पहला कदम गांव से शुरू करना है। पिछड़े प्रदेशों का आन्दोलन भी उबलता मुद्दा है। हिन्द स्वराज्य शताब्दी वर्ष के अवसर इस दिशा में बढ़ाना अनिवार्य है।

12. परमाणु ऊर्जा का प्रभाव

1991-95 के दौरान वित्तमंत्री के रूप में मनमोहन सिंह ने परमाणु ऊर्जा कार्यक्रम के कोष में भारी कटौती कर दी थी। इसके चलते यूरेनियम खोज का काम और निर्माणधीन नाभिकीय संयंत्रों का निर्माण भी शिथिल पड़ गया था। वही मनमोहन सिंह प्रधानमंत्री के रूप मे बिजली के लिए अति खर्चीले रियेक्टरों के आयात के इतने प्रबल पैरोकार बन गए हैं कि उनका राजनीतिक भविष्य ही संकट में पड़ गया है। आखिर परमाणु ऊर्जा के विरोधी रहे मनमोहन सिंह अब इस ऊर्जा के उत्साही प्रस्तावक कैसे बन गए? दुनिया भर में किए गए स्वतंत्र अध्ययन यह बताते हैं कि परमाणु ऊर्जा उद्योग और उसकी सशक्त लाबी के दावों के विपरीत

मौजूदा समय उपलब्ध परमाणु तकनीक ऊर्जा के अन्य परंपरागत स्रोतों के मुकाबले महंगी है। इन स्रोतों में नवीनतम शुद्ध कोयला और गैस आधारित तकनीक भी शामिल है। यही वह कारण है जिसके चलते दुनिया भर के परमाणु प्रतिष्ठान बिजली उत्पादन की लागत, संचालन सुरक्षा व्यय, रेडियोएक्टिव कचरे के निस्तारण आदि का विवरण देने में पारदर्शिता का परिचय देने में हिचकिचा रहे हैं।

भारी-भरकम लागत वाले परमाणु संयंत्र किसी देश के विभिन्न ऊर्जा स्रोतों में एक स्थान तो रख सकते हैं, लेकिन वे कोयले, गैस और तेल पर दुनिया की निर्भरता को समाप्त करने में सहायक नहीं बन सकते। सच तो यह है कि यूरेनियम के लगातार महेंगे होते चले जाने के कारण नए नाभिकीय संयंत्रों की स्थापना मुश्किल से पसंदीदा उपाय रह गया है। आस्ट्रेलिया के पास यूरेनियम का बड़ा भंडार है, लेकिन वहां एक भी परमाणु ऊर्जा संयंत्र नहीं है। भारत-अमेरिका के बीच जुलाई, 2005 में हुए परमाणु करार पर जरूरत से ज्यादा आशाएं टिका दी गई हैं। कुछ तो ऐसा प्रकट कर रहे हैं, जैसे यह समस्त ऊर्जा समस्याओं का एक मात्र समाधान हो। तथ्य यह है कि आयातित ईधन पर आश्रित आयातित परमाणु संयंत्रों से बिजली हासिल करना न तो आर्थिक दृष्टि से समझदारी भरा उपाय है और न ही सामरिक दृष्टि से। यह आयात ऊर्जा असुरक्षा के साथ-साथ अत्यंत खर्चीला भी साबित होगा। यदि भारत परमाणु संयंत्रों से बिजली पाने के लिए 20 अरब डालर की धनराशि खर्च करता है तो परमाणु संयंत्रों से मिलने वाली बिजली कुल उत्पादित ऊर्जा का एक छोटा सा ही हिस्सा होगी, क्योंकि परमाणु संयंत्र स्थापित करने में लंबा समय लगता है। भारत को हथियारों के मामले में दूसरों पर निर्भर रहने की गलती ऊर्जा के मामले में भी नहीं करनी चाहिए। आज भारत हथियारों का सबसे बड़ा आयातक बन गया है। भारत हथियार निर्माण की क्षमता हासिल करने के बजाय उनके आयात में प्रति वर्ष चार से छह अरब डालर खर्च करता है। क्या निर्धन भारत को बेहिसाब महंगे परमाणु संयंत्रों के आयात में अरबों डालर खर्च करना चाहिए? जबकि वह अपने ऊर्जा स्रोतों पर धन खर्च करके कहीं अधिक लाभ में रहेगा!

आम तौर पर कोई भी देश चुनिंदा राष्ट्रों द्वारा नियंत्रित कंपनियों के समूह की ओर सीमित बिजली उत्पादन वाली परमाणु तकनीक पर निर्भर रहकर खाड़ी के देशों पर अपनी निर्भरता कम नहीं कर सकता। जहां अंतर्राष्ट्रीय बाजार से तेल आसानी से खरीदा जा सकता है वही परमाणु संयंत्र और परमाणु ईधन व्यवसाय बुरी तरह राजनैतिक नियंत्रित है। इस व्यवसाय में अनुबंधों की कोई पवित्रता नहीं। भारत यह नहीं भूल सकता कि वाशिंगटन ने 1978 में अपने द्वारा ही

निर्मित तारापुर संयंत्र को ईधन आपूर्ति किस तरह रोक दी थी। कई सालों से वैश्विक परमाणु ऊर्जा पुनर्जागरण के हल्ले के बावजूद विश्व की कुल बिजली में परमाणु ऊर्जा से बनने वाली बिजली का योगदान 16 फीसदी पर ही ठिठका हुआ है। 1979 में अमेरिका के पेंसिलवेनिया स्थित था माइल आईलैंड परमाणु बिजली घर में एक रिएक्टर कोर पिघलने के कारण परमाणु शक्ति के वादे धूमिल पड़ गए। वास्तव में, लाभदायक न होने के कारण 1970 के बाद अमेरिका में एक भी परमाणु ऊर्जा रिएक्टर का निर्माण नहीं हुआ है।

1986 में यूक्रेन के चेर्नोबिल में परमाणु दुर्घटना के बाद तो वैश्विक परमाणु ऊर्जा उद्योग में भारी गिरावट दर्ज की गई। उत्पादन के दौरान ग्रीनहाउस गैसों से मुक्त होने के बावजूद परमाणु बिजली में भारी पूंजीगत व्यय होता है। इसके अलावा कोयले से बनने वाली बिजली की व्यावसायिक चुनौती का भी इसे सामना करना पड़ता है। परमाणु ऊर्जा से बनने वाली बिजली कोयले से बनने वाली बिजली की तुलना में महंगी होती है, उस परिस्थिति में भी जब कोयला एक हजार किलोमीटर दूर स्थित खदानों से लाया गया हो। परमाणु बिजलीघर के पूंजीगत व्यय का अंदाजा इस बात से लगाया जा सकता है कि प्लांट शुरू होने से पहले ही दो-तिहाई पूंजी खर्च हो जाती है। यही नहीं, पिछले बीस सालों में कोयले की अंतर्राष्ट्रीय कीमतें गिरी है, जबकि 2004 से 2008 के बीच यूरेनियम की कीमतें चार गुनी चढ़ गई है। इसके अलावा किसी भी देश में परमाणु ऊर्जा से उत्पादित बिजली की कीमत में रेडियोएक्टिव कचरे के सुरक्षित निपटान का खर्च नहीं जोड़ा जाता है।

परमाणु ईधन के पुनसंस्करण की परिणति प्रदूषण और पर्यावरण को कल्पनातीत नुकसान पहुंचाने में होती है। इसके चलते पुराने परमाणु बिजलीघर के निपटारे में भी मोटा पैसा खर्च हो जाता है। फ्रांस और जापान जैसे देशों में जहां कोयले के भंडार नहीं है, वहां तो देशी रिएक्टरों की सहायता से बड़े बिजलीघर बनाने की बात समझ में आती है, पर किसी भी देश ने ऐसे विदेशी रिएक्टरों के आयात से ऊर्जा सुरक्षा हासिल नहीं की है, जिन्हें देश में बनाए जाने का कोई प्रावधान नहीं है तथा जिनकी ईधन की जरूरतों के लिए हमेशा विदेशी आपूर्तिकर्ता पर निर्भर रहना होगा। मनमोहन सिंह भारत को इसी रास्ते पर ले जाना चाहते है। परमाणु अप्रसार के अलावा अमेरिका की करार में रुचि इसलिए भी है, क्योंकि वह भारत को रिएक्टर बेचकर अपने मृतप्रायः परमाणु ऊर्जा उद्योग में नई जान फूंकना चाहता है। यह नहीं भूलना चाहिए कि परमाणु बिजली स्थानीय जल संसाधनों पर गंभीर प्रतिकूल प्रभाव डालती है।

भारत लाइट वाटर रिएक्टर (एलडब्ल्यूआर) आयात करना चाहता है। इन संयंत्रों को चलाने के लिए अत्यधिक पानी की आवश्यकता पड़ती है। ये कूलैट के रूप में प्रचुर मात्रा में पानी का इस्तेमाल करते है। गरम संयंत्रों से बाहर निकलने वाले पानी को फिर से नदी, तालाब या समुद्र में उड़ेल दिया जाता है। इस प्रदूषित पानी में जीव-जंतु और मछलियां पैदा नहीं हो पाती। इसीलिए रूस से आयातित दो ऐसे रिएक्टर तमिलनाडु में समुद्र तट पर लगाए जा रहे हैं। फ्रांस और अमेरिका से आयातित होने वाले संभावित रिएक्टर भी समुद्र तट पर ही लगाए जाएंगे। एलब्ल्यूआर भारत के त्रिस्तरीय परमाणु विकास कार्यक्रम के लिए उपयुक्त नहीं है। इस कार्यक्रम का उद्देश्य भारत में प्राकृतिक यूरेनियम की कमी से निपटते हुए, यूरेनियम ईधनयुक्त बिजली रिएक्टर के स्थान पर फास्ट ब्रीडर तकनीक का इस्तेमाल करना है। भारत में विश्व का 31 फीसदी थोरियम मौजूद है। आगे फास्ट ब्रीडर रिएक्टरों को थोरियम ब्रीडर रिएक्टरों में बदला जाना है। भारत के लिए ऊर्जा सुरक्षा के लिए सवश्रेष्ठ रास्ता है, अक्षय ऊर्जा का विकास, खासतौर से पवन और सौर ऊर्जा। इस प्रकार की ऊर्जा कार्बन रहित होती है। भारत में परमाणु ऊर्जा से दोगुनी बिजली पवन ऊर्जा से बनाई जाती है।

13. गर्म होती धरती से विश्व को खतरा

ग्लोबल वार्मिंग के कारण संसार की जलवायु में जो परिवर्तन हो रहा है, वह साफ दिखाई दे रहा है। कुछ वर्ष पहले भयानक समुद्री तूफान, जिसे 'सुनामी' कहते हैं, आया था, जिसने अपनी चपेट में अनेक देशों के लाखों लोगों को ले लिया था। उसी तरह कुछ वर्ष पहले वर्षा में भयानक समुद्री तूफान आया था, जिसके कारण हजारों लोग असमय ही मौत के मुंह में समा गये थे। जलवायु परिवर्तन के कारण ही भारत जैसे देश में भयानक सूखा पड़ा है। बेमौसम बरसात होने के कारण नदियों में बाढ़ आ जाती है, और खेतों में लगी फसल बर्बाद हो जाती है। जब बारिश होनी चाहिये तब बारिश नहीं होती, इसीलिए सिंचाई के अन्य साधनों के अभाव में समय पर खेती नहीं हो सकती है और इसके फलस्वरूप आज देश के विभिन्न भागों में करोड़ों किसान अकालग्रस्त हो गये हैं। यदि यही स्थिति दो-तीन वर्षो तक रही तो कहना कठिन है कि भारतीय अर्थव्यवस्था का भविष्य क्या होगा? ग्लोबल वार्मिंग के कारण दक्षिण-पूर्व एशिया के कई देशों और आस्ट्रेलिया के जंगलों में भयानक आग लग गयी, जो बड़ी कठिनाई से बुझायी जा सकी। आस्ट्रेलिया में भयानक सूखा पड़ा है, जिस कारण वहां सिडनी जैसे कई शहरों में लाल बालू के भयानक बवंडर उठते रहते हैं, जिसके कारण हजारों लोगों

को सांस लेने में दिक्कत हो रही है। भारत जैसे देश में भी वर्षा के अभाव में रेगिस्तान का तेजी से विस्तार हो रहा है। कुल मिलाकर धरती के गर्म होने के कारण और जलवायु परिवर्तन के कारण सारे संसार की अर्थव्यवस्था बुरी तरह प्रभावित हो गयी है।

संयुक्त राष्ट्र की आम सभा में भाषण देते हुए अमेरिकी राष्ट्रपति ओबामा ने कहा कि आगे आने वाली पीढ़ियों के प्रति हमें अपनी जिम्मेदारी समझनी चाहिये और इस दिशा में शीघ्रातिशीघ्र ठोस कदम उठाना चाहिये, जिससे धरती और गर्म नहीं हो सके। विश्व के प्रायः सभी शीर्ष नेताओं ने कहा कि उद्योगों से निकलने वाली दूषित गैस के कारण ही, जिसे ग्रीन हाउस गैस कहते हैं, धरती तेजी से गर्म हो रही है। ओबामा का कहना था कि विकसित देश, जैसे अमेरिका, कनाडा, आस्ट्रेलिया और यूरोप के देश स्थिति की गम्भीरता को देखते हुए शायद विषाक्त गैस के वातावरण में छोड़े जाने को नियन्त्रित कर भी लें परन्तु इस समस्या का समाधान तब तक नहीं होगा, जब तक चीन और भारत जैसे देश अपने यहां तेजी से होते हुए औद्योगिकी करण पर रोक नहीं लगायेंगे, जिस कारण उनके उद्योगों से विषाक्त गैस निकलती है।

इस दिशा में चीन और भारत पहली बार इकट्ठे हुए हैं। उनका तर्क है कि अमेरिका, यूरोप ओर आस्ट्रेलिया जैसे देशों ने भरपूर औद्योगिकीकरण करके विषाक्त गैस को वातावरण में बहुत पहले छोड़ दिया है, जिस कारण धरती गर्म हो रही है। अब जब चीन और भारत जैसे देशों के औद्योगिकीकरण का समय आया है तो वे कोई न कोई बहाना कर टांग अड़ाना चाहते हैं, जिससे इन देशों का आर्थिक विकास नहीं हो सके।

औद्योगिकीकरण के कारण वातावरण में फैलने वाली जहरीली गैस के फैलाव के मामले में चीन भारत से हजार गुना आगे है। अपने आर्थिक विकास के लिए चीन ने अन्धान्धुन्ध औद्योगिकीकरण किया है। इन सारे उद्योगों को चलाने के लिए बिजली की आवश्यकता होती है और इस बिजली का अधिकतर उत्पादन कोयले से ही होता है। चीन में तो सैकड़ों ऐसे औद्योगिक शहर हैं, जहां घटिया कोयले से बिजली पैदा की जाती है। इन सभी औद्योगिक शहरों में इतना धुंआ फैला हुआ है कि वहां दिन में भी हाथ को हाथ दिखाई नहीं पड़ता है। इन सभी शहरों में हर वर्ष हजारों लोग टीबी कैंसर और सिलिकोसिस जैसी भयानक बीमारियों के शिकार होते हैं।

कहने और करने में बहुत अन्तर होता है। चीन तो चोरी-छिपे आस-पड़ोस

देशों के जंगलों को काटकर उनसे महंगे फर्नीचर बनाकर अमेरिका जैसे देशों को निर्यात कर रहा है। वह भला अपनी बेशकीमती जमीन में जंगल क्यों लगायेगा? उसे इस बात की कोई चिन्ता नहीं है, यदि कुछ लोग प्रदूषण के कारण मर जाऐं। अतः चीन तो किसी भी हालत में विश्व समुदाय की बात नहीं सुनेगा और न ऊर्जा के दूसरे साधनों की खोज करेगा। वह न तो कोयले पर आधारित उद्योगों को बन्द करेगा, क्योंकि उसके यहां कोयले का बहुत विशाल भण्डार है। चीन की तरह भारत भी तेजी से औद्योगिकीकरण कर रहा है, परन्तु पृथ्वी के गर्म होने के दुष्परिणाम भारत में साफ देखे जा रहे हैं। आये दिन हिमालय से निकलने वाली नदियों में बाढ़ आ रही है, जो पानी अन्ततः समुद्र में जा रहा है। यदि इस बाढ़ को नहीं रोका गया तो वैज्ञानिकों का अनुमान है कि कुछ वर्षों के बाद कोलकाता और मुम्बई जैसे शहर पानी में डूब जायंगे।

बाढ़ के लिए भारत से ज्यादा नेपाल जिम्मेदार है, और नेपाल को यह समझाना कि वह अपने यहां जंगलों की कटाई बन्द करे तथा नदियों को उनके उदगम स्थान पर बांधे, जिससे इन नदियों का पानी धीरे-धीरे भारत की ओर छोड़ा जा सके। पिछले दो दशकों से नेपाल को इस दिशा में समझाया जा रहा है। परन्तु उस पर इसका कोई असर नहीं पड़ा है। यहीं नहीं, नेपाल के जंगलों को बड़ी बेरहमी से काटा जा रहा है, और उन बेश कीमती लकड़ियों को विदेशों को निर्यात किया जा रहा है, जहां आकर्षक फर्नीचर अमीर देशों के नागरिकों के ड्राइंग रूम की शोभा बढ़ा रहा है।

भारत ने तो फिर भी परमाणु बिजली घर लगाने का प्रयास किया है परन्तु जिस तेजी से भारत में औद्योगिकीकरण हो रहा है या जिस तेजी से औद्योगिकीकरण होने की सम्भावना है, उसे देखते हुए कोयले पर आधारित बिजली घरों को बन्द नहीं किया जा सकेगा। कुल मिलाकर स्थिति अत्यन्त ही जटिल और उलझी हुई है। देखना यह है कि संसार के विकसित और विकासशील देश इस समस्या का कैसे समाधान करते हैं, क्योंकि गर्म होती धरती सारे संसार के लिए खतरा है।

14. पर्यावरण असन्तुलन एवं खेती का संकट

किसी भी राष्ट्र की समृद्धि, सशक्ति, खुशहाली और उसके प्रतिभाशाली सौन्दर्य के लिए उसका कृषि के धरातल पर समुन्नत होना नितान्त जरूरी है। मुख्यतः अनाज के उत्पादन के बिना कोई मुल्क जी नहीं सकता। यही कारण है कि दुनिया के विकसित-अविकसित देश अपने देश में खेती-किसानों को सदैव से तरजीह देते रहे हैं। तत्कालीन सोवियत संघ से लेकर अमेरिकी ताकत की विश्वव्यापी ख्याति और विकास के मूल में वहां की सशक्त एवं जानदार खेती का

बहुत बड़ा योगदान रहा है। जिस किसी भी देश में, चाहे वह इथियोपिया हो या विश्व का अन्य कोई देश, जब कभी अन्न उत्पादन अथवा उसके उपभोग के स्तर पर कहीं कोई कमी आयी है, वह राष्ट्र अधोगति का शिकार हुआ है। भारत दुनिया का एक प्रमुख देश है, जो गत कई वर्षों से अनाज के उत्पादन के सवाल पर आत्मनिर्भर गिना जाने लगा है। अपनी उन्नत कृषि व्यवस्था तथा भरपूर अनाज के बल पर ही हम दुनिया के बाकी देशों को आवश्यकता के अनुरूप अनाज का निर्यात भी करते रहे हैं।

आज भारत के सामने कृषि के क्षेत्र में विकास का संकट पैदा हो गया है। यह किसी तकनीकी अनियमितता तथा लापरवाही का परिणाम नहीं, बल्कि प्राकृतिक प्रकोप के चलते ही उठ खड़ा हुआ है, क्योंकि विकास की सारी सम्भावनाओं के बावजूद खेती-बाड़ी के सवाल पर हमारा देश वर्षा पर निर्भर है। जब कभी देश में मानसून का संकट आया है, खेती के सवाल पर हमें अपनी जमीनी हकीकत का पता चला है। वैसे तो भूख एवं गरीबी तथा तंगी दुनिया की प्राचीन समस्या रही है। आदिमानव से लेकर अब तक मनुष्य जीवन जीने के साधन-संसाधन को लेकर ही संघर्ष करता आया है। यह संघर्ष अभी भी जारी है और आगे भी जारी रहेगा। लेकिन वर्ष 2009 के मानसून ने कम से कम भारत के संघर्ष को और अधिक जटिल बना दिया है।

सूखे का संकट अकाल का स्वरूप अख्तियार न करें, इसके लिए भारत सरकार काफी चिन्तित है। खुद मनमोहन सिंह ने कहा है कि वह देश में भूख से किसी को मरने नहीं देंगे। स्थिति की गम्भीरता को देखते हुए उन्होंने राज्य सरकारों से रिश्वतखोरों तथा जमाखरों के दिलाफ दण्डात्मक कार्यवाई करने का निर्देश भी दिया है। सूखे की भयानक स्थिति से चिन्तित संप्रग अध्यक्ष श्रीमती सोनिया गांधी कांग्रेसी मन्त्री, सांसद तथा विधायकों से सूखे से निबटने के लिए उनके वेतन का 20 प्रतिशत भुगतान नहीं लेने का सुझाव दिया है, जिसे सरकार ने मान भी लिया है। इस प्रकार देखें तो पूरा देश सूखे की चपेट में है, जिससे देश की एक अरब से भी अधिक की आबादी का प्रभावित होने से रोका नहीं जा सकता। केन्द्र सरकार ने अपने मातहतों के अनावश्यक खर्च में भी कटौती के संकेत दिये है। मुख्यतः विदेश यात्रा तथा गैरजरूरी मदों में कटौती के उपाय किये जा रहे हैं, बावजूद इसके देश में जमाखोरी की प्रवृत्ति बढ़ी है और खाद्यान्न माफिया अनाज की हेराफेरी में मशगूल है। सार्वजनिक वितरण प्रणाली ध्वस्त है, जिसके चलते गरीबों की थाली तक रोटी-चावल के पहुंचने का संकट पैदा हो गया है।

इधर सूखे के संकट की पड़ताल को जाय तो यह पिछले 100 वर्षों के रिकार्ड को ध्वस्त कर चुका है। पहले हम विदर्भ और बुन्देलखण्ड जैसे कुछ प्रान्तों की आपदा से लड़ते रहे हैं, आज राष्ट्र की व्यापक स्तर पर अनाज के संकट का सामना करने की चुनौती सता रहा है। यह अलग बात है कि फिलहाल हमारे पास खाद्यान्न का पर्याप्त भण्डार है, जिसके बल पर राष्ट्रउपस्थिति समस्या पर विजय पा सकता है। लेकिन पर्यावरणविद मौसम वैज्ञानिकों तथा इस क्षेत्र से जुड़े लोगों की बातों पर यकीन किया जाय तो सूखे का दौर काफी लम्बा चलने की सम्भावना है, जिसमें एशिया के कई देशों के सामने भुखमरी की समस्या उठ खड़ी हो सकती है। जहां तक वर्षा, मुख्यतः मानसूनी वर्षा हमारे देश में अथवा अन्य किसी भी देश में पर्यावरण असन्तुलन के कारण ही प्रभावित हुआ करती है। इस असन्तुलन ने ही हमारे देश के सामने गम्भीर संकट पैदा किया है। यह असन्तुलन हमारे सामने मात्र एक दिन में नहीं आया है। असन्तुलन का बीजारोपण तो उस समय ही हो गया है, जब पूरा यूरोप औद्योगिक क्रान्ति के बल पर देशों का नक्शा बदलने को अग्रसर होने लगा। विकास के नाम पर पर्यावरण प्रदूषण को बढ़ावा दिया गया। आज भौतिक लालसा से उपजी विकास की चाहत में पर्यावरण के प्रति आयी चोट ने सूखे के रूप में हमारे जीवन जीने के सामने ही चुनौती पैदा की है। यह अलग बात है कि विज्ञान, तकनीक तथा मौसम की दुनिया में विश्व के वैज्ञानिकों ने अनेक उपलब्धियां हासिल की हैं, जिसकी सराहना की जानी चाहिये, लेकिन मौसम के मिजाज के सवाल पर वैश्विक अन्धेरगर्दी अभी भी ज्यों की त्यों है। पर्यावरण और खेती का विशेष सम्बन्ध है। एक तरफ हम पर्यावरण के साथ छेड़छाड़ कर आधुनिक विकास को गति देते हैं, तो दूसरी ओर हमें बाढ़, अकाल, सुनामी एवं अवर्षण जैसी विषम परिस्थितियों का सामना करना पड़ता है। आज मानव का कर्तव्य है कि वह नक्षत्रों की दुनिया की चिन्ता छोड़ प्रकृति की ओर लौटे। प्रकृति पर विजय पाने की मानवीय अभिलाषा उसे कठिन काल की क्रूर कठिनाईयों से गुजरने की विवश कर देगी, जिसका सामना करने की हिम्मत कम से कम आज के वैज्ञानिकों में तो नहीं के बराबर है। भारत और विश्व के अन्य देशों की खेती-किसानों को तभी खुशहाल कर सकती है, जब हम प्रकृति की सुन्दरता को संवारें एवं अनुपम विश्व की कामना करें।

15. वैश्विक असमानता की विडंबना

विकासशील देशों के सामने दो रास्ते उपलब्ध हैं—पहला रास्ता अमीर देशों के सहयोग से आगे बढ़ने का है। वर्तमान में विश्व की लगभग 80 प्रतिशत आय

अमीर देशों में केन्द्रित है। अमीर देशों के विकास के साथ-साथ इन देशों द्वारा विकासशील देशों द्वारा उत्पादित माल की मांग बढ़ेगी, हमारे निर्यात बढ़ेंगे और हम समृद्ध हो जायेंगे, जैसे बड़ी कम्पनी की बिक्री बढ़ने के साथ उससे जुड़ी एन्सीलियरी सहज ही अधिक लाभ कमाती है, अथवा जैसे जमीदार की फसल अच्छी होने से कुम्हार के घड़ों की मांग सहज ही बढ़ जाती है। दूसरा रास्ता संघर्ष एवं फैलाव का है। अमीर देशों को विकासशील देशों अनेक प्राकृतिक संस.धनों का आयात करना पड़ता है यथा-लौह खनिज, तेल, चावल और आम। विकासशील देश साझा कार्टेल बनाकर इन माल के मूल्य में जबरन वृद्धि कर सकते हैं। ऐसा करने से अमीर देशों को मजबूरन महंगे माल का आयात करना होगा और उनकी विकास-दर गिरेगी, जैसा कि 1971 में तेल की मूल्य वृद्धि के बाद हुआ था। विकासशील देशों की आय में वृद्धि होगी। विकासशील देशों को तय करना है कि वे अमीर देशों के साथ सहयोग करते हुए उनके पिछलग्गू होकर आगे बढ़ेंगे, अथवा अमीर देशों से संघर्ष करते हुए उन्हें दबाकर स्वयं आगे बढ़ेगे।

मुझे संघर्ष का दूसरा रास्ता पसन्द है। कारण यह कि वर्तमान 20 प्रतिशत विश्व अर्थव्यवस्था में अमीर देशों में रहने वाले 20 प्रतिशत लोग विश्व के 80 प्रतिशत प्राकृतिक संसाधनों की खपत कर रहे हैं। यह असमानता मानवता के मूल सिद्धान्तों के विपरीत है। अमीर देशों के सहयोग से आगे बढ़ने से यह असमानता उत्तरोत्तर बढ़ेगी, जैसे ट्राली की रफ्तार ट्रैक्टर से अधिक नहीं होती है। अतः समानतापरक विश्व अर्थव्यवस्था की स्थापना के लिए विकासशील देशों को अमीर देशों से संघर्ष का रास्ता अपनाना चाहिये।

इस संघर्ष के तीन प्रमुख बिन्दु हैं। पहला बिन्दु विदेशी निवेश का है। सहयोग के रास्ते से हमें निवेश के माध्यम विदेशी पूंजी मिलती है, जैसे फोर्ड मोटर कम्पनी के द्वारा चेन्नई में कार बनाने का कारखाना लगाया गया है। लेकिन इस प्रक्रिया में समानता स्थापित नहीं होती है। फोर्ड द्वारा चेन्नई में कमाये गये लाभ को अमेरिका भेज दिया जाता है। मलाई अमेरिका चली जाती है और हमारे हिस्से लगती है छाछ। इससे असमानता बढ़ती है। हमें दूसरा रास्ता अपनाना चाहिये। वर्तमान में विदेशी मुद्रा भण्डार बनाने के लिए विकासशील देशों द्वारा भारी मात्रा में पूंजी को अमीर देशों को भेजा जा रहा है। विश्व बैंक के आंकड़ों के अनुसार विकासशील देशों द्वारा मुद्रा भण्डार बनाने के लिए ज्यादा रकम भेजी जा रही है और विदेशी निवेश से कम रकम मिल रही है। विकासशील देशों को अपनी मुद्रा को इस प्रकार भेजना बन्द करना चाहिये और इस बची हुई रकम का निवेश करना

चाहिये। इसका दोहरा लाभ हासिल होगा। हमें पूंजी भी अधिक मिलेगी और समानता भी स्थापित होगी।

संघर्ष का दूसरा बिन्दु पेटेण्ट कानून का होना चाहिये। वर्तमान में अधिकतर पेटेण्ट अमीर देशों के पास है। विण्डोज साफ्टवेयर जैसे पेटेण्टीकृत माल को महंगा बेचकर अमीर देश और अमीर हो गये हैं और हम सतत विकासशील बने हुए हैं। विकासशील देशों को सामूहिक रूप से पेटेण्ट कानून को डब्लूटीओ से बाहर लाने की मांग करनी चाहिये। पेटेण्ट कानून निरस्त होने से नयी खोज में कुछ कमी अवश्य ही आयेगी और अल्प काल के लिए सम्पूर्ण मानव के विकास की रफ्तार धीमी पड़ेगी। परन्तु समानता स्थापित होने से सम्पूर्ण मानवता को सुख और शान्ति मिलगी, जो दीर्घ काल में आर्थिक विकास में ज्यादा मददगार होगी। याद रखें कि भारत में जमींदारी समाप्त किये जाने से कुछ समय की उथल-पुथल के बाद ग्रामीण क्षेत्रों का विकास तीव्र गति से हुआ था। ऐसा ही पेटेण्ट कानून के समाप्त होने पर वैश्विक स्तर पर होगा।

विश्व अर्थव्यवस्था में बदलाव का तीसरा बिन्दु व्यापार का है। विकासशील देश आपस में प्रतिस्पर्धा करके अपने कच्चे माल को महंगा बेच सकते हैं उदाहरणतः भारत चाय को निर्यात करता है। हमारे पास चयन क्षमता है कि हम श्रीलंका के साथ प्रतिस्पर्धा करके इसे सस्ता बेच सकते हैं अथवा श्रीलंका के साथ कर्टेल बनाकर महंगा बेच सकते है। माल सस्ता बेचने से बाजर का विस्तार होगा और हम लाभान्वित होंगे। माल महंगा बेचने से हमारी आय बढ़ेगी और इससे भी हम लाभान्वित होंगे। मेरा आकलन है कि हमें कार्टेल बनाने का रास्ता अपनाना चाहिये। माल को सस्ता बेचने से बाजार का विस्तार तो होता है लेकिन अमीर देशों को सस्ता माल मिलने से असमानता बनी रहती है। इसके विपरीत कार्टेल बनाने से हमारे लाभ के सामने अमीर देशों को हानि होती है और हम समानता की ओर बढ़ते हैं।

इन प्रस्तावित नीतियों के विरूद्ध एक तर्क गरीबतम देशों का है। भारत की जो स्थिति अमेरिका के सामने है, लगभग वही स्थिति बांग्लादेश की भारत के प्रति है। यदि भारत को चाय के दाम बढ़ाने चाहिये तो बांग्लादेश को निर्यात किये जाने वाले जूट के दाम में वृद्धि करनी चाहिये। इस तर्क में वजन है। यहां प्रश्न है कि वैश्विक असमानता की मुख्य दरार को कैसे चिन्हित किया जाय। विश्व को चार प्रमुख घटकों में बांटा जा सकता है। सबसे नीचे नामीबिया एवं बांग्लादेश जैसे गरीबतम देश है। दूसरे स्तर पर चीन आदि विकासशील देश हैं। तीसरे स्थान

पर ब्राजील, मैक्सिको, हंगरी एवं पूर्वी यूरोप के मध्यम आय वाले देश हैं। चौथे एवं शीर्ष स्तर पर अमेरिका यूरोप एवं जापान के विकसित देश हैं। प्रश्न है कि इस चार स्तरीय विभाजन में मुख्य दरार अथवा युद्ध क्षेत्र कहां है? क्या बांग्लादेश एवं नामीबिया को शेष सम्पूर्ण विश्व का सामना करना चाहिये अथवा क्या गरीबतम तथा विकासशील देशों की मध्यम आय के देशों के साथ साझा संघटन बनाकर अमीर देशों का सामना करना चाहिये। इस प्रश्न का उत्तर पाने के लिए हमें प्रमुख समस्या को चिन्हित करना होगा। मेरे आकलन में प्रमुख समस्या अमीर देशों के 20 प्रतिशत लोगों द्वारा विश्व के 80 प्रतिशत संसाधनों की खपत की है। तीनों नीचे स्तरों को एकजुट होकर अमीर देशों का सामना करना चाहिये। इन स्तरों के आन्तरिक विवादों को बाद में सुलझाया जायेगा। जिस प्रकार ट्रेड यूनियन का नेता क्लास 2, 3 और 4 के कर्मचारियों को जोड़ लेता है और क्लास 1 के अधिकारियों से संघर्ष करता है, वैसा ही प्रयास हमें करना चाहिये।

मेरे सुझाव के विरूद्ध दूसरा तर्क कार्टेल द्वारा मूल्य-निर्धारण का है। यदि भारत और श्रीलंका कार्टेल बनाकर चाय के दाम बढ़ा देते हैं, तो क्रेता देश कोको एवं काफी की खपत बढ़ा देंगे और हमारा बाजार सदां के लिए संकुचन की ओर रूख कर लेगा। मेरी दृष्टि में यह गम्भीर समस्या नहीं है। चाय के दाम उतने ही बढ़ाने चाहिये, जिससे हमारी आय अधिकतम हो। यह भी प्रयास करना चाहिए कि चाय, काफी एवं कोको आदि का सम्मिलित कार्टेल बने। मुख्य एवं चिन्तनीय बात है कि अमीर देशों के सहयोग से बढ़ने में हमारी वही दुर्गति होगी, जो जमींदार के सहारे से पलने वाले बंधुआ मजदूर की होती है, वह पीढ़ी-दर-पीढ़ी बंधुआ मजदूर बना ही रहता है।

भारत व्यापार और निवेश के मामले में खुली, स्थिर और नियमों पर आधारित अन्तर्राष्ट्रीय व्यवस्था के पक्ष में है। गौरतलब है कि आर्थिक मन्दी के बाद अमेरिका और यूरोपीय देशों ने तमाम संरक्षणवादी कदम उठाये हैं, जो भारतीय हितों के प्रतिकूल है। चीन की मुद्रा युआन के अवमूल्यन को लेकर अमेरिका और अन्य देशों में तलवारें खिंचती नजर आ रही हैं। अमेरिका यूआन के मसले पर अन्य यूरोपीय देशों का समर्थन चाहता है, लेकिन जर्मनी, फ्रांस ने इसका खुल कर विरोध किया है। केवल ब्रिटेन उसके साथ दिखाई दे रहा है। अमेरिका की कोशिश इस मुद्दे पर भारत की हिमायत हासिल करने की भी है। लेकिन दिल्ली ने भी समाप्त कर दिया है कि वह किसी खास देश को निशाना बनाकर उठाये जाने वाले कदमों के खिलाफ है।

आर्थिक मंदी से बचने के उपायों में रोजगार और सामाजिक सुरक्षा को केन्द्रीय महत्त्व मिलना चाहिए। आर्थिक वृद्धि को कायम करने के लिए केवल मुद्रा समायोजन ही पर्याप्त नहीं है, बल्कि सामाजिक सुरक्षा और बेहतर रोजगार अवसर बढ़ाने के लिए अधिक निवेश की जरूरत है। इससे उद्यमशीलता बढेगी तथा सतत आर्थिक वृद्धि सुनिश्चित होगी। अन्तर्राष्ट्रीय श्रम संगठन, विश्व व्यापार संगठन और विश्व बैंक को व्यापार और रोजगार संबंधी नीतियों में तालमेल बैठाने की जरूरत है।

विकसित अर्थ व्यवस्था को गरीब देशों में विकास और खास तौर पर ढाँचागत क्षेत्र में लम्बी अवधि का निवेश करने की जरूरत है। विकसित देशों की अतिरिक्त पूँजी से विकासशील देशों के विकास को प्रश्रय मिलेगा। इससे न केवल माँग संतुलन, बल्कि विकास असंतुलन को दूर करने में भी मदद मिलेगी। सभी देशों से मुद्राओं के अवमूल्यन को लेकर शुरू हुई प्रतिस्पर्धा से दूर रहने और संरक्षणवाद की नीति से परहेज करने की भी जरूरत है। इस तरह की नीति वैश्विक अर्थव्यवस्था के लिए बेहद खतरनाक साबित होगी।

आर्थिक संकट से उबरने की प्रक्रिया में औद्योगिक रूप से विकसित राष्ट्रों में बढ़ती बेरोजगारी ने संरक्षणवाद को बढावा दिया है। इन देशों में ऐसी स्थिति इसलिए आयी क्योंकि यहाँ अर्थव्यवस्था में सुधार के लिए अपनाये जाने वाले सभी वित्तीय तरीके आजमाये जा चुके हैं और आगे इनके पास कुछ नहीं बचा है। औद्योगिक देशों में मंदी से वैश्विक स्तर पर निवेश का माहौल सुस्त हुआ है, जिससे उभरते हुए बाजारों का विकास प्रभावित हो रहा है।

मुद्राओं के अवमूल्यन से बचने के लिए सभी देशों को एक समन्वित नीति अपनानी होगी। इसके लिए मुद्राओं की विनिमय दन में लचीलापन लाना होगा, लेकिन इसका मतलब यह नहीं है कि बड़े देश ऐसी मोद्रिक नीतियाँ अपनाए जिससे अन्तर्राष्ट्रीय स्तर पर पूँजी प्रवाह अस्थिर हो जाय और असर उभरती हुई अर्थ व्यवस्थाओं पर पड़ने लगे।

धनी देशों में उपजे ऋण संकट पर ऐसी अर्थव्यवस्थाओं को अपने घरेलू हालात के अनुरूप आर्थिक नीतियाँ अपनानी चाहिए, जिसके तहत वह अपनी अर्थव्यवस्थाओं को ज्यादा सुगठित बना सके। लेकिन इन नीतियों को हर जगह इस्तेमाल में नहीं लाया जा सकता।

16. आतंकवाद के पीछे छिपी मनोवृत्तियां

कंधार प्रकरण अभी भी पीछा नहीं छोड़ रहा है। इस प्रकारण ने आलोचनाओं के द्वार खोल दिये हैं, और कुछ इस तरह की प्रतिक्रियाएं बौद्धिक स्तरों से आ रही है जो राष्ट्र का आत्मबल तोड़ने वाली है। अपनी नजरों में अपनी ही प्रतिष्ठा गिराने के प्रयास तुरन्त बंद होने चाहिए। आत्महीनता के बांध से ग्रसित राष्ट्र किसी भी प्रश्न का उत्तर देने की स्थिति में नहीं रहेगा। सरकार किसी भी दल की हो, राष्ट्र सब का है और सभी की प्रतिष्ठा इस देश के साथ जुड़ी हुई है। अपहृत विमान के यात्रियों को छुड़वाने में विलम्ब हुआ, तीन कुख्यात आतंकवादियों को रिहा करना पड़ा, विमान का अपहरण किन परिस्थितियों में हुआ, इन सारे मुद्दों पर कुछ व्यक्तियों को तो घेरे में लिये जाने की संभावनाएं बनती हैं, किन्तु देश की क्षमताओं पर कैसे संदेह किया जा सकता हैं? बड़े से बड़े शक्ति केन्द्रों को परिस्थितिजन्य कड़वे घूंट भरने पड़ते हैं और झुकना पड़ता है। हर सवाल को प्रतिष्ठा का सवाल बनाकर देश नहीं चलाया जा सकता। एक आम विचार मानस को कचोट रहा है कि इस तरह आतंकवादियों को रिहा नहीं किया जाना चाहिये था।

जिन तीन आतंकवादियों को मुक्त कर दिये जाने से हम चिन्तित हैं, क्या उनका कोई निजी, स्वतंत्र अस्तित्व है? उन्हें छोड़ दिया जाना क्या राष्ट्रीय दुर्बलता का प्रतीक है? क्या विमान अपहरण एक स्वतंत्र घटना थी? देश तो वस्तुतः एक युद्ध लड़ रहा है, संगठित अन्तर्राष्ट्रीय आतंकवाद के विरूद्ध। इस युद्ध में व्यक्ति और कोई एक घटना का इतना महत्वपूर्ण बना दिया जाना बुद्धिमत्ता नहीं है। न व्यक्ति महत्वपूर्ण होते हैं और न ही कोई अकेली घटना, जब एक महान उद्देश्य के लिए हम संघर्षरत होते हैं। हमारा मन्तव्य साफ है कि हम आतंकवाद के विरूद्ध तन कर खड़े हुए है, और हमारा उद्देश्य स्पष्ट है कि हम अपनी रंचमात्र भूमि भी शत्रु के कब्जे में नहीं जाने देंगे। हमें अपना मनोबल बनाये रखना है और आतंकवाद के मनोबल को तोड़ना है, तभी लड़ाई जीती जा सकती है। जो परिस्थितियां देश में विद्यमान है और पड़ोसी देश जिस तरह का आक्रमक रुख अपनाए हुए है उसमें यह बहस बेमानी है कि अपहृत विमान के यात्रियों को और किस तरीके से मुक्त कराया जा सकता था। यह बहस भी एकांगी और बेमानी है कि विमान अपहरण की संभावनाओं को कैसे अवरूद्ध किया जाये? सर्वकालिक बहस यह है कि आतंकवाद से कैसे निपटा जाये।

विमान अपहरण, विस्फोट, हत्याएं आदि आतंकवाद के अस्त्र है। हमें इन अस्त्रों को जब्त करने से अधिक समय और परिश्रम आतंकवाद की नाभि पर प्रहार

करने में लगाना है और वह नाभि है वैचारिक धरातल जहां आतंकवाद व उसके पीछे-पीछे मनोवृत्तियों को पूरी तरह बेनकाब किये जाने का हर प्रयास किया जाना चाहिये। जिन दिलों पर आतंकवादी राज करना चाहते हैं, उन दिलों पर छायी भ्रम और संदेह की काई को साफ करना हमारी प्राथमिकता होनी चाहिये। यह कार्य तभी किया जा सकता है, जब अपना जेहन पूरी तरफ साफ हो और अपनी स्थितियों का पूरी तरह ज्ञान हो।

भारत में आतंकवाद पंजाब में हो या कश्मीर में, उसकी प्राणवायु है धार्मिक कट्टरता और इस देश में रहने वाले किसी भी व्यक्ति के मस्तिष्क में यह बात ध्रुवसत्य की तरह अंकित होनी चाहिये कि इस देश की भूमि धार्मिक कट्टरता के लिये कभी भी उर्वरक नहीं रही। यहां की सभ्यता और संस्कृति सदैव उदारता, ग्राह्यता, सहजता की गोद में सन्तों, ऋषियों, मनस्वीजनों के सदवचनों की छांव में पली विकसित हुई है। विश्व में मानव ही नहीं, जीव मात्र के कल्याण के विचार ने पहली बार इसी धरती पर आकर लिया और यही से संदेश पूरे विश्व में गया और आज भी संचारित हो रहा है। इतनी समृद्ध और पुष्ट विरासत वाला यह देश इतना बर्बर कैसे हो सकता है कि किसी धर्म या सम्प्रदाय विशेष के विरूद्ध दुर्भावनाओं का पोषण करने लगे। यह असम्भव है, यह सत्य यदि कहीं स्थापित नहीं हो पा रहा है तो वहां बिना किसी किन्तु या परन्तु के हमें पूरे प्रयास के साथ स्थापित करना होगा और यही आतंकवाद की नाभि पर सशक्त और सटीक प्रहार होगा। यदि इससे कुछ कम हम सोचते हैं, या करते हैं, तो आतंकवाद से नहीं लड़ सकते। वस्तुतः भारतीय सभ्यता और संस्कृति से श्रेष्ठतम आतंकवाद का कोई उत्तर हो ही नहीं सकता, इस बात को हमें गहराई से महसूस करना होगा और यही हमारा श्रेष्ठ आत्मबल हो सकता है, आतंकवाद के विरूद्ध दृढ़ता से खड़े होने का।

यदि हमें लगता है कि हम आतंकवाद के विरूद्ध असहाय या असफल हो रहे हैं तो निश्चित रूप से हमें अपने भीतर की कमियों को रेखांकित करने का अवसर है। इन कमियों का लाभ उठाकर ही इस देश में आतंकवाद फल-फूल सकता है। हमें गम्भीरता पूर्वक विचार करना होगा कि हम अपनी मूल सभ्यता और संस्कृति से विरत तो नहीं हो रहे है। कहीं हम स्थापित मान्यताओं से विचलित होकर पुनर्व्याख्या का अपराध तो नहीं कर रहे हैं? अपनी सभ्यता और संस्कृति से जुड़ना एक स्वाभाविकता ही नहीं हमारी राजनायिक विवशता भी है। इसके साथ कोई प्रयोग नहीं किये जा सकते, न ही कोई नई मान्यता अरोपित की जा सकती है।

देश को कुछ मुद्दों पर कुछ प्रश्नों पर सदा के लिये आश्वस्त हो जाना चाहिये और किसी भी मन में कोई संशय नहीं रहना चाहिये। यदि मूल प्रश्नों पर ही संशय और भ्रम हो, तो देश की सघनता कैसे सुनिश्चित की जा सकती है और देश कैसे एक इकाई की तरह व्यवहार करने योग्य बन सकता है। संशय और भ्रम उत्पन्न करने, बनाये रखने का कोई भी प्रयास, भले ही किसी के भी द्वारा किया जा रहा हो, राष्ट्र के आत्मबल को कमजोर करने का प्रयास है। ऐसे तत्वों की पहचान की जानी चाहिए और उन्हें रोका जाना चाहिए।

आतंकवाद से निपटाना एक दुष्कर कार्य है, खास तौर से उस समय जब उसे पड़ोसी संप्रभु राष्ट्रों से अनवरत सहायता प्राप्त हो रही हो और देश के भीतर भी उससे हाथ मिलाने वाली शक्तियां उपस्थित हों। राष्ट्र का एक ही स्वर होता है और उससे भिन्न स्वर रखने वालों के लिये उस राष्ट्र में कोई स्थान नहीं होता। असन्तोष हो सकता है, मतभेद हो सकते है, किन्तु मुख्य धारा में रह कर ही और कोई भी हल राष्ट्र की अस्मिता, राष्ट्र के मूल चरित्र की कीमत पर नहीं निकाला जा सकता।

भ्रम और सन्देह जहां आतंकवाद की प्राणवायु है, वहीं देश का नियमन करने वालों का यह सतत उत्तरदायित्व ठहरता है कि वे स्वयं को देश की मूल सभ्यता और संस्कृति का श्रेष्ठ उत्तराधिकारी सिद्ध करने का प्रयास निरन्तर करते रहें और ऐसी स्थितियों में जब आतंकवाद देश को तोड़ने के लिये सक्रिय हो, किसी नयी स्थापना का प्रयास न करें। देश राजनैतिक संकीर्णताओं से नहीं मूल्यगत प्रतिबद्धताओं से चलता है। यह तय हो जाना चाहिये कि राजनीति में किस सीमा तक जाना है और किस बिन्दु के पश्चात राष्ट्रीय प्रतिबद्धताओं की परीक्षा आरम्भ हो जाती है। राजनैतिक शक्तियों द्वारा आतंकवाद को प्रोत्साहन देने के आरोप प्रायः लगते रहे हैं और उनमें कुछ अंश तक सत्यता भी है। वास्तव में देश के जनजीवन में राजनीति हस्तक्षेप दिनों-दिन बढ़ता जा रहा है, जो विकट परिणामोत्पादन करने वाला है। सत्ता की पिपासा में अंधी राजनीति पर कोई लगाम नहीं लग पा रही है। सीमित उद्देश्यों का राजनैतिक क्षेत्र असीम और निरंकुश होता जा रहा है। अब समाज और राजनीति को अलग-अलग विभेदीकृत किया जाना नितान्त आवश्यक हो गया है। समाज अधिक विस्तृत और आधारभूत क्षेत्र है, जबकि सामाजिक शक्तियां लुप्त होती जा रही है। सामाजिक शक्तियों को पुनः जागृत करना होगा। जब वे अपनी भूमिका स्वीकार करके यथेचित सक्रिय हो जायेंगी, भ्रम व सन्देह का कोहरा स्वयमेव छितराने लगेगा।

आज का आतंकवाद एक तरह का छद्म युद्ध है, जो मुखौटा की आड़ में खेला जा रहा है। इस दृष्टि से आतंकवाद तो मूलतः पराजय की आधी स्वीकारोक्ति स्वयं ही है। अर्धपराजित शक्तियों से भय कैसा। उनसे निपटने के लिये बल से अधिक आवश्यक है सही रणनीति का निर्धारण। जिस तरह सिंह की गर्जना शत्रु के चेहरे की जर्द कर देती है, उसी तरह एकजुट खड़ा राष्ट्र आतंकवाद के हौसले पस्त करने के लिये पर्याप्त होता है। आखिर कंधार में भारतीय विमान का अपहरण करने के पश्चात निश्चित रूप से सुरक्षित स्थिति में खड़े अपहर्ताओं का क्यों चिन्ता थी कि भारत सरकार की क्या प्रतिक्रिया है और जन सामान्य की क्या सोच है? उनका कंधार से बार-बार अपने सहयोगियों से बात करना इस बात का प्रतीक था कि वे विमान अपहरण की अपनी कार्रवाई के परिणाम से अधिक प्राथमिकता इसके आम जनता पर पड़ने वाले प्रभाव को दे रहे थे। आतंकवाद की इस कुटिल नीति को सदैव दृष्टिगत रखा जाना चाहिये।

भारत भूमि पर शूरवीरों ने अपने पौरुष से बड़े-बड़े युद्ध लड़े और जीते है। आतंकवाद के खिलाफ एक युद्ध की तरह लड़ता है, लेकिन एक भिन्न रणनीति के साथ। इसके लिये आवश्यक है कि देश का मनोबल बना रहे। जब देश के मनोबल पर आंच आ रही हो तो तात्कालिक प्रश्नों को ठंडे बस्ते में डाल देना चाहिये। एक सामान्य समझदारी विकसित करनी होगी देश को आतंकवाद के विरूद्ध लड़ने के लिये विशेष रूप से राजनैतिक दलों के लिये वांछित है कि वे साथ बैठ कर इस सवाल पर एक आचार संहिता तैयार करें और सुनिश्चित करें कि उनकी उत्तरदायित्वपूर्ण प्रतिक्रियाएं ही जन सामान्य के मध्य आएें। प्रत्येक दृष्टिकोण सार्वजनिक करना आवश्यक नहीं होता और प्रत्येक दृष्टिकोण राजनैतिक लाभार्थ नहीं रखा जाना चाहिये। उदारीकरण और भूमंडलीकरण की हवा में बहने से पहले हमें देखना है कि हमारे पाँव राष्ट्रवाद के मजबूत धरातल पर टिके रहें।

विश्व शांति और स्थिरता के लिए आतंकवाद के खिलाफ सभी देशों की एकजुटता और सहयोग जरूरी है। भूमि उस शासक को कभी क्षमा नहीं करती, जो अपने राष्ट्र में बाधाएं उत्पन्न करने वाले देश द्रोहियों का उन्मूलन नहीं करता।

अध्याय–9
कूटनीतिक राजनयिक वार्ता संधि समझौता

1. परमाणु करार के सम्बन्ध में प्रधानमंत्री डा. मनमोहन सिंह का वक्तव्य

"अमेरिका के साथ किया गया नाभिकीय समझौता नागरिक परमाणु ऊर्जा सहयोग के लिए है। यह करार दो ऐसे राष्ट्रों के बीच हुआ है, जिनके पास उन्नत परमाणु तकनीक है। **मैंने इस बात पर जोर दिया था कि यह करार उन विशेष मानदंडों के भीतर ही होगा जिनका मैंने संसद के समक्ष जिक्र किया था।** हमने इस संबंध में अभूतपूर्व पारदर्शिता दिखाई और मैं समझता हूं कि हमने अपने वचन को निभाया। करार को अंतिम रूप देते समय यह सुनिश्चित किया गया है कि हमारे सामरिक कार्यक्रम की स्वायत्तता पूरी तरह बरकरार रहे। इस करार में पूर्ण नागरिक परमाणु सहयोग की धारणा का स्पष्ट उल्लेख किया गया है। इसमें हमारे रिएक्टरों के जीवनकाल में ईंधन की आपूर्ति में किसी प्रकार की रुकावट से बचने के लिए परमाणु ईंधन का सामरिक भंडार बनाना भी शामिल होगा। महत्वपूर्ण यह है कि हमें अमेरिका से मिले ईंधन को इस्तेमाल के बाद दोबारा प्रोसेसिंग का अधिकार होगा। भारत एक नई राष्ट्रीय री-प्रोसेसिंग स्थापित करेगा, जो अंतर्राष्ट्रीय परमाणु ऊर्जा एजेंसी (आईएईए) की सुरक्षा निगरानी के तहत विदेशी परमाणु सामग्री की री-प्रोसेसिंग करने के लिए समर्पित होगी। इस संदर्भ में जहां तक दोनों पक्षों की प्रतिबद्धताओं का संबंध है, उनमें किसी तरह का दुराव-छिपाव नहीं है।

दरअसल करार में हमारे त्रिस्तरीय परमाणु कार्यक्रमों के हितों को सुरक्षित रखा गया है। करार में संवर्धन, री-प्रोसेसिंग और भारी जल उत्पाद सुविधाओं के दोहरे इस्तेमाल के हस्तांतरण के लिए दूरदर्शी भाषा का प्रयोग किया गया है। जैसे-जैसे सहयोग बढ़ेगा वैसे-वैसे हस्तांतरण संभव होता जाएगा। करार में ऐसा कोई भी निषेध नहीं है जो भारत के खिलाफ हो। आदान-प्रदान के सिद्धांत पर हमारे इस रुख में कोई बदलाव नहीं आया है कि हम अपनी नागरिक परमाणु

सुविधाओं पर केवल आईएईए की निगरानी को ही स्वीकार करेंगे। करार में ऐसा कोई भी प्रावधान नहीं है जिसमे यह उल्लेख हो कि भारत के साथ अमेरिकी सहयोग को वार्षिक प्रमाणन प्रक्रिया की शर्त से गुजरना होगा। करार में ऐसे स्पष्ट प्रावधान हैं, जिनसे यह साफ होता है कि इस करार से न तो हमारी सुरक्षा निगरानी के इतर सुविधाओं पर कोई असर पड़ेगा और न ही सामग्री, उपकरण, सूचना अथवा अर्जित या स्वतंत्र रूप से विकसित तकनीक के इस्तेमाल के हमारे अधिकार पर कोई प्रभाव पड़ेगा।

दोनों देश इस बात पर सहमत हैं कि करार के अमल में आने से हमारी सैन्य परमाणु सुविधाओं सहित समस्त परमाणु गतिविधियां न तो बाधित होंगी और न ही उनमें किसी प्रकार का हस्तक्षेप होगा। मैं फिर यह स्पष्ट करना चाहूंगा कि प्रथक्करण योजना के तहत निगरानी की जो व्यवस्था की गई है, उसमें ये आश्वासन दिए गए हैं कि उन परमाणु रिएक्टरों के लिए ईंधन की आपूर्ति बाधित नहीं होगी जिन्हें आईएइए की सुरक्षा निगरानी के अंतर्गत रखा जाएगा। ईंधन की आपूर्ति बाधित होने पर सुधारात्मक उपाय करने का अधिकार भारत के पास होगा। एक महत्वपूर्ण व्यवस्था यह भी है कि ईंधन की आपूर्ति में किसी बाधा से बचने के लिए अमेरिका भारत को ईंधन का सामरिक भंडार बनाने में सहयोग करेगा। जाहिर है कि इस करार के बाद हमें तारापुर के दुर्भाग्यपूर्ण अनुभव तथा भावी सामरिक जरूरतों के लिए विखंडन सामग्री उत्पादित करने और इसका इस्तेमाल करने के हमारे अधिकार पर किसी तरह का कोई असर नहीं पड़ेगा।

जहां तक सहयोग की समाप्ति का प्रश्न है तो भविष्य में यदि कोई ऐसी घटना घटती है, जिससे कोई एक पक्ष करार को रद्द करने का फैसला कर ले, तो इसके लिए करार में एक व्यापक, बहुस्तरीय विचार-विमर्श की प्रक्रिया की व्यवस्था है। दोनों पक्ष इस बात पर सहमत हैं कि वे अपने विचार-विमर्श में कई कारकों को ध्यान रखेंगे ताकि अविचारित अथवा एकपक्षीय कार्रवाई की गुंजाइश को कम किया जा सके। करार के रद्द हो जाने के बाद भी भारत का सुधारात्मक उपाय करने का अधिकार बरकरार रहेगा। भारत और अमेरिका उन परिस्थितियों पर सावधानीपूर्वक विचार करने पर राजी हुए हैं, जिनसे करार रद्द हो सकता है। इन परिस्थितियों में सुरक्षा माहौल में बदलाव के बारे में किसी एक पक्ष की चिंताएं अथवा अन्य देशों द्वारा किसी प्रकार की कार्रवाई (जिससे राष्ट्रीय सुरक्षा पर असर पड़ सकता है) पर प्रतिक्रिया जताना शामिल है। करार में वे सब बातें आ गई हैं जो जुलाई के वक्तव्य और मार्च में प्रथक्करण योजना में बनी सहमति में शामिल

थीं। यह करार किसी भी प्रकार से भविष्य में परमाणु परीक्षण करने के भारत के अधिकार को प्रभावित नहीं करता। मैं यह दोहराना चाहूंगा कि भविष्य में परमाणु परीक्षण करने का निर्णय हमारा संप्रभु निर्णय होगा और यह पूरी तरह से सरकार के अधिकार में होगा।

इस करार के अस्तित्व में आने के पीछे भारत और अमेरिका के बीच परस्पर यह धारणा रही है कि दोनों ही देशों को ऊर्जा संबंधी चुनौतियों का पर्यावरण अनुकूल तरीके से हल ढूंढने की जरूरत है। यदि हमें गरीबी हटाने के अपने लक्ष्य को हासिल करना है तो हमें अपने सकल घरेलू उत्पाद की मौजूदा आठ से दस प्रतिशत विकास को बनाए रखना होगा और इसके लिए ऊर्जा का व्यापक महत्व है। परमाणु ऊर्जा भारत के लिए एक तर्कसंगत विकल्प है। यूरेनियम की स्वदेशी स्रोतों से होने वाली आपूर्ति बेहद कम है और इसीलिए हमें अन्यत्र से यूरेनियम आपूर्ति की आवश्यकता है। हम नागरिक परमाणु ऊर्जा में अन्य देशों, विशेषकर रूस और फ्रांस जैसे बड़े परमाणु आपूर्तिकर्ताओं के साथ सहयोग बढ़ाना चाहती है। हमारा लक्ष्य वर्ष 2020 तक 20000 मेगावाट परमाणु विद्युत पैदा करना है। हालांकि यह काफी कम है, लेकिन यदि हमें अंतरराष्ट्रीय सहयोग हासिल हो जाता है तो हम इस लक्ष्य को दो गुना करने की उम्मीद रख सकते हैं।

जहां इस करार का हमारे परमाणु ऊर्जा कार्यक्रम पर सीधा प्रभाव पड़ेगा, वहीं सार्वजनिक और निजी क्षेत्र के हमारे उद्योगों के विकास को भी काफी अधिक बढ़ावा मिलेगा। एक और लाभ यह है कि हम अपने वैज्ञानिकों के लिए अंतर्राष्ट्रीय स्तर पर विचारों और तकनीकी ज्ञान के आदान-प्रदान में योगदान देने का अवसर उपलब्ध कराएंगे। जहां तक विदेश नीति की स्वतन्त्रता का प्रश्न है, तो मैं यह पुनः रेखांकित करना चाहूंगा कि भारत जैसे बड़े और महत्वपूर्ण देश की विदेश नीति की स्वतंत्रता कोई शक्तिशाली देश छीन नहीं सकता। आज हम अंतर्राष्ट्रीय समुदाय में एक प्रभावशाली और सम्मानित सदस्य के रूप में खड़े हैं। जो लोग स्वतंत्र विदेश नीति के प्रति हमारी प्रतिबद्धता पर सवाल खड़े कर रहे हैं, उनसे मेरा आग्रह है कि वे भारत के प्रति उसी तरह का विश्वास जताएं, जैसे दूसरे बाहर से जताते हैं। यह प्रश्न ही नहीं उठता कि हम कभी भी अपनी विदेश नीति के साथ कोई समझौता करेंगे। यह करार न केवल भारत के लिए बल्कि पूरी दुनिया के लिए भी अच्छा है। मेरी कभी स्वयं बधाई लेने की मंशा नहीं रही। मैं समझता हूं कि इतिहास और हमारी भावी पीढ़ी इसका फैसला करेगी कि हमने इस करार के लिए जो कुछ किया है उसका कितना महत्व है?

2. चीन की रणनीति

पाकिस्तान इन दिनों चीन से जिस तेजी से सम्बन्ध सुधारने में लगा है, उसी गति से भारत चीन के रिश्तों में तल्खी पैदा हो रही है। पाक अधिकृत क्षेत्र में उसकी हलचल बढ़ रही है और चीन ऐसे उपकरणों और हथियारों को विकसित कर रहा है, जो दक्षिण एशिया में मौजूद किसी भी देश की नौसेना और वायुसेना को बौना साबित कर सकते हैं। यही नहीं, इसी मोर्चे को देखते हुए वह पाकिस्तान को परमाणु ऊर्जा और सामरिक सहायता प्रदान कर रहा है, तथा संयुक्त युद्धाभ्यास के जरिए पाकिस्तान की सेना को मजबूत करने की कोशिश कर रहा है। इस परिप्रेक्ष्य में पाकिस्तान में भारत-चीन युद्ध की अटकलों को लेकर कुप्रचार किया जा रहा है। पाकिस्तान की एक न्यूज वेबसाइट ने लिखा है कि दुनिया की दो बड़ी ताकतों (भारत और चीन) के बीच टकराव तय है। इसके लिए तर्क यह दिया गया है कि भारत और चीन में शांतिपूर्वक विकास के लिए विकल्प कम होते जा रहे हैं। भारत और चीन सभी स्तरों पर स्पर्धा कर रहे हैं, चाहे वह आर्थिक मोर्चा हो या फिर क्षेत्रीय वर्चस्व। इस होड़ के खतरनाक नतीजे हो सकते हैं। करीब साल भर पहले भारतीय मीडिया में भी इससे मिलती-जुलती खबर आई थी, जिसमें बताया गया था कि भारतीय सेना की खुफिया कवायद जिसे 'डिवाइन मैट्रिक्स' नाम दिया गया है, में चीन के साथ युद्ध का अनुमान व्यक्त किया गया था। भारतीय सेना के अफसर के हवाले से आई मीडिया रिपोर्ट में कहा गया था कि दक्षिण एशिया में एकमात्र ताकत के तौर पर खुद को स्थापित करने के लिए चीन भारत पर हमला कर सकता है। भारतीय सेना द्वारा किए गए आकलन में यह भी कहा गया था कि चीन 'इनफोर्मेशन वारफेयर' (आईडब्ल्यू) के जरिए भारत को हराने की रणनीति पर कार्य कर रहा है।

इन अनुमानों से इधर चीन भारत के साथ युद्ध की आशंका को नकारता रहा है। इसका कारण यह बताया जा रहा है कि चीन विकास के जिस दौर में पहुँच चुका है वहाँ भारत से लड़ाई करने जैसा बेकार, महँगा और क्षेत्र को भू-राजनीतिक तस्वीर बदलने वाला कदम वह नहीं उठाएगा, लेकिन इसका यह अर्थ बिल्कुल नहीं हुआ कि वह भारत के साथ मैत्रीपूर्ण व्यवहार करेगा। अगर चीन की विदेश नीति, राष्ट्रीय हितों तथा चीनी महत्वाकांक्षाओं पर गौर करें तो पता चल जाएगा कि चीन कभी भी भारत का मित्र नहीं हो सकता। चीन अति महत्वाकांक्षी देश है, जिसकी विदेश नीति पूरी तरह से आक्रामकता पर निर्भर है। ऐसे में जो भी उसकी महत्वाकांक्षाओं के लिहाज से प्रतिकूल होगा, वह उसका सबसे बड़ा शत्रु होगा।

चूँकि एशियाई देशों में भारत इस खाँचे में सर्वाधिक फिट है, इसलिए भारत के प्रति चीनी नजरिया दोस्ताना नहीं हो सकता। इसके बावजूद चीन भारत के साथ युद्ध नहीं करेगा, बल्कि वह भारत को सामरिक और आर्थिक दीवारें खड़ी करके घेरने की कोशिश कर रहा है, ताकि उसके साथ लाभदायक सौदेबाजी की जा सके। हाँ अगर इस सौदेबाजी में वह सफल नहीं हुआ, तो फिर युद्ध जैसे विकल्प का चुनाव करने से वह नहीं हिचकेगा। इस समय तक वह लगातार ऐसी हरकतें करता रहेगा, जिससे भारत को युद्ध की मनःस्थिति तक पहुँचाया जा सके। उसके इस उद्देश्य को पूरा करने में पाकिस्तान अनुकूल फल देने वाला हो सकता है, इसीलिए वह पाकिस्तान की परमाणु ऊर्जा की मुराद पूरा करने के लिए नैतिकता को ताक पर रखने में भी गुरेज नहीं कर रहा। वह भारत की काट के लिए पाकिस्तान को पूरी तरह से इस्तेमाल कर रहा है इसलिए यह जरूरी होगा कि दुनिया को धता बताते हुए वह पाकिस्तान को परमाणु व पारंपरिक हथियारों की आपूर्ति करता रहे। चीन की तरफ से भयमुक्त इसलिए नहीं हुआ जा सकता है, क्योंकि वह जंगी तैयारी में कोई कसर बाकी नहीं रख रहा है। चीन ने अपने नए सुपर वेपन 'कैरियर किलर' मिसाइल के साथ प्रशांत महासागर में अमेरिकी नौसेना के दाँत खट्टे करने की तैयारी कर ली है। भारत के लिए भी यह अच्छी खबर नहीं है।

विवादित दि ओयु द्वीप समूह को लेकर चीन का जापान में जारी कूटनीतिक गतिरोध के बीच दोनों देशों के संबंधों में विकास के लिए उच्च स्तरीय वार्ता पर रजामंदी हो गयी है। कालांतर में भारत व पड़ोसी देश इससे काफी प्रभावित होंगे। वे अपनी सम्प्रभुता की रक्षा भी नहीं कर सकेंगे।

3. चीन की विस्तारवादी और वर्चस्ववादी नीति

भारत के प्रति चीन की दबंगई 2005 से बढ़ी है, जब भारत-अमेरिका सामरिक संधियों का सिलसिला शुरू हुआ था। अमेरिका के तत्कालीन राष्ट्रपति जार्ज बुश ने घोषणा की थी कि हमने भारत के साथ नई ऐतिहासिक और सामरिक साझेदारी शुरू कर दी है। तब से ही चीनी सरकारी मीडिया ने माओ त्से तुंग के काल के समान भारत के खिलाफ जहर उगलना शुरू कर दिया है। टिप्पणीकारों ने भारत को 1962 के युद्ध के सबक न भूलने के लिए चेताया। 32 दिन के इस युद्ध में चीन ने भारत को करारी शिकस्त दी थी। चीनी कम्युनिस्ट पार्टी का मुखपत्र पीपल्स डेली पहले ही आरोप लगा चुका है कि भारत दूर वालों को दोस्त

बना रहा है और करीबियों पर हमला कर रहा है। चीनी सेना के थिंक टैंक चाइना इंस्टीट्यूट ऑफ इंटरनेशनल स्ट्रेटजिक स्टडीज ने भारत को चेतावनी दी थी कि उदारता की कमजोरी न समझे, और 1962 के हालात का गलत आकलन न करें।

चीन द्वारा सीमा के उल्लंघन पर भारत सरकार ने अपने ही मीडिया की जवान जिस तरह बंद की है, उससे चीन का खुश होना स्वाभाविक है। इससे संदेश जाता है कि विश्व की सबसे बड़ी तानाशाही के बढ़ते दबाव में विश्व का सबसे बड़ा लोकतंत्र खुद अपने ही मीडिया का गला घोंट रहा है। जिस तरह भूटान में चीनी सेना 'रास्ता भटक कर' घुसती रही है, उसी तरह 2008 में 270 बार जनमुक्ति सेना भारतीय सीमा में भटक कर घुसी है। इसके बाद के पूरे साल के आँकड़े उपलब्ध नहीं कराए गए हैं। इसके अलावा, 2008 में पीएलए (जनमुक्ति सेना) ने 285 बार सीमा पर आक्रामक अंदाज में पेट्रोलिंग की है। घुसपैठ और आक्रामक पेट्रोलिंग के चीन के रवैये में अब तक कोई परिवर्तन नहीं हुआ है। सच्चाई यह है कि सीमा पर जारी तनाव भारत और चीन के बीच सामरिक कटुता की उपज है, जो प्रतिस्पर्धी राजनैतिक व सामाजिक विकास के मॉडल का प्रतिनिधित्व करता है। तिब्बत हिमालयी तनाव बढ़ने का केन्द्र बिन्दु बन गया है। चीन ने अरुणाचल प्रदेश पर अपना दावा ठोंक रखा है। आकार में यह ताईवान से करीब तीन गुना बड़ा है। 4057 किलोमीटर लंबी भारत-चीन सीमा पर चीन दबाव बढ़ा रहा है।

जैसे-जैसे तिब्बत में चोनी शासन का विरोध बढ़ा है, बीजिंग ने इसे अपनी संप्रभुता का मूल मुद्‌दा बना लिया है। आज चीन की नीति में तिब्बत का उतना ही महत्व है, जितना कि ताईवान का। लगता है अरुणाचल प्रदेश पर ध्यान केंद्रित कर बीजिंग जाने-अनजाने एक और विवाद खड़ा करना चाहता है। चीन के अनुसार, अरुणाचल नया ताईवान है, जिसे चीनी राज्य में मिलना ही चाहिए। भारत चीन संबंधों में तिब्बत हमेशा मूल मुद्‌दा रहा है। आखिरकार चीन भारत का पड़ोसी भूगोल के कारण नहीं, बल्कि बंदूक के बल पर बना है। 1951 में इसने अपनी सीमाओं का विस्तार तिब्बत तक कर लिया था। आज चीन उन पश्चिमी देशों के साथ कूटनीतिक संबंध तोड़ने तक के लिए तैयार है, जो दलाई लामा को मेहमाननवाज़ी करते हैं। किन्तु भारत इस तिब्बती नेता और उनकी निर्वासित सरकार की आधारभूमि बना हुआ है।

इस पृष्ठभूमि में, भारत के हित में यही है कि वह चीन सीमा के हालात बयां करने वाले आँकड़ों पर पहरे न बैठाए, ताकि तथ्य खुद बोले हाल के वर्षों में चीन ने हिमालयी सीमा पर चारों क्षेत्रों में दबाव बढ़ा दिया है। चीनी सीमा उत्तराखंड में

भी घुसपैठ कर रही है, जबकि इस क्षेत्र में नियंत्रण रेखा संबंधी नक्शों की अदला-बदली के बाद 2001 में सीमा की पहचान सुनिश्चित कर ली गई थी। इसके अलावा सिक्किम में भी चीनी घुसपैठ जारी है, जिसकी तिब्बत से लगती 206 किलोमीटर लंबी सीमा पर कोई विवाद नहीं है और चीन भी इस सीमा को मान्यता प्रदान करता है। फिर भी, भारतीय अधिकारी कहते हैं कि वास्तविक रेखा को लेकर भ्रम के कारण ही यह घुसपैठ हो रही है। यह अरुणांचल प्रदेश और लद्दाख के संबंध में तो सही हो सकता है, किन्तु उत्तराखंड और सिक्किम के संबंध में सही कैसे है, यह समझ से परे हैं। चीन किसी प्रकार की बहानेबाजी नहीं कर रहा है और बिना लाग-लपेट के अपना दावा जता रहा है।

1962 से पहले भी, भारत ने सीमा पर चीन के आक्रामक रुख को ठंडा करने का प्रयास किया था। जिसके परिणामस्वरूप, जवाहरलाल नेहरु के शब्दों में चीन ने पीठ में चाकू घोंप दिया था। वास्तव में, 1962 से पहले और अब के हालात में महत्वपूर्ण समानता है। सीमा वार्ता कम होती जा रही है और भारतीय भू-भाग पर चीन का दावा और घुसपैठ बढ़ती जा रही है। साथ ही भारत की चीन नीति लचर और कमजोर है। तिब्बत को हड़पकर अपने दक्षिण में सीमाओं का सैकड़ों किलोमीटर विस्तार करने वाले चीन के साथ विवाद में भारत ने हमेशा रक्षात्मक रुख अपनाया है। तिब्बत को हड़पने के बाद चीन ने भारतीय भू-भाग पर कब्जे शुरू किए और फिर अंततः खुला युद्ध छेड़ दिया। अब वह भारत के दूसरे भू-भागों पर अपना दावा ठोंक रहा है।

विडबंना यह है कि चीन अतिरिक्त भारतीय क्षेत्रों पर दावा इसलिए ठोंक रहा है कि इनके तिब्बत के साथ तथाकथित रिश्ते थे। वहीं वह भारत के खिलाफ तिब्बत कार्ड खेल रहा है। एक पूर्व दलाई लामा का जन्मस्थल तवांग होने के आधार पर चीन अरुणाचल प्रदेश पर दावा जता रहा है। इसके बावजूद चीन के खिलाफ तिब्बत कार्ड खेलने में भारत हमेशा सकुचाता रहा है। तिब्बत को सौदेबाजी में इस्तेमाल न कर पाने का दुष्परिणाम यह रहा कि पहले तो भारत को अक्साई चिन से हाथ धोना पड़ा, फिर 1962 के युद्ध में काफी भू-भाग हाथ से निकल गया और अब अरुणाचल प्रदेश पर खतरा मँडरा रहा है।

बीजिंग खुलेआम अरुणाचल को चीन का सांस्कृतिक विस्तार बताता है क्योंकि 17वीं सदी में छठे दलाई लामा का जन्म अरुणाचल प्रदेश के तावांग जिले में हुआ था। बीजिंग दावा करता है कि अरूणाचल का संबंध तिब्बत से है और इस प्रकार यह चीन का एक अंग है। इस दलील के आधार पर तो चीन को

मंगोलिया पर भी दावा ठोंक देना चाहिए क्योंकि 1589 में चौथे दलाई लामा का जन्म मंगोलिया में हुआ था। मंगोलिया और तिब्बत के बीच परम्परागत रिश्ते तिब्बत और अरुणाचल के मुकाबले कहीं अधिक गहरे थे।

चीन ने सीमा पर बड़े पैमाने पर ढाँचागत निर्माण कर देश के समक्ष चुनौती खड़ी कर दी है, वहीं इस बारे में भारत सरकार इतनी बेपरवाह है कि इसके पास इन निर्माण गतिविधियों के जुड़े आँकड़े ही नहीं हैं। पड़ोसी देश की ओर से हमारी सीमाओं पर चलाई जा रही निर्माण गतिविधियों पर पैनी नजर रखना और इस बारे में आँकड़ों का रिकार्ड रखना बेहद जरूरी है।

राजीव गाँधी की 1988 में चीन यात्रा के बाद दोनों देशों के बीच संबंधों में कुछ तनाव घटा था। मध्य एशिया में वर्चस्व को लेकर चीन भारत का प्रतिद्वन्दी है। इसीलिए वह लगातार ऐसा कदम उठा रहा है, जो भारत के लिए चुनौतीपूर्ण है। अरुणाचल प्रदेश को वह भारत का हिस्सा नहीं मानता, कश्मीर को भी वह विवादास्पद क्षेत्र मानता है। उन्हीं कदमों के तहत वह कश्मीर के नागरिकों को नत्थीवीजा देता है।

गुलाम कश्मीर में सामरिक रूप से महत्वपूर्ण गिलगित बाल्टीस्तान क्षेत्र पर चीन का वर्चस्व बढ़ता जा रहा है। क्योंकि पाकिस्तान उसे उसका वास्तविक नियंत्रण सौंप रहा है।

चीन पाकिस्तान के रास्ते सामरिक रूप से महत्वपूर्ण इस क्षेत्र में निर्वाध सड़क व रेल संपर्क बना रहा है।

वैसे तो चीन पूरी दुनिया के लिए एक पहेली है पर भारत के लिए वह कुछ ज्यादा ही जटिल है। इस तरह उसने पाकिस्तान की मदद करते हुए कश्मीर के विवादित होने का मुद्दा उठाया है। भारत ने भी दो चीनी अधिकारियों की यात्रा से मना कर उसका उचित जवाब दिया है। चीन की तरफ से शुरू की गई राजनयिक आक्रामकता का नतीजा यह हुआ है कि दोनों देशों के बीच रक्षा संबंधी विनिमय रद्द हो गया है। इससे भारत-चीन संबंधों में बहाल होती उस सामान्य स्थिति पर फर्क पड़ेगा, जो अरुणाचल प्रदेश में दलाई लामा की यात्रा पर चीन के कड़े बयान और सीमा पर चीनी फौजों की घुसपैठ से लड़खड़ाने के बाद सँभाल ली गई थी। उस पर प्रधानमंत्री मनमोहन सिंह ने संयम दिखाते हुए कोपेनहेगन के पृथ्वी सम्मेलन से लेकर ब्राजील के ब्रिक सम्मलेन तक कई अंतर्राष्ट्रीय मंचों पर चीन से सहयोग का माहौल बनाया और अपने पर्यावरण मंत्री व विदेश मंत्री को चीन

भेजकर राजनायिक नजदीकी दिखाई। इससे भारत के राजनायिक जगत में यह समझ दिखाई पड़ती है कि भारत जैसे बड़े बाजार की चीन को सहज जरूरत है और आर्थिक क्षेत्र में सहयोग बढ़ाने से चीन पुराने गिले-शिकवे भुलाकर हमारा करीबी बन सकता है। हमें यह भी लगता है कि इससे भू-राजनैतिक विवादों की गाँठें ढीली पड़ सकती है। इसी नाते आर्थिक उदारीकरण को वैश्विक संबंधों का मूल आधार मानने वाली सोच चीन की इन झिड़कियों को ज्यादा महत्व देने से रोकती है। जैसे ही इन विषयों पर विदेश नीति को विस्तार देने की माँग उठती है, वैसे ही यह सीख दी जाने लगती है कि हम 1962 के हीनता बोध के शिकार हैं, या कुछ ज्यादा राष्ट्रवादी हो रहे हैं। चीन की हर आक्रामक कार्रवाई पर रक्षात्मक रुख अपनाने का यह सुझाव विश्व शान्ति के आर्थिक एजेंडे से प्रेरित लगता है न कि राजनैतिक। यह उदाहरण भी दिए जाते हैं कि इससे पहले भारतीय सेनाध्यक्ष जनरल वीके सिंह का 2009 में चीन ने अपने यहाँ सहर्ष स्वागत किया था। उससे पहले जनरल जेजे सिंह का सन 2007 का चीन दौरा भी सफल ही बताया जाता है, जबकि वे तो उस पूर्वोत्तर इलाके में तैनात थे, जिसके अरुणाचल प्रदेश को चीन अपना हिस्सा मानता है। सवाल उठता है कि चीन अरुणाचल के विवाद से ज्यादा कश्मीर के विवाद को क्यों तूल दे रहा है? चीन की यह कार्रवाइयाँ उसकी विस्तारवादी और वर्चस्ववादी नीति का हिस्सा लगती है। दुनिया की दूसरी बड़ी आर्थिक शक्ति बनने के साथ वह अमेरिकी रणनीतियों का अध्ययन करने और उसे अपनाने में तेजी से लगा है।

वह एशिया से लेकर अफ्रीका और अमेरिकी महाद्वीप तक अपने आर्थिक और रणनीतिक हितों का जाल फैला रहा है। ऐसे में पाकिस्तान के सहारे भारत को घेरना और कश्मीर के बहाने भारत के लिए सिरदर्द पैदा करते रहना उसकी रणनीति है। वह पाक अधिकृत कश्मीर में निर्माण कर रहा है, उसने पाकिस्तान को दो एटमी रिएक्टर दिए हैं, जिस पर भारत ने आपत्तियाँ भी दर्ज की हैं।

4. चीन के आक्रामक रवैये की समीक्षा

भारत को एक प्रमुख रक्षा अध्ययन संस्थान ने चेतावनी दी है कि 2012 तक चीन भारत पर हमला कर सकता है। यह भी कहा जा रहा है कि चीन में वैश्विक आर्थिक मंदी के कारण बेरोजगारी, भयंकर स्तर तक फैले भ्रष्टाचार, कम्युनिस्ट शासन के दमघोंटू नियंत्रण, सरकार की धार्मिक असहिष्णुता, लोकतंत्रवादी उभार तथा तिब्बत और शिनजियांग जैसे इलाकों में उभर रहे जन विरोध से जनता का

ध्यान बंटाने के लिए चीनी शासक अब युद्ध जैसे राष्ट्रीय संकट की आड़ लेने पर मजबूर हो सकते हैं। लेकिन चीन पहले से ही हमारे खिलाफ जो कर रहा है, वह क्या युद्ध से कम है? चीन नैतिकता-अनैतिकता के पचड़े में पड़े बिना अपने राष्ट्रीय हितों के आधार पर नीतियां बना रहा है। जबकि भारत चीन के साथ रिश्ते सुधारने की मृग मरीचिका के पीछे ही दौड़ रहा है।

पिछले दिनों नाइजीरिया सरकार ने अपने यहां मलेरिया की दवाओं की एक विशाल खेप पकड़ी, जो नकली थी। यह दवा एक चीनी कंपनी से आयात की गई थी, लेकिन उन पर 'मेड इन इंडिया' के लेबल लगे हुए थे। जांच से यह साफ हो गया कि दवाओं का उत्पादन चीन में ही किया गया था। चीन की इस चाल के पीछे असली खेल यह है कि वह इसमें पैसे भी कमाएगा, भारत की छवि बरबाद करने के साथ-साथ अर्थव्यवस्था को भी नुकसान पहुंचाएगा।

भारतीय सुरक्षा एजेंसिया इन दिनों परेशान हैं कि चीन भारत के बाजार के रास्ते मोबाइल से पाटने में लगा है। सस्ते होने की वजह से धड़ल्ले से बिकने वाले इन मोबाइल का एक खतरनाक पक्ष यह है कि इनमें अंतरराष्ट्रीय नियमों की अनदेखी करते हुए या तो आईएमईआई कोड गायब हैं, या सैकड़ों पर एक ही नंबर हैं। इसी नंबर के आधार पर सुनिश्चित किया जा सकता है, कि कौन-सी कॉल किस फोन से की गई। आतंकवाद के इस दौर में दुनिया भर की सुरक्षा एजेंसियों ने अपने देश के हर फोन में ऐसे विशिष्ट नंबर का होना जरूरी किया है। लेकिन भारतीय बाजार में ऐसे तीन करोड़ चीनी मोबाइल चल रहे हैं और हर साल वहां से ऐसे आठ लाख नए फोन आ रहे हैं। भारतीय सुरक्षा एजेंसियों ने कई आतंकवादियों के कब्जे से ऐसे फोन बरामद किए हैं, जिनसे की गई कॉल को पकड़ना या उनके आधार पर काल करने वाले की जगह को पहचानना संभव नहीं है। मानो यही काफी न हो, इन दिनों भारत में सबसे विस्तार वाली और सरकारी संचार कंपनी बीएसएनएल के जीएसएम सर्किट विस्तार योजना में भाग लेने के लिए दो चीनी कंपनियों ने भी टेंडर डाले हैं।

पिछले दोनों फिक्की ने अपने एक सर्वेक्षण में पाया कि दुनिया भर में मंदी से परेशान चीन सरकार अब अपने कई उत्पादों को सस्ते दामों में भारतीय बाजार में ठूंसने का अभियान चला रही है। भारतीय उत्पादों के मुकाबले 70 प्रतिशत तक सस्ते इन चीनी उत्पादों की भारत में डंपिग हो रही है, जिससे छोटे और मंझोले उद्योगों को भारी नुकसान पहुंचेगा। इनसे खाद्य प्रसंस्करण, बिजली का समान, वेल्डिंग मशीनें, प्रिटिंग मशीनरी, हैवी इंजीनियरिंग, कैमिकल और धातु उद्योग जैसे

कई नाजुक क्षेत्र शामिल हैं। कुछ साल पहले चीन से आने वाले और असली से भी बेहतर दिखने वाले नकली सिल्क ने कर्नाटक में रेशम के कीड़े पालने वाले छोटे किसानों की रोटी छीन ली थी। इसी तरह बनारसी साड़ी के कुछ कारीगरों को चीन ले जाकर उनकी शैली और बुनाई का चीनी कंपनियों ने मशीनीकरण कर भारतीय बाजार को 'बनारसी साड़ी मेड इन चाइना' से पाट दिया, जिससे अनेक बुनकर खुदखुशी करने पर मजबूर हो गए। चीनी खिलौना उद्योग के हमले से बंद हुई दिल्ली की सैकड़ों छोटी खिलौना कंपनियां और प्रिंटिंग प्रेस तो आज भी बंद पड़ी हैं।

भारत के खिलाफ चीन की साजिश लगातार जारी है। एक महीना पहले पता चला कि मुनाबाव-खोखरापार के रास्ते भारत-पाक रेल संपर्क के लिए पाकिस्तान सरकार सीमा से एकदम सटाकर नया रेलवे स्टेशन बना रही है, जिसका ठेका एक चीनी कंपनी को दिया गया है। भारत का सीमा सुरक्षा बल इस पर अपनी चिंता भी जता चुका है। लेकिन नई दिल्ली ने इस दिशा में पहल करने की जहमत नहीं उठाई।

इससे पहले मुंबई हमले की पृष्ठभूमि में चीन संयुक्त राष्ट्र में दो बार अपने वीटो का इस्तेमाल कर भारत के उस प्रस्ताव को रोक चुका है, जिसका उद्देश्य पाकिस्तान के जमात-उद-दावा को आतंकवादी संगठन घोषित कराना था। पिछले महीने जैश के मुखिया अजहर मसूद और लश्कर के अजाम चीमा पर संयुक्त राष्ट्र की पाबंदियाँ लगवाने के प्रयासों पर भी चीन ने ब्रिटेन के साथ मिलकर पानी फेर दिया।

अरुणाचल प्रदेश में चीन के तेवर पहले से कहीं ज्यादा आक्रामक दिखने लगे हैं। इस इलाके पर उसके दावे का आधार केवल इतना ही है कि चूंकि तिब्बत पर उसका कब्जा है, इसलिए तिब्बती संस्कृति से मेल खाता यह इलाका भी उसका है। दुर्भाग्य से भारत सरकार की दब्बू तिब्बत नीति और उसे चीन का 'स्वायत्त' इलाका मान लेने से अरुणाचल पर चीन का दुस्साहस लगातार बढ़ता जा रहा है। चीन इसी तरह पाकिस्तान के लिए ग्वादर बंदरगाह को नौसैनिक अड्डे के रूप में विकसित कर और बदले में वहां अपनी नौसेना के लिए सुविधाएं लेकर भारत की सुरक्षा के लिए एक नया खतरा पैदा कर चुका है। म्यांमार में वह पहले ही अंडमान के निकट अपनी समुद्री चौकी बना चुका है। अब वह भारत के आसपास हिंद महासागर के कई बिंदुओं तक अपनी नौसेना के लिए सुविधाएं जुटाकर भारत को पूरी तरह घेरने में लगा है।

आश्चर्य है कि इसके बाद भी भारत में चीन के खिलाफ आवाज उठाने वाले

की लानत-मलामत की जाती है। राजग सरकार में रक्षा मंत्री जॉर्ज फर्नांडीस ने जब चीन को खतरा नंबर एक कहा था, तब उसकी व्यापक प्रतिक्रिया हुई थी। हालांकि यूपीए के दो मंत्री प्रणब मुखर्जी और एके एंटोनी भी कमांडरों के सम्मेलन में भारतीय सेना को चीनी खतरों से अगाह कर चुके हैं। लेकिन पिछले दिनों जब भारत के एयर चीफ मार्शल फाली एच मेजर ने अपने एक इंटरव्यू में चीन को पाकिस्तान से बड़ा खतरा बताया था, तो केंद्र सरकार ने उस पर सख्त ऐतराज जताया था। सवाल है कि भारत के खिलाफ जो कुछ कर रहा है, उसके बाद भी क्या हमले की जरूरत पड़ेगी? आखिर भारत अपने हितों के प्रति कब सजग होगा?

5. परमाणु समझौते पर भारत की स्पष्टोक्ति

भारत ने अमेरिका के साथ परमाणु समझौते को लेकर अपनी स्थिति स्पष्ट कर दी हैं और अब गेंद वाशिंगटन के पाले में है। पिछले वर्ष जुलाई में हुए समझौते के अन्तर्गत भारत को अपने सभी असैनिक और सैनिक पारमाणविक प्रतिष्ठानों को पृथक करना है किन्तु 'फास्ट ब्रीडर रिएक्टरों' को लेकर दोनों देशों में गहरे मतभेद हैं। अमेरिका चाहता है कि भारत अपने सभी असैनिक परमाणु कार्यक्रमों को अन्तर्राष्ट्रीय परमाणु ऊर्जा अभिकरण के सुरक्षा दायरे में लाये लेकिन इसका मतलब है कि अन्तर्राष्ट्रीय निगरानी में लायी गयी पारमाणविक सामग्री का सैनिक उद्देश्यों के लिए इस्तेमाल नहीं किया जा सकेगा। यह भारत को मंजूर नहीं है। परमाणु ऊर्जा आयोग के अध्यक्ष अनिल काकोडकर पहले ही कह चुके हैं कि ब्रीडर कार्यक्रम को अन्तर्राष्ट्रीय निगरानी के अन्तर्गत नहीं रखा जा सकता है क्योंकि यह अभी अनुसन्धान और विकास के चरण में है तथा अन्तर्राष्ट्रीय निगरानी के कारण हमारी ब्रीडर प्रौद्योगिकी की गोपनीयता भंग हो सकती है। निस्सन्देह हमें जितनी आवश्यकता ऊर्जा की है, उतनी ही आवश्यकता दीर्घ काल तक न्यूनतम पारमाणविक प्रतिरोध शक्ति बनाए रखने की है। पाकिस्तान जिस तरह अपने पारमाणविक कार्यक्रम का सतत विकास कर रहा है, उसको देखते हुए भारत को उसके मुकाबले में प्रतिरोध क्षमता का विकास करना होगा। भारत अपनी ऊर्जा आवश्यकता के लिए राष्ट्रीय सुरक्षा के साथ कोई समझौता नहीं कर सकता है। प्रधानमन्त्री के वैज्ञानिक सलाहकार श्री राव ने बुधवार को साफ शब्दों कहा कि फास्ट ब्रीडर रिएक्टरों को असैनिक पारमाणविक कार्यक्रम के अधीन नहीं किया जा सकता है। उन्होंने यहां तक कह दिया कि भारत समझौता मान्य करने के लिए बाध्य नहीं है और वह अलग हो सकता है।

6. चीन की रेल कूटनीति और भारत का जवाब

चीन ने तेजी से विकसित हो रही अपनी रेल टेक्नोलॉजी का भरपूर व्यावसायिक इस्तेमाल करने का इरादा जाहिर किया है। अपने हाई स्पीड रेल नेटवर्क को वह भारत सहित 17 देशों तक पहुँचाना चाहता है। ऐतिहासिक रेशम मार्ग की तर्ज पर स्टील मार्गों का जाल बुनने की चीन की इस महत्वाकांक्षी योजना से भारत के सामने गंभीर सामरिक चिन्ताएँ उत्पन्न हो सकती हैं। दरअसल, चीनी अधिकारी वर्ष 1995 से ही अपने रेल नेटवर्क को चीनी सीमाओं से बाहर फैलाने की योजना बना रहे थे, लेकिन अभी तक यह योजना ठोस रूप नहीं ले पाई थी। अब अनेक मध्य एशियाई देशों के साथ कामयाब बातचीत के बाद चीन ने जोर-शोर से इस योजना पर काम शुरू कर दिया है। अपने घरेलू नेटवर्क को हाई स्पीड बनाने में मिली चमत्कारी सफलता ने उसे इस दिशा में तेजी से आगे बढ़ाने के लिए प्रेरित किया है।

पिछले साल चीन ने वुहान और गुआंगचू के बीच सबसे तेज रेल सम्पर्क कायम कर दुनिया को हैरत में डाल दिया था। इन दोनों शहरों के बीच 350 किलोमीटर प्रति घण्टे की रफ्तार से ट्रेन चल रही है। दोनों शहरों के बीच 1,068 किलोमीटर की दूरी अब सिर्फ तीन घंटे में पूरी हो रही है, जबकि पहले दस घंटे से ज्यादा समय लगता था। वर्ष 2012 तक चीन 42 हाई स्पीड लाइनें खोल देगा, जो लगभग 13,000 किलोमीटर को कवर करेगी। अभी चीन का समूचा रेल नेटवर्क 1,10,000 किलोमीटर लम्बा है। तेज लाइनें बिछाने के बाद उसके पास दुनिया का सबसे बड़ा हाई स्पीड रेल नेटवर्क हो जाएगा।

घरेलू सफलताओं के बाद अब चीन अपने रेल नेटवर्क को देश की सीमाओं के पार ले जाने के लिए तत्पर है। उसकी एक दक्षिणी लाइन कंबोडिया और वियतनाम होते हुए सिंगापुर पहुँचेगी। एक पश्चिमी लाइन सिंकियांग से निकलकर मध्य एशिया में जाएगी और तीसरी लाइन रूस के गैस भंडारों के समीप से निकल कर पूर्वी यूरोपीय देशों तक पहुँचेगी। हो सकता है यह लाइन ब्रिटेन तक पहुँच जाए।

चीनी इंजीनियरिंग अकादमी के सदस्य वांग मेंगशू के मुताबिक, चीन दक्षिणी-पश्चिमी यून्नान-प्रान्त में कुनमिंग से एक लाइन निकालना चाहता है, जो म्यांमार होते हुए नई दिल्ली लाहौर और तेहरान को जोड़गी। हाई स्पीड लाइनें बिछाने के लिए चीन ताजिकिस्तान और किर्गिस्तान के साथ समझौते कर चुका

है। कुनमिंग से सिंगापुर तक जाने वाली लाइन पर निर्माण कार्य शुरू भी हो चुका है।

मध्य एशियाई देशों में रेल का जाल बिछाने के पीछे चीन के दीर्घकालिक सामरिक और आर्थिक स्वार्थ है। प्रस्तावित रेल लिंक निर्मित होने के बाद मध्य एशियाई देशों के विशाल तेल और गैस भंडार चीन की पहुँच में आ जाएँगे। इससे यूरोप के दरवाजे भी खुल जाएँगे। यही वजह है कि चीन बहुत तेजी से इन परियोजनाओं को पूरा करना चाहता है। इतना ही नहीं, वह अधिकांश देशों में हाई स्पीड लाइनें बिछाने का खर्च भी खुद उठाने को तैयार है।

रेल नेटवर्क के विस्तार का विचार चीनी नेताओं के मन में एकाएक नहीं आया है। रेलवे को अपनी कूटनीति का अहम हिस्सा उसने वर्ष 1985 में ही बना लिया था, ताकि रेशम मार्ग की तर्ज पर यूरोप और एशिया के बीच एक नया सम्पर्क मार्ग कायम हो सके। ऐसा करने से चीन की आर्थिक और सैनिक ताकत को बरकरार रखने के लिए संसाधनों की आपूर्ति को सुनिश्चित किया जा सकता है। चीन सिर्फ रेल नेटवर्क के विस्तार पर ही ध्यान केन्द्रित नहीं कर रहा है। वह रेलवे से जुड़े इंफ्रास्ट्रक्चर और सड़कों के निर्माण पर भी भारी राशि खर्च कर रहा है। भारत के लिए यह चिन्ता का विषय है, क्योंकि चीन ने लगभग सभी देशों में इंफ्रास्ट्रक्चर निर्माण कार्य शुरू कर दिए हैं, जिनकी सीमाएँ भारत से लगी हुई हैं।

चीनी अधिकारी गोलमुड और ल्हासा के बीच 1,142 किलोमीटर लंबी दुनिया की सबसे ऊँची रेल लाइन को चीन-नेपाल सीमा पर स्थित न्यालम तक ले जाना चाहते हैं। ल्हासा और तिब्बत के दूसरे बड़े शहर शिगात्से के बीच 252 किलोमीटर लंबी लाइन बिछाने के बारे में शुरुआती अध्ययन पूरे भी हो चुके हैं। इसके आगे शिगात्से से न्यालम तक 400 किलोमीटर लंबी लाइन और बिछानी पड़ेगी। न्यालम तक पहुंचने के बाद काठमांडू सिर्फ 120 किलोमीटर दूर रह जाएगा।

इसी तरह, हमारे पूरब में भी चीनी गतिविधियाँ अचानक बढ़ गई है। बंगाल की खाड़ी तक पहुँचने के लिए वह म्यांमार में रेल और सड़क संपर्क पर बड़े पैमाने पर निवेश कर रहा है। वह यह भी चाहता है कि म्यांमार और बांग्लादेश के बीच रेल संपर्क जल्द से जल्द कायम हो जाए। यानी भारत को सतर्क हो जाना चाहिए और अब उसे इसकी जवाबी रणनीति पर काम करना होगा।

नेपाल से नजदीकी बढ़ाने के मकसद से 'रेल कूटनीति' का सहारा ले रहे चीन को भारत ने कोमाकूल जवाब दिया। भारत ने नेपाल के साथ ऐसे समझौता

पर दस्तखत किए जिनसे दोनों मुल्क की सीमा पर पांच क्षेत्रों में रेल नेटवर्क काफी बढ़ जाएगा। समझौता को अमलीजामा पहनाते ही भारत की पहुंच नेपाल के मधेस (तराई) क्षेत्र में बढ़ जाएगी। इस लिहाज से नेपाली राष्ट्रपति रामबरन यादव की भारत यात्रा काफी अहम साबित हुई। दोनों देशों के बीच चार समझौतों पर हस्ताक्षर हुए। ये सारे समझौते रेल लिंक, शिक्षा और हवाई सेवा से संबंधित थे।

यादव की यात्रा के दौरान नेपाल को रेल के जरिए और नजदीक लाने पर भारत का खास ध्यान था। काठमांडू की भारत पर निर्भरता घटाने के मकसद से हाल ही में चीन ने नेपाल से सटी अपनी सीमा पर रेल लाइन के निर्माण का काम शुरू किया था। गौरतलब है कि नेपाल से आर्थिक संबंध बढ़ाने के लिए बीजिंग ने ल्हासा-खास रेल लाइन पर काम शुरू किया है। चीन ने इस प्रोजेक्ट पर काम इस तत्थ के मद्देनजर शुरू किया है कि भूमि से घिरा नेपाल आयात के लिए भारत पर ही सबसे ज्यादा निर्भर रहता है। यही वजह है कि भारत ने नेपाल के साथ रेल नेटवर्क बढ़ाने पर खास जोर दिया है। नेपाली राष्ट्रपति यादव और मनमोहन सिंह के बीच मुलाकात के दौरान दोनों देशों के बीच नई हवाई सेवा शुरू करने पर भी समझौता हुआ। साथ ही हेतौदा मकवानपुर में नेपाल-भारत मैत्री पालीटेक्निक को विकसित करने और बीरगंज में नेपाल-भारत मैत्री सभा गृह बनाने को लेकर भी समझौता हुआ। सबसे ज्यादा अहम रेल नेटवर्क बढ़ाने के मकसद से हुए समझौतों को माना जा रहा है। हिमालय की गोद में बसे देश के तराई क्षेत्र से पहले से बेहतर तरीके से जुड़ने का मार्ग प्रशस्त करने वाले रेल समझौतों को कूटनीतिक महत्व है। भारत में जोगबनी और नेपाल में विराटनगर के बीच रेल रूट स्थापित किए जाने को लेकर समझौता हुआ है। वहीं भारत में जयनगर और नेपाल के बीरदिबस को भी अहमियत दी गई है। सूत्रों के अनुसार, जयनगर और बीरदिबस रूट के लिए भारत ने पहले ही 470 करोड़ रुपये को वित्तीय प्रावधान कर दिया है। इसमें गेज परिवर्तन और बैजलपुर और बीरदिबस के बीच नई रेल लाइन बनाना शामिल है।

7. कोपेनहेगन की सार्थकता

राष्ट्रीय संप्रभुता और अंतर्राष्ट्रीय संधियों के बीच अंतर्विरोध है। संधि अनेक देशों के बीच हो तो अंतर्विरोध और गहरा हो जाता है। एक अर्से तक देश में विदेश नीति और अंतर्राष्ट्रीय रिश्ते राजनीति का मसला नहीं बनते थे, पर अब ऐसा नहीं है। यह गलत भी नहीं, क्योंकि अपनी सरकार पर पूरा भरोसा होने के

बावजूद जनता किसी भी बात को सही परिप्रेक्ष्य में समझना चाहती है। वक्तव्यों की शब्दावली को लेकर भी पहले की तुलना में अब कटुता ज्यादा है। ऐसा हमारी नहीं, सभी देशों की राजनीति में है। ऐसे में हर देश को स्थानीय और अंतर्राष्ट्रीय जरूरतों के हिसाब से अलग-अलग वक्तव्य देने पड़ते हैं। दूर से लगता है कि कोपेनहेगन में कोई ऐसा समझौता नहीं हुआ था कि उस पर कोई बड़ी बहस हो। पर जो सहमति हुई है और उससे जुड़े जो वक्तव्य आए हैं, उनकी उपेक्षा भी नहीं की जा सकती। ह्वाइट हाउट के सीनियर एडवायज़र डेविड एक्सलरॉड ने टिप्पणी की कि कोपेनहेगन समझौते के बाद भारत को अंतर्राष्ट्रीय निगरानी में आना होगा। इसका क्या अर्थ लगाया जाय? कैसी है यह निगरानी? कौन करेगा? यह सब अभी तय नहीं है। दिशा-निर्देश अभी तय होने हैं। कोपेनहेगन समिट को विफल होने से बचाने के लिए 28 देशों के समूह ने सुझाव दिया है कि विकासशील देश अपने कार्यों को लेकर अंतर्राष्ट्रीय सलाह और विश्लेषण को स्वीकार करेंगे। इसे कड़े शब्दों में निगरानी न भी मानें, यह भारत के घोषित लक्ष्य से अलग बात है। हमारी घोषणा है कि हम घरेलू कार्यों की अंतर्राष्ट्रीय समीक्षा को स्वीकार नहीं करेंगे। बहरहाल लगता है पर्यावरण और वनमंत्री जयराम रमेश शब्दों के प्रयोग में खो गए। उन्हें काफी देर तक सफाई देनी पड़ी कि राष्ट्रीय सम्प्रभुता के साथ समझौता नहीं होगा। देखना यह है कि कोपेनहेगन समझौता पर भारत की प्रतिबद्धता अभी सैद्धांतिक है या व्यावहारिक। अंतर्राष्ट्रीय निगरानी या अंतर्राष्ट्रीय मशवरे को परिभाषित होना है। कोपनहेगन जाने से पहले जयराम रमेश ने संसद में कहा था कि हम पर अंतर्राष्ट्रीय निगरानी थोपी नहीं जा सकती। अब उनका कहना है कि हमारे रुख में कुछ बदलाव आया है। उन्होंने जितने सहज भाव से यह बात कही, उतने सहज भाव से विपक्ष इसे स्वीकार नहीं करेगा।

8. चीनी हैक्र्स कूटनीति

चीनी हैकर्स ने भारतीय रक्षा मंत्रालय की अहम जानकारियों समेत कई अति गोपनीय दस्तावेज में सेंध लगा ली है। इससे देश की प्रमुख मिसाइलें और हथियार प्रणालियां प्रभावित हो सकती हैं। एक रिपोर्ट में खुलासा किया गया है कि चीनी जासूसों ने न केवल भारतीय रक्षा मंत्रालय, बल्कि दुनिया भर के कई दूतावासों की बेहद गोपनीय फाइलों को हैक कर लिया। हालांकि चीन ने इस जासूसी से इनकार किया है। उसका कहना है कि वह हैकिंग के खिलाफ है और इसे अपराध मानता है।

यूनिवर्सिटी आफ टोरंटो में कनाडाई और अमेरिका शोधकर्ताओं ने अपनी नई रिपोर्ट 'शैडो इन द क्लाउड्स' में दावा किया है कि चीन के एक जासूसी ऑपरेशन 'शैडो नेटवर्क' की इस सेंधमारी का शिकार बनी प्रणालियों में हाल ही में शुरू की गई भारतीय सेना की उन्नत तोपखाना नियंत्रक प्रणाली 'शक्ति' और देश की नई मोबाइल मिसाइल रक्षा प्रणाली 'आयरन डोम' तक शामिल है। आठ महीने की जांच के बाद रिपोर्ट का दावा है कि चीन के विभिन्न हिस्सों से की गई इस व्यवस्थित साइबर जासूसी ने भारत सरकार, व्यापार, शैक्षणिक और अन्य कंप्यूटर प्रणालियों को प्रभावित किया है। प्रभावित होने वाले प्रणालियों में बेल्जियम, सर्बिया, जर्मनी, इटली, अमेरिका, जिंबाब्वे स्थित भारत दूतावास, ब्रिटेन और साइप्रस स्थित भारतीय उच्चायोग के कंप्यूटर शामिल हैं। रिपोर्ट में कहा गया है कि इनमें दलाईलामा के कार्यालयों और भारतीय सुरक्षा प्रतिष्ठानों की एजेंसियों के दस्तावेज शामिल हैं। जांच में पाया गया कि एक दस्तावेज गोपनीय राजनायिक पत्र जैसा था, वहीं दो दस्तावेजों पर 'गुप्त', छह पर 'प्रतिबंधित' और पांच पर 'गोपनीय' के निशान लगे थे। इन दस्तावेजों की जानकारी भारतीय सुरक्षा परिषद कार्यालय में एक सदस्य से ली गई। ये संवेदनशील सूचनाएं हैं जिसमें असम, मणिपुर, नागालैंड और त्रिपुरा में भारत की सुरक्षा हालात और नक्सलियों के बारे में खुफिया मूल्यांकन हैं।

इसके अलावा इसमें भारत के अंतर्राष्ट्रीय संबंधों एवं पशिचम अफ्रीका, रूस-सीआईएस देशों और मध्य पूर्व में गतिविधियों के मूल्यांकन और वीजा आवेदन, पासपोर्ट कार्यालय सर्कुलर और राजनायिक पत्राचार के बारे में भारतीय दूतावासों की सूचनाएं शामिल हैं। हालांकि शोधकर्ताओं का कहना है कि इसके कोई प्रत्यक्ष कारण नहीं है कि ये सूचनाएं भारत सरकार के कंप्यूटरों से ही चोरी की गई। ये निजी कंप्यूटरों से कॉपी किए जाने का परिणाम हो सकती है।

9. ओबामा का चीन दौरा

अमेरिकी राष्ट्रपति बराक ओबामा ने तिब्बत पर चीन का प्रभुत्व स्वीकार कर लिया है लेकिन चीन से ये भी कहा कि वो दलाई लामा से तुरंत बातचीत शुरु कर दें ताकि इस समस्या का स्थाई हल निकाला जा सके। ओबामा और चीन के राष्ट्रपति हू जिंताओ के बीच बंद कमरे में ढाई घंटे बातचीत हुई जिसमें भारत-पाक संबंध, आतंकवाद, अफगानिस्तान, दक्षिण एशिया की स्थिति आदि विषयों पर चर्चा हुई। वार्ता के बाद एक संयुक्त बयान जारी किया गया और दोनों नेताओं

द्वारा पत्रकारों को संयुक्त बयान जारी किया गया और दोनों नेताओं ने पत्रकारों को संयुक्त रुप से संबोधित किया। ओबामा ने कहा कि दक्षिण एशिया में शांति, स्थिरता और खुशहाली के लिए दोनों देश मिलकर काम करेंगे। जहां तक भारत और पाकिस्तान के रिश्तों में सुधार का सवाल है, तो इसमें चीन महत्वपूर्ण भूमिका निभा सकता है, लेकिन चीनी राष्ट्रपति ने भारत और पाकिस्तान की चर्चा नहीं की। साझा बयान में कहा गया है कि दोनों देशों ने भारत-पाक के बीच के रिश्तों में सुधार और प्रगाढ़ता लाने का समर्थन किया है। दक्षिणी एशिया और विश्व के प्रमुख मुद्दों पर संचार, संवाद और सहयोग बढ़ाने पर सहमति जताई। चीन के राष्ट्रपति हूं जिंताओ ने ओबामा से कहा कि अमेरिका चीन के प्रमुख हितों का सम्मान करें। दोनों देशों के राष्ट्रपतियों ने व्यापार, ऊर्जा और जलवायु परिवर्तन पर चर्चा की। आपसी रिश्तों को सहयोगात्मक, सकारात्मक और समग्र बताया गया। एक अन्य अवसर पर ओबामा ने कहा कि शासन पद्धति चाहे जो हो, विचार अभिव्यक्ति और धार्मिक स्वतंत्रता व्यक्ति के सर्वभौम अधिकार हैं। यह चीन में तानाशाही रवैये पर ओबामा की अप्रत्यक्ष टिप्पणी थी। चीन ने जिन प्रमुख हितों पर अमेरिका का समर्थन मांगा है। वह ताइवान और दलाई लामा से संबंधित है। चीन चाहता है कि अमेरिका दलाई लामा और ताईवान को समर्थन देना बंद करे। वह ताईवान को अपना एक प्रांत मानता है जबकि अमेरिका एक प्रभुता सम्पन्न राष्ट्र। ओबामा ने चीन की इस मांग पर फिलहाल तो कोई प्रतिक्रिया नहीं व्यक्त की, लेकिन भविष्य में अमेरिका और ताईवान के क्या रिश्ते होंगे, इस बारे में कुछ भी कहना कठिन है। लेकिन ओबामा ने इस बात का संकेत जरूर दे दिया है कि वे अमेरिका और चीन में निकटता के इच्छुक हैं। इस निकटता में ताईवान का मुद्दा हमेशा बाधक बनता रहा है। लेकिन भारत और पाकिस्तान के रिश्तों में सुधार के लिए चीन की महत्वपूर्ण भूमिका को आमंत्रित करके ओबामा ने दक्षिण एशिया में एक नई समस्या को जन्म अवश्य दे दिया है। दरअसल ओबामा दक्षिण एशिया की राजनैतिक स्थिति से वाकिफ नहीं है। भारत की चिंता ये है कि चीन कहीं भारत पाक में दोस्ती का नाटक रचकर कश्मीर में हस्तक्षेप न कर दे। इससे भारत के समक्ष एक नई समस्या खड़ी हो जाएगी। पाकिस्तान लंबे समय से प्रयास कर रहा है कि अमेरिका ब्रिटेन या कोई अन्य शक्तिशाली देश कश्मीर में हस्तक्षेप करे। लेकिन इन देशों ने पाकिस्तान की मंशा पूरी होने में असमर्थता व्यक्त की। सभी जानते हैं कि पाकिस्तान और चीन में गहरी दोस्ती है। पाकिस्तान कश्मीर चाहता है और चीन अरुणाचल प्रदेश इसलिए ये दोनों देश भारत के शुभचिंतक और दोस्त हो ही नहीं सकते। चीन कश्मीर विवाद की आग में अपनी रोटियां

सेकने से बाज नहीं आएगा और अमेरिका को समझाने की कोशिश करेगा भारत के अड़ियल रवैये के कारण पाकिस्तान से उसके संबंध मजबूत नहीं बन पा रहे हैं ओबामा शायद इस तथ्य से भी परिचित नहीं है कि पाकिस्तानी हुक्मरानों का वजूद ही भारत से नफरत पर टिका है। भारत जब जब पाकिस्तान से दोस्ती करता है तब तब उसे धोखा ही मिलता है। कारगिल युद्ध और कश्मीर में आतंकी गतिविधियां इसके प्रमाण हैं। वास्तविकता ये है कि पाकिस्तान कश्मीर में भारत से छठा युद्ध लड़ रहा है। क्योंकि दो-दो युद्ध में शिकस्त खाने के बाद वह इस नतीजे पर पहुंच चुका है कि वह भारत को प्रत्यक्ष युद्ध में नहीं हरा सकता है। भारत और पाक के बीच चीन की मध्यस्थता भारत हरगिज स्वीकार नहीं कर सकता। हां वह पाकिस्तान से सीधी बातचीत के लिए तैयार है। उसके लिए दोस्ती का पैगाम भारतीय प्रधानमंत्री डॉक्टर मनमोहन सिंह ने दे दिया है लेकिन पाकिस्तान की अनुकूल प्रतिक्रया अब तक नहीं मिली। पाकिस्तान चीन से बड़े पैमाने पर सैनिक साजों-समान खरीद रहा है जिसमें उन्नत श्रेणी के लड़ाकू विमान भी शामिल हैं। दोनों पड़ोसी भारत के खिलाफ दुरभिसंधि में लगे हुए हैं। अभी तक अमेरिका से प्रतिद्वंदिता कर रहा चीन उसका भी विश्वसनीय दोस्त नहीं हो सकता। ओबामा को इस तथ्य को भी समझना चाहिए। इस बीच भारत ने ओबामा को साफ बता दिया कि उसे किसी भी तीसरे देश की मध्यस्थता स्वीकार नहीं है। पाकिस्तान से बातचीत तभी संभव है जब आतंकी वारदातें खत्म हो।

10. चीन के साथ वार्ता में अन्तर्निहित विचार

बंगलुरू में विदेश मंत्री एस एम कृष्णा ने चीनी विदेश मंत्री को चमकदार मैसूरी पगड़ी पहना उनके गले में भारी-भरकम माला डाली है। इसके साथ भारत-चीन वार्ता का एक नया दौर शुरू हो चुका है और तमाम भारतीय टकटकी बांधकर नतीजे का इंतजार कर रहे हैं। हालांकि सच्चाई यह है कि इस सिलसिले में ज्यादा आशावादी होने की गुंजाइश नहीं है। हां, दिल को बहलाने या हाल ही में लगे घाव सहलाने का यह खयाल अच्छा है।

अतीत का अनुभव हमें सिखाता है कि राजनायिक वार्ताओं से, चाहे वह शिखर वार्ता ही क्यों न हो, हम चीन की उलझी गुत्थी को सुलझा नहीं सकते। बीती सदी के पचास के दशक में नेहरू और चाउ एन लाई के बीच वार्ताओं के कई दौर हुए, पर उनसे सीमा विवाद का समाधान नहीं ढूंढा जा सका। आखिर 1962 में चीनी हमले ने हिंदुस्तान को लहूलुहान कर दिया। उस झटके से

लड़खड़ाया भारत आज तक संभल नहीं पाया है। इसी का नतीजा है कि हम चीन का मुकाबला रणक्षेत्र में ही नहीं, राजनायिक मंच पर भी कर पाने का हौसला नहीं जुटा पा रहे। हमारे सेनाध्यक्षों और प्रधानमंत्री के ताजा बयान इसी घबराहट के उदाहरण हैं। चीन के साथ हमारी विगत वार्ताओं के संदर्भ में अकसर कहा जाता है कि सबसे बड़ी अड़चन 'अनुवाद' की थी। पर मामला सिर्फ अनुवाद की नहीं, दो परस्पर विरोधी राजनैतिक विचारधाराओं-प्रणालियों को ठीक से न समझ पाने का भी था।

आज भी लगता है कि चीन के संदर्भ में हमारी सरकार 1960 वाली गलतफहमी का शिकार है। हम इस मरीचिका के पीछे भाग रहे हैं कि चीन के साथ हमारे आर्थिक सहयोग और व्यापार में निरंतर बढ़ोतरी से सीमा विवाद का निपटारा भविष्य में सहज हो जाएगा। जोर देकर कहना चाहिए कि यह सोचना हमारी नादानी ही है। चीन ने भारत की सूची में अपनी जगह भले ही अव्वल दर्ज करा ली हो, उसके साझेदारों की सूची में हमारा नंबर नौवां या दसवां ही है। उसके आर्थिक जीवन में हमारी औकात नगण्य है। यानी जिस आर्थिक नाते-रिश्ते की दुहाई हमारे अर्थशास्त्री प्रधानमंत्री देते रहते हैं, वह पूरी तरह संवेदनशील है।

भारत-चीन सीमा विवाद को सतह पर प्रकट हुए आधी सदी से ज्यादा वक्त बीत चुका है। औपनिवेशिक काल में सीमा रेखा का निर्धारण चीन की नजर में हमेशा ही विवादास्पद रहा है। जाहिर है, मैकमोहन रेखा की चर्चा 2009 में व्यर्थ है। चीन हमारी जिस जमीन पर जबरन कब्जा जमा लिया है, उससे उसे हटाना भी भारत के लिए यक्ष प्रश्न है। ज्यादा से ज्यादा यह आशा की जा सकती है कि अक्साई चिन को चीन का हिस्सा प्रमाणित कर हम पूर्वोत्तर में अपना अधिकार चीन से प्रमाणित-स्वीकृत करवा लें। इस मामले में भी चीन की दोहरी चाल और दोमुंही बातों के जाल में हम फंसते रहे हैं।

स्थिति यह है कि पूरे जम्मू-कश्मीर को चीनी मानचित्र भारत से अलग दर्शाने लगे हैं। जम्मू-कश्मीर के नागरिकों को चीन शेष भारतीय नागरिकों की तरह वीजा जारी नहीं कर रहा। अरुणाचल प्रदेश के बारे में तो उसका हठ और भी निराला है। दलाई लामा की तो छोड़िए, हमारे प्रधानमंत्री तक की अरुणाचल यात्रा को बीजिंग भारत-चीन संबंध को तनावग्रस्त करने वाली हरकत मानता है। इस इलाके में जल, विद्युत, उत्पादन के लिए एशियाई विकास बैंक के सहयोग में चीन अड़ंगा लगाया था। रही बात सिक्किम की, तो वहां भी पारंपरिक व्यापार की पुर्नस्थापना का फायदा चीन ने अपनी सैनिक मौजूदगी दर्ज कराने के लिए ही किया।

हाल ही में हमारे प्रधानमंत्री थाईलैंड में चीन के प्रधानमंत्री से मिले। आमने-सामने की मुलाकात में तो उन्होंने शिष्टाचारवश कुछ नहीं कहा, पर राजकीय भोज के दौरान उन्होंने चीनी नेता को भारतीय चिंताओं-आशंकाओं के बारे में जोरदार ढंग से परिचित करा दिया। इस सादगी और साफगोई पर कौन कुर्बान नहीं हो जाएगा। भारत की चिंताएं एक नहीं, अनेक हैं, और वो निराधार भी नहीं है। हकीकत यही है कि चीन हर तरफ से हिंदुस्तान की घेरेबंदी में जुटा है, चाहे वह नेपाल हो, म्यांमार हो या पाकिस्तान हो। उसका नजर श्रीलंका की तरफ भी है। हमें घेरने के लिए चीन हीं संवेदनशील सामरिक महत्व की सड़कों का निर्माण कर रहा है, तो कहीं बंदरगाहों का। ऐसी स्थिति में यह सोचना नादानी ही है कि भारत और चीन की साझेदारी सार्थक या दोनों पक्षों के लिए समान रूप से लाभप्रद से अधिक नहीं समझा जा सकता। ब्राजील, रूस, चीन, चीन और भारत का संगठन ब्रिक भी इससे इतर नहीं। याद रहे कि इस बार भी चीन के साथ हमारे प्रतिनिधि आमने-सामने नहीं डटे हैं। औपचारिक मंच त्रिकोणीय ही है।

भारत-चीन संबंध में भ्रामक सहयोग का एक उदाहरण जलवायु परिवर्तन से संबंधित राजनय का है। कोपेनहेगन में प्रस्तावित सम्मेलन के लिए हमने कद्दावर चीन का बाजू थामना बेहतर समझा है। यहां यह ध्यान दिलाने की जरूरत है कि जब पाकिस्तान प्रायोजित मुंबई हमले में चीन का रवैया भारत-विरोधी रहा है, तो तपती धरती के विमर्श में राजनैतिक समझदारी का भला क्या तुक बचा रहता है। क्या यह सच नहीं कि पाकिस्तान की परमाणविक तस्करी में चीन ने हाथ बंटाया है? इससे सबसे बड़ा जोखिम तो भारत के लिए ही खड़ा हुआ है। ब्रह्मपुत्र पर बांध बनाने का जो मनसूबा चीन पाल रहा है, उसने अभी से असम में कंपकंपी पैदा कर दी है। इस बारे में भी यह उम्मीद करना व्यर्थ है कि हम भारतीय चिंताओं से बीजिंग को अवगत करा पाएंगे, या भारतीय पक्ष इन वार्ताओं में कोई ठोस उपलब्धि दर्ज करा पाएगा।

वर्ष 1962 के युद्ध के बाद 1976 में भारत और चीन के बीच राजनयिक संबंध फिर से राजदूत स्तर पर स्थापित किए गए। तब से न जाने कितनी वार्ताऐं विदेश सचिव, विदेश मंत्री और प्रधानमंत्री स्तर पर हो चुकी हैं। इस दौरान दोनों ओर से शिखर यात्रा और वार्ताएं भी कम नहीं। पुराने फिल्मी तराने की तर्ज पर मुलाकात हुई, पर "बात नहीं या बातें हैं ब्रातों का क्या" वाली परंपरा अब भी हमारे दिल-ओ-दिमाग पर हावी है। इन वार्ताओं में जब काम की बात शुरू ही नहीं होती, तब बात आखिर बनेगी कैसे?

दोनों देशों के रिश्तों में बेहतरी के लिए अनौपचारिक कूटनीति का गलियारा भी सक्रिय है। इस कवायत में आधुनिक चीन के निर्माता कहे जाने वाले प्रसिद्ध चीनी कम्यूनिष्ट नेता देंग ज्याओ पिंग की छोटी बेटी और लेखिका देंग शांति और सहअस्तित्व की पक्षधर है। गौरतलब है कि दोनों देशों के रिश्तों को नया मोड़ देने वाली प्रधानमंत्री राजीव गांधी की 1988 की चीन यात्रा के समय चीन की कमान देंग ज्याओ पिंग के ही हाथ में थी। सूत्रों के अनुसार इस दौरे के बाद से ही दोनों परिवारों के बीच संवाद रहा है। गांधी परिवार को चीनी नेताओं ने आमंत्रित किया था।

11. भारत चीन प्रधानमंत्रीयों का साझा बयान

दोनों देशों के राष्ट्र प्रमुखों और प्रधानमंत्रियों के बीच नियमित दौरे तय करने के लिए एक प्रक्रिया तय करने पर सहमति। विदेश मंत्री भी एक दूसरे के यहां हर साल दौरा करेंगे।

दोनों देश सामरिक आर्थिक वार्ता के लिए एक ढांचा स्थापित करेंगे जिसमें आर्थिक आदान प्रदान, सलाह मशविरा आदि को बढ़ावा दिया जाएगा।

दोनों देश 2015 तक 100 अरब डॉलर के आपसी व्यापार का लक्ष्य तय करेंगे और व्यापार में असंतुलन दूर करने के कदम उठाऐंगे। व्यापारिक नेताओं का मंच स्थापित करेंगे।

ढांचागत, पर्यावरण संरक्षण, सूचना तकनीक, निवेश और वित्त के क्षेत्र में प्राथमिकता के आधार पर सहयोग बढ़ाएंगे।

बैंकिंग और वित्तीय सहयोग बढ़ाने के लिए भारत और चीन एक दूसरे के बैंकों को शाखाएं और कार्यालय खोलने की अनुमति देंगे।

2011 में चीन भारत से 500 युवकों को चीन आमंत्रित करेगा।

भारतीय स्कूलों में चीनी भाषा पढ़ाने को चीन समर्धन देगा।

एक दूसरे के इलाकों से हो कर गुजरने वाली नदियों के जल प्रबंध के बीच सहयोग बढ़ाएंगे।

शांतिपूर्ण बातचीत से दोनों देशों को जल्द ही सीमा मसले पर मतभेदों को दूर करने की कोशिश करेंगे। सीमा मसले के हल के लिए पहले हुई सहमति के अनुरूप दस सूत्री कार्यक्रम के तहत कोशिश करेंगे।

सीमा मसले के हल के लिए 2005 में जिस फार्मूला पर सहमति हुई थी दोनों

देशों ने फिर इसके अनुरूप काम करने का वचन दिया है। सीमा मसले के हल तक पहले के समझौते के अनुरूप सीमा के इलाकों में शांति व स्थिरता बनाए रखेंगे।

जलवायु बदलाव पर दोनों देश यूएन संधि के तहत काम करेंगे।

दोनों देश आतंकवाद का स्पष्ट तौर पर विरोध करते हैं और किसी भी बहाने इसका औचित्य नहीं मानते हैं। आतंकवाद से लड़ने के लिए दोनों देश सहयोग करेंगे और आतंकवाद को वित्तीय मदद के नेटवर्क को तोड़ेंगे। संयुक्त राष्ट्र के सभी सम्बद्ध प्रस्तावों 1267, 1373, 1540 और 1624 को लागू करने की जरूरत समझते हैं।

दोनों देश हथियारों के नियंत्रण और परमाणु अप्रसार के अंतर्राष्ट्रीय अभियानों का समर्थन करेंगे।

समुद्री सुरक्षा के महत्व को समझते हैं इसलिए अदन की खाड़ी में समुद्री डाकुओं के खिलाफ दोनों देश सहयोग करेंगे।

साझा बयान में जो बातें कहीं गई हैं उनसे यह उम्मीद बनती है कि चीन भारत के साथ तनाव और नहीं बढ़ाना चाहता इसलिए प्रधानमंत्री वन च्या पाओ ने खुद ही शिष्ट मंडल स्तर की वार्ता के दौरान स्टेपल वीजा का मसला उठाया और कहा कि इस पर दोनों देशों के अधिकारी आगे बातचीत करेंगे। चीन के इस रुख के जवाब में भारत ने भी कहा कि दोनों देशों के बीच रक्षा सम्बन्ध फिर बहाल करने के लिए जरूरी आधार तैयार करना होगा।

दोनों देशों के विदेश मंत्रियों के बीच सालाना बातचीत तय कर और अगले साल भारतीय प्रधानमंत्री को चीन दौरे का निमंत्रण दे कर चीन ने भारत के साथ रिश्ते सौहार्द बनाए रखने की बात की है। सीमा मसले पर चीन का कड़ा रुख पहले की तरह बरकरार है लेकिन प्रधानमंत्री सिंह और प्रधानमंत्री वन के बीच बातचीत के बाद 2005 में जो साझा बयान जारी किया गया था उसे 2010 के साझा बयान में दोहराया जाना ही भारत के लिए महत्व की बात है क्योंकि पिछले कुछ सालों से चीन ने इस सहमति की भावना के विपरीत अरुणाचल प्रदेश पर अपना दावा जताना शुरू किया है। लेकिन पहले की तरह चीन ने फिर साझा बयान में यह दोहराया है कि वह सीमा मसले का जल्द हल करने में सहयोग करेगा। विदेश सचिव राव ने बताया कि प्रधानमंत्री वन के आने के कुछ दिनों पहले ही दोनों प्रधानमंत्रियों के बीच हॉटलाइन को सक्रिय कर दिया गया है।

बातचीत के दौरान चीन ने जम्मू-कश्मीर पर अपने पुराने तटस्थ रुख पर लौटने के संकेत नहीं दिए तो भारत ने भी साझा बयान में तिब्बत और ताइवान को चीन का अंग बताने वाला पैराग्राफ शामिल करने पर सहमति नहीं दी। चीन ने सुरक्षा परिषद की स्थायी सदस्यता के लिए कोई वादा नहीं किया। पहले की तरह चीन ने यही कहा कि भारत संयुक्त राष्ट्र सुरक्षा परिषद और अंतर्राष्ट्रीय मंचों पर महत्वपूर्ण भूमिका निभा रहा है और वह भारत की आकांक्षाओं को समझता है।

बातचीत के बाद विदेश सचिव राव ने कहा कि प्रधानमंत्री मनमोहन सिंह के साथ शिष्टमंडल स्तर की बातचीत के दौरान प्रधानमंत्री वन च्या पाओ ने अपनी ओर से ही जम्मू कश्मीर के लिए स्टेपल वीजा का मसला उठाया लेकिन कहा कि दोनों देशों के अधिकारी मिल कर इसे सुलझा लेंगे। इस तरह चीन ने इस मसले को सुलझाने के संकेत तो दिए हैं लेकिन भारत की अपेक्षा थी कि स्टेपल वीजा का विवाद दूर करने पर चीन अपना फैसला बता देगा। निरुपमा राव ने कहा कि इसमें कोई शक नहीं है कि इस मसले पर बॉल चीन के पाले में है।

बातचीत के दौरान भारत की ओर से अपनी चिंताओं का खुलकर इजहार किया गया और चीन ने भी तिब्बत और दलाई लामा का मसला उठाया। आतंकवाद के मसले का साझा बयान में जिक्र तो है लेकिन चीन ने पाकिस्तान का सीधे जिक्र करने से बचने की कोशिश की है। हालांकि सुरक्षा परिषद के पाकिस्तान से पैदा आतंकवाद से जुड़े प्रस्तावों को लागू करने की जरूरत बताकर चीन ने अप्रत्यक्ष तौर पर भारत से सहानुभूति जाहिर की है।

प्रधानमंत्री मनमोहन सिंह के साथ शिष्टमंडल स्तर की बातचीत के बाद प्रधानमंत्री वन ज्या पाओ ने इंडियन काउंसिल आफ वर्ल्ड अफेयर्स द्वारा आयोजित एक व्याख्यान में कहा कि इसके हल के लिए धैर्य रखने की जरूरत है और इसमें काफी समय लगेगा। यह मसला आपसी विश्वास, भरोसे, गम्भीरता और धैर्य से ही हल हो सकेगा। तभी हम इस मसले का एक न्यायोचित, तार्किक और परस्पर मान्य हल खोज सकते हैं। उन्होंने कहा कि दोनों देशों के बीच इस मसले पर गम्भीर बातचीत हुई और इस मसले के हल के लिए उनकी गम्भीर इच्छा है।

प्रधानमंत्री वन ने कहा कि कठिनाइयों को देखते हुए सबसे महत्वपूर्ण बात यह है कि हम सही रास्ते पर आगे बढ़ें, एक एक कदम कर मतभेदों को कम करें, आम सहमति का दायरा बढ़ाएं और एक दूसरे पर भरोसा बढ़ाएं। वन ने कहा कि उनकी प्रधानमंत्री मनमोहन सिंह के साथ यह सहमति बनी है कि सीमा के मामलों पर सलाह-मशविरा और तालमेल बनाने के लिए एक प्रभावी प्रक्रिया तय करेंगे।

इससे दोनों देशों के बीच परस्पर भरोसा बढ़ाने में मदद मिलेगी और इससे सीमांत इलाकों में शांति व स्थायित्व बनाए रख सकेंगे।

सुरक्षा परिषद में भारत की स्थायी सदस्यता को समर्थन के मसले पर प्रधानमंत्री ने कहा कि अंतर्राष्ट्रीय मामलों में भारत की बेहतर भूमिका का चीन समर्थन करता है। एक अरब से अधिक आबादी वाले देश की हैसियत से भारत को अंतर्राष्ट्रीय मामलों में बेहतर भूमिका निभानी चाहिए। इस तरह प्रधानमंत्री वन सुरक्षा परिषद में स्थायी सदस्यता के लिए भारत को स्पष्ट समर्थन देने की घोषणा से बचे। उन्होंने कहा कि संयुक्त राष्ट्र सुरक्षा परिषद के सुधार में भारत और चीन के समान हित और साझा विचार हैं। हम मानते हैं कि सुरक्षा परिषद में विकासशील देश को प्राथमिकता मिलनी चाहिए।

आर्थिक मोर्चे पर भारत की चिंताओं का जिक्र करते हुए वन ने कहा कि व्यापार असंतुलन को लेकर भारत की चिंताओं को वह समझते हैं इसलिए चीन के बाजार में भारत के सूचना तकनीक, औषधि और कृषि उत्पादों के लिए अधिक मांग बढ़ाने के लिए वह जरूरी कदम उठाएंगे। उन्होंने यह भी घोषणा कि नालंदा विश्वविद्यालय के निर्माण में चीन दस लाख डॉलर की मदद करेगा। राष्ट्रपति भवन में औपचारिक अगवानी के बाद जब विदेश मंत्री कृष्णा ने प्रधानमंत्री से मुलाकात की तब वन ने कहा कि जब भारत और चीन के नेता मिलते हैं तो पूरी दुनिया देखती है।

पाकिस्तान और भारत के संबंधों के बीच तटस्थ रहने की बात करते रहे चीन के प्रधानमंत्री वेन जियाबाओ को भाजपा नेता सुषमा स्वराज ने ठोस रूप से आतंकवाद की विरोध करने की सलाह दी। जियाबाओ से मुलाकात कर सुषमा ने उनसे कहा कि भारत आतंकवाद का शिकार है जबकि पाकिस्तान इसका प्रायोजक। ऐसे में तटस्थ की भूमिका से आगे बढ़ना चाहिए।

जियाबाओ की भारत यात्रा के दौरान सुषमा ने उनसे मुलाकात कर चार सवाल उठाए। तटस्थता से हटकर आतंकवाद और आतंकवाद को बढ़ावा देने वाले देशों के विरोध में खड़े होने की सलाह के साथ-साथ उन्होंने नत्थी वीजा पर भी आपत्ति जताई। साथ ही अरुणाचल प्रदेश में अतिक्रमण पर उन्होंने अपनी चिंता जताई। भाजपा प्रवक्ता रवि शंकर प्रसाद ने बताया कि सुषमा ने कहा कि अरुणाचल भारत का अभिन्न अंग है। व्यापारिक मुद्दों पर जोर देते रहे जियाबाओ को उन्होंने भारतीय दवाइयों और साफ्टवेयर के लिए चीन का बाजार खोलने का आग्रह किया।

12. भारत का मुकुट हिमालय

पृथ्वी पर कुछ स्थान ही ऐसे मनोरम, रोमांचक और विस्मयकारी हैं जो हमेशा से विश्व जगत के लिए आकर्षण का केंद्र रहे हैं। उन्हीं में एक है भारत का मुकुट कहा जाने वाला हिमालय पर्वत। इस पर्वत की शृंखला में एवरेस्ट की महान चोटी है, तो कई ऐसे दुर्लभ पशु पक्षी भी हैं जो दुनिया में कही नहीं मिलते हैं। आज भी तिब्बती लोककथाओं में कहा जाता है कि यह पर्वत इतना ऊँचा है कि पंक्षी इसके ऊपर से नहीं उड़ सकते...

नेपाल में इस पर्वत को सागर कथा कहा जाता है तो चीन में यह क्या मोलगमा कहलाता है जबकि दुनिया इस विराट पर्वत को माउंट एवरेस्ट के नाम से जानती है। यह नाम इसे ब्रिटिश इंडिया कंपनी के सर्वेक्षण विभाग के उस समय के अध्यक्ष सर जार्ज एवरेस्ट के नाम पर दिया गया था। इसको पृथ्वी की सबसे ऊँचे पर्वत के रूप में पुष्टि की गई थी। नेपाल और तिब्बत की सीमाओं पर स्थित इस पर्वत की धरती से चोटी तक ऊँचाई 1850 में 29,002 फुट यानी 8,840 मीटर मापी गई थी। अलबत्ता 1981 में एक सैटेलाइट ट्रांजिस्ट सर्वे ने साथ ही के माउंट गॉडविन जिसे के 2 के काफी लंबे समय से विश्व को दूसरी सबसे ऊंची चोटी के रूप में जाना जाता है, दरअसल 29,228 फुट यानी 8,990 मीटर ऊंची है, जिससे यह एवरेस्ट से ऊंची बन जाती है।

1981 में किया गया अध्ययन उस समय संभवतः अधिक सटीक अध्ययन हो। जिनमें लेजर रेंज फांइडर्स और पृथ्वी की कक्षा में चक्कर लगा रहे उपग्रहों का प्रयोग किया गया था। लेकिन ज्यादातर इस नई खोज से सहमत नहीं थे और एवरेस्ट को ही विश्व की सबसे ऊंची पर्वत चोटी मानते हैं। अधिकतर स्रोतों ने जिनमें 1994 की ऑक्सफोर्ड एनसाईक्लोपीडिक वर्ल्ड एटलस भी शामिल हैं ने एवरेस्ट की ऊंचाई 29,029 फुट यानी 8,848 मीटर बताई और के 2 की 28,251 फुट यानी 8,641 मीटर। इस दौरान 1994 की गिनीज बुक ऑफ रिकार्ड्स ने रिसर्च कांउसिल ऑफ रोम को 1987 की व्यवस्था के हवाले से एवरेस्ट की ऊंचाई 29,078 फुट यानी 8,863 मीटर और के 2 की 28,238 फुट यानी 8,607 मीटर बताई। काफी लंबे समय तक यह समझा जाता रहा था कि इस चोटी पर चढ़ना असंभव है। इस पर चढ़ने की इच्छा रखने वाले कई लोगों को अपनी जान गंवानी पड़ी। इससे इस पर्वत पर चढ़ने की संभावना लोगों को सचमुच असंभव लगने लगी। लेकिन अंततः इस पर चढ़ाई का पहला सफल प्रयास काफी कठिनाइयों के बाद सफल हुआ। पहली बार 29 मई 1953 को न्यूजीलैंड के एडमंड हिलेरी और

उनके शेरपा सहयोगी तनजिंग नोर्गे इस पर विजय प्राप्त करने में सफल रहे। तब से एवरेस्ट की चोटी मापने में कई पर्वतारोहियों ने अपनी जान गंवाई तो कुछ लोग दुनिया के इस अद्‌भुत शिखर पर अपनी कामयाबी का झंडा फहराने में कामयाब रहे। आगे रिता नामक शेरपा ने बिना ऑक्सीजन साथ लिए 1983 से 1992 के दौरान सात बार एवरेस्ट पर विजय प्राप्त की, जिससे किसी एक व्यक्ति द्वारा एवरेस्ट पर विजय प्राप्त करने का रिकार्ड उनके नाम हो गया है। इस चोटी पर पहुंचने वाली महिला बाघान की जुन्को ताबे थीं। यह 1975 में इस पर बड़ी। सारा सफर अकेले तय कर इस पर चढ़ने वाले पहले पर्वतरोही थे इटली के रेनहोल्ड मेसनर, जो 1980 में इस चोटी पर पहुंचे।

वैज्ञानिकों के मुताबिक लगभग 7 करोड़ वर्ष पहले यह विशाल पर्वत समुद्र के नीचे था। परन्तु पृथ्वी की पपड़ी की प्लेट्स ने इसे एक पर्वत श्रृंखला बनाने के लिए ऊपर उठा दिया जो अब भी खड़ी हुई है। एवरेस्ट की अधिकारिक ऊंचाई 29,035 फुट यानी 8,850 मीटर है।

अध्याय–10
साक्षात्कार

1. तिब्बती धर्म गुरु दलाई लामा

1. क्या भारत और चीन सह अस्तित्व एवं पंचशील सिद्धांतों में आपसी विश्वास रखते हैं?	चीन का सहअस्तित्व के सिद्धांत में विश्वास नहीं है, जबकि भारत अपने पंचशील सिद्धांतों के लिए जाना जाता है। चीन की घुसपैठ भारत को उत्तेजित करने के लिए होती है।
2. भारत की सामरिक नीति के सम्बन्ध में अंतर्राष्ट्रीय समुदाय की क्या सोच है?	उन्होंने भारत की सामरिक नीति की सराहना करते हुए कहा कि भारत को चीन से भयभीत होने की जरूरत नहीं है। भारत को सामरिक नीति को पुख्ता करने की जरूरत है।
3. चीन एवं पाकिस्तान के बीच बढ़ते सामरिक रिश्तों को देखते हुए क्या भारत को अपनी सामरिक रणनीति में परिवर्तन करना चाहिए?	भारत की सामरिक नीति में बदलाव की आवश्यकता नहीं है। इसे पुख्ता करते रहने की जरूरत है। रही बात चीन और पाकिस्तान के बीच बढ़े दोस्ती की, तो भारत को चिन्तित होने के बजाय नजर रखने की जरूरत है।
4. जिस प्रकार चीन में जम्मू कश्मीर के नागरिकों के लिए नत्थी वीजा दिया जाता है क्या भारत को भी तिब्बती लोगों को नत्थी वीजा देना चाहिए?	भारत दुनिया का सबसे बड़ा लोकतांत्रिक देश है जबकि चीन में लोकतंत्र नहीं है। वहां अभिव्यक्ति की स्वतंत्रता भी नहीं। इसलिए जरूरी नहीं कि चीन जो काम करे भारत उसका अनुसरण करे। भारत सोच समझ कर जो भी काम करता है, ठीक करता है।

5. चीनी प्रधानमंत्री वेन जियाबाओ भारत आ रहे हैं। इस्लामाबाद भी जाएंगे। क्या इस यात्रा से भारत और चीन के रिश्तों में सुधार की उम्मीद की जानी चाहिए?

रिश्तों में सुधार तो बाद की बात है लेकिन एक लाभ जरूर मिलेगा कि दोनों देशों को साथ बैठकर बातचीत का मौका मिलेगा। बातचीत समस्याओं के समाधान की दिशा में महत्वपूर्ण पहल मानी जानी चाहिए।

6. भगवान गौतम बुद्ध की शिक्षा आज कितनी प्रासंगिक है?

महात्मा गौतम बुद्ध की शिक्षा को अपना कर ही विश्व में शान्ति की स्थापना की जा सकती है। भारत भूमि से भगवान बुद्ध ने मानवता का जो संदेश दिया है वह आज भी सर्वत्र प्रासंगिक है।

2. कर्जुद सम्प्रदाय के सर्वोच्च धर्मगुरु उर्ग्येन थिनले दोर्जे

1. तिब्बत की आजादी का क्या अभिप्राय है, कैसे हासिल होगी?

तिब्बत की आजादी का अभिप्राय मात्र राजनीति नहीं बल्कि वहां की जनता के बीच सुख शांति व संस्कृति को कायम रखना है। इसके लिए अहिंसा ही एक ऐसा रास्ता है, जिसके जरिए न केवल तिब्बत को आजादी मिलेगी, अपितु साध्य की भी प्राप्ति होगी। प्रतिफल जो सामने आयेगा, वह पूरी तरह अमन चैन कायम करने वाला होगा।

2. तिब्बत की आजादी के मामले में चाइना का क्या रूख है?

तिब्बत की आजादी के मामले में चीन का रूख कड़ा होने के नाते ही अहिंसा का रास्ता अपनाना पड़ रहा है। क्योंकि हिंसा से हिंसा बढ़ेगी।

3. भारत-तिब्बत सम्बन्ध के विषय में आपका क्या विचार है।

भारत-तिब्बत का संबंध हजारों वर्ष पुराना है। तिब्बत मसले पर भारत का नजरिया सकारात्मक है, फिर भी वहां के वास्तविक इतिहास को समझते हुए भारत को सार्थक पहल करनी चाहिए।

4. चीन की जनता की क्या प्रतिक्रिया है?	चीन में आर्थिक विकास तेजी से हो रहा है। वहां की जनता व्यक्तिगत स्वतंत्रता की ओर अग्रसर है। तिब्बत के लोग भी अपने धर्म और संस्कृति की रक्षा के लिए तत्पर रहे, तो निकट भविष्य में उन्हें आजादी जरूर मिलेगी।
5. चीन का तिब्बत के प्रति कैसा व्यवहार है?	चीन तिब्बत को हड़पना चाहता है। यह सच है। कि चीन तिब्बत की जनता को प्रताड़ित कर रहा है। ऐसे में तिब्बत के युवाओं को चाहिए कि वे हिंसात्मक रास्ता अख्तियार न करें।
6. परमपावन दलाई लामा को शांति का दूत कहा जाता है। तिब्बत के मामले में विश्व से कैसा समर्थन मिल रहा है?	परमपावन दालाई लामा जी धर्म गुरु होने के साथ शांति दूत भी है। तिब्बत के मामले में उनको दुनिया से भरपूर समर्थन मिल रहा है। जैसा कि अमेरिकी संसद ने भी उनको सम्मानित किया है।
7. आतंकवाद रोकने के लिए क्या करना चाहिए?	आतंकवाद रोकने के लिए एक दूसरे के प्रति समानता का भाव लाना होगा। साथ ही अहिंसा के मार्ग पर भी चलना होगा।
8. दलाई लामा के बाद तिब्बत की आजादी के आंदोलन की कमान कौन समालेगा?	इस सवाल पर कर्मापा ने कहा कि तिब्बती जनता के बीच से चुने गए व्यक्ति को ही इसके निर्वहन की जिम्मेदारी मिलेगी।

3. श्री प्रो. समदोंग रिनपोछे, प्रधानमंत्री, निर्वासित तिब्बती सरकार

1. तिब्बत के पूर्ण स्वराज तथा स्वयत्तता के मसले पर तिब्बती प्रतिनिधि मंडल की कितनी बार बात हो चुकी है?	पिछले दस वर्षों के दौरान तिब्बती प्रतिनिधि की पांच बार बात हो चुकी है।
2. अभी तक आपकी मांग क्या थी और अब किस पर तैयार है?	अभी तक तिब्बत में केवल पूर्ण स्वराज की मांग ही करते आ रहे थे, लेकिन

	अब हम चीन की सम्प्रभुता में स्वयत्तता मिलने पर भी रहने को तैयार है।
3. आप लोग चीन से किस मसले पर बातचीत के लिए तैयार है?	अब हम चीन से तिब्बत में स्वयत्तता दिये जाने के मसले पर बातचीत करने को तैयार है।
4. तिब्बत के मामले में चीन के वर्तमान राष्ट्रपति हू जिन्ताओं से कितनी बार बातचीत हुई है? उसका क्या निष्कर्ष निकाला है?	तिब्बत के मामले में वर्तमान राष्ट्रपति हू जिन्ताओं यद्यपि कठोर माने जाते हैं, लेकिन उनसे भी तीन बार पूर्ण स्वयत्तता की मांग को लेकर बातचीत हो चुकी है। बातचीत में चीन की आंशकाओं को दूर किया गया है। लेकिन चीन तिब्बत पर अपनी सम्प्रभुता कायम रखना चाहता है। इसलिए ऐसी स्थिति में हम अब केवल तिब्बत में स्वयत्तता चाहते हैं। इसके लिए तिब्बती धर्म गुरु दलाई लामा से बातचीत हो चुकी है।
5. क्या अंतर्राष्ट्रीय समुदाय ने तिब्बत को स्वतंत्र राष्ट्र का अधिकार देने की बात स्वीकार की है?	विश्व के अधिकांश देशों ने तिब्बत के मसले को चीन का आन्तरिक मामला बताया है और तिब्बत को स्वतंत्र राष्ट्र का अधिकार देने की बात स्वीकार नहीं किया है।
6. तिब्बत के पूर्ण स्वराज के मांग के संबंध में क्या संकेत है?	तिब्बत ने पूर्ण स्वराज की मांग छोड़ने का संकेत दिया है।
7. आपकी किस साधना में लगे है और कौन सा मार्ग अपना रहे हैं?	हम अपनी संस्कृति की मुक्ति और साधना में लगे हैं और मध्यम मार्ग का रास्ता अपना रहे हैं

4. साक्षात्कार गयोमयो नाकामुरा संस्थापक, वर्ल्ड बुद्धिस्ट सेन्टर

बुद्ध का अर्थ जाग्रत व्यक्ति, जिसके भीतर परम चैतन्य जाग्रत हुआ है। क्या आज भी प्रासंगिक है बोधित्व?

वर्ल्ड बुद्धिस्ट सेंटर के संस्थापक ग्योमयो नाकामुरा से बुद्धत्व के सम्बन्ध में साक्षात्कार का सारांशः

1. बोधित्व क्या है?

बोधित्व चेतना की परम अवस्था है, जो किसी एक शरीर में प्रकट नहीं होती है। यह काल में भी बंधी नहीं होती है। कोई भी व्यक्ति किसी भी समय अपनी चेतना जगाकर बोधित्व पा सकता है। इसके लिए महात्मा बुद्ध के उपदेश पर चलना होगा। उनके उपदेश व्यक्ति को अज्ञानता और पीड़ा की दुनिया से रोशनी, प्रेम और असीम आनंद की दुनिया में ले जाते हैं। संपूर्ण ज्ञानोदय ही बोधित्व है। ज्ञान पाने का एक मार्ग सेवा भी है। जो व्यक्ति दूसरों की सहायता करते हैं और इसके माध्यम से ज्ञान पाने की कोशिश करते हैं, बोधिसत्व कहलाते हैं।

2. वर्तमान समय में यह कैसे प्रासंगिक है?

बोधिसत्व ज्ञान पाना चाहते हैं और समाज की सेवा भी करना चाहते हैं। आप इन्हें आध्यात्मिक समाज सेवक भी कह सकते हैं। क्या आज के समय में समाज में समाज सेवकों की जरूरत नहीं है?

3. आज के भागदौड़ वाली जीवनशैली में सामान्य व्यक्ति के लिए क्या बोधित्व पाना संभव है?

सामान्य स्त्री-पुरुष ही बोधिसत्व हो सकते हैं। समाज और धर्म के प्रति पूर्ण समर्पण और निष्ठा से वे बोधित्व पा सकते हैं। इस विषय पर प्रत्येक व्यक्ति को अवश्य विचार करना चाहिए।

4. यह सामान्य व्यक्ति को कैसे फायदा पहुंचा सकता है?

बोधित्वपाने के लिए आप किस प्रकार की कोशिश कर रहे हैं, यह महत्वपूर्ण है। यदि सभी व्यक्तियों में सेवा भाव

पैदा हो जाए, तो वे न सिर्फ खुद को, बल्कि पूरे समाज को फायदा पहुंचा सकते हैं।

5. विश्व में कितने देशों में बौद्ध धर्म के अनुयायी है? उसकी प्रतिक्रिया क्या है?

विश्व के 56 देशों में बौद्ध धर्म के अनुयायी है। बौद्ध धर्म से ही सुख-शान्ति और समृद्धि आ सकती है। पूरे विश्व में बौद्ध धर्म से ही सुख-शान्ति और समृद्धि आ सकती है। पूरा विश्व बौद्ध धर्म की ओर आकर्षित हो रहा है। तथागत गौतम बुद्ध के आदर्शों पर चलकर ही पूरे विश्व को एक सूत्र में पिरोया जा सकता है।

6. भारत में बौद्ध धर्म को तोड़ने हेतु कालांतर उपेक्षा का क्या प्रतिफल रहा है?

बौद्ध धर्म को तोड़ने के लिए राष्ट्रीय अमूल्य धरोहरों को नष्ट कर पाली भाषा को नष्ट कर दिया गया ताकि आने वाली पीढ़ी अपने पूर्वजों को याद न कर सके। जागरुकता के अभाव में बौद्ध धर्म की भारत में उपेक्षा हो रही है। बुद्धिस्ट देशों में चतुर्दिक प्रगति है। बौद्ध धर्म का उद्भव भारत में हुआ। विश्व में इसका प्रचार प्रसार आज से तीन हजार वर्ष पहले, भारत से आर्य-अनार्यो की भारत में बहुधर्मी धार्मिक कट्टरता एवं टकराव के कारण सारी अच्छाईयों के बावजूद भी बौद्ध धर्म अपनी जड़ जमा नहीं सका। परन्तु आज भी भारत में बौद्ध धर्मावलम्बी सर्वाधिक है और अपनी प्राचीन धरोहर से विश्व का केन्द्र बिन्दु है।

7. साक्षात्कार के दौरान लेखक की क्या प्रतिक्रिया है?

साक्षात्कार के दौरान लेखक डा. मधुकर से एक अधिकारी ने पूछा कि आप

	इतनी मेहनत क्यों करते हो। आपको फालतू के काम का कोई फल नहीं मिलेगा। उसकी जिज्ञासा देखकर डा. मधुकर कहा कि मेरे जीवन में केवल काम का महत्व है। मेरी प्राथमिकता दूसरों की सहायता करना है। यह पुस्तक जनभावनाओं के अनुरूप पीड़ित मानवता के हितार्थ लिखी गयी। यह राष्ट्रीय, अंतर्राष्ट्रीय दृष्टि से कितनी सार्थक एवं जनोपयोगी है। इसका निर्णय पाठक वृन्द करेंगे।

5. कर्नल के. जे. एस. ग्रेवाल कम्पनी कमाण्डर बटालियन 4 डोगरा वैटिल आफ क्लांग अरुणांचल

1. क्लांग को चीनियों के कब्जे से छुड़ाने के लिए रक्षा मंत्रालय ने आपको कब आदेशित किया।	कर्नल ग्रेवाल ने कहा कि रक्षा मंत्रालय से 16 अक्टूबर 1962 को आदेश मिला कि क्लांग को चीनियों के क़ब्जे से छुड़ाने के लिए हमला करना है।
2. क्लांग की चोटी कितनी फुट ऊँची है तथा वहाँ पहुँचने में कितना समय लगा ?	क्लांग की चोटी 21 हजार फुट ऊँची है। वहाँ पर पहुँचने में 36 घन्टे लगे।
3. युद्ध की तैयारियों के नाम पर आप लोगों के पास क्या था ? इसका क्या परिणाम हुआ ?	हमारे पास तैयारियों के नाम पर कुछ नहीं था। न गरम कपड़े थे न ही पर्याप्त हथियार थे। चीनी सैनिक ज्यादा संख्या और ऊँचाई वाले इलाके पर थे। हम पूरी तरह घिर गये। इसके बावजूद इसके 3 दिन तक लड़ते रहे। कई सैनिक मारे गये। मैं भी घायल हो गया। 37 सैनिकों को बन्दी बना लिया जिसमें मैं भी था।
4. पूर्व रक्षा मंत्री जार्ज फर्नाडीज ने भारत-चीन युद्ध को मात्र एक	आपने वैटिल आप क्लांग को याद दिला दी जिसे सेना व सरकार ने भुला दिया

झड़प कहा है? इस पर आप की क्या प्रतिक्रिया है ?

है। वह लड़ाई भारतीय सैनिकों के साहस और बलिदान का प्रतीक है। बगैर गर्म कपड़े, हथियार व सुविधाओं के बिना भारतीय सैनिकों ने मुकाबला किया था। चीन ने भारतीय सेना को जबरदस्त नुकसान पहुँचाया। कई सैनिक शहीद हो गये और कई सैनिकों को बन्दी बना लिया। हालांकि यह युद्ध भारतीय सैनिकों के जज्बे को खत्म नहीं कर नहीं सका। **क्लांग के शहीदों को किसी ने सम्मान के काबिल भी नहीं समझा।**

6. सतपाल महाराज अध्यक्ष रक्षा सम्बन्धी स्थायी संसदीय समिति लोकसभा भारत

1. रक्षा संबंधी स्थायी संसदीय समिति के कुल कितने सदस्य है?

   मेरी अध्यक्षता वाली संसदीय समिति के कुल 32 सदस्य है।

2. क्या सीमा पर चीन की ओर से मिल रही चुनौतियों तथा बड़े पैमाने पर ढांचा गत निर्माण के संबंध में संसदीय समिति ने लोक सभा में कोई रिपोर्ट पेश की है?

   रक्षा संबंधी स्थायी संसदीय समिति की रिपोर्ट लोक सभा में पेश की गयी है। इसका प्रकाशन समाचार पत्रों में दिनांक 20-08-2010 को किया गया है।

3. संसद में प्रस्तुत रिपोर्ट का सारांश क्या है?

   रिपोर्ट में कहा गया है कि पड़ोसी देशों की ओर से हमारी सीमाओं पर चलाई जा रही निर्माण गतिविधियों पर नजर रखना और इस बारे में आकड़ों का रिकार्ड रखना बेहद-जरूरी है। समिति ने कहा है कि धन की कमी और पर्यावरणीय मंजूरी से लम्बित रहने के कारण सीमावर्ती इलाकों में भारत की ओर से सड़कों सुरंगों और ढांचागत निर्माण तथा उनका रखरखाव प्रभावित होता है। यह बेहद चिन्ता जनक है क्योंकि उत्तरी और पूर्वी सीमाओं से सटी

देश की सैन्य चौकियाँ भी सड़कों से सही तरीके से जुड़ी हुईं नहीं है। रिपोर्ट में यह भी कहा गया है कि सीमावर्ती इलाकों से कारगर सड़क सम्पर्क न होने से आतंकवाद के चलते हमारी विस्तृत सीमाओं के कई हिस्सों में खास तरह की समस्याओं में इज़ाफा हुआ है।

4. कृपया बतायें सीमा पर चीन की ओर से मिल रही है चुनौतियों से निपटने में सरकार की क्या प्रतिक्रिया है?

सरकार कोताही बरत रही है। संसद की स्थायी समिति ने इस रवैये पर उसे जमकर फटकार लगाई है। समिति ने स्पष्ट कहा है कि चीन ने सीमा पर बड़े पैमाने पर ढांचागत निर्माण कर देश के समक्ष चुनौती खड़ी कर दी है। इस बारे में सरकार इतनी बेपरवाह है कि उसके पास इन निर्माण गतिविधियों के जुड़े आंकड़े ही नहीं हैं।

5. डॉ. जी.आर.वी. मधुकर की पुस्तक भारत-तिब्बत चीन का अस्तित्व एशियाई देशों के लिए महत्वपूर्ण मानी जा रही है। इस संबंध में आपका क्या विचार है?

डॉ. जी.आर.वी. मधुकर जी एशियाई मामलों के विशेषज्ञ हैं। राष्ट्रीय स्तर पर पुस्तक की समीक्षा की जायेगी।

7. माननीय लिनपो जिग्मो वाई थिनले प्रधानमंत्री भूटान/अध्यक्ष, सार्क कन्ट्रीज

1. आपसी समझ और सहयोग को मजबूत करने हेतु सार्क देशों में अध्यक्ष के रूप में आप क्या करेंगे?

सार्क देशों में आपसी समझ और सहयोग को मजबूत करने के उद्देश्य से जल्द ही सकारात्मक पहल करेंगे और सदस्य राष्ट्रों का दौरा भी करेंगे।

2. समग्र विकास की दिशा में आप का क्या योगदान होगा?

समग्र विकास की दिशा में यह जरूरी है कि सार्क सदस्य देशों के आपसी समझ अथवा मतांतर के भाव दूर होने चाहिए। सार्क अध्यक्ष के रूप में मैं

सदस्य देशों के प्रमुखों से मिलकर बातचीत के जरिये सहयोग का वातावरण बनाने की कोशिश करूँगा ताकि आपसी समझदारी में किसी तरह की रिक्तता न रहे।

3. आपसी समझदारी से आप का क्या तात्पर्य है?

मेरा तात्पर्य है कि सभी देश एक दूसरे से मित्र भाव का रिश्ता बनाये रखें ताकि एक दूसरे के सामाजिक, आर्थिक व सांस्कृतिक विकास को गति मिल सके। इसके लिए सतत संवाद कायम रहना भी जरूरी है। मुझे आशा है कि शीघ्र ही सदस्य देशों के बीच गतिरोध के बादल छँटेंगे।

4. क्रास नेशनल हैफीनेस (समग्र राष्ट्रीय खुशहाली) के लिए यूनेस्कों में आप के प्रस्ताव पर क्या प्रतिक्रिया हुई है?

यूनेस्को में अब की उनके क्रास नेशनल हैफीनेस फी (समग्र राष्ट्रीय खुशहाली) प्रस्ताव पर जमकर चर्चा होने के बाद उसे स्वीकार कर लिया गया। पूरी दुनिया में भूटान के इस प्रस्ताव को रोल मॉडल कार्यक्रम का रूप मिलने की पूरी संभावना है।

5. भारत भूटान के रिश्तों की चर्चा में आप का क्या दृष्टिकोण है?

दोनों देशों के बीच सामाजिक, सांस्कृतिक, आर्थिक संबंध पहले से मजबूत हुए हैं। विकास के नये आयाम बन रहे हैं। बिजली के क्षेत्र में हमने साझा तौर पर पावर प्रोजेक्ट स्थापित कर उल्लेखनीय कार्य किया है।

6. भारत चीन के रिश्ते से संबन्धित पूछे गये सवाल पर आपका क्या विचार है?

हमारे संबंध दोनों देशों से प्रगाढ़ है किन्तु हिमालय के दक्षिण में होने के नाते जीवन शैली व आध्यात्मिक तौर पर वे भारत को अपने बहुत करीब पाते हैं।

7. डॉ. जी. आर. वी. मधुकर की समसामायिक शोध परक पुस्तक "भारत-तिब्बत-चीन का अस्तित्व" के बारे में आप की क्या सोच हैं?

डॉ. जी. आर. वी. मधुकर एक समाजसेवी रचनाकार साहित्यकार, इतिहासकार हैं। एशियाई मामलों के विशेषज्ञ हैं। विगत सार्क, सम्मेलन में भी उनसे मेरी वार्ता हुई है। उन्होंने लम्बे अरसे से गहन अध्ययन एवं सर्वेक्षण करके उक्त पुस्तक लिखी है जिसमें भारत-भूटान का भी जिक्र है। भारत आने पर डॉ. मधुकर से बोधगया और सारनाथ में वार्ता हुई है। समय आने पर हम उन्हें भी आमंत्रित करेंगे।

8. श्री ए.एन. राम पूर्व विदेश सचिव, भारत सरकार

1. भारत की विदेश नीति का मुख्य आधार क्या है?

भारत की विदेश नीति शांतिपूर्ण एवं जनतांत्रिक आधारों पर स्थापित है। जिसमें धर्मनिरपेक्षता, आत्मनिर्भरता, आधुनिकीकरण, वैश्विक ज्ञान एवं उच्चतर तकनीकी क्षमता, सैन्य क्षमता व तीव्र आर्थिक विकास शामिल है।

2. आने वाले समय में भारत को किन-किन बिन्दुओं पर ध्यान देना चाहिए?

आने वाले समय में क्षेत्रीय स्थिरिता, सुरक्षा, पर्यावरण एवं स्वच्छ प्रौद्योगिकी का विकास, सीमाओं की सुरक्षा, आंतरिक मजबूती, ऊर्जा, सुरक्षा आदि पर ध्यान देने की विशेष आवश्यकता पड़ेगी। इसे ध्यान रखते हुए भारत ने रणनीतिक साझेदारी का सिद्धांत, "पूर्व की ओर देखो" की नीति एवं पड़ोसी देशों के साथ सौहार्द संबंध जैसी नीतियों पर अमल शुरू किया है।

3. पाकिस्तान के साथ समग्रवार्ता, चीन के साथ सीमा विवाद, अमेरिका के साथ नाभकीय ऊर्जा समझौता के सम्बन्ध में भारत की क्या भूमिका रही है?

भारत अपने विशाल जनसंख्या, बाजार एवं राजनैतिक व आर्थिक सार्मथ्य से अपनी महत्वपूर्ण भूमिका निभाने के लिए कृत संकल्पित है।

	चाहे पाकिस्तान के साथ समग्र वार्ता प्रक्रिया हो, चीन के साथ सीमा विवाद हो या अमेरिकी के साथ नाभिकीय ऊर्जा समझौता हो, कभी भी भारत ने राष्ट्रीय हितों से समझौता नहीं किया है।
4. वैश्विक ताकत बनने की दिशा में भारत किससे सहयोग की अपेक्षा करता है?	शांतिपूर्ण पड़ोस, जनतांत्रिक सरकारों का प्रसार एवं क्षेत्रीय व वैश्विक मुद्दों पर अंतर्राष्ट्रीय समुदाय के साथ नवोन्मेषी तरीके जुड़ाव ही वैश्विक ताकत बनने की दिशा में भारत का सार्थक सहयोग करेगा।
5. भारत की विदेश नीति को अब तक बाह्य आयामों के संदर्भ में समझा जाता रहा है अब किस नीति पर आधारित होनी चाहिए?	पब्लिक डिप्लोमेसी (जन राजनय) प्रभाग के संयुक्त सचिव नौदीप सुरी ने डॉ. मधुकर द्वारा प्रश्न में कहा कि विदेश नीति को अब तक बाहरी आयामों के संदर्भ में समझा जाता रहा है। अब नीति को आंतरिक अकादमिक आधार देने की जरूरत है। उन्होंने राजनीति के आंतरिक एवं बाह्य आयामों को विश्लेषित करने की क्षमता रखने वाले अंतर्राष्ट्रीय राजनीति के शोधकर्त्ता विद्यार्थियों को विशिष्ट शोध वृत्ति व सम्मान प्रारम्भ करने की भी मंशा जताई है।
6. पब्लिक डिप्लोमेसी का क्या उद्देश्य है? इसको किस परिपेक्ष्य में देखा जा रहा है?	पब्लिक डिप्लोमेसी (जन राजनय) का उद्देश्य भारत की विदेशी नीति से लोगों को परिचित कराना है जिसके लिए पब्लिक डिप्लोमेसी (जन राजनय) प्रभाग ने इसकी शुरूआत काशी हिन्दू विश्वविद्यालय से की है। इस सन्दर्भ में डॉ. मधुकर की पुस्तक भारत-तिब्बत-चीन का अस्तित्व में विदेशी नीति के संबंध में उल्लेख सहायक होगा।

अध्याय–11
पृष्ठ-भूमि

1. स्रोत

किसी भी ऐतिहासिक विषय को लिखने से पूर्व उसके स्रोतों पर दृष्टिपात करना आवश्यक होता है। विषय का आधार स्रोत होते हैं जिनके माध्यम से उसके मूल तक पहुँचा जा सकता है। यहां यह अनिवार्य हो जाता है कि सम्बन्धित विषय स्रोतों की कसौटी पर खरा उतरे, अन्यथा उसकी सार्थकता कभी-कभी सन्देहास्पद प्रतीत होने लगती है।

भारत और तिब्बत के सम्बन्धों की प्राचीन आधारशिला को प्रमाणिक सिद्ध करने के लिए तीन प्रकार के स्रोत विशिष्ट स्थान रखते हैं,

1. धार्मिक ग्रन्थ
2. ऐतिहासिक ग्रन्थ
3. पुरातात्विक साक्ष्य

2. धार्मिक ग्रन्थ

धार्मिक स्रोतों के अंतर्गत सर्वप्रथम पौराणिक ग्रन्थों का उल्लेख आता है। तिब्बत व भारत के पारस्परिक सम्पर्कों का उल्लेख पौराणिक साहित्य में प्रचुर मात्रा में किया गया है। वर्तमान तिब्बत क्षेत्र के लिए प्राचीन भारतीय ग्रन्थों में 'त्रिविष्टिप' शब्द का प्रयोग किया गया है। पौराणिक ग्रन्थों में उपलब्ध संदर्भों के अनुसार 'त्रिविष्टिप' को 'इन्द्र' की भूमि माना जाता था, जिसका शासक स्वयं सब देवताओं का शक्तिशाली राजा 'इन्द्र' था। त्रिविष्टिपपति अर्थात राजा के रूप में इन्द्र के पुत्र जयन्त की चर्चा भी भारतीय साहित्य में अनेक स्थानों पर है। ऐसी मान्यता है कि 'त्रिविष्टप' से ही बिगड़ते-बिगड़ते तिब्बत शब्द बना है। अतः तिब्बत शब्द को 'त्रिविष्टप' का अपभ्रंश माना गया है। उपर्युक्त

ग्रन्थों में त्रिविष्टप को तत्कालीन सर्वोच्च सभ्यता एवं समृद्धि का द्योतक कहा गया है। हिन्दी तथा अन्य भाषाओं की अनेकों रचनाओं में स्वर्ग की भौगोलिक स्थिति वही है जहां आज तिब्बत स्थित है। भारतीय पौराणिक साहित्य में उल्लेख उपलब्ध है कि हिमालय को पार करके जो देश आता है वही स्वर्ग है।

पौराणिक भाषाओं में यह भी कहा गया है कि, जब-जब इन्द्र के राज्य त्रिविष्टप (अर्थात् तिब्बत) पर बाहरी आक्रमण होते थे तो उत्तर भारत में अयोध्या के राजा हमेशा उनकी सहायतार्थ जाते थे।[1] और उनको लाने के लिए इन्द्र का रथ आया करता था जिसके सारथी 'मातलि' थे। अतएव निष्कर्षतः यह माना जा सकता है कि, भारत एवं तिब्बत के मध्य राजनैतिक स्तर पर सम्बन्ध पुरातन काल से चला आ रहा है।

अष्टसहस्त्रिका, कालचक्र व मंजूश्रीमूल तंत्र नामक पुस्तकों में महात्मा बुद्ध की इस भविष्यवाणी का भी उल्लेख किया गया है कि, उनका धर्म इसी उत्तरी बर्फीले प्रदेश में दूर-दूर तक फैलेगा, जहां अनेक संत जन्म लेंगे।[2] कालान्तर में यह भविष्यवाणी सत्य सिद्ध हुई और अनेक भारतीय धर्मप्रचारकों ने पुरातन धर्म प्रचार की रीति का अनुगमन करते हुए तिब्बत की भूमि को धर्म (धम्म) के संदेशों से गुंज्जायमान किया। तिब्बत में भी इस परम्परा के अनेक संतों ने जन्म लिया, जिनमें से अनेकों ने भारत-दर्शन किया है।

'तिब्बती रामायण' भी दोनों देशों के सम्पर्कों का सशक्त प्रमाण प्रस्तुत करती है। इसका सही विस्तृत रूप आठवीं-नवीं शताब्दी में प्राप्त होता है। इसमें कहीं-कहीं कुछ बातें भारतीय रामायण से भिन्न प्राप्त होती हैं। लेकिन यह तो सत्य है कि तिब्बती रामायण भारतीय रामायण की कथा पर ही आधारित है। तिब्बती रामायण में प्राप्त कुछ मुख्य तथ्य निम्नलिखित है–

1. राम तथा लक्ष्मण केवल दो भाईयों का उल्लेख।
2. सीता दशग्रीव की पुत्री है, उसके समुद्र में फैंके जाने का वर्णन, साथ ही उसे भारतीय कृषकों द्वारा बचाये जाने की कथा निहित है। सीता के स्थान पर 'लीलावती' नाम का प्रयोग।
3. राम का लक्ष्मण को राजपाट दिलाने के लिये स्वयं वन में जाना।
4. राम वनवास के समय उनका कृषकों के आग्रह पर सीता से विवाह करना।
5. रावण द्वारा सीता का स्पर्श नहीं करना। पृथ्वी खोद कर सीता को भू भाग से लंका ले जाना।

6. जटायु को खून से सने पत्थर खिलाकर मारने का वृतान्त।
7. बालि और सुग्रीव के मध्य युद्ध के समय पूंछ पर दर्पण बांधे जाने का उल्लेख
8. सीता को अंगूठी के साथ पत्र भेजना।
9. स्वयं प्रभा द्वारा वानरों को भ्रमित करना, हनुमान आदि का गुफा में प्रवेश एक दूसरे की पूंछ पकड़कर पार करना।
10. रावण का मर्मस्थान पैर का अंगूठा।
11. बाल्मीकी द्वारा कुश का निर्माण।
12. लव कुश का जन्म सीता परित्याग से पूर्व होना।
13. सीता द्वारा अपने दोनों पुत्रों सहित किसी आश्रम के लिए प्रस्थान।

उपरोक्त विषय मूल भारतीय रामायण से कुछ स्थानों पर भिन्न होने पर भी स्पष्ट संकेत देते हैं इनकी रचना भारतीय रामायण के आधार पर की गई है।

'अनामकं जातकम्' तथा 'दशरथ कथानम' का क्रमशः तीसरी, पांचवी तथा चौदहवी शताब्दी में चीनी भाषा में अनुवाद किया गया। इसके बाद उत्तरीय पड़ोसी राज्यों में रामकथा की धारणा फैलने लगी थी, जिसका प्रमाण तिब्बती रामायण एवं खोतनी रामायण में मिलता है। इसमें वर्णित सामग्री अपेक्षाकृत प्राचीन हैं इसके कुछ मुख्य अंश निम्नांकित हैं:-

– राम विष्णु के अवतार थे तथा लक्ष्मण विष्णु के पुत्र के अवतार।
– केवल राम एवं सीता के विवाह के उल्लेख।
– वानरों की 'पदा' नामक गिद्ध से भेंट, पदा द्वारा अपने पिता अंगजय (जटायु) द्वारा सीता को छुड़ाने के प्रयास में मारे जाने का वृतान्त है, इसी संदर्भ में अनुज 'संपदा' के पंखों के जल जाने का उल्लेख भी मिलता है।
– हनुमान तथा नल के मध्य कलह का भी उल्लेख किया गया है। नल का एक हाथ से लाये गये पर्वतों या पत्थरों का, पुल बनाने के लिये अपनाना। हनुमान एक बार 'सात योजन लम्बा पर्वत ले आये'। नल द्वारा उसे ग्रहण करना यह विवाद राम तक पहुँचा, राम के आदेशानुसार नल द्वारा उस पर्वत को दोनों हाथों से ग्रहण करना।
– सीता द्वारा अग्नि परीक्षा कथा का तिब्बती रामायण में अभाव है। इसके अनुसार हनुमान का अन्य वानरों के साथ अयोध्या आना, सीता परित्याग

का वृतान्त सुनकर लंका कीं उन परिस्थितियों का वर्णन करना, जिसमें सीता को पाया था। तदनुसार राम का सीता को अयोध्या बुलाने का निमंत्रण देना। आमंत्रण पाकर सीता का पुत्रों के साथ अयोध्या लौटना।

– दशरथ के केवल दो पत्नियां है। विष्णु कनिष्ठा रानी के गर्भ से जन्म लेते हैं और रामन कहलाते हैं। तीन दिन बाद विष्णु के पुत्र ज्येष्ठा रानी के यहां जन्म लेते हैं उनका नाम लक्ष्मण रखा जाता है।

वर्तमान व प्राचीन परिवेश के दृष्टिकोण से देखा जाय तो ज्ञात होता है कि वे भारतीय जिन्हें अपने धर्म में प्रगाढ़ आस्था है, जिनमें सन्यासी व मनीषी, विशेष रूप से आते हैं, वे अपने जीवन में एक बार बद्रीनाथ-केदारनाथ जैसे तीर्थस्थलों के साथ-साथ कैलास पर्वत व मानसरोवर झील के दर्शन करने की उत्कट इच्छा रखते हैं। पौराणिक ग्रन्थों में यह तो स्पष्ट ही दिया हुआ है कि भगवान शंकर का निवास स्थान कैलास पर्वत है और हिन्दू भगवान शंकर के अनन्य भक्त (भारत में) हैं। अतएव इस पावन व रमणीय स्थल की यात्रा करने की अभिलाषा होना स्वाभाविक ही है, जो भौगोलिक दृष्टि से तिब्बत की सीमाओं के अंतर्गत आता है। 'त्रिविष्टप' (तिब्बत स्थित कैलास पर्वत को मलय पर्वत भी कहा गया है जिसकी तलहटी में मानसरोवर है।

भगवान शंकर के निवास स्थान का तिब्बती सीमा के अंतर्गत विद्यमान होना एवं दोनों स्थानों (भारत व तिब्बत) के मध्य एक भावनात्मक, धार्मिक व अध्यात्मिक तारतम्य का अत्यन्त प्राचीन प्रमाण उजागर करता है।

महर्षि दयानन्द द्वारा रचित ग्रन्थ 'सत्यार्थ प्रकाश' में भी भारत व तिब्बत के विषय में उल्लेख किया गया है। हालांकि इसका रचनाकाल 19वीं शताब्दी है परंतु इसमें तिब्बत व भारत के अति पुरातन काल के विषय में लिखा गया है जिसमें मनुष्य की उत्पत्ति का विषय जुड़ा हुआ है। इससे प्रतिलक्षित होता है कि उपरोक्त दोनों स्थानों के मध्य का सम्बन्ध तो सृष्टि से आरंभ से ही है। इस विषय पर महर्षि दयानन्द का वर्णन प्रश्नोत्तर के रूप में निम्न प्रकार से है–

प्रश्न – मनुष्य की आदि सृष्टि किस स्थल में हुई?

उत्तर – त्रिविष्टप अर्थात जिसको तिब्बत कहते हैं।

प्रश्न – आदि सृष्टि में एक जाति थी या अनेकों?

उत्तर – एक मनुष्य जाति थी, पश्चात 'विजानीहार्य्योन्ये च दस्यव' यह

ऋग्वेद का वचन है। श्रेष्ठों का नाम आर्य विद्वान, देव और दुष्टों के दस्यु अर्थात डाकू, मूर्ख नाम होने से आर्य और दस्यु दो नाम हुए। 'उत शूद्रे उतार्ये' अथर्ववेद वचन। आर्यों में पर्वोक्त प्रकार में ब्राह्मण, क्षत्रिय, वैश्य और शूद्र चार भेद हुए। द्विज विद्वानों का नाम आर्य और मूर्खों का नाम शूद्र और अनार्य अर्थात अनाड़ी नाम हुआ।

प्रश्न – फिर वे यहां कैसे आए?

उत्तर – जब आर्य और दस्अयों में अर्थात् विद्वान देव, अविद्वान जो असुर, उनमें सदा लड़ाई बखेड़ा हुआ, जब बहुत उपद्रव होने लगा तब आर्य लोग सब भूगोल में उत्पन्न इस भूमि के खण्ड को जानकर यहीं आकर बसे। इसी से देश का नाम 'आर्यावर्त' हुआ।

प्रश्न – प्रथम इस देश का नाम क्या था और इसमें कौन बसते थे?

उत्तर – इसके पूर्व इस देश का नाम कोई भी नहीं था और न कोई आर्यों के पूर्व इस देश में बसते थे क्योंकि आर्य लोग सृष्टि के आदि में कुछ आदि काल के पश्चात तिब्बत से सीधे इस देश में आकर बसे थे।

उपर्युक्त संदर्भ से यह स्पष्ट है कि आर्यों का आदि देश तिब्बत था। सर्वप्रथम यहाँ निवास करने के पश्चात वे आर्यवर्त में पधारे। यदि गहनता से विचार किया जाये तो ज्ञात होता है कि मानव हृदय का यह स्वभाव है कि जो स्थान अथवा प्रदेश उसका मूल स्थान होता है, जहाँ से उसका आदिकाल जुड़ा होता है उस स्थान में उसको लगाव होता है, भले ही वह इस भावना को भाषा से प्रकट न करे परंतु अन्तःकरण से किसी कोने में ऐसी अनुभूति अवश्य ही होती है। सम्भवतः यही कारण है कि भारतवासियों का तिब्बत से भावनात्मक स्तर पर भी बहुत पहले से एक तारतम्य स्थापित है। इस संदर्भ से भारत तिब्बत सम्बन्ध के साथ-साथ आर्यों का आदि देश क्या था, इस विषय पर भी प्रकाश पड़ता है, क्योंकि यदि कोई अन्य देश उनका आदि देश होता तो उस स्थान पर भूमि के प्रति उनमें मोह व आकर्षण अवश्य होता जो कभी न कभी उनके वंशजों को वहाँ जाने के लिए प्रेरित करता, परंतु तिब्बत को छोड़कर अन्यत्र ऐसा कोई प्रमाण दृष्टिगोचर नहीं होता। इसी कारण से भारतीयों को हृदय में अपने आर्यों की आदि भूमि तिब्बत में स्थित मानसरोवर झील व कैलास पर्वत के प्रति श्रद्धा व उसके दर्शनों की इच्छा रहती है।

यही कारण है कि, जब सातवीं शताब्दी में तिब्बत से भारत के मनीषियों के लिये निमंत्रण आया तो उन्होंने उसे सहर्ष स्वीकार किया और उस कठिन

समय में जबकि, यातायात के साधनों का भी बहुत अभाव था, भौगोलिक परिस्थितियां भी दुर्गम थी, वे इस बर्फीले देश में धर्म व संस्कृति का पाठ पढ़ाने के उद्देश्य से उत्साहपूर्वक चल पड़े। एक और रोचक बात यह है कि भारत से कोई मात्र एक या दो भिक्षु ही तिब्बत नहीं गये, बल्कि वर्षों तक इसी प्रकार के धर्म प्रचारकों व अनुवादकों के वहाँ जाने का तांता सा बंध गया। साथ ही तिब्बतियों का भी महात्मा बुद्ध की जन्म भूमि के प्रति अगाढ़ श्रद्धा व प्रेम दिखायी देता है। उनके द्वारा यहाँ आकर धर्म व ज्ञान की शिक्षा प्राप्त करना, निवास करना और गर्म जलवायु में स्वयं को रखना इस बात को संकेत देता है कि भारत व तिब्बत के मध्य कोई स्वार्थपूर्ण सम्बन्धों का आदान प्रदान नहीं हुआ था बल्कि यह सम्बन्ध भावनात्मक अनुभूति, ज्ञानर्जन सांस्कृतिक एवं धार्मिक विवरण से परिपूरित था।

3. ऐतिहासिक एवं साहित्यक ग्रन्थ

भारत व तिब्बत के सम्बन्धों की आधारशिला से सम्बन्धित स्रोतों का उल्लेख प्राचीन ग्रन्थों में पर्याप्त रूप से मिलता है। हालांकि एकदम ऐतिहासिक आधार जीर्ण शीर्ण अवस्था में है, फिर भी यत्र तत्र उद्धरित प्रसंग इस विषय में उपयोगी ज्ञान देने में सहायक है।

भारत के प्राचीन ग्रन्थों में तिब्बत के लिए 'त्रिविष्टिप' शब्द का उल्लेख हुआ है। मोनियर विलियम्स के अनुसार 'त्रिविष्टप' का उल्लेख गोपथ-ब्राह्मण, याज्ञवल्कम् और महाभारत में आता है। आदि ऐतिहासिक ग्रन्थ महाभारत में पांडवों के स्वर्ग की ओर जाने का उल्लेख है। इतिहासकारों का मत है कि स्वर्ग का तात्पर्य तिब्बत से ही है। अनेक तिब्बती विद्वानों का भी मत है कि तिब्बत के निवासी पांडवों के वंशज हैं, उनके द्वारा ही इस क्षेत्र में सांस्कृतिक एवं धार्मिक सभ्यता का विकास किया गया है। ऐतिहासिक संदर्भों के अतिरिक्त प्राचीन भारतीय लेखकों की भी यह मान्यता रही है कि, हिमालय के उस पार जो देश है वह स्वर्ग है और वहाँ देवता निवास करते हैं और उनका शासक इन्द्र है, जिसका पुत्र 'जयन्त'[7] है। महाकवि कालिदास ने अपनी अमरकृति 'रघुवंश' में त्रिविष्टम का उल्लेख किया है। वहाँ वाक्य उल्लिखित है –

'त्रिविष्टिस्येव पति जयन्त।'

महाभारत में तो त्रिविष्टप का उल्लेख कई स्थानों पर आया है। सूर्यवंशियों के अधिकृत क्षेत्र को ही परवर्ती साहित्य में भारत देश कहा गया है। सम्भवतः

इसी कारण से 'महाभारत' में यह उक्ति आयी है,

'ये वसन्ति कुरूक्षेत्रौ ते वसन्ति त्रिविष्टिपे।'

इतिहास में भी यह उल्लेख मिलता है कि सभाएँ परिषद में तिब्बत द्वारा गंभीर तरीके से आत्मावलोकन किया गया था। उपरोक्त परिषद में तथागत बुद्ध की जन्मभूमि का तिब्बत पर आध्यात्मिक, दार्शनिक और भावात्मक प्रभाव को स्वीकार किया गया था।[8] सम्भवतः इस घटना के बाद तिब्बतियों व भारतीयों के मध्य के बन्धन और दृढ़तर हुए थे।

वस्तुतः तिब्बत, इतिहास की दृष्टि से उन क्षेत्रों में आता है, जिनका अध्ययन बहुत कम हुआ है। यदि पूरे तिब्बत के इतिहास पर दृष्टि डाली जाए, तो मात्र पश्चिमी तिब्बत, या भारतीय प्रदेश जिसे लद्दाख कहा जाता है, के इतिहास का ही अध्ययन हुआ है।

तिब्बतियों का इतिहास एशिया के अनेक देशों एवं जातियों के उत्थान एवं विकास से बड़ी निकटता से जुड़ा हुआ है। अतएव, मंगोल, ऑरिट्स, खोतन, चीन और यहाँ तक कि भारत के (कुछ विशेष विषयों पर) इतिहास पर शोध करने के लिए भी तिब्बतियों का इतिहास जानना आवश्यक है। यहाँ वोस्त्रिकोव का यह मत उल्लेखनीय है कि एक लम्बे समय तक 'तिब्बत' एशिया के अनेक लोगों का आध्यात्मिक केन्द्र रहा है।[9]

सामान्यतः अन्य देशों के इतिहास का साहित्य तिब्बती भाषा में प्रचुर मात्रा में विद्यमान है। अन्य जातियों के इतिहास के साथ ही साथ मंगोल, चीन एवं भारत के इतिहास का वर्णन तिब्बतियों भाषा में विशेष रूप से मिलता है। बौद्ध केन्द्र होने के नाते अनेक देशों के बौद्धों ने तिब्बती लिपि में एक सर्वव्यापी रूप पाया। ऐसा प्रतीत होता है कि तिब्बत के लेखकों ने अपने देश के इतिहास के साथ-साथ उन सब देशों के इतिहास का अध्ययन किया, जहाँ-जहाँ बौद्ध धर्म पल्लवित था।

वैज्ञानिक टिबैटोलौजी के संस्थापक ए. सोमा डी कौरोस मात्र अकेले व प्रथम व्यक्ति हैं, जिन्होंने तिब्बती ऐतिहासिक ग्रन्थों की वर्गीकृत सूची बनाने का प्रयास किया। इस सूची में इन्होंने प्रायः 20 ग्रन्थों का सूचीकरण किया है। इनमें संस्कृत में उपलब्ध बौद्ध ग्रन्थों का अनुवाद भी है—जिनमें प्रसिद्ध काव्य बौधिसत्व-दान-कल्पलता और बुद्ध की जीवन गाथा पर आधारित 'ललित विस्तार सूत्र' समाहित है।

ए. वोस्त्रिकोव का मत है कि, कौरोस के इस महान कार्य में कहीं कुछ विसंगतियां है, जैसे-कहीं कहीं ग्रन्थों के पूरे शीर्षक नहीं दिये गये हैं, एवं पौराणिक कथा साहित्य से सम्बन्धित कार्य जैसे 'मा-नी-का-बम'* को भी इतिहास की सूची में सम्मिलित किया गया है। लेकिन फिर भी कौरोस द्वारा किया गया कार्य तिब्बती इतिहास जानने का एक महत्वपूर्ण साधन है। अनेक यूरोपीय लेखकों ने भी समय-समय पर तिब्बती ऐतिहासिक ग्रन्थों का वर्णन प्रस्तुत किया है। सौमा डी. कौरोस के लेख के पश्चात तिब्बती ऐतिहासिक साहित्य के वर्गीकरण व सर्वेक्षण के अध्ययन के विषय में कोई विशेष गंभीर कदम नहीं उठाया गया। केवल वी. पी. वेसीलेव के लेख[10] मे कुछ तिब्बती ऐतिहासिक ग्रन्थों का वर्णन मिलता है।

दुर्भाग्यवश तिब्बितयों के प्राचीनतम ऐतिहासिक ग्रन्थ उपलब्ध नहीं है। हम उनके संदर्भ कुछ सीमा तक मात्र उस साहित्य से जान पाते हैं, जो पांचवी से छठी शताब्दी के मध्य रचा गया है। ग्यारहवीं से तेरहवीं शताब्दी का प्रायः कोई भी साहित्य प्राप्त नहीं होता, जिसे इतिहास की कोटि में रखा जाये। इसी प्रकार चौहदवीं से सोलहवीं शती के मध्य विकसित ज्ञान का भी कोई लिखित प्रमाण उपलब्ध नहीं है। उपलब्ध ग्रन्थों की समुचित जानकारी से सम्बन्धित संदर्भों से ही केवल इस क्षेत्र के ज्ञान का वर्णन मिलता है।

सातवीं से नवीं शताब्दी के मध्य का काल इतिहास सृजन की दृष्टि से और भी कमजोर है लेकिन तिब्बती इतिहास में यह एक महत्वपूर्ण काल रहा है, जब मध्य-एशिया का एक बड़ा भू-भाग तिब्बतियों के अधिकार में था। फिर भी तिब्बती भाषा में कुछ ऐतिहासिक ग्रन्थ इस काल में उपलब्ध थे। ऐतिहासिक महत्व के कुछ ग्रन्थों का अनुवाद तिब्बती भाषा में उपलब्ध था, जिनमें विशेष रूप से अर्हत संगवर्धना, गोश्रृंग व्याकरण, विमलप्रभापरिपृच्छा, आदि हैं।

4. पुरातात्विक साक्ष्य

स्रोत के विस्तृत क्षेत्र में पुरातात्विक साक्ष्यों का महत्वपूर्ण स्थान है। इनकी सहायता से किसी विषय को सशक्त रूप से प्रस्तुत किया जा सकता है।

भारत व तिब्बत, इन दोनों देशों, के मध्य सम्बन्ध स्थापना को ठोस प्रमाणिक आधार पर सिद्ध करने के लिए उपायुक्त वर्णित साक्ष्यों के अतिरिक्त पुरातत्व के प्रमाण भी अत्यन्त महत्ता रखते हैं। दुर्भाग्यवश भारत और तिब्बत के सम्बन्धों की स्थापना के विषय पर पुरातात्विक साक्ष्य बहुत कम मात्रा में उपलब्ध

हैं क्योंकि तिब्बत का पुरातात्विक दृष्टि से अध्ययन बहुत कम हुआ है, फिर भी उपलब्ध प्रमाण इस विषय में पर्याप्त प्रकाश डालते हैं। इनमें मुख्यतः बौद्ध विहार, कलाकृतियों एवं पाण्डुलिपियां इत्यादि हैं।

इतिहासकार इस विषय पर सर्वसम्मत हैं कि सातवीं सदी से पूर्व तिब्बत में कोई बौद्ध मठ एवं मूर्तियां विद्यमान नहीं थीं, सातवीं शताब्दी के पश्चात जब बौद्ध धर्म का भारत से वहाँ प्रवेश हुआ तो धर्म के साथ ही भारतीय कला व वास्तु ने भी यहां पदार्पण किया। मौर्यकालीन अभिलेख इतिहास ज्ञान के महत्वपूर्ण साधन हैं। उसमें अशोक के अभिलेखों की तो खास अहमियत है।

अशोक के अभिलेखों का शिलालेख, लघु शिलालेख, गुहालेख, स्तंभलेख एवं लघु स्तंभलेख में विभाजित किया गया है। इनकी भाषा एवं लिपि दोनों ही क्षेत्रीय निवासियों के अनुरूप रखी गई थी।

5. प्राचीन विहार

पुरातात्विक साक्ष्यों की श्रेणी में 'सम-ये-विहार' का उल्लेख सर्वप्रथम आता है। यह विहार तिब्बत में निर्मित समस्त विहारों में सर्वप्रथम है। इसका निर्माण 787 ई. में हुआ था। यहाँ इस विहार के निर्माण के साथ ही, तिब्बती लोगों द्वारा स्वयं भिक्षु बनना भी आरम्भ हुआ था। यह विहार भारत से तिब्बत गये आचार्य शान्तरक्षित व पद्मसम्भव के प्रयासों के फलस्वरूप निर्मित हुआ जो विश्व-शिल्पी विश्वकर्मा थे। चूंकि इस विहार के निर्माणकर्ता भारतीय थे, अतएव इसका वास्तु भी पूर्ण रूप से भारत से ग्रहण किया गया। अनेक विद्वानों, जिन्होंने तिब्बत पर कार्य किया है, ने एकमत होकर कहा है कि 'सम-ये' विहार पूर्णतया भारत के प्राचीन विश्वविद्यालय 'उदन्तपुरी' के नमूने पर बनाया गया है। इन विद्वानों में मुख्य रूप से चार्ल्स बैल, एव.ई. रिचर्डसन, चन्द्रगुप्त वेदालंकार, एल. एवैडे, सत्यकेतु वेदालंकार एवं स्नैलग्रोव आदि है।

भारतीय वास्तु के आधार पर निर्मित इस भव्य निर्माण की सुरक्षित स्थिति आज भी दोनों देशों के मध्य के सम्पर्कों को और अधिक दृढ़ता से व्यक्त करने से सक्षम है। इस धारणा में कोई संशय नहीं है कि किसी देश की वास्तु कला का प्रभाव दूसरे देश में तभी सम्भव हो सकता है जबकि दोनों के मध्य सम्बन्धों का वातावरण सौहार्दपूर्ण एवं मैत्री-पूर्ण हो। तिब्बत स्थित सम ये विहार इस विषय को अत्यंत प्रभावपूर्ण एवं प्रमाणित रूप से प्रस्तुत करता है।

तिब्बत मे स्थित एक अन्य विहार है–'सा-क्-या', जिसने दीर्घकाल तक

वहां की राजनीति, प्रशासन व धर्म को प्रभावित किया है, के संबंध मे डा. सत्यकेतु वेदालंकार का मत है कि यहां स्थित 'सा-क्-या' विहार भारत के प्राचीन विश्वविद्यालय विक्रमाशिला के आधार पर निर्मित किया गया था। तिब्बत के इस महत्वपूर्ण ऐतिहासिक 'साम-क्या' मठ ने मंगोलों के साथ अपने सम्बन्ध स्थापित करने में भी महत्वपूर्ण भूमिका निभाई। 'जब कुबलई बीमार पड़ा था, तो उसके उपचार के लिए 'साक्या' के महापंडित को ही आमंत्रित किया गया था।[14] इस विहार का तिब्बत में विद्यमान होना और भारतीय नमूने पर इसको निर्मित किया जाना दोनों देशों के मधुर संबंधों का एक और दृढ़ प्रमाण प्रस्तुत करता है। तिब्बत के नर्थड तथा साक्या के मठों में बोध गया मंदिर के पत्थर के तीन व लकड़ी का एक नमूना प्राप्त हुआ है। इन नमूनों के अध्ययन से इस मंदिर के मूल स्वरूप का ज्ञान होता है, जो पुनः मरम्मत के पश्चात कुछ परिवर्तित हो गया था। ये नमूने उसके प्राचीन वास्तु का स्मरण कराते हैं। इस प्रकार तिब्बत द्वारा भारत की महत्वपूर्ण वस्तुओं का संग्रह भारत के प्राचीन गौरवशाली अतीत की एक झांकी ही नहीं, वरन् आपसी मैत्री संबंधी प्रमाणों को भी प्रस्तुत करता है।

स्नैलग्रोव के अनुसार बौद्ध धर्म भारत से नेपाल और काश्मीर होता हुआ तिब्बत पहुँचा, किन्तु आज इस धर्म के लिए भारत को स्वयं तिब्बत की ओर देखना पड़ता है, क्योंकि यहाँ भारत में यह धर्म समाप्त प्रायः हो चुका है, आज केवल तिब्बतियों के पास ही बौद्ध धर्म की जीवन्त परम्पराएं सुरक्षित हैं, जिनसे बौद्ध धर्म से सम्बन्धित पुराने स्मारकों पर प्रकाश पड़ सकता है।

स्नैलग्रोव का उपरोक्त कथन न्यायोचित प्रतीत नहीं होता क्योंकि यह सत्य है कि कालान्तर में तिब्बत, बौद्ध धर्म के एक महत्वपूर्ण केन्द्र के रूप में विकसित हुआ, जहाँ आज भी धर्म से सम्बंधित मूल परम्पराएं एवं साहित्य संरक्षित है, जो बौद्ध धर्म की मूल परम्पराओं को समझने एवं अध्ययन के लिए सहायक है। वस्तुतः देखा जाये तो बौद्ध धर्म के प्रचार एवं प्रसार में तिब्बत का योगदान नगण्य ही है। स्नैलग्रोव ने कदाचित इस पर ध्यान नहीं दिया कि, बौद्ध धर्म की जन्मस्थली भारत में बौद्ध धर्म मूल रूप से विद्यमान रहा। गत दो हजार वर्षों में विदेशी आक्रान्ताओं से प्रवाहित राजनैतिक परिवेश में धर्म को गरिमानुकूल विकास का अवसर नहीं मिला, लेकिन इससे कुछ भी संशय नहीं है कि बौद्ध धर्म की मूल आत्मा को संरक्षित रखने में भारत सफल रहा है। भारत स्थित बौद्ध गया या सारनाथ ही नहीं अन्य बहुत से क्षेत्र हैं, जो बौद्ध धर्म को

समझने के लिए पर्याप्त सामग्री प्रदान करने में सक्षम हैं। इस संदर्भ में हिमाचल प्रदेश में स्थित 'स्पीति' की घाटियों के मठों का वर्णन करना उचित प्रतीत होता है, जिसके अध्ययन से तत्कालीन बौद्ध कला एवं सांस्कृतिक परिवेश की झांकी उपलब्ध होती है। सन् 1914 ई. में 'मुरैवियन मिशन' द्वारा सम्पन्न अध्ययन की रिपोर्ट डा. ए. एच. फ्रैंक ने 'ऐन्टीक्वटी ऑफ इन्डियन तिब्बत' नामक पुस्तक में प्रकाशित की। पुनः सन् 1925 ई. में फ्रैंक द्वारा इसी संदर्भ में एक अन्य प्रकाशित की, जिसमें लद्दाख के इतिहास और उसकी प्राचीन कला वस्तुओं का उल्लेख किया है, जिससे इस प्रदेश में बौद्ध धर्म के विकसित होने के विषय का महत्वपूर्ण ज्ञान प्राप्त होता है। फ्रैंके ने उपरोक्त दोनों पुस्तकों में प्रदेश में स्थित 'टाबो' और 'की' मठों का उल्लेख किया है। ऐसा प्रतीत होता कि फ्रैंके के पश्चात इस संदर्भ में अध्ययन कार्य हुआ है वह गईसेप टुक्की व स्नैलग्रोव ने किया, लेकिन उपरोक्त अध्ययन में गुफाओं का सूचीकरण एवं अध्ययन नहीं किया गया। यहाँ यह उल्लेखनीय है कि भारत में स्थित टाबो की गुम्फा, तिब्बत में 10 वीं से 17 वी शताब्दी के मध्य प्रचलित कला की 'गूगे शैली' को समझने के लिये अत्यंत महत्वपूर्ण है। 'गूगे शैली' का टाबों में अच्छा प्रतिनिधित्व है। टाबो की चित्रकला जिन्हें 'हिमालय की अजन्ता' कहा जाता है, कश्मीरी कला से और कुछ अंश तक पाल कला से भी प्रभावित है, जिसने नेपाल को भी अपने प्रभाव में लिया। 'टाबों' की चित्रकला का पारिवारिक सम्बन्ध उस चित्रकला से भी है जो गूगे में स्थित सापेरंग (Tsaparang) और मांग थॉग में है।

टाबो की कला पर तिब्बती प्रभाव को समझने के लिए यह आवश्यक है कि, हम उन धार्मिक राजनैतिक दशाओं को समझें, जिनके कारण 'स्पीति प्रदेश' 10वीं सदी के अंत में पश्चिमी तिब्बत के गूगे के राजाओं के प्रभाव में आया। इस वंश के राजाओं मे से एक राजा ये-शियो[17], ने बौद्ध धर्म के प्रचार व प्रसार मे बड़ी महत्वपूर्ण भूमिका निभाई। इस काल के दो अन्य महत्वपूर्ण व्यक्ति जिनका सम्बन्ध बौद्ध धर्म के प्रचार प्रसार से है, वे निम्नलिखित हैं:-

1. प्रसिद्ध तिब्बती विद्वान रिन-चिन-सैंग-पो (958 से 1055 ईद्ध
2. भारतीय विद्वान अतिशा (982 से 1054 ई.)

रिन-चैन-सैंग-पो उस इक्कीस युवकों में से एक था, जिन्हें गूगे के राजा 'ये-शियो' ने भारत भेजा था। इन्होंने कई वर्ष कश्मीर में अध्ययन किया और भारत के अनेक बौद्ध केन्द्रों के दर्शन भी किये। 'टाबो' के गुम्फा का श्रेय रिन-चैन-सैंग-पो को ही दिया जाता है।

इस गुम्फा में एक अभिलेख है, जो इस प्रकार है, 'इस मंदिर का निर्माण बोधिसत्व के पूर्वजों ने किया और 46 वर्ष पश्चात शाही उत्तराधिकारी चांग-चुंग-पो ने इसकी मरम्मत कराई।[18] इससे स्पष्ट है कि, गूगे के राजा ये-शियो व उसके भतीजे चांगू-चुंग-पो ने टाबो में विशेष रूचि दिखाई। टाबो की गुम्फा में वज्रधातु मंडल के देवताओं की 24 मूर्तियां दीवारों पर बनी हुई हैं। इनमें एक केन्द्रीय चहुमुखी मूर्ति वैरोचन की है। इसके पास रिन-चैन-सैंग-पी की दो मूर्तियां भी रखी हैं। यहाँ यह उल्लेखनीय है कि टाबो की चित्रकला अजन्ता से इस बात में भिन्न है कि वे मठों की दीवार पर मिट्टी से बनाई गई हैं, जबकि अजन्ता गुफाओं में यह पत्थर की दीवार पर निर्मित हैं।

'टाबो' के चित्र कश्मीरी एवं पाल कला के सम्मिश्रण है, जिस पर तिब्बती प्रभाव भी है। कुल मिलाकर इसे गूगे-शैली कहा जा सकता है।[19] टाबो के प्राचीनतम चित्र 'डू-वांग' मठ में है जो दसवीं शताब्दी का है।

हिमाचल प्रदेश में स्थित यह टाबो मठ मिट्टी और ईंटो का बना हुआ है। यह मठ 83.61 मीटर लम्बी चारदीवारी से घिरा हुआ है। इसके मुख्य नौ भाग हैं जो निम्न हैं:-

1. डू-वांग (Du-Wang)
2. जेलामा (Zelama)
3. गोन खंग (पूजा का स्थान) (Du-Wang)
4. छामा चीबो (बुद्ध की मूर्ति वाला भवन) (Chamba-Chibo)
5. डोम लैंग (Dom Lnag)
6. लैंग छेदबो (बड़ा वाला भवन) (Lang Chedbo)
7. सेर-लैंग (Ser-Lang)
8. चिल-खैंग (मध्य का कमरा) (Chil-Khang)
9. लंकार-चुग (Lankar Chung)

इनके अतिरिक्त इस टाबो मठ के बाहर अनेक स्तूप अर्थात् 'चोर्तन' बने हुए हैं। मठ में जहां डू-वांग, जेलमा व मोन खंग हैं, इन सब में एक दूसरे से अंदर से जुड़े मार्ग बने हैं। मठ का यह भाग सबसे प्राचीन हैं। जेलमा बाद में बना, ऐसा प्रतीत होता है। यह मठ तिब्बत के 'गे-लुक-पा' अर्थात् पीली टोपी वाले सम्प्रदाय से सम्बन्ध रखता है। भारत में आये कुछ तिब्बती प्रभाव को

पुरातात्विक साक्ष्य के आधार पर प्रमाणित करने में यह आदर्श उदाहरण है। यह मठ पूर्णतया बौद्ध धर्म को समर्पित है, इसकी दीवारें की चित्रकला का मुख्य विषय बुद्ध व अन्य बौद्ध धर्म से सम्बन्धित कथाऐं आदि हैं। इसकी एक दक्षिणी दीवार पर बुद्ध के जन्म की कथा को बड़े व्यापक और सुंदर रूप में दर्शाया गया है, जिसमें माता माया देवी को एक रथ में जुलूस के साथ ले जाया जा रहा है। पश्चिमी दीवार पर बुद्ध के महापरिनिर्वाण व दृश्य अत्यन्त रमणीक हैं।

टाबो के अतिरिक्त तिब्बत से प्रभावित एक अन्य मठ 'की' है। स्पीति के पूर्वी किनारे पर नदी से तीन सौ मीटर की ऊँचाई पर एक तिकोनी पहाड़ी पर स्थित, 'की' मठ भवनों का एक विशाल ढेर है, जो दूर से देखने पर एक पहाड़ी किला लगता है। यहाँ 'लैंग गुम्फा' का अलग अस्तित्व है, इसके एक कमरे में वृहदाकार रंग बिरंगा, गोलाकार प्रार्थनाचक्र है, जिसे तकनीकी विधि से घुमाया जाता है। इसके भीतर की ओर निम्नलिखित पवित्र मंत्र अंकित है।

'ओम-मनी-पद्मे-हर्म'

तथा अन्य धार्मिक लेख भी विद्यमान है। की मठ का यह स्वरूप भारत एवं तिब्बती प्रभाव के आपस में कला एवं सांस्कृतिक आदान-प्रदान का एक प्रभावशाली महत्वपूर्ण साक्ष्य है।

भवन की चारदीवारी पर बुद्ध व बोधिसत्व के चित्र अंकित हैं। चित्रों में अनेक हाथों वाली स्त्री देवियां भी है। इनके साथ ही तीन सिर वाले स्त्री पुरूष के चित्र भी विद्यमान हैं। श्री एम. एन. देशपांडे के अनुसार 'इन चित्रों के विषय में अन्य विस्तृत जानकारियां मिलना मुश्किल है, जब तक इनको ठीक से स्वच्छ नहीं किया जाता।'

उपरोक्त मठों की भारत में स्थिति, उनके निर्माण में तिब्बती सहयोग तथा उन पर पड़ा तिब्बती कला एवं बौद्ध धर्म का प्रभाव दोनों देशों के संबंधों को प्रदर्शित करने का उत्कृष्ट प्रमाण है।

मूर्तियां

तिब्बत में उपलब्ध कुछ विशिष्ट मूर्तियां जो भारतीय कला व धर्म दोनों से प्रभावित हैं, पुरातत्व की धरोहर के अंतर्गत अपना महत्वपूर्ण स्थान बनाये हुए हैं। इनमें मुख्य स्थान तो बुद्ध की मूर्तियों का है, जिनकी विभिन्न मुद्रायें परोक्ष रूप से भारतीय कला का ही प्रतिपादन करती हैं। इन बुद्ध की मूर्तियों में विशिष्ट रूप से ध्यानी बुद्ध की मूर्ति है, जिनका वज्रयान के अंतर्गत तिब्बत में

प्रचार हुआ और वे मूर्तियां अभी भी तिब्बतियों द्वारा उसी रूप में पूजी जाती हैं।

तिब्बत की मूर्तियों के विषय में श्री द्विजेन्द्र नाथ शुक्ल का मत है कि, 'सोलहवीं व बीसवीं शताब्दियों के मध्य तिब्बत में अनेक कांस्य मूर्तियों का निर्माण हुआ, जिन पर सोने का पानी चढ़ा होता है। इनमे अधिकांश रतिरत युगल मूर्तियां हैं। बंगाल की सातवीं से बारहवीं सदियों तक की बनी पाल एवं मूर्तियों का इन पर पर्याप्त प्रभाव है। इनकी मुखाकृतियां भी तिब्बती नहीं, अपितु बंगाल, बिहार जैसी है।

इसके अतिरिक्त वज्रधारा, तारा, जम्भाला, मारीचि, मंजूश्री आदि मूर्तियों का निर्माण भी तिब्बत में भारतीय शैली के आधार पर होना आरम्भ हुआ, जिनका आज भी तिब्बतियों द्वारा उसी रूप में पूजा व सम्मान पाते रहना दोनों देशों के मध्य की कड़ियों के प्रस्तुतिकरण का उत्तम उदाहरण है।

पांडुलिपियां

विभिन्न भवनों व कलाकृतियों के अतिरिक्त कुछ पांडुलिपियां भी पुरातत्वीय साक्ष्य के अंतर्गत, दोनों देशों के प्राचीन कालीन संबंधों के विषय में पुष्ट जानकारी देती हैं।

बिहार रिसर्च सोसायटी के संग्रह में अनेक ऐसी पांडुलिपियां एकत्रित हैं जिनके अध्ययन से दोनों देशों के न केवल धार्मिक संबंधों पर प्रकाश पड़ता है, अपितु अन्य अनेक क्षेत्रों में हुए संपर्कों को भी उजागर करती है, जिनमें बौद्धिक स्तर के संबंध विशिष्ट रूप से आते हैं। कुछ समय पूर्व दलाई लामा यहाँ आए थे, तो वे यहाँ स्थित इन पांडुलिपियों के संग्रह के अवलोकन से अत्यंत प्रसन्न हुए।

1930 ई. में महापंडित राहुल सांकृत्यायन अपने तिब्बत प्रवासकाल के दौरान 'सम-ये- व अन्य विहारों से कुछ महत्वपूण पांडुलिपियों की मूल एवं प्रतिलिपियां भारत आए थे। अपने मित्र श्री के. पी. जायसवाल के आग्रह पर उन्होंने यह सब पांडुलिपियां व तिब्बती टंके पटना संग्रहालय को देना स्वीकार किया था लेकिन 1936 में यह सब संग्रह 'बिहार रिसर्च सोसायटी' के संरक्षण में आ गया।

यह पांडुलिपियां संकेत देती हैं कि प्राचीन व मध्यकाल में तिब्बत व भारत के मध्य अन्य सम्पर्कों के अतिरिक्त उच्च स्तर के बौद्धिक संबंध भी रहे होंगे। इन पांडुलिपियों में हस्तनिर्मित मोटे कागज पर लकड़ी के द्वारा खोदकर लिखी गई साहित्यिक सामग्री भी है। कुछ मोटे कागज पर हाथ से लिखी पांडुलिपियों

व संस्कृत भाषा में पाम की पत्तियों पर मैथिली लिपि में लिखे गए वर्णन भी प्राप्त हुए हैं। अनुवादित की गई भी अनेक पुस्तकें हैं।

पटना संग्रह में स्थित पांडुलिपियों के अध्ययन से जो आज तिब्बत के मठों में भी विराजमान है, भारत व तिब्बत के सदियों पुराने प्रगाढ़ सम्बन्धों की स्पष्ट झांकी प्रस्तुत होती है। पांडुलिपियों के अध्ययन से ज्ञात होता है कि एक भारतीय राजा के पुत्र नरेश आ-थी-चैन-पो ने दूसरी शताब्दी ई.पू. में तिब्बत की यात्रा की थी और उसी के एक परवर्ती सम्राट स्त्रोंन-सेन गम्पो ने सातवीं शती में तिब्बत पर शासन किया, यह वह समय था, जब तिब्बत में कोई लिपि नहीं थी। पांडुलिपियों में भारत से तिब्बत जाने वाले अनेकों पंडितों जैसे, शान्तरक्षित, मुनेवर्मा, गयाधर, धर्मकीर्ति, सुरेन्द्रबोधि, लीलेन्द्रबोधि, दानशील, बोधिमित्र, मुनेवर्मा, बुद्धजन आदि के नाम व कार्यों का वर्णन भी निहित है। साथ ही तिब्बत से भारत आने वाले लोगों के नाम व कृतित्व का भी लेखा समाहित है।

तिब्बत धर्म के साथ-साथ अन्य अनेक क्षेत्रों में भी अपने किसी अन्य पड़ोसी देश की तुलना में भारत से अत्यधिक प्रभावित हुआ। इनका समीपवर्ती शक्तिशाली देश चीन आदि क्षेत्रों में इस पर अपनी अधिक सत्ता नहीं जमा सका। कदाचित इसका कारण यह है कि तिब्बत में धर्म के लिए बुद्ध की भूमि भारत से अपना सीधा सम्पर्क करने की इच्छा थी। दूसरे, तिब्बत सातवीं आठवीं शताब्दी में चीन, नेपाल आदि की तुलना में एक अत्यंत शक्तिशाली देश था, जिसने कई बार उपरोक्त देशों के प्रदेशों को अपने अधिकार में किया। चीन और नेपाल की राजकुमारियों से विवाह किया। इस प्रकार तिब्बत सैनिक दृष्टि से अपने पड़ोसी देशों से अधिक शक्तिशाली था।

वर्तमान परिवेश में जबकि आज तिब्बत चीनी अधिकार में है, वह वर्षों बाद अभी तक भी पूरी तरह विशेषकर मानसिक रूप से चीनी प्रभाव एवं अधिकार में नहीं आ सका है। इसका कारण कदाचित यह है कि तिब्बत धर्म कला संस्कृति आदि, या यूं कहिये कि चिन्तन में भारतीय नींव पर खड़ा हुआ एक ऐसा देश है, जो जाने अनजाने भारतीय चिंतन से सिक्त है। सहस्त्रों वर्षों तक भारतीय प्रभाव में रहने पर यह सब उसमें ऐसे समाहित हो गये थे जैसे कभी उससे पृथक ही न रहे हों।

प्रारम्भ से ही देखा गया है कि, तिब्बती समाज चीन के अपेक्षा भारत से अधिक सम्बन्ध बनाए रखने का इच्छुक रहा है और चीन द्वारा हाल में तिब्बत पर अधिकार कर लेने पर दोनों के मध्य दूरी कुछ और विस्तृत ही हुई है। वह

खाई इसीलिये पाटी नहीं जा सकती, क्योंकि तिब्बत पर भारत का सांस्कृतिक व भावनात्मक प्रभाव अत्यंत गहरा है, जिसे समाप्त करना बड़ा दुष्कर कार्य है। इसके रहते कभी भी तिब्बत चीन का नहीं हो सकता। जिस प्रकार अनेक विदेशी आक्रमण व आधिपत्य, भारत की आत्मा, उसके वासियों के चिंतन एवं दर्शन को नहीं दबा सके, उसी प्रकार तिब्बत भौतिक रूप से भले ही चीनी शिकंजे में हो, परंतु तिब्बतियों की संस्कृति, दर्शन, आध्यात्म, धर्म व भावनाओं पर चीन कब्जा नहीं कर सका है।

निष्कर्षतः यह कहना समीचीन नहीं होगा कि, तिब्बत ने अपने धर्म, दर्शन, आत्मा एवं सांस्कृतिक आचार-विचार पर भारतीय संस्कृति के अतिरिक्त अन्य किसी संस्कृति के प्रभाव को नहीं स्वीकारा है। यही कारण है कि तिब्बत के धर्म-गुरू भारत की भूमि पर अपने आपको सुरक्षित समझते हैं।

6. समीक्षा

भारत की सांस्कृतिक परम्परा विलक्षण अनुभूति प्रदान करती है। भारत एक दूसरे के साथ प्रजातांत्रिक मूल्य, सहिष्णुता, सम्मान की संस्कृति और सामाजिक कल्याण जैसी पंचशील नीतियों का अनुगामी है, जो विश्व बन्धुत्व का आधार है। सारनाथ, जहाँ से भगवान बुद्ध का शांति का सन्देश पूरे विश्व में गया है वहाँ प्रकाशवान है। गौतम बुद्ध के प्रथम उपदेश का साक्षी सारनाथ ही है। आधुनिकता की पदचाप भी अब सुनाई पड़ने लगी है। इतिहास, संस्कृति एवं पर्यटन की दृष्टि से उत्तर भारत में इसका स्थान अत्ययन्त महत्वपूर्ण है।

देश के अलावा कई देशों से आने वाले बौद्ध अनुयायियों का जत्था समय-समय पर यहाँ की शांति में कोलाहल भरता है। लेकिन अगले ही पल आने वाले भी विस्मृत हो भगवान बुद्ध के संदेशों को आत्मसात करते दिखते हैं। मूल गंध कुटी विहार में स्थित बुद्ध प्रतिमा का दर्शन करने वाला हर व्यक्ति एकटक बस उसे ही निहारता है, मानों इन्तजार कर रहा है कि भगवान बुद्ध अब उससे कुछ कहने वाले हैं। जहाँ अपने मुल्क के अलावा श्रीलंका जापान, चीन, मलेशिया, तिब्बत, थाईलैंड जापान, कोरिया के लोग भी आते हैं। इतने शानदार पर्यटन स्थल पर आकर मन को शान्ति मिलती है।

भगवान बुद्ध ने यही पर अपने पाँच शिष्यों को प्रथम उपदेश दिया। इसके ाद तो पूरे विश्व में यह उपदेश धर्म का वाक्य बन गया। धर्म प्राण है और ंस्कृति उसकी आत्मा है। सभी धर्म एक है, धर्म जोड़ता है, तोड़ता नहीं। ईश्वर

एक है इसको पाने की विधि अनेक है। सत्य हमेशा कायम रहता है। असत्य नश्वर है। यद्यपि बौद्ध धर्म आंशिक रूप से भारत से लूप्त होने के बावजूद भी इसका अस्तित्व भारत, चीन एवं विश्व के देशों में बरकरार है। विश्व शान्ति एवं सहअस्तित्व इसी पर आधारित है।

कालान्तर में बौद्ध धर्म भारत से लुप्त हो गया। परन्तु उसके अनुयायी आजभी भारत में बड़ी संख्या में हैं। तिब्बत आज भी बौद्ध धर्मावलम्बी देश है। चीन की विस्तारवादी नीति के कारण तिब्बत बहुत ही त्रस्त है। तिब्बती लोग अपने अस्तित्व की लोकतांत्रिक लड़ाई लड़ रहे हैं। भारत उनकी शरणस्थली और कर्मस्थली है भारत उनको अतिथि मानता है। चीन का रूख आक्रामक है, वह चीन तिब्बत को हड़प लेना चाहता है।

दुर्भाग्य यह है कि यहाँ पर अधिकतर लोग चीन के इतिहास को नहीं जानते हैं और जानने की कोशिश भी नहीं करते हैं। चीन ने 1962 में भारत पर जब चढ़ाई की, तब पण्डित नेहरू को हार्दिक आघात लगा। सांसदों की माँग पर उन्होंने भारत-चीन सम्बन्धों के बारे में एक मोटी किताब, जिसे श्वेत पत्र' कहते हैं, जारी किया। यह पुस्तक अब भी ससंद के पुस्तकालय में सुरक्षित है और कोई भी इसे पढ़ सकता है। इस पुस्तक में विस्तार से लिखा गया है कि चीन के तत्कालीन प्रधानमंत्री चाऊ एन-लाई ने किस तरह पण्डित नेहरू को धोखा दिया। वे हमेशा 'हिन्दी-चीनी भाई-भाई' की दुहाई देते रहे और चुपके से चीनी सेना को भारतीय भूमि में घुसपैठ करने का आदेश देते रहे। जब-जब सीमा से पण्डित नेहरू को इस घुसपैठ की खबर आती थी, पण्डित नेहरू चाऊ एन-लएई का ध्यान इस ओर आकर्षित करते थे और चाऊ एन-लाई पण्डित नेहरू को इस बारे में कहते थे कि चीनी सैनिकों से अनजाने में कुछ गलती हो गयी होगी।

पण्डित नेहरू सरल हृदय के व्यक्ति थे और आसानी से दूसरों पर विश्वास कर लेते थे। चीन के बारे में उनकी धारणा शत-प्रतिशत गलत निकली। चीन हमेशा से विस्तारवादी देश रहा है, चाहे वहाँ राजशाही हो, चाहे क्यों मिन-तांग की सरकार हो, चाहे साम्यवादियों की सरकार। क्यो मिनतांग की सरकार के प्रमुख च्यांग काई-शेक थे। जब उनका शासन चीन की मुख्य़ भूमि पर था, तब उन्होंने भी भारत-चीन की सीमा के यथार्थ मैकमोहन लाइन को नहीं माना था। उन्हें पता था कि देर सवेर साम्यवादी उन्हें चीन की मुख्य भूमि से उखाड़ फेंकेंगे, फिर भी विस्तारवाद का उनका लालच गया नहीं था। आखिर 1949 में साम्यवादियों ने चीन की मुख्य भूमि पर कब्जा कर लिया और चांग काई-शेक को भागकर बगल

के द्वीप फार्मोसा में शरण लेनी पड़ी, जिसे आजकल ताइवान कहते हैं। परन्तु उन्होंने भी विस्तारवादी रवैया ही अपनाया और भारत-चीन की सीमा के यथार्थ को नहीं कबूला।

यह कितने आश्चर्य की बात है कि अरुणांचल, जो भारत का अभिन्न अंग है, उसे चीन बार-बार अपना हिस्सा बताता है। यहाँ तक कि गत आम चुनाव में जब भारत के प्रधानमंत्री डॉक्टर मनमोहन सिंह अरुणांचल जाना चाहते थे तो चीन ने इसका घोर विरोध किया था। परन्तु उन्होंने चीन के विरोध की जरा भी परवाह नहीं की और उन सभी स्थान में सार्वजनिक सभा की, जिसे चीन अपना बताता है। चीन ने दलाई लामा की अरुणांचल यात्रा का भी विरोध किया था और भारत सरकार से आग्रह किया था कि वह दलाई लामा को अरुणाचल प्रदेश जाने से रोके। परन्तु भारत सरकार ने दो टूक कह दिया कि दलाई लामा भारत के आदरणीय अतिथि हैं और वे दलाई लामा को अरुणाचल प्रदेश जाने से नहीं रोक सकते हैं। इस पर चीन जल-भुन गया। दलाई लामा का कार्यक्रम पूर्ववत् हुआ और अरुणाचल प्रदेश में उनका भव्य स्वागत हुआ।

चीन का शत्रुतापूर्ण रवैया इसी से जाहिर होता है कि जम्मू-कश्मीर से यदि कोई व्यक्ति चीन जाना चाहता है तो चीन का दूतावास उसके लिए अलग से सादे कागज पर वीजा देता है, पासपोर्ट पर नहीं। भारत सरकार ने चीन के इस रवैये का घोर प्रतिरोध किया है। यही नहीं, लद्दाख क्षेत्र में आये दिन चीनी सैनिक भारतीय सीमा में घुस आते हैं और बड़ी-बड़ी चट्टानों पर लाल स्याही से 'चीन' लिखकर भाग जाते हैं। ये सारी कार्रवाई शत्रुतापूर्ण नहीं तो और क्या है?

पीछे मुड़कर देखने से यह साफ हो जाता है कि यदि चीन ने पाकिस्तान को परमाणु बम बनाने की तकनीक नहीं दी होती और अपने मित्र उत्तरी कोरिया से पाकिस्तान को मिसाइल बनाने की तकनीक देने का आग्रह नहीं किया होता, तो आज पाकिस्तान भारत को इस तरह आँखे नहीं दिखाता। चीन जानता है कि लोकतान्त्रिक तरीके से आगे बढ़कर भारत एक समृद्ध देश बन रहा है। आज की तारीख में एशिया में दो ही समृद्ध देश हैं–चीन और भारत। चीन कभी नहीं चाहेगा कि भारत उसकी बराबरी का देश हो जाय। चीन एशिया में एकछत्र राज करना चाहता है और एशिया का दादा बनकर वह अमेरिका को आँख दिखाना चाहता है। ऐसे में यदि हम चीन की भूमि चीन का गुणगान करें और भारत सरकार के विभिन्न मन्त्रालयों की आलोचना करें तो इससे बढ़कर दुर्भाग्य की बात और क्या हो सकती है? हर भारतीय को चीन की हकीकत को समझना होगा और

भारत को आर्थिक और सामारिक दृष्टि से इतना मजबूत बनाना होगा कि चीन या पाकिस्तान हमें आँखे नहीं दिखा सकें।

चीन और भारत ने बातचीत के सिलसिले की शुरुआत करीब तीन दशक पहले की थी। इस अवधि में दुनिया में बुनियादी बदलाव आ चुका है। सच है कि इस दौरान चीन अपनी तेजी से बढ़ती आर्थिक और सैन्य ताकत की मदद से विश्व में एक महाशक्ति का भी रूप ले चुका है। चीन की शक्ति का अंदाजा इससे भी लगाया जा सकता है कि अमेरिका की एशिया नीति अब काफी कुछ चीन केन्द्रित है। भारत ने न केवल चीन के साथ अपनी सैन्य और नाभिकीय असमानता को बढ़ने दिया है, बल्कि नई दिल्ली ने कूटनीतिक रूप से भी अपने लिए गुंजाइश सीमित कर ली है। दो राष्ट्रों के बीच शक्ति संतुलन का यह मतलब नहीं होता कि कमजोर को हमेशा शक्तिशाली देश के समक्ष झुकना ही पड़े। चतुरता से भरी रणनीति के साथ-साथ अच्छी कूटनीति के साथ कोई भी कमजोर देश सामने वाले मजबूत देश के साथ अपने शक्ति के असंतुलन को निष्प्रभावी बना सकता है। यही कूटनीति की कला होती है।

सीमा विवादों पर निरर्थक बातचीत में उलझे रहकर भारत एक प्रकार से चीन के हाथों में खेल रहा है। भारत को यह बात भलीभाँति मालूम है कि बीजिंग का क्षेत्र संबंधी विवादों के समाधान का कोई इरादा नहीं है। सीमा विवादों पर बातचीत जितना लंबा खिंचेगी, उतना ही चीन को भारत पर सामरिक दबाव डालने का मौका मिलेगा। परिणाम यह होगा कि बातचीत में चीन का पलड़ा अपने आप भारी होता जाएगा। आखिरकार यह किसी से छिपा नहीं कि जमीन पर सैन्य लिहाज से चीन भारत की तुलना में अच्छे खासे फायदे की स्थिति में है। 4057 मीटर की ऊँचाई वाली हिमालय सीमा पर चीन की सेनाओं का चोटी पर नियंत्रण है, जबकि भारतीय सेनाएँ ज्यादातर नीचे के स्तर पर मोर्चा सँभाले हुए हैं। इससे भी अधिक, तिब्बत में नए रेल मार्ग, हवाई अड्डे और हाईवे बनाकर चीन ऐसी स्थिति में आ गया है जब वह तेजी के साथ अपनी अतिरिक्त सेनाएँ इधर से उधर पहुँचा सकता है। तथ्य यह है कि अपनी नई रणनीति के साथ चीन भारत पर मनचाहे तरीके से प्रहार कर सकता है।

कूटनीतिक अर्थ में बात करें तो चीन एक संतुष्ट पक्ष है। उसने उस सब पर अपना अधिकार जमा लिया है जो वह चाहता था। स्विट्जरलैंड के लगभग बराबर आकार वाले अक्साई चीन पर चीन का अधिकार है। चीन ने कराकोरम पास के जरिए तिब्बत और जिनजियांग को जोड़ने वाले एकमात्र मार्ग पर भी नियंत्रण

हासिल कर लिया है। इसके बावजूद वह भारत के और अधिक भाग पर अपना दावा ठोंक रहा है। यह उसकी इस व्यापक रणनीति का हिस्सा है, जिसके तहत वह सीमा संबंधी विवादों पर हो रही बातचीत के साथ-साथ द्विपक्षीय संबंधों में भी अपना पलड़ा भारी करना चाहता है। इससे भी अधिक वह चाहता है कि भारत उसके सैन्य और कूटनीतिक दबाव में रहे।

चीन की रणनीति का मुख्य बिंदु विवादों में यथास्थिति स्वीकार करने से इनकार कर वार्ता को अनन्त काल तक खींचने में निहित है। हिमालय सीमाओं को फिर से निर्धारित करने की अपनी इच्छा न छिपाकर, चीन मौजूदा राजनैतिक वार्ता की प्रक्रिया की निरर्थकता ही रेखांकित कर रहा है। आखिर क्षेत्रीय यथास्थिति राजनैतिक बातचीत से नहीं, बल्कि सैन्य तौर-तरीकों से ही बदली जा सकती है। फिर भी चीन के लिए राजनीतिक बातचीत महत्वपूर्ण है। इसलिए है, क्योंकि इसके जरिए उसे पर्दे के पीछे अपना काम करने का मौका मिलता है। भारत को अंतहीन बातचीत में उलझाए रखना चीन के उद्देश्यों के लिए बहुत अहम है, ताकि बीजिंग हिमालयी संतुलन को अपने पक्ष में निर्णायक तरीके से बदलने के अपने काम को जारी रख सके। यही कारण है कि चीन ने नई दिल्ली के प्रति अपने सार्वजनिक आक्रामक रुख में थोड़ी नरमी लाकर बातचीत की आड़ लेने की रणनीति बनाई है। इसका ही परिणाम है कि चीन में सरकारी नियंत्रण वाले मीडिया में भारत विरोधी प्रचार में भी कुछ कमी आई है। तस्वीर को जटिल बनाने के लिए हिमालय की सीमा पर चीन की पीपुल्स लिबरेशन आर्मी की आक्रामक निगरानी तथा चीन की ओर से नियंत्रण रेखा के उल्लंघन के बढ़ते मामले भी हैं। पिछले कुछ दशकों में चीन की बातचीत की रणनीतियों में काफी परिवर्तन आया है। शुरुआत में चीन ने अदलाबदली का विचार सामने रखा। इसके तहत चीन ने उत्तर-पूर्वी राज्यों में अपने दावे को छोड़ने के बदले भारत से लद्दाख के एक हिस्से में अपने दावे को स्वीकार करने के लिए कहा।

चीन की मंशा इस तरह अक्साई चिन पर अपने नियंत्रण को मान्यता दिलाने की थी। इसके बाद उसने द्विपक्षीय संबंधों को मजबूत करने का राग अलापा। चीन ने कहा कि सीमा संबंधी विवादों को एक किनारे कर दिया जाए और दोनों देश नजदीकी बढ़ाने पर ध्यान केंन्दित करें। लेकिन हाल के समय में चीन ने अपनी बढ़ती शक्ति को ध्यान में रखते हुए सीमा पर तनाव बढ़ाने का काम किया है। चीन की सेनाएँ बार-बार सीमा का उल्लंघन तो कर ही रही है, बीजिंग ने अरुणांचल प्रदेश पर सख्ती से अपना दावा भी ठोंका है।

मौजूदा सीमा वार्ता 1981 से चल रही है, जिससे यह पहले ही आधुनिक इतिहास में दो देशों के बीच सर्वाधिक लम्बी और अनुत्पादक वार्ता बन गई है। इस रिकार्ड में 1981 से 1987 के बीच वरिष्ठ स्तर पर आठ दौर की बातचीत और 1988 से 2002 के बीच संयुक्त कार्य समूह की 14 दौर की बातचीत शामिल है। हाल में 3 से जुलाई तक हुई बातचीत 2003 से विशेष प्रतिनिधियों की 14वें दौर की वार्ता है। चीन की सत्तारूढ़ कम्युनिस्ट पार्टी के मुखपत्र पीपुल्स डेली (जो सरकारी सोच को परिलक्षित करता है) ने 11 जून 2009 के अपने संपादकीय में लिखा है—"चीन भारत के साथ अपने सीमा विवादों पर कोई समझौता नहीं करेगा।" वास्तव में यही बातचीत में चीन का असली रुख है। यह विचित्र है कि जब बीजिंग अपने अड़ियल रवैये का प्रचार करने से परहेज नहीं कर रहा है तब भी नई दिल्ली संदेश को सुनने-समझने से इनकार कर रही है।

चीन के साथ निरर्थक बातचीत की प्रक्रिया में उलझे रहकर भारत को क्या मिलेगा? इस वार्ता से चिपके रहकर क्या भारत चीन को उसकी रणनीति में सहायता नहीं पहुँचा रहा है? एक ओर बीजिंग की रणनीति और हथकंडे स्पष्ट है वहीं दूसरी ओर भारत को अपनी योजना परिभाषित करने और उस पर सख्ती से कायम रहने में कठिनाई आ रही है। भारत खुद ही ऐसी स्थिति में आ गया है, जब उसे क्षेत्र संबंधी चीन की माँगों के सामने अपना बचाव करना पड़ रहा है। सच यह है कि इतिहास खुद के दोहराए जाने के खतरे से घिरा है, क्योंकि यह नजर आ रहा है कि भारत 1950 के दशक वाले जाल में एक बार फिर घिरता जा रहा है। तब अक्साई चिन का मुद्दा था, अब अरुणांचल प्रदेश का है।

इतिहास साक्षी है कि भारत में ईस्ट इण्डिया कम्पनी आयी और व्यवसाय के साथ-साथ देश पर शासन करने लगी। भारत सदैव से उदारवादी देश रहा है। जहाँ आगंतुकों को आत्मसात करने की अद्वितीय परम्परा रही है। चीनी कम्पनियों के साथ कोई भेदभाव नहीं किया गया है। अनेक चीनी कम्पनियाँ भारत में कार्यरत हैं। चीन के साथ व्यापारिक सम्बन्ध सुदृढ़ है। आज की तारीख में चीन भारत का सबसे बड़ा व्यापारिक सहयोगी है। गत वर्ष चीन के साथ भारत का व्यापार करीब 38 बिलियन डालर हुआ, जिसमें चीन को 24 बिलियन डालर का 'बैलेन्स ऑफ ट्रेड' का लाभ हुआ। अतः चीन के साथ भेदभाव का प्रश्न ही कहाँ उठता है?

अब प्रश्न यह उठता है कि चीन की धरती से भारत के मन्त्रालयों के खिलाफ टिप्पणी करना क्या उचित है? यदि गृह मन्त्रालय चीन की टेलीकम्युनिकेशन कम्पनियों से उनके उपकरण नहीं खरीदना चाहता है तो इसका कोई न कारण तो

अवश्य होगा। चीन ने हाल में भारत के कई मन्त्रालयों के कम्प्यूटरों से संवेदनशील डाटा को गायब कर दिया है। अब यदि चीन के टेलीकम्युनिकेशन उपकरण खरीदें जायँ तो हम सीधे तौर पर देश की सुरक्षा चीन के हाथों सौंप देंगे। भारत की जनता इसे कभी पसन्द नहीं करेगी।

इतिहास में झाँके तो भारत में भ्रष्टाचार के बहुत से उदाहरण मिलते हैं। ईस्ट इण्डिया कम्पनी की कार्यशैली के उदाहरणों से वर्तमान भारतीय भ्रष्टाचार को समझने में काफी सहायता मिल सकती है। एक मोटे अनुमान के अनुसार कम्पनी ने सिर्फ बंगाल से सन् 1765 तक 4, 94, 04, 980 रुपये घूस के रूप में वसूल किये थे। वहीं जी क्लार्क द्वारा लिखी पुस्तक ब्रिटिश इण्डिया एण्ड इंग्लैण्ड्स रिसपांसिबिलिटीज में लिखा—'इंग्लैण्ड में भी कम्पनी का सुनाम नहीं रहा। सरकार की ओर से खोज करने पर मालूम हुआ कि एक वर्ष में कम्पनी ने 15 लाख रुपये केवल घूस देने में खर्च किये कारण देखा गया कि इंग्लैण्ड के सब बड़े-बड़े आदमियों ने घूस लिया था, स्वयं सम्राट ने भी बहुत से रुपये स्वीकार किये थे। ईस्ट इण्डिया कम्पनी ने 30 लाख रुपये रिश्वत देकर भारत में अपने कारोबार को सन् 1766 तक बढ़ावा ली थी। गौरतलब है कि तत्कालीन ब्रिटिश सम्राट तक ने रिश्वत ली थी। सखाराम गणेश दउस्कर ने देश की बात' में लिखा है 'गजनवी के महमूद नादिरशाह, अहमदशाह अब्दाली तथा नागपुर के भोंसलों ने कितनी लूट पाट की थी, उसका हिसाब-किताब स्कूली इतिहासों में पाया जाता है पर कम्पनी के राज्य में भारत के किसानों से कितना रुपया चूसा गया, उसका हिसाब जल्दी कहीं नहीं मिलता। अंग्रेज लेखक डिग्बी के अनुसार प्लासी के युद्ध के बाद के पचास वर्षों में भारत से मालूम होता है पचास करोड़ से अधिक और सौ करोड़ से कम पाउण्ड (एक पाउण्ड = 15 रुपये) इंग्लैण्ड भेजे गये।' वही बुक आदम्स ने अपने ग्रन्थ' लॉ ऑफ सिविलिजेशन एण्ड डीके' के पृष्ठ 263 पर लिखा है, पृथ्वी जब से प्रारम्भ हुई है, तबसे आज तक के किसी व्यवसाय से इतना नफा नहीं हुआ है, जितना भारत की लूट से हुआ है।'

यह लूट आज भी सतत जारी है। पिछले दिनों भारतीयों द्वारा स्विटजरलैण्ड एवं अन्य कर स्वर्ग में जमा किये गये धन के आंकड़ें अंग्रेजों द्वारा प्रारम्भ की गयी लूट का विस्तार नहीं तो और क्या है? पहले धन इंग्लैण्ड जाता था, अब स्विटजरलैण्ड में जमा हो रहा है। जहाँ एक ओर देश की 80 प्रतिशत जनता 20 रुपये प्रतिदिन से क़म पर गुजारा कर रही है, वहीं दूसरी ओर भारत के 8,000 नागरिक देश के वार्षिक सकल घरेलू उत्पाद से अधिक धन विदेशी बैंकों में रखे हुए है। लूट का यह अबाध सफर आखिर कब तक चलता रहेगा?

गौरतलब है प्लासी युद्ध के बाद हुई भारत की लूट को इतिहास की सबसे बड़ी लूट की संज्ञा स्वयं अंग्रेजों ने ही दी थी। भारत में वर्तमान में जो लूट चल रही है, वह उसमें सैकड़ों गुना ज्यादा है तो इसे भारतीय राजनीतिज्ञ क्या नाम देंगे? इसके लिए कोई ठीक-ठीक शब्द न मिलने से अब हम इस स्थिति को भुला देना चाहते हैं। परन्तु इसे भुलाने का प्रयत्न प्रलयकारी सिद्ध हो सकता है।

पाकिस्तान के राष्ट्रपति आसिफ अली जरदारी की चीन यात्रा के दौरान बीजिंग के नेताओं ने पाक अधिकृत कश्मीर में कराकोरम के रास्ते पाकिस्तान और चीन के बीच रेल लाइन बिछाने का खुलासा किया है। यह प्रस्तावित रेल मार्ग सामरिक इंफ्रास्ट्रक्चर है, जिससे पड़ोसी देश भारत का चिंतित होना स्वाभाविक है। काशगर, सिकयांग, उइगुर स्वायत्त क्षेत्र का महत्वपूर्ण शहर है। चीन यहाँ एक विशेष आर्थिक क्षेत्र विकसित करना चाहता है। काशगर को रेल से जोड़ने के पीछे चीन और पाकिस्तान के भी अपने-अपने स्वार्थ हैं। यदि पाकिस्तान काशगर तक पहुँचता है तो उसे मध्य एशियाई बाजार में घुसने का भी मौका मिल जाएगा। बलूचिस्तान में ग्वादर पोर्ट का निर्माण करके चीन हिंद महासागर तक पहुँच गया है। अब उसकी योजना ग्वादर को सिकियांग के ऐतिहासिक शहर काशगर से जोड़ने की है। काशगर और शिगात्से पहले से ही जुड़े हुए हैं, जबकि शिगात्से और ल्हासा के बीच रेल लाइन डालने की योजना है।

भारत के लिए चीनी गतिविधियाँ खासकर चिंता का विषय हैं, क्योंकि चीन ने लगभग सभी देशों में इंफ्रास्ट्रक्चर निर्माण कार्य शुरू कर दिए हैं, जिनकी सीमाएँ भारत से लगी हुई हैं। ल्हासा तक रेल लाइन जाने के बाद वह उसका विस्तार काठमांडू तक करना चाहता है। चीनी अधिकारी गोलमुड और ल्हासा के बीच 1142 किलोमीटर लंबी दुनिया की सबसे ऊँची रेल लाइन को चीन-नेपाल सीमा पर स्थित न्यालम तक ले जाना चाहते हैं। ल्हासा और तिब्बत के दूसरे बड़े शहर शिगात्से के बीच 252 किलोमीटर लंबी लाइन बिछाने के बारे में शुरुआती अध्ययन पूरे भी हो चुके हैं। इसके आगे शिगात्से से न्यालम तक 400 किलोमीटर लंबी लाइन और बिछानी पड़ेगी। न्यालम तक पहुँचने के बाद काठमांडू सिर्फ 120 किलोमीटर दूर रह जाएगा। पाकिस्तान में चीन की मौजूदगी कोई नई बात नहीं है, लेकिन हाल ही में वहाँ इंफ्रास्ट्रक्चर निर्माण में गजब की फुर्ती दिखाई है। उधर, भारत के पूर्व में भी चीन की गतिविधयाँ अचानक बढ गई हैं। चीन बंगाल की खाड़ी तक पहुँचने के लिए म्यांमार में रेल और सड़क संपर्क पर बड़े पैमाने पर निवेश कर रहा है। वह यह भी चाहता है कि म्यांमार और बांगलादेश के बीच रेल

संपर्क जल्द से जल्द कायम हो जाए। इससे चीन के दक्षिणी शहर कुनमिंग को चटगाँव से जोड़ने में आसानी हो जाएगी। चीन बांग्लादेश में रेल से जुड़ी दूसरी परियोजनाओं को भी आगे बढ़ाना चाहता है। इनमें पद्मा नदी पर दूसरे पुल का निर्माण भी शामिल है।

ओबामा प्रशासन पहली बार पाकिस्तान के खिलाफ इतना आक्रामक हुआ है। ऐसे माहौल में भारत की बातचीत की इस पहल पर प्रश्न उठाना लाजिमी है। आखिर यह बात आईने की तरह साफ है कि 26 नवम्बर, 2008 को मुम्बई पर हमले के बाद भारत ने आतंकवाद के जिस स्वाभाविक मुद्दे पर बातचीत बन्द कर दी थी, उसमें मौलिक बदलाव नहीं आया है। हालांकि भारत की कूटनीति के कारण उत्पन्न अन्तर्राष्ट्रीय दबाव में पाकिस्तान ने आरोपियों को पकड़ा, उनके खिलाफ कानूनी कार्रवाई भी हुई, पर यह किसी दृष्टि से सन्तोषजनक नहीं है। प्रश्न उठाने वालों का तर्क अत्यन्त सरल है, जब आतंकवाद पर लगाम न लगाने के कारण हमने बातचीत तोड़ दी तो फिर ऐसा हुए बगैर बातचीत से क्या हासिल हो जाएगा? इसका कोई भी जवाब किसी को सन्तुष्ट नहीं कर सकता।

वर्तमान माहौल में कूटनीति का एक तकाजा यह है कि हम अमेरिका के गुस्से का लाभ उठाकर पाकिस्तान के खिलाफ अन्तर्राष्ट्रीय दबाव बनायें ताकि वहाँ आतंकवाद की जो मूलभूत संरचना विराजमान है, उसकी समूलोच्छेद करने की दिशा में प्रगति हो। जबतक आतंकवाद को पल्लवित-पुष्पित करने की आधारभूमि पाकिस्तान में मौजूद है, वह आतंकवाद का गढ़ बना रहेगा। 'न्यूजवीक' पत्रिका ने पाकिस्तान स्थित आतंकवाद पर जो अंक केन्द्रित किया है, उसमें उसे आतंकवाद की फैक्ट्री कहा है। इससे भी पाकिस्तान के खिलाफ माहौल बनाने में मदद मिल सकेगी। इस माहौल का लाभ उठाने की बजाय उसके साथ मेज पर आमने-सामने बैठकर हम उसके सिर से दबाव कम करने की भूमिका अदा कर रहे होंगे। वस्तुतः हमारे सामने दो विकल्प है-या तो बातचीत करें या न करें।

हालांकि बातचीत न करने और करने के बीच की अवधि में इनके सम्बन्धित प्रभावों का विश्लेषण करेंगे तो भी कोई मौलिक अन्तर नहीं आयेगा। आप चाहे बातचीत करिये या रोक दीजिये, इस समय भारत-पाकिस्तान के जैसे रिश्ते हैं, परिवर्तन की गुंजाइश अत्यन्त कम है, बल्कि बातचीत जारी रखने के काल में 26 नवम्बर, 2008 तक आतंकवादी हमलों की संख्या काफी ज्यादा थी और बातचीत स्थगित होने के बाद केवल एक हमला पुणे का हुआ। अगर इस परिप्रेक्ष्य में विचार करें तो बातचीत न करना हमारे लिए ज्यादा लाभकारी रहा है। किन्तु हम

जानते हैं कि आतंकवादी हमलों में कमी बातचीत बन्द होने का परिणाम नहीं था। मुम्बई हमले के बाद भारत द्वारा, उठाये गये सुरक्षा, कदमों, दबाव में पाकिस्तान द्वारा की गयी कार्रवाई, अमेरिका की कार्रवाई आदि की सम्मिलित परिणति थी।

इस प्रकार बातचीत की भारतीय पहल पर कोई एक सन्तोषजनक राय दे पाना सम्भव नहीं है। किन्तु कुछ बातें बिल्कुल साफ हैं। बातचीत का अर्थ भारत द्वारा आतंकवाद के मामले पर नरम रुख नहीं होना चाहिए। इसी प्रकार बातचीत से तत्काल बहुत उम्मीद भी नहीं करनी चाहिए। यद्यपि हमारे विदेश मन्त्री कृष्णा भी कहते हैं कि मुद्दों पर बातचीत एवं इनका हल परस्पर विश्वास एवं परस्पर सम्मान से किया जायेगा और लगभग यही बात दूसरी ओर शाह महमूद कुरैशी भी इस्लामाबाद में पत्रकार वार्ता में कह रहे थे। लेकिन हम जानते हैं कि ये केवल शब्दावलियां है, जिनका व्यवहार में इस समय अर्थ कुछ नहीं है। स्वयं कुरैशी ने कहा कि किसी मुद्दे का इतनी जल्दी समाधान नहीं होगा और ऐसा कोई चमत्कारी क्विक फिक्स नहीं है, पर हमें सकारात्मक दिशा में विचार करना चाहिए। बातचीत की प्रकृति या इसकी नामावली बहस का विषय नहीं होना चाहिए।

भारत ने पूर्व अनुभवों का ध्यान रखते हुए ही क्रमबद्ध तरीके से आगे बढ़ने के लिए अभी इसे पहले की तरह समग्र बातचीत (कम्पोजिट डायलॉग) नाम नहीं दिया है। आरम्भिक जिच के बाद पाकिस्तान भी इससे सहमत है। वास्तव में बातचीत तो हो और उसमें सारे मुद्दे शामिल भी हों, पर उसे कोई एक खाँचा दे देना अभी व्यावहारिक नहीं है। यह अच्छी बात है कि पिछले कुछ समय से पाकिस्तान के स्वर में काफी नरमी आयी है। अप्रैल में वाशिंगटन में नाभिकीय सुरक्षा सम्मेलन के दौरान जब यूसुफ रजा गिलानी से पूछा गया कि क्या वे पाकिस्तान स्थित भारत विरोधी आतंकवादी समूहों एवं व्यक्तियों के विरुद्ध कार्रवाई करेंगे, उनका जवाब था, निश्चित तौर पर। ऐसा जवाब पाकिस्तान की ओर से कम ही आता है। इसी प्रकार कृष्णा से टेलीफोन पर बातचीत के बाद इस्लामाबाद में पत्रकारों से बातचीत करते हुए कहा कि यह राजनैतिक निहितार्थ पाने का प्रश्न नहीं है। हमारे बीच विश्वास की जो गहरी खाई है, उसे पाटना है। हर कोई चाहेगा कि पाकिस्तान अपने इन शब्दों में व्यक्त की गयी भावना को यथार्थ में परिणत करें। किन्तु इसके प्रति उत्साहित होने का कोई कारण नहीं है।

चीनी उत्पादों का डंका दुनिया के हर देश में बज रहा है, लेकिन इस बात पर शायद ही किसी का ध्यान जाता है कि इतनी बड़ी मात्रा में उत्पादन कर रहे चीन में श्रमिकों की स्थिति कैसी है? क्या वहाँ श्रमिकों के लिए निर्धारित अंतर्राष्ट्रीय

मानकों का पालन होता है? चीन में जितने भी श्रमिक संगठन हैं, सब चाइना फेडरेशन ऑफ ट्रेड यूनियन से संचालित होते हैं, जो सरकार द्वारा नियंत्रित यूनियन है। कानूनी रूप से हड़ताल चीन में वैध है, लेकिन इस पर कड़ा प्रतिबंध है। कुल मिलाकर चीन में उत्पादन जितना ज्यादा है, श्रमिकों की स्थिति उतनी ही खराब। मीडिया की स्वतंत्रता को ही लिया जाऐ तो, भारत में प्रेस को स्वतंत्र रूप से कार्य करने की छूट है, जबकि चीन में 1949 से मीडिया पर चीनी सरकार का पूरा नियंत्रण है। यही कारण है कि 1989 में थियेनमन चौक पर चीनी सेना द्वारा हजारों विद्यार्थियों पर गोली दाग देना आज भी रहस्य के पर्दे में है। अनुमान है कि छात्र आंदोलन के दौरान चीन में 3,000 से ज्यादा लोग मारे गए और इससे ज्यादा घायल हुए। संयुक्त राष्ट्र के तत्कालीन महासचिव ने इस नरसंहार की कड़े शब्दों में भर्त्सना की, लेकिन चीनी मीडिया ने इस पूरे मामले को गोपनीय बनाए रखा।

चीन में 1952 से लागू परमानेंट रेजिडेंस रजिस्ट्रेशन सिस्टम के तहत कोई भी व्यक्ति बिना पूर्व अनुमति के किसी दूसरे शहर में जाकर नहीं बस सकता। हुकाऊ व्यवस्था के तहत ग्रामीणों को शहरों से जाने से रोका गया, जिससे खेती में लगे हुए लोग अपना रोजगार न छोड़ दें। साथ ही शहर की जनसंख्या वृद्धि पर भी अंकुश रहे। मई 1984 में इस व्यवस्था में थोड़ा परिवर्तन किया गया और अब यह व्यवस्था है कि कोई भी व्यक्ति बीजिंग में तीन दिन भी रहना चाहे तो उसे पहले से रजिस्ट्रेशन करवाना होगा और यदि उससे ज्यादा रहना चाहे तो उसे अस्थायी निवास का परमिट लेना होगा, जो स्थानीय पुलिस स्टेशन से प्राप्त होता है। यह परमिट कड़ी जांच-पड़ताल के बाद जारी किया जाता है। यानी चीन के किसी अत्यंत पिछड़े इलाके में रहने वाले व्यक्ति को यह अधिकार नहीं है कि वह बीजिंग जैसे शहर में जाकर अपनी जीविका तलाशे। इसके उलट भारत में पिछड़े इलाकों से लाखों की तादाद में रोज लोग दिल्ली, मुम्बई, कोलकाता जैसे शहरों में पहुँचते हैं और वहीं खप जाते हैं। हमें अपनी विशिष्टता को बरकरार रखते हुए विश्व मानचित्र पर भारत की तस्वीर बुलन्द करनी चाहिए, न कि दमन और हनन से विकास हासिल करने वाले चीन के अनुसरण से।

चीनी युआन की कमजोर ताकत बढ़ाने में अमेरिका की बड़ी भूमिका है। चीन जो डालर एकत्र कर रहा है, उनका निवेश वह अमेरिका के बांडों व ट्रेजरी बिलों में करता है। यह निवेश इस समय 789 अरब डालर है, जो कि अमेरिकी सरकार के बांडों का 33 फीसदी है। दरअसल अमेरिका के लोगों ने बचत की आदत छोड़ दी है। सरकार कर्ज पर चलती है जो कि बांडों में चीन के निवेश के जरिए आता है। अगर चीन निवेश न करें तो अमेरिका में ब्याज दरें आसमान छूने लगेंगी।

अमेरिकी अर्थव्यवस्था में मौद्रिक प्रवाह का पहिया इस समय चीन से घूमता है। अमेरिका के वित्तीय ढाँचे में चीन के इस निवेश के अपने खतरे हैं, सो अलग लेकिन अगर मौद्रिक धोखेबाजी की डिग्री मिलने के बाद चीन ने निवेश रोक दिया तो चचा सैम के लिए मुश्किल खड़ी हो जाएगी। लेकिन अगर अमेरिका युआन की कमजोरी को चलने देता है तो अमेरिका के उद्योग ध्वस्त हो जाएँगे।

पाँच छः साल पहले मुद्राओं की कीमतों को मोटे तौर पर आंकने के लिए एक बिग मैंक थ्योरी चलती थी जिसमें दुनिया के प्रमुख शहरों में बर्गर की तुलनात्मक कीमत को डालर में नापा जाता था। तब भी युआन सबसे अवमूल्यित और स्विस फ्रैंक अधिमूल्यित मुद्रा थी। लेकिन अब बात बर्गर के हिसाब जितनी आसान नहीं है, बल्कि ज्यादा पेचीदा है। चीन के लिए दस फीसदी व्यापार बढ़ने का मतलब है कि अमेरिका के रोजगारों में दस फीसदी की कमी, लेकिन अगर चीन अपने युआन या आरएमबी को 25 फीसदी महँगा करता है तो उसे अपनी 15 फीसदी जीडीपी वृद्धि दर गँवानी होगी। दुनिया को उबारने में चीन का बड़ा हाथ है, इसलिए यह गिरावट उन देशों को भारी पड़ेगी, जो मंदी से परेशान हैं और चीन उनका बड़ा बाजार है। इन देशों में आस्ट्रेलिया व न्यूजीलैंड प्रमुख होंगे। अमेरिका में बचत शून्य है और निर्यात ध्वस्त। जिसे ठीक करने में युआन की कीमत की मामूली भूमिका होगी। अलबत्ता इतना जरूर है कि भारत, ताईवान, कोरिया, मलेशिया जैसों को बाजारबली चीन की प्रतिस्पर्धा से कुछ राहत मिल जाएगी।

अमेरिका के अर्थशास्त्री क्रुगमैन का हिसाब कहता है कि चीन के मौद्रिक खेल के कारण हाल के कुछ वर्षों में अमेरिका करीब 14 लाख नौकरियां गँवा चुका है। उनके मुताबिक चीन अगर युआन को लेकर ईमानदारी दिखाता तो दुनिया की विकास दर पिछले पाँच छः सालों में औसतन डेढ़ फीसदी ज्यादा होती। चीन ने सस्ती मुद्रा से अन्य देशों की विकास दर निगल ली है।

गिलगित और बाल्टिस्तान इलाके में चीनी सैनिकों की हमले भारत के लिए गम्भीर चिन्ता का विषय है। पूर्वी चीन के साथ जुड़े इलाकों से पाकिस्तान को जोड़ने के लिए सड़कें सुरंगें और रेल मार्ग बनाए जा रहे हैं। यह भारत की सुरक्षा के लिए बेहद गम्भीर है।

चीन तिब्बत की राजधानी ल्हासा तक रेलवे लाइन भी बिछा ली है और वह इस रेल लाइन को बढ़ाकर एवरेस्ट की चोटी तक ला रहा है। चीन ने तिब्बत के कई नये विमान अड्डे भी बना लिये हैं और उन पर आधुनिक लड़ाकू विमान तैनात है।

चीन को अंतर्राष्ट्रीय राजनीति में जितनी परेशानी भारत-चीन सीमा पर तनाव से रही है उससे अधिक तिब्बतियों के धर्मगुरू दलाई लामा और उनकी विश्वव्यापी गतिविधियों से रही है। दलाई लामा जिन देशों में जाते हैं, चीनी सरकार उन देशों के प्रधानमंत्री और राष्ट्रपति पर दबाव बनाती है।

चीन यह जानता है कि दलाई लामा सिर्फ तिब्बती अस्मिता के ही नहीं तिब्बत की स्वतन्त्रता के प्रतीक है। दलाई लामा की तिब्बत पर प्रकाशित पुस्तक से स्पष्ट है कि किस प्रकार चीन ने उन्हें स्वायत्तता के दिये गये वायदों का उल्लंघन किया और किस तरह चीनी सेना ने बड़ी संख्या में तिब्बत में घुसपैठ किया। 1956 में 75 हजार चीनी सैनिकों के हमले का मात्र आठ हजार सशक्त तिब्बतियों ने अपनी शहादत देकर प्रतिरोध किया।

तिब्बत पर कब्जा करने के साथ ही चीनी सेना ने तिब्बत में राजनैतिक महत्व की सड़कों का निर्माण शुरू कर दिया था। 1959 तक चीन ने जिंगजियांग और तिब्बत को जोड़ने वाली राजनैतिक महत्व की सड़क का निर्माण कर लिया था। यह सड़क भारतीय सीमा से होकर गुजरती है और इस सड़क का निर्माण आक्साईचिन से होकर किया गया जो भारत के साथ 1950 में हुए तिब्बत संबंधी समझौतों का उल्लघंन था।

1962 में भारत पर चीनी हमलों ने चीन से दोस्ती की पोल खोल दी। उसके बाद से ही सीमा पर भारतीय सैनिक तैयारियाँ शुरू हुई हैं। परन्तु सैनिक तैयारियों में जो तेजी आनी चाहिए वह नहीं आई। इससे चीन का मनोबल ही नहीं बढ़ा, बल्कि भारत पर चीन का सैनिक और कूटनीतिक दबाव बढ़ता गया।

प्रश्न उठा कि अरुणांचल प्रदेश में भारतीय क्षेत्र में अच्छी सड़कें नहीं है तब सरकार की ओर से सड़कों का निर्माण नये सिरे से शुरू हुआ। भारतीय संसदीय समिति ने अपनी रिपोर्ट में कहा है कि भारतीय क्षेत्र में अच्छी सड़कों और सुरंग का निर्माण नहीं हुआ है।

दक्षिण एशिया में चीन जिस तरह भारत को तबाह करने पर लगा है। वह बहुत ही चिन्ता का विषय है। चीन पाकिस्तान को भारत के खिलाफ उकसा कर नई समस्या पैदा कर रहा है। सबसे अधिक चिन्ता की बात यह है कि वह धीरे-धीरे नेपाल को अपनी गिरफ्त में ले रहा है। सदियों से भारत और नेपाल के संबंध अत्यन्त ही मधुर रहे हैं। अब इन संबंधों में चीन दरार पैदा कर रहा है। चीन का प्रभुत्व नेपाल में दिनों दिन बढ़ता जा रहा है। तिब्बत में चीन में मुख्य

भूमि से ल्हासा तक सड़क बिछाकर उसे नेपाल तक ले जाने का प्रयास कर रहा है। यदि नेपाल की सीमा तक चीन की रेल लाइन आ गयी तो उसमें भारत की सुरक्षा को बहुत अधिक खतरा बढ़ जायेगा।

श्रीलंका के साथ भारत के संबंध अत्यन्त मधुर रहे हैं, परन्तु पिछले कुछ वर्षों में जब भारत अपनी आन्तरिक समस्या में उलझा हुआ था, तब चीन ने अपना प्रभुत्व बढ़ा दिया। गत वर्ष उसने लंका को 1.2 मिलियन डालर की आर्थिक सहायता दी इन्फ्रास्ट्रक्चर के पुनर्निर्माण के लिए संसार के किसी अन्य देश ने उसे इतनी बड़ी सहायता नहीं दी।

चीन-श्रीलंका सरकार को देश के दक्षिणी भाग में हम-बान टोटा में एक विशाल बंदरगाह बनाने के लिए भरपूर आर्थिक तकनीकी सहायता दी है। यह बन्दरगाह बनकर तैयार हो जायेगा तो इसका असर भारत पर पड़ेगा। इस बन्दरगाह से चीन हमेशा देखता रहेगा कि किन देशों से तेल के टैंकर भारत जाते हैं। वह जब चाहेगा कोई बहाना बनाकर इन पानी के जहाजों के आने-जाने में अनेक अड़चनें पैदा कर सकता है।

चीन लंका को भारत के खिलाफ भड़का रहा है। भारत को चौकन्ना रहने की और पड़ोसियों के साथ अपने सम्बन्धों को और अधिक मजबूत बनाने की जरूरत है।

इक्कीसवीं सदी के अन्तरिक्ष युग में क्षेत्र और धर्म के नाम पर लड़ने वालों के लिए कोई जगह नहीं है। भारत चीन की सैन्य ताकत पर सजग होकर नजर रख रहा है। सशस्त्र बल विशेषाधिकार कानून (ए एफ एस पीए) में कटौती के प्रस्ताव के मद्देनजर सेना के जवानों को विशेष कानूनी संरक्षण मिलना चाहिए। वायु प्रमुख एयर चीफ मार्शल जीवी नाईक का मानना है कि वायु सेना आकाश मार्ग से किसी भी चुनौती का सामना करने में सक्षम है।

एशियाई मामलों के विशेषज्ञों का यह भी मानना है कि सामरिक महत्व वाले हिन्द महासागर में चीन के बढ़ते दखल और उसकी सैन्य क्षमता को संतुलित करने का एक मात्रा तरीका है कि नई दिल्ली और वांशिगटन इस मसले पर एक जुट हों।

हिन्द महासागर चीन के बढ़ते आर्थिक और सुरक्षा हितों के लिए लगातार महत्वपूर्ण होता जा रहा है। चीन "स्ट्रिंग आफ पर्ल्स" की नीति के जरिये भारत के पड़ोसी देशों को अपना मित्र बनाकर उस पर दबाव बनाने की कोशिश कर रहा है। बीजिंग एक तरफ तो अपने आर्थिक और सैन्य हितों की सुरक्षा कर रहा है तो

दूसरी ओर उभरते भारत, को संतुलित करना चाह रहा है। क्षेत्र में बढ़ते चीनी प्रभाव को देखते हुए जरुरी हो गया है कि भारत और अमेरिका हिन्द महासागर में पीछे नहीं रहें और अपनी मौजूदगी लगातार बढ़ाये।

चीन का मानना है कि अगर भारतीय नौ सेना की ताकत बढ़ती है तो उसका आर्थिक विकास भारत और अमेरिका की दया पर निर्भर हो जायेगा। भारत का जापान और अमेरिका के साथ सुरक्षा संपर्क भी उसे अखर रहा है। इसी कारण चीन भारत के पड़ोसी राष्ट्रों को मिलाने की कोशिश भी कर रहा है, ताकि हिन्द महासागर में उसके हितों की रक्षा हो सके।

पूरब के पड़ोसियों से राजनैतिक साझेदारी मजबूत बनाने की इस कड़ी में भारत उच्चस्तरीय मेल-मुलाकातों पर जोर दे रहा है। चीन की बढ़ती ताकत और उसके शक्ति विस्तार को लेकर उसके अधिकतर पड़ोसी असहज महसूस कर रहे हैं। बीजिंग के ये पड़ोसी भी भारत के साथ साझेदारी को बेताब हैं। घरेलू विरोध के बावजूद जापान नाभकीय सहयोग समझौते को शक्ल देने में लगा है। बीते कुछ समय से जापान और चीन के रिश्तों में काफी खटास हुई है।

चीन मामलों में विशेषज्ञों का मामला है कि बीजिंग जिस तरह से अपनी सैन्य शक्ति का प्रदर्शन कर रहा है, उससे अधिकतर पड़ोसियों का सशंकित होना स्वभाविक है।

राजनीतिक-संकट में फँसे नेपाल के जरिये चीन भारत को घेरने में लगा है। बीजिंग तिब्बत से नेपाल तक रेल संपर्क स्थापित कर चुका है। सुरक्षा मामलों के विशेषज्ञों का कहना है कि लड़खड़ाते लोकतंत्र का फायदा उठाकर साम्यवादी देश ने हिमालयी देश में दखलन्दाजी बढ़ा दी है। चीन पाकिस्तान अधिकृत कश्मीर तक और सड़क संपर्क कायम कर रहा है।

सन्दर्भग्रन्थ सूची

प्रारम्भिक ग्रंथ

1. महाभारत
2. ऋगवेद
3. अर्थवेद
4. श्रीमद्भगवद्गीता
5. पुराण
6. सुश्रुत संहिता
7. महावग्ग
8. महावंश
9. याज्ञवल्क्य
10. गोपथ ब्राह्मण
11. रघुवंश
12. अभिज्ञान शाकुन्तलम
13. दशरथ कथानम्
14. तिब्बती रामायण
14. ट्रालन्दा यूनिवर्सिटी, एच. डी. संकालिया, पृ. 272
15. पीपुल आफतिबत, चार्ल्स बेल, पृ. 9
16. द वे ऑफ द बुद्धा, पब्लिकेशन डिवीजन (सूचना एवं प्रसारण मंत्रालय भारत सरकार) पृ. 320
17. द रिलीजन ऑफ तिब्बत, चार्ल्स बैल, पृ. 36

18. तिब्बत में बौद्ध संस्कृति, राहुलसांकृत्यायन, पृ. 10
19. द नालन्दा यूनिवर्सिटी, एच. डी. संकालिया, पृ. 107
20. ए कल्चरल हिस्ट्री ऑफ तिब्बत, रिचर्डसन एवं डेविड स्नैलग्रोव, पृ. 180
21. तिब्बत डिसैपियर्स, सी. सेन, पृ. 8
22. मध्य एशिया तथा चीन में भारतीय संस्कृति, सत्यकेतु वेदालङ्कार, पृ. 208
23. लामाइज्म, बैडेल, पृ. 266
24. आर्किटैक्चर इन द हिमालयान, बुक 11, जेम्स फर्गसन, पृ. 293
25. पुरातत्व निबन्धावली, राहुल सांकृत्यायन, पृ. 206
26. पुरातत्व निबन्धावली, राहुल सांस्कृत्यायन, पृ. 207
27. ए कल्चरल हिस्ट्री ऑफ तिब्बत, डेविड स्नैलग्रोव एण्ड हयूज रिचर्डसन पृ. 145
28. तिबेटन स्टडीज, सम्पादक—माइकल एरिस व आंग सान सू क्यी, पृ. 239
29. तिबटेन स्टडीज, सम्पादित-माईकल एरिस आंग सान सून क्यी, पृ. 239
30. तिबटेन स्टडीज, सम्पादक-माइकल एरिस आंग सान सू क्यी, पृ. 241
31. तिबटेन स्टडीज, सम्पादक-माइकल एरिस आंग सान सू, क्यी, पृ. 200
32. तिब्बत में बौद्ध धर्म, राहुल सांकृत्यायन, पृ. 241
33. इसको आजकल 'जो-रवड' कहते हैं।
34. तिब्बत में बौद्ध धर्म, राहुल सांकृत्यायन, पृ. 5
35. टिबटेन रिलीजस आर्ट, गौरडन, पृ. 11
36. तिब्बत डिसैपियर्स, सी. सेन, पृ. 17
37. पीपुल ऑफ तिब्बत, चार्ल्स बैल, पृ. 11
38. कहीं इस राजा का नाम ज्योति वर्मा भी आता है।
39. कन्ट्रीब्यूशन ऑन रिलीजन एंड हिस्ट्री ऑफ तिब्बत, शरतचन्द्र दास, पृ. 7
40. तिब्बत में बौद्ध संस्कृति, राहुल सांकृत्यायन पृ. 7
41. तिब्बत में बौद्ध संस्कृति, राहुल सांकृत्यायन, पृ. 21
42. तिब्बत एंड इटस हिस्ट्री—रिचर्डसन पृ. 35

43. एन्टीकिटीज ऑफ इन्डियन तिब्बत, भाग 2, डॉ. ए. के फ्रांके पृ. 79

44. पीपुल ऑफ तिब्बत, चार्ल्स बैल, पृ. 29

45. द पीपुल ऑफ तिब्बत, चार्ल्स बैल, 33

46. पीपुल ऑफ तिब्बत, चार्ल्स बैल, पृ. 36

47. अथर्ववेद 2/6

48. अथर्ववेद। 2/35

49. ये कांग पो की राजधानी है।

50. इसके अतिरिक्त अन्य मार्ग भी है।

51. समाचार पत्र अमर उजाला, मेरठ 22 मई 1991

52. द रिलीजन ऑफ तिब्बत, चार्ल्स बेल, पृ. 8

53. द रिलीजन ऑफ तिब्बत, चार्ल्स बेल, पृ. 16

54. द रिलीजन ऑफ तिब्बत, चार्ल्स बेल, पृ. 16

55. द रिलीजन ऑफ तिब्बत, चार्ल्स बेल, पृ. 16

56. द रिलीजन ऑफ तिब्बत, चार्ल्स बेल, पृ. 16

57. द रिलीजन ऑफ तिब्बत, चार्ल्स बेल, पृ. 34

58. द रिलीजन ऑफ तिब्बत, चार्ल्स बेल, पृ. 39

59. बृहत्तर भारत, चन्द्रगुप्त वेदालंकार, पृ. 215

60. तिबेटन रिलीजस आर्ट, गौरडम पृ. 5

61. बृहत्तर भारत, चन्द्रगुप्त वेदालंकार, पृ. 214

62. तिब्बत में बौद्ध संस्कृति, राहुल सांकृत्यायन, पृ. 11

63. तिब्बत में बौद्ध संस्कृति, राहुल सांकृत्यायन, पृ. 11

64. कहा जाता है कि होड़ का राजा, 'के-सर' की पत्नी उठा कर ले गया था। तत्पश्चात दोनों में भयंकर संघर्ष हुआ जिसमें के-सर विजयी हुआ। यह घटना चौथी शताब्दी की है। इसी साहसी के-सर के नाम पर 'के-सर' महाकाव्य की रचना हुई थी। जिसे तिब्बती आज भी बहुत सम्मानजनक दृष्टि से देखते हैं।

65. लेख-दावा नोर्बू, रिलीजन एण्ड सोसायटी इन हिमालयाज संपादक-सुब्बा एवं टंका बी

66. लाइफ ऑफ बुद्धा, रॉकहिल, पृ. 224

67. बृहत्तर भारत, पृ. 219

68. द रिलीजन ऑफ तिब्बत, पृ. 49

69. यह 'तिब्बती ऐतिहासिक ग्रन्थों के समूह का नाम है।

70. लाइफ ऑफ बुद्धा, रोकहिल, पृ. 226

71. एन्टिकिटीज ऑफ इन्डियन तिब्बत (भाग 2) ए. एच. फ्रांके, पृ. 933

72. यहां इस समय तक भी बौद्ध धर्म अक्षुण्ण रूप में विद्यमान था। यहीं आकर उसने भिक्षु व्रत धारण किया।

73. यह तिब्बत के पश्चिमी भाग में है।

74. इसका अभिप्राय है–धर्म पथ।

75. बृहत्तर भारत, चन्द्रगुप्त वेदालंकार, पृ. 224

76. द रिलीजन ऑफ तिब्बत, चार्ल्स बेल, पृ. 93

77. प्रासाद निवेश द्विजेन्द्रनाथ शुक्ल, पृ. 188

78. द इंडियन बुद्धस्ट आइकोनोग्राफी, बिनयतोष भट्टाचार्य, पृ. 42-43

79. बृहत्तर भारत, चन्द्रगुप्त वेदालडार, पृ. 225

80. द नालन्दा यूनिवर्सिटी, एच. डी. संकालिया, पृ. 42

81. द रिलीजन ऑफ तिब्बत, चर्ल्स बैल, पृ. 54

82. मध्य एशिया तथा चीन में भारतीयसंस्कृति सत्यकेतु वेदालंकार, पृ. 207

83. इन्डियन बुद्धस्ट आकोनोग्रौफी, बिनयतोष भट्टाचार्य, पृ. 114

84. इन्डियन बुद्धस्ट आकोनोग्रौफी, बिनयतोष भट्टाचार्य, पृ. 115

85. विश्व इतिहास कोश (दुसरा भाग) पृ. 461

86. मध्य एशिया तथा चीन में भारतीय संस्कृति, सत्यकेतु वेदालंकार, पृ. 209

87. बृहत्तर भारत, चन्द्रगुप्तवेदालंडार, पृ. 229

88. तिबेटन स्टडीज, सम्पादित-माइकल एरिस एण्ड आंग सान सू क्यी, पृ. 104

89. सुश्रुत संहिता, सत्र स्थान 15, श्लोक संख्या 41

90. टिबेटन स्टडीज, सम्पादित-माइकल एरिस एण्ड आंग सान सू क्यी, पृ. 104

91. टिबेटन स्टडीज, सम्पादित-माइकल एरिस एण्ड आंग सान सू क्यी, पृ. 107

92. हिन्दू वर्ल्ड, (एन एनसाक्लोपिडियाक सर्वे ऑफ हिन्दुइज्म, वाल्यूम 4-9) बेन्जामित वाकर

93. तछलपदह.उं सपजमतंजनतम

94. RasUrnava-Tantra

95. टिबेटन स्टडीज, सम्पादित-माइकल एरिस एण्ड आंग सान सू क्यी, पृ. 320

96. फ्रांके , ए. एच–एन्टिकिटीज ऑफ इंडियन तिब्बत, भाग 11, नई दिल्ली 1962

97. गौरडन, ए. के.–टिबैटन रिलीजस आर्ट, न्यूयार्क 1963

98. गौरडन, ए. के.–द आइकोनोग्रैफी ऑफ टिबेटन लामाइज्म न्यूयार्क, 1939

99. जिम्मर, हैनरिक–द आर्ट ऑफ इंडियन एशिया, यू. एस. ए 1960

100. कवागूची, अकाय–थ्री इयर्स इन तिब्बत, लंदन, 1909

101. कौरोस, ए. सोमा डी–टिबैट स्टडीज, कलकत्ता 1942

102. नोर्बू थुबतन जिग्मे एव–तिब्बत इट्स हिस्ट्री रिलीजन एंड पीपुल, नई दिल्ली, 1968

103. टर्नबैल, कॉलिन

104. नैल, ए. डेविड–द सीक्रेट ओरल टिचिन्स इन टिबैटन बुद्धीस्ट सैकट्स, कलकत्ता, 1926

105. प्रवरानन्द, स्वामी–एक्सप्लोरेशन इन तिब्बत, कलकत्ता, 1939

106. रिचर्डसन, एच. ई.–तिब्बत एंड इट्स हिस्ट्री, लंदन, 1962

107. राव, एस. के. रामचन्द्र–टिबैटन तांत्रिक ट्रेडीशन्स, नई दिल्ली, 1966

108. रॉकहिल, डब्ल्यू डब्ल्यू–द लैन्ड ऑफ द लामाज, लंदन 1891

109. रॉकहिल, डब्ल्यू डब्ल्यू–द दलाई लामाज ऑफ ल्हासा, लंदन 1910

110. रॉकहिल, डब्ल्यू डब्ल्यू–लाइफ ऑफ द बुद्धा, लंदन, 1884

111. सूचना एवं प्रसारण मंत्रालय (भारत सरकार)–द वे ऑफ द बुद्धा (पब्लिकेशन डिवीजन)

112. संकालिया, एच. डी.–द नालन्दा यूनिवर्सिटी, दिल्ली, 1962

113. स्नैलग्रोन डेविड एंड ह्युज रिचर्डसन–ए कल्चरण हिस्ट्री ऑफ तिब्बत, लंदन, 1968

114. सुब्बा और टंकाबी–रिलीजन एंड सोसायटी इन द हिमालयाज, नई दिल्ली, 1991

115. एरिस माइकल एवं आंगसानूस क्यी (संपादक)–टिबेटन स्टडीज, नई दिल्ली, 1963

116. अनिरूद्ध, आर. पी.–एन इन्ट्रोडक्शन इन्टू लामाइज्म, होशियारपुर, 1959

117. भट्टाचार्य, विनयतोष–द इन्डियन बुद्धीस्ट आइकोनोगलैफी, कलकत्ता, 1968

118. बेल, चार्ल्स–द पीपुल ऑफ तिब्बत, लन्दन 1960

119. बेल, चार्ल्स–द रिलीजन ऑफ तिब्बत, लंदन 1960

120. बेल, चार्ल्स–तिब्बत पास्ट एण्ड प्रजैन्ट, लंदन, 1926

121. बागची, पी. सी.–इंडिया एंड सैन्ट्रल एशिया, कलकत्ता, 1955

122. बाशभ, ए. एल.–द वन्डर दैट वाज इंडिया, 1990 नई दिल्ली

123. सेन, चाणक्य–तिब्बत डिसैपियर्स, बंबई, 1960

124. दलाई लामा–माई लैंड माई पीपुल, न्यूयार्क, 1966

125. दलाई लामा–बुद्धिज्म ऑफ तिब्बत एंड की टू द मिडिल वे, धर्मशाला

126. दास गुप्ता, एस. बी.–इन्ट्रोडक्शन टू तांत्रिक बुद्धिज्म, कलकत्ता, 1950

127. दास एस. सी.–इन्डियन पंडित्स ऑन द लैंड ऑफ स्नो, कलकत्ता, 1965

128. दास एस. सी.–कन्ट्रीब्यूशन ऑन रिलीजन एंड हिस्ट्री ऑफ तिब्बत, नई दिल्ली, 1970

129. दास एस. सी.–द मौनेस्टरीज ऑफ तिब्बत, 1905

130. दास एस. सी.–ए जर्नी टू ल्हासा एंड सैन्ट्रल तिब्बत, कलकत्ता, 1970

131. फार्गुसन, जेम्स–आर्किटैक्चर इन द हिमालयाज

132. फ्रांके, ए. एच–एन्टिकिटीज ऑफ इंडियन तिब्बत

133. शेनरब, पी.–ए टिबेटन ऑन टिबेट, लंदन, 1926

134. शांक, टियोन–द हिस्टोरिकल स्टेटस ऑफ तिब्बत, न्यूयार्क, 1954

135. शेरिंग, चार्ल्स, ए.–वैस्टर्न तिब्बत एंड इट्स ब्रिटिश बॉडरलैंड, 1906

136. टॉमस, टी. डब्ल्यू–ए रामयन स्टोरी इन टिबैटन फ्राम चाइनीज तुर्किस्तान, कोमोमोरेशन वाल्यूम, 1929

137. टुकी, जी–ट्रांशीमालपा, लंदन, 1963

138. वोस्त्रिकोव, ए. आई–टिबेटन हिस्टोरिकल लिटरेचर, कलकत्ता, 1960

148. गंगा प्रसाद–धर्म का आदि स्त्रोत, अजमेर, 1986

149. दयानन्द, स्वामी–सत्यार्थ प्रकाश, नई दिल्ली, विक्रम सम्वत 2032

150. डॉ. जी. आर. विक्रमधुकर–हर और हमारी आगामी रह परिष्कर्ता

151. आउटलाइन ऑफ हिस्ट्री, वैल्स, पृ. 384-86

152. वृहत्तर भारत, चन्द्रगुपतवेदालंकार, पृ. 21, 22

153. तिबेटन रिलीजस आर्ट, गौरडन, पृ. 5

154. द रिलीन ऑफ तिब्बत, चार्ल्स बैल, पृ. 39

155. मध्य एशिया तथा चीन में भारतीय संस्कृति, सत्यकेतु विद्यालंकर, पृ. 206

156. यह इसका पारिवारिक नाम है, वैसे उसका नाम 'जिनकारा' था।

157. मध्य एशिया तथा चीन में भारतीय संस्कृति-सत्यकेतु विद्यालंकार, पृ. 207

158. स्वग्लिमसेज आफ वर्ल्ड हिस्ट्री–जवाहर लाल नेहरू

159. सामाजिक न्याय–डॉ. जी. आर. के मधुकर

160. भारतीय नारी उसका त्याग डॉ. जी आर. बिमधुकर

161. पीपुल ऑफ तिब्बत, चार्ल्स बैल पृ. 81

162. पीपुल ऑफ तिब्बत, चार्ल्स बैल पृ. 71

163. पीपुल एण्ड इट्स हिस्ट्री, रिचर्डसन, पृ. 31

164. तिब्बत में बौद्ध संस्कृति, राहुल सांकृत्यायन, पृ. 541

165. समाचार पत्र (अमर उजाला)। 22 मई, 1991

166. छी.जीप.जेंदचव
167. कन्ट्रीब्यूशनस ऑन रिलीजन एंड हिस्ट्री ऑफ तिब्बत, एस. सी. दास पृ. 29
168. साय लैग के अर्थ से धरती के सर्वोत्तम का बोध होता है।
169. यह मत डैब्थर नैनपो का है।
170. यह वही महल है जिसे भारत से तिब्बत गये, वहां राजा बने नाह-पी-सैन्पो ने निर्मित कराया था।
171. वृहत्तर भारत, चन्द्रगुप्त वेदालंकार, पृ. 209
172. कन्ट्रीब्यूशन ऑन रिलीजन एंड हिस्ट्री ऑफ तिब्बत
173. धृतराष्ट्र को भी बाद में, उत्तराधिकारी के अभाव में राजगद्दी पर बिठाया गया था।
174. यह वहीं खजाना है जो तिब्बत में आकाश से गिरा था।
175. कन्ट्रीब्यूशन ऑन रिलीजन एंड हिस्ट्री ऑफ तिब्बत, ए.सी. दास, पृ. 32
176. तिब्बत में बौद्ध संस्कृत्यायन पृ. 44
177. तिब्बत में बौद्ध, राहुल सांकृत्यायन, पृ. 4
178. समाचार पत्र, (अमर उजाला) 22 मई, 1991
179. कन्ट्रीब्यूशन ऑन हिस्ट्री एवं रिलीजन ऑफ तिब्बत, एस. सी. दास, पृ. 16
180. वर्तमान समय में तिब्बत पर चीन का अधिकार हो जाने से उसकी सीमाएं चीन में समाहित हैं।
181. सत्यार्थ प्रकाश, स्वामी दयानन्द।
182. यह तिब्बत का ही एक नाम है, जिसका उच्चारण तिब्बती में 'पो' किया जाता था। अभी भी यह अपने देश को 'पो' कहते हैं।
183. कन्ट्रीब्यूशन ऑन हिस्ट्री एण्ड रिलीजन ऑफ तिब्बत, एस. सी. दास, पृ. 25
184. समाचार पत्र, (अमर उजाला), 22 मई सन् 1991
185. समाचार पत्र, (अमर उजाला), 22 मई सन् 1991
186. टिबेटन हिस्ट्रोलिकल लिटरेचर, ए. वोस्त्रिकोव, पृ. 10
187. टिबेटन हिस्ट्रोलिकल लिटरेचर, ए. वोस्त्रिकोव, पृ. 13

188. 1930 में श्री राहुल सांकृत्यायन 'सम-ये' बिहार गये थे।

189. मध्य एशिया तथा चीन में भारतीय संस्कृति वेदालंकार, पृ. 208

190. वृहन्तर भारत, चन्द्रगुप्त बेदालंकार, पृ. 2311

191. पुरातत्व निबन्धावली, राहुल सांकृत्यायन, पृ. 2031

192. बुलेटिन ऑप टिबैटोलौजी, पृ. 33, 1973

193. इसको 'ज्ञान का प्रकाश' भी कहा जाता है।

194. बुलेटिन ऑप टिबैटोलौजी, पृ. 33, 1973

195. बुलेटिन ऑप टिबैटोलौजी, पृ. 33, 1973

196. प्रसाद निवेश श्री द्विजेन्द्रनाथ शुक्ल, पृ. 188

वृहत्तर भारत, चन्द्रगुप्त वेदालंकार, पृ. 220

197. द रिलीजन ऑफ, तिब्बत, चार्ल्स बैल। पृ. 33

198. यह उस भारतीय पंडित का तिब्बती नाम है।

199. राहुल जी संस्कृत, पाली व हिन्दी के विद्वान थे। उन्होंने श्री लंका में भी अध्ययन किया व त्रिपिटिकाचार्य की उपाधि प्राप्त की। उन्होंने कई बार तिब्बत की यात्रा की। उनके विस्तृत ज्ञान व अच्छे स्वभाव के कारण ही तिब्बतियों ने उन्हें अपने विशाल पांडुलिपियों के संग्रह का अध्ययन व उनकी प्रतिलिपी प्रति बनाने की भी अनुमति दे दी, जो आज दोनों देशों के मध्य के विस्तृत संबंधों का लेखा-जोखा प्रस्तुत करता है।

200. राहुल सांकृत्यायन ने अपनी तिब्बती यात्राओं के दौरान वहां से कई महत्वपूर्ण ग्रन्थों, पांडुलिपियों व टंकों आदि की प्रतियाँ प्राप्त की थी। जो इस विषय का एक महत्वपूर्ण स्त्रोंत है। उन्होंने ये सब पटना म्यूजियम को भेंट कर दी थी। लेकिन सन् 9136 में उनके समस्त साहित्य व अन्य सामग्री को बिहार रिसर्च सोसाइटी को प्रदान कर दिया गया है।

201. यह तिब्बत का प्रथम सम्राट था। इसके नाम का हिन्दी अर्थ है—सच्चरित्र, सशक्त और गंभीर।

202. इस शिष्ट मंडल का अध्यक्ष थोन-मि-सम्बोटा था। यह बौद्ध धर्म का कट्टर विरोधी था।

203. लामाइज्म, एल. ए. वैडेल, पृ.-380-383

204. कुछ इतिहासकारों का मत है कि राजा इन्द्रबोधि का काल पदमसंभव से काफी, पूर्व का है। इसलिये यह पद्मसंभव जो तिब्बत गये थे किसी साधारण परिवार के थे। बाद में यह अपने ज्ञान के कारण शांतरक्षित के मुख्य शिष्यों में से एक मारे जाने लगे।

205. दी रिलीजन ऑफ, तिब्बत, चार्ल्स बेल। पृ. 39

206. यह चीनी नाम है, इसका अर्थ है भिक्षु। इस भिक्षु का असली नाम ज्ञात नहीं है।

207. वृहत्तर भारत, चन्द्रगुप्त वेदालंकार, पृ. 215

208. दी रिलीजन ऑफ, तिब्बत, चार्ल्स बैल, पृ. 49

209. द पीपल ऑफ तिब्बत, चार्ल्स बैल, पृ. 296

210. इसका अर्थ है–दीर्घ कोश।

211. आज भी तिब्बत विहारों में ऐसे सैकड़ों भारतीय ग्रन्थ पड़े हैं, जिनके नाम भी हमें ज्ञात नहीं है।

212. इसका अभिप्राय है–पवित्रता की चट्टान।

213. द रिलीजन ऑफ तिब्बत, चार्ल्स बैल, पृ. 57

214. बृहत्तर भारत, चन्द्रगुप्त वेदालंकार, पृ. 210

215. मध्य एशिया तथा चीन में भारतीय संस्कृति विद्यालंकार, पृ. 201

216. बृहत्तर भारत, चन्द्रगुप्त वेदालंकार, पृ. 210

217. मध्य एशिया तथा चीन में भारतीय संस्कृति, सत्यकेतु विद्यालंकार, पृ. 218. भारतीयों के साथ चीनी विद्वानों ने भी इस क्षेत्र में योगदान दिया।

219. भोट देश तिब्बत को ही कहते है।

220. यह राहुल सांकृत्यायन द्वारा प्रदत्त है और अब पटना संग्रह में स्थित है।

221. इसका हिन्दी नाम ज्ञात नहीं है।

222. तिब्बत में बौद्ध संस्कृति, राहुल सांकृत्यायन, पृ. 22

223. तिब्बत में बौद्ध धर्म, राहुल सांकृत्यायन, पृ. 26

224. दीपंकर के साथी सुभूतिश्रीशांति व दूगे-वडि-बुलो-ग्रोस ने सबसे पहले इसका अनुवाद किया था।

225. तिब्बत में बौद्ध संस्कृति, राहुल सांकृत्यायन, पृ. 28

226. कल्चरल हिस्ट्री ऑफ तिब्बत, डेविड स्नैलगोव व रिचर्डसन, पृ. 115

227. बृहत्तर भारत, चन्द्रगुप्त वेदालंकार, पृ. 225

228. यह संप्रदाय भारतीय 'महामुद्रा' सिद्धांत पर आधारित है। आज भी इसका तिब्बत व भूटान में काफी प्रचार है।

229. परकायाप्रवेश, यह भारतीय तंत्र विद्या का महत्वपूर्ण अंग है। शंकराचार्य का परकायाप्रवेश तो सर्वाविदित है।

230. ए कल्चरल हिस्ट्री ऑफ तिब्बत, डेविड स्नैलग्रोव एवं रिचर्डसन, पृ. 118

231. ए कल्चरल हिस्ट्र ऑफ तिब्बत, डेविड स्नैलग्रोव रिचर्डसन, पृ. 135

232. तिब्बत में बौद्ध संस्कृति, राहुल सांकृत्यायन, पृ. 29

233. इन्होंने अवधूतिपा के शिष्य सोरिया से सिद्ध आचार्य की दीक्षा ली थी। मगधेश्वर रामपाल (1056-1102) के यह गुरू थे। नालंदा व विक्रमशिला दोनों विश्वविद्यालयों, के पंडित माने जाते थे। इनका देहांत 1125 ई. में हुआ।

234. उनका जन्म राढ़ (पश्चिमी बंगाल) देश में हुआ थ। सिद्ध तिलोपा के शिष्य ललितवज्र से इन्होंने सिद्धचर्या की दीक्षा ली थी। बाद में यह उदन्तपुरी बिहार के प्रधान हुए। काशीश्वर महाराज जयचन्द इनके शिष्य थे। ब्रुग-प-छोस-डन्पुड, पृष्ठ 153 क, इण्डियन हिस्टारिकल कटिर्ली, मार्च 925 पृ. 4-30।

235. मध्य एशिया तथा चीन में भारतीय संस्कृति, सत्यकेतु वेदालंकार, पृ. 201

236. तिब्बत में बौद्ध धर्म, राहुल सांकृत्यायन, पृ. 5

237. कन्ट्रीब्यूशन्स ऑन रिलीजन एंड हिस्ट्री ऑफ तिब्बत, शरतचन्द्रदास, पृ. 33

238. कन्ट्रब्यूशन्स ऑन रिलीजन एंड हिस्ट्री आफ तिब्बत, शरतचन्द्रदास, पृ. 33

239. बृहत्तर भारत, चन्द्रगुप्त वेदालंकार, पृ. 210

240. ग्लोबलाइजेशन ग्रोथ एण्ड इनक्लीटी इन नार्थ ईस्ट इण्डिया पी. सी. दत्ता।

241. ऐन्टीन्यटी आफ इण्डिन तिब्बत-डा. ए. एच फ्रैंक

कोष

1. नागरी प्रचारिणी सभा, वाराणसी — हिन्दी विश्वकोश, वाराणसी, 1960
2. चित्राव, सिद्धश्वर शास्त्री — प्राचीन चरित्र कोष 1964
3. यू. के. प्रकाशन — इनसाइक्लोपीडिया ब्रिटैनिका, वो. 21, 1962
4. यू. एस. ए. प्रकाशन — इनसाइक्लोपीडिया अमेरिकाना, वो. 26, 1984
5. वॉकर, बेन्जामिन — एन एनसाइक्लोपीडिया सर्वे ऑफ हिन्दूइज्म, 1983
6. गर्ग, गंगा राम — एन साइक्लोपीडिया ऑफ द हिन्दू वर्ल्ड, वो. 1, नई दिल्ली, 1991
7. चन्द्रराज भंडारी — विश्व इतिहास कोष (दूसरा भाग) नई दिल्ली
8. नगेन्द्रनाथ बसु — हिन्दी विश्व कोष, वो. 2., कलकत्ता

शोध पत्र एवं समाचार पत्र

1. जर्नल ऑफ द एशियाटिक सोसायटी ऑफ बंगाल
2. जर्नल ऑफ द रॉयल एशियाटिक सोसायटी
3. जर्नल ऑफ द एन्शेंट इंडियन हिस्ट्री (डिपाटमैंट ऑफ इंडिया, हिस्ट्री एंड कल्चर, कलकत्ता)
4. तिब्बत जर्नल (वो. 11)
5. तिबेटन रिव्यू (वो. 11)
6. तिबेट सोसायटी बुलेटिन
7. जर्नल ऑफ द रॉयल सेन्ट्रल एशियन सोसायटी (वो. 4)
8. सैन्ट्र एशियाटिक जर्नल (वो. 8)
9. कलकत्ता रिव्यू
11. जर्नल ऑफ द राम्यल इन्डियन सोसायटी
12. जर्नल ऑफ द ग्रेटर इन्डियन सोसायटी
13. बुलेटिन्स ऑफ टिबैटोलौजी (धर्मशाला)
14. जर्नल एशियाटिक
15. (समाचार पत्र) – भारत
16. (समाचार पत्र) – चीन, नेपाल, एशियन न्यूज
17. मंथली मैगजीन आन तिब्बेट